가장 완벽한
브루어를 찾아서

맥주를
만드는
사람들

가장 완벽한
브루어를 찾아서

THE BREWER'S TALE

맥주를
만드는
사람들

윌리엄 보스트윅 지음
박혜원 옮김

글항아리

추 천 사

"맥줏집을 순례할 때 홉이나 보리에 해박한 친구가 함께 가서 맥주를 골라주고 왜 마셔봐야 하는지 설명해주기를 바란다면, 당신은 이 책과 사랑에 빠질 것이다. 한 장씩 읽어나가면서 맥주마다 독특한 맛이 나는 이유와 그에 얽힌 역사까지 정확히 알고 나면 맛있는 맥주를 고르는 안목을 갖게 될 것이다. 보스트윅은 마음이 따뜻한 작가인 동시에 맥주 마실 때 딱 좋은 문학적인 술친구다."

_ 에이미 스튜어트, 『워싱턴 포스트』

"이 책에서 보스트윅은 마니아 수준의 지식과 뜨거운 열정을 한때 가장 흔했던 음료인 맥주에 쏟아붓는다. 그는 수메르인이 먹었던 바피르 빵의 서툰 발효부터 5.99달러짜리 여섯 개들이 밀러 하이 라이프까지 맥주의 궤도를 추적하면서, 다양한 정보를 제공하는 친절한 가이드 역할을 한다. 바이킹의 벌꿀 술부터 조지 워싱턴의 양조 기술에 이르기까지 깊은 통찰력으로 넘치도록 많은 이야기를 들려준다."

_ 리사 어벤드, 『뉴욕 타임스 북리뷰』

"윌리엄 보스트윅은 가끔씩 켄 케시, 브루스 채트윈, 찰리 파파지안과 교신하면서, 자세한 역사적 설명과 함께 현대 수제 맥주 문화의 미묘한 차이를 날카롭게 분석하여 책 곳곳에 넣었다. 꼼꼼히 자료를 조사해 흥미로운 분석과 방대한 참고 자료를 제공하고 있는 이 책은 열정과 흥미로 가득하다."

_ 앤디 크라우치, 『맥주의 모든 것All About Beer』 저자

"맥주에 대해 박학다식한 친구와 토론하는 기분."

_ 숀 인먼, 비어 서치 파티Beer Search Party 블로그 운영자

"보스트윅의 '테루아'. 가장 초기 시대부터 현재에 이르기까지 맥주의 역사를 철저히 조사해 페이지마다 넘치는 풍미와 조밀한 거품이 느껴진다."

_ 앤드루 로빈슨, 『현재 세계의 고고학Current World Archaeology』

"충분히 조사하고 면밀히 기록한, 파피루스에 기반한 시간여행 기계에 독자들을 태워 인류의 가장 감동적인 창조물인 맥주의 역사 현장으로 데려간다."

_ 샘 칼라지온, 도그피시 헤드 수제 맥주 창립자 · 회장

"이 책은 맥주에 관한 정보를 생각보다 더 많이 제공하지만, 사실 그 너머의 이야기까지 전한다. 재치 있는데다 맥주에 대한 해박한 지식으로 독자의 호기심을 불러일으키는 윌리엄 보스트윅은 결국 병이나 캔 혹은 파인트 잔을 드는 건 당신이 한 일 중 가장 인간다운 행동이라는 사실을 확신하게 해준다."

_ 브렛 마틴, 『복잡한 남자들: 창조적 혁명의 뒷이야기들, 「소프라노스」와 「더 와이어」부터 「매드맨」과 「브레이킹 베드」까지Difficult Men: Behind The Scenes of A Creative Revolution, From The Sopranos and The Wire to Mad Men and Breaking Bad』 저자

"우리는 맥주가 맛있으니까 마신다. 그리고 우리는 역사를 읽는다. 역사는 흥미롭고 과거를 상상하게 하기 때문이다. 또한 앞으로 나아가게 하면서도 상상한 것과 우리 자신의 관계를 고민하게 한다. 이 책을 읽으면, 우리가 맥주를 마시는 오래된 일에 참여하고 있고 맥주를 마시는 행위 그 자체가 지속성의 재현이라는 사실을 알게 될 것이다. 발효를 통해 우리를 문명의 새벽으로 데려간 윌리엄 보스트윅에게 건배를!"

_ 로버트 설리번, 『쥐Rats』『나의 미국인 혁명My American Revolution』 저자

"이 책은 수다스러운 이야기꾼, 반듯한 흰색 모자를 쓴 인류학자, 실험 정신이 가득한 요리사, 흰 가운을 입은 과학자, 그리고 당신이 가장 좋아하는, 술이 거나하게 취한 삼촌이 모두 모여 쓴 듯한 문화 역사서 같다. 재치 넘치면서도 신중한 태도로 관찰하고 깊이 파고들어 기록한 이 책은 우리가 때에 따라 마시는 파인트 잔이나 여섯 개들이 맥주에 관한 이야기인 만큼, 사회적 풍습과 우리 세계의 질서에 관한 이야기이기도 하다."

_ 기드온 루이스크라우스, 『방향 감각A Sense of Direction』 저자

차 례

일러두기

— 미주는 저자 주이며, 첨자로 부연 설명한 것과 각주는 옮긴이 주다.

— 인명 등 고유명사 표기는 국립국어원 외래어표기법에 따르되 일부 널리 통용되는 경우에
  는 그 용례를 따랐다.

내 감각이 완벽하지는 않지만 가진 것은 그게 전부다. 나는 가능한 한 전체를 보고 싶다. '좋다' '나쁘다'의 잣대로 내 시야에 제한을 두고 싶지 않다. '좋은'이라는 형용사를 쓴다면 사물을 면밀히 관찰했다고 할 수 없다. 분명 나쁜 점도 있을 테니까. 이 말을 이해할 수 있을까? 나는 전체를 보고 싶은 것이다.

_ 존 스타인벡, 『의심스러운 싸움In Dubious Battle』

머리말

한 남자가 술집으로 들어간다. 자, 이제부터 무슨 일이 일어날까?

나는 동네 맥줏집에서 컵 자국이 동그랗게 난 맥주 메뉴판과 여러 개의 탭 핸들이 달린 벽, 내용물이 꽉꽉 들어찬 냉장고를 보며 생각에 잠겨 있다. 한 번에 2000만 갤런약 7570만 8000리터을 양조하는 페일 에일▪과 길 아래쪽 차고 안에서 터키 프라이어양조용 스테인리스 냄비로 뚝딱 만든 트리플 IPA▪▪가 눈에 들어온다. 전통적인 라이트한 보디감의 브리티시 포터British porter▪▪▪와 버번위스키 통에 저장하는 아주 독하며 카카오 향

▪   에일을 대표하는 맥주로 영국에서 처음 만들었고 밝은색과 쓴맛이 특징이다.
▪▪   India Pale Ale. 19세기 초 영국이 인도를 지배하던 시기, 긴 운송 과정 중 맥주가 상하지 않도록 방부제 역할을 하는 홉을 잔뜩 넣어 도수를 높인 맥주다.

이 나는 임페리얼 스타우트■■■■도 보인다. 어떤 맥주는 오리건 농장에서 재배해 몇 시간 동안 숙성한 신선한 홉으로 양조했고, 다른 맥주는 산성 박테리아(식초와 소금이 든 물에 생물이 더 많으니까)로 18개월간 숙성했다. 필스너와 앰버, 레드 에일과 브라운 비어, 밀 맥주와 호밀 맥주, 스펠트 맥주도 있다. 다시 말해, 3달러짜리 해피아워용 맥주도 있으며 고급 샴페인처럼 빈티지 병에 코르크로 막고 포일로 감싼 30달러짜리 맥주도 있다. 쓰거나 달고, 부드럽거나 독하며, 향이 강하거나 드라이하고, 다크하거나 라이트한 맥주가 어지럽도록 아름답게 늘어서 있다. 자, 바텐더가 손가락을 두드리며 나를 기다린다. 어떤 맥주를 선택할 것인가?

쉽게 고를 수 있어야 했다. 맥주는 결국 내 전문 분야고 술을 마시는 게 내 직업이니까. 나는 맥주 비평가다. 『월스트리트 저널』과 『보나페티 Bon Appetit』 『GQ』 같은 음식, 스타일 잡지에 맥주에 관한 기사를 쓴다. 다시 말해, 술을 마실 때 일을 하고 있는 셈이다. 나는 환경이나 이야기나 장소에 신경 쓰지 않는다. 광고를 무시하고 레이블을 가리고 최대한 맛에만 집중한다. 내 직업은 맛을 글로 번역하는 것이고, '왜'라고 질문하기보다는 '무엇'인지 분명하게 설명하는 것이다. 즉 맥주가 어떤 맛이 나는지 그리고 내 독자들에게 가장 중요한 질문인 "맥주가 맛있는지"에 대한 답변을 적어 내려간다. 나는 가이드이자 퍼스널 쇼퍼다. 내 미각은 예민하고 동의어 사전은 손때가 타서 까맣다. 관리 안 된 맥주 탭을 알아

■■■ 영국 런던의 항만 노동자 사이에서 인기가 좋다 하여 포터란 이름이 붙었다. 맥아즙 농도, 발효도가 높고 홉의 사용량이 많으며, 캐러멜로 착색하여 색이 검고 단맛이 난다.
■■■■ 영국과 아일랜드가 원산인 흑색 에일 맥주. 18세기 말, 영국의 스타우트 맥주를 러시아로 옮기는 동안 추운 해로를 견디기 위해 알코올 도수를 높여 만든 맥주. 검은 맥아 맛이 강하고 다크 초콜릿, 커피, 태운 곡물, 캐러멜 맛이 나며 무거운 맛이 특징이다.

차릴 수 있고, 시큼한 열대 느낌의 칼립소 홉과 새큼한 캐스케이드 홉의 차이를 구분할 수 있다. 나에게 맥주는 단순히 드라이하거나 스위트하고 스트롱하고 라이트한 게 아니다. 그저 다크한 게 아니라 유칼립투스 숲에서 캠프파이어를 하는 것처럼 스모키하다. 그냥 과일 향이 나는 게 아니라 소나무 가지에서 익은 파파야처럼 트로피컬하다.

판단을 내리는 건 분명 재미있지만, 설명할 때 더 짜릿함을 느낀다. 맛이란 실로 풍부하기 때문에 맛을 시로 표현하는 건 재미있다. 하지만 맥주 탭과 시음 노트를 가만히 바라보고 있자니 무언가 묵직한 이야기를 놓치고 있다는 기분이 들었다. 객관적으로 써야 하는데 아이러니하게도 추상적으로 생각하고 있었다. 맥락을 무시하면서 의미를 놓치고 있었다. 나는 맛 그 이상을 알고 싶었다. 맥주의 기원을 파헤치고 싶었다. '무엇'일까 하는 생각은 이미 할 만큼 했다. 이제는 '어디서' 그리고 '왜'를 연구하고 싶었다. 왜 맥주는 그런 맛이 날까? 왜 파파야 맛이 나는 걸까? 그런 스타일과 맛은 어디에서 왔고, 맥주라는 음료 자체는 대체 어디에서 처음 생겨났단 말인가?

인류가 존재해온 시간만큼 맥주도 존재했다. 어떤 맥주를 마실까? 훌륭한 답을 내놓지 못해도 민망해할 필요는 없다. 인류는 1만 년 동안 똑같은 질문을 해왔으니까. 인류는 맥주를 기반으로 형성되었다. 의례 모임, 종교, 정치 분야에서 세계 최초의 글부터 최초의 법까지 문명은 맥주에 흠뻑 빠져 있었다. 어떤 역사가들은 맥주가 인류에게 안전한 물은 물론 필수 비타민과 영양분을 공급했다고 믿기도 한다. 그렇게 하여 인류가 육식 중심의 유목 생활에서 농사를 짓고 사는 정착 생활로 바뀔 때도 인류를 건강하게 유지했다고 말이다. 맥주는 인류의 본질이자 인류 존재의 구성 요소다. 그러나 소를 이용해서 농사를 짓다가 존 디어_{유명 농}기계 회사를 이용하게 되고, 나무 장작을 때다가 원자로를 이용하기까지 인류 생활이 크게 변화를 거듭하는 동안에도 맥주는 그대로 남아 있었다. 나는 맥주가 어떻게 그렇게 오랫동안 존재하고 있는지 궁금했다. 맥주는 어떻게 진화해왔고 동시에 어떻게 똑같이 남아 있을 수 있었을까?

어떤 맥주를 마시는 사람인지를 통해 짐작할 수 있는 것들이 있다. 이를테면 술집에서 내 옆에 앉은 남자는 지방이 가장 많이 붙은 푸아그라를 달라고 하듯, 바텐더에게 가장 쓴 IPA를 달라고 수줍게 말한다. 홉이 들어간 거라면 우물쭈물 뒷걸음질치는 사람이나, 내 엄마의 표현을 빌리자면 "맛이 세다"고 하는 사람에게 말하는 것처럼 말이다. 엄마는 "그냥 가벼운 걸로 주세요"라고 하는 편이다. 어떤 맥주는 와인처럼 숭배되어 애주가들은 그 맛을 보러 벨기에까지 떠난다. 반면 나스카 NASCAR 옥외 광고판에 올라 사람들에게 침세례를 당하거나 케그 스탠드▪를 하는 사람들에게 걷어차이는 수모를 겪는 맥주도 있다. 우리는 저녁 메뉴가 뭐냐고 묻기 시작하면서부터 어떤 술을 곁들일지를 함께 고민해왔다. 그건 결코 대답하기 쉬운 질문이 아니다. 심지어 우리 조상들에게도 어려운 질문이었다. 바빌로니아 점토판에는 20가지 종류의 맥주가 기록되어 있다. 흑색, 적색, 심지어 '허리둘레를 줄여주는 맥주'까지 있다. 이집트에는 소작농이 대강 빚어서 마시는 맥주와 대추야자와 꿀로 맛을 낸 파라오를 위한 맥주가 있었다. 암흑시대 부족들은 습

▪ 금속 맥주통 위에 올라가 손잡이를 붙잡고 물구나무를 선 다음 탭에서 뿜어져 나오는 맥주를 호스에 연결해 마시는 것. 맥주 파티에서 서너 명이 달라붙어 이뤄지는 과격한 놀이다. 다리는 친구들이 붙잡고 있고 손을 쓸 수 없기 때문에 마칠 때의 신호를 미리 정해두고 시작해야 한다.

지에서 자라는 사리풀■과 맥각맥각균이 호밀이나 보리 따위의 씨방에 기생하면서 만든 균핵을 말린 것 같은 특이한 재료가 가득한 향신료 선반을 갖고 있었다. 우리가 무얼 마시는가는 우리가 누구인지를 드러낸다. 그렇다면 우리가 과거에 어땠는지도 말해줄 수 있을까?

그래서 나는 내 스타일 노트를 내팽개쳤다. 동의어 사전을 덮고 플레이버 휠Flavor Wheel■■을 벽에 걸고 역사책을 벼락치기로 파고들었다. 그렇게 탭 라인을 따라 맥주의 기원을 추적해나가기 시작했다. IPA를 찾아 콜카타로 향하는 인도 무역선을 따라갔고, 알코올 도수가 높은 벨기에 맥주의 고블릿 잔을 따라 생맥주 사원의 스파르탄 테이블■■■에 다가갔으며, 후추 맛 나는 세종saison■■■■을 따라 무더운 날 벨기에 남부 지방 왈롱의 농장을 방문했고, 맥주의 근원을 찾아 태고의 흐릿한 시기로 거슬러 올라갔다.

하지만 맥주에 관한 자료를 읽는 걸로 끝낼 수는 없다. 맛을 봐야 했다. 직접 만들어봐야 했다는 뜻이다. 맥줏집의 탭은 아주 많았지만 사리풀이 들어간 맥주는 없었다. 이런 맥주를 양조하려면 가이드가 필요했다. 그저 맛을 보려는 게 아니라 이야기를 찾으려는 거니까. 맥주만 찾아서 될 일이 아니라 브루어가 필요했다.

맥주의 본질을 한마디로 요약하자면, 아마 그건 맥주는 '만들어진다'

■　　　사리풀hyoscyamus niger은 유럽이 원산인 독성이 있는 허브다. 독일 등지에서는 종종 맥주에 넣어 제조했는데 환각을 유발해 행복감을 높여주고 최음제로 쓰이기도 했다.
■■　　향미 구성과 방식의 원리에 관한 내용을 담고 있는 원형 도표.
■■■　레스토랑 테이블의 가장 흔한 형태로 무쇠 다리에 강철 기둥, 동그란 나무 테이블 형태가 특징이다.
■■■■프랑스어로 계절. 벨기에 농부들이 막걸리처럼 마시던 술이다. 농사를 쉬는 겨울에 양조해 한창 농사를 짓는 여름에 마셨다.

는 사실일 것이다. 인류가 처음으로 기록한 레시피는 맥주를 빚는 방법
이었다. 맥주는 레시피가 필요한 최초의 음식이었으니까. 인류 최초의 가
공식품이란 뜻이다. 반면, 와인은 우연히 만들어졌다. 포도의 당은 인간
의 손길이 닿지 않아도 자연스레 발효되기 때문이다. 심지어 코끼리나
나비도 썩은 과일을 찾아낸다. 하지만 곡물은 현대인의 손길이 닿아야
당을 얻을 수 있고, 발효해 알코올로 만들 수 있다. 맥주를 양조하는 일
은 사고와 기술이 필요하다. 한마디로 창조자가 필요하다.

그리고 맥주가 사람과 취향을 반영하듯, 맥주를 만든 남자(과거에는 주
로 여자였다)도 반영한다. 술집에 길게 늘어선 저 기다란 맥주 탭 라인은
그 한 사람으로 귀결된다. 나는 맥주를 그저 즐길 수만은 없었다. 바의
반대편으로 건너가 나를 고뇌하게 만든 맥주를 최초로 양조한 바빌로니
아 사원 노동자와 중세시대 맥줏집 안주인, 수도승과 농부, 기업가와 이
민자를 만나야 했다.

그래서 잔을 다시 채우고 펜을 잡았다. 최고의 여행이 그렇게 시작되
듯, 나도 컵받침과 칵테일 냅킨에 계획을 끄적이기 시작했다. 시간의 흐
름에 따라 여덟 장소를 들르는 여정이다. 나와 함께 맥주잔을 기울일 여
덟 명을 나열해보았다. 제국을 건설하던 수많은 노동자의 일용할 양식
으로 술을 빚던 바빌로니아 시대 하인, 약초와 허브가 심령계에 스며드
는 온갖 현상을 관장하고 그 관문을 지키고 있었던 북유럽의 샤먼들,
사순절 금식 기간에 몸이 약해진 동료의 영양분을 보충해주던 수도승,
추수하고 남은 찌꺼기를 소박한 음료로 바꾼 농부, 다크하고 풍부한 포
터를 고급 페일로 대량 생산하는 공장을 소유했던 런던 기업가, 호박과
파스닙▪으로 만든 맥주로 세금을 내던 미국 이민자 1세대, 마침내 그들

의 계승자로, 라거를 목마른 국가 미국으로 가져온 독일 이민자 그리고 맥주를 현대로 옮겨온 광고인까지.

역사책에서 찾은 레시피에 정상급 전문가들의 조언을 덧붙였다. 내가 재현한 맥주 스타일의 장인들, 그 시대의 전문가 또는 그들의 이야기를 가장 잘 번역한 브루어들로, 역사적 중요성을 가장 잘 이해한 사람들이다. 미국에서 꿀로 만든 술 가운데 가장 인기 있는 미다스 터치Midas Touch를 2700년 된 질그릇 조각에서 만들어낸 샘 칼라지온 그리고 서노마 삼나무 밭에서 현대판 샤먼으로 살아가는 브라이언 헌트 같은 이들이다.

브루잉 팟에 다시 불을 지폈다. 거품이 보글보글 오른 액체는 이전에 마셔보지 못한 맛이었고 그 맛을 설명할 단어도 찾지 못했다. 내가 알던 범주에서 벗어난 기분이었고 플레이버 휠도 쓸모가 없었다. 다시 동의어 사전을 펼쳐들었다. 테이크아웃 중국 음식처럼 새콤달콤한 맛, 복숭아, 체리 등을 넣고 구운 민스미트 파이처럼 맛있고, 신선한 타르처럼 끈적끈적하고 타닌이 느껴지는 맛이었다. 마치 탐험가가 되어 처음 발견한 땅의 지도를 만드는 기분이었다. 무려 1000년 동안이나 접해보지 못한 맛이었다. 어떤 맛은 호밀빵으로 만든 전통적인 세종 같은, 우리가 그동안 잃어버렸던 맛이었고, 어떤 맛은 그냥 잊힌 채로 두는 게 나을지도 모르겠다는 생각이 들기도 했다.

이처럼 사라진 맥주들을 현실에서 재현해보고 가끔 유령들과도 한잔씩 마시다보니, 맥주의 맛이 참으로 다채롭다는 걸 알게 되었다. 맛이 다

■ 　배추 뿌리처럼 생긴 미나릿과 다년초. 녹말 성분이 많고 달콤한 맛이 난다.

채롭다는 건 시간이 많이 흘렀음을 뜻한다. 다크할 뿐 아니라 스파이시한 맛이 특징인 중세시대 맥주는 냉기 도는 수도승의 일상을 덮어주는 따뜻한 이불이었다. 밝은 꽃 향을 머금은 IPA는 산업시대의 매연으로부터 한숨 돌리게 해주는 존재였고, 호박 맛이 강한 맥주는 영국의 전통차에서 독립하고자 했던 미국의 의지를 보여준다. 맛은 필요에 의해 생겨났다. 북아메리카 개척기에 보리는 귀했던 반면 호박은 수확량이 풍부했기에 재료로 선택된 것이다. 새로운 풍미마다 사연이 하나씩 들어 있다. 브루어는 역사의 벽에 붙어 있는 파리인 셈이고 맥주는 그들의 타임캡슐이며, 1파인트들이 맥주잔(플래건■ 같은 잔이든 양의 위장 모양 잔이든)마다 문화, 정치, 관습으로 가득 차 있다. 만약 당신이 어떤 술을 양조하고 마셨는지 말해준다면, 나는 당신이 어느 시대에 어떻게 살았는지 알아맞힐 수 있다. 맥주는 우리 자신을 비추기에 그 시대의 거울이다. 그러니 맥주가 그렇게 다양하게 변화해온 것도 놀랄 일은 아니다. 우리도 그랬으니까.

어떻게 보면 과거가 그다지 멀게 느껴지지 않았다. 처음 마셔본 맛이긴 했지만, 맥주에서 느껴지는 이야기는 익숙했기 때문이다. 맥주에 대해 더 자세히 파고들수록 우리가 '무엇'을 마시는가는 크게 달라졌지만, 술을 마시고 양조하는 '이유'는 술꾼이 새 잔을 마실 때마다 되뇌는 재미없는 농담처럼 반복된다는 생각이 굳어졌다. 처음에 술을 마시기 시작했을 때부터 우리는 친구들과 어울리고, 적과 화해하고, 업적을 기리며, 슬픔을 달래고, 신을 찬양하고, 고통을 잊기 위해 맥주를 찾았다. 맥

■　주둥이가 있고 손잡이가 달린 병 또는 주전자.

주는 하이클래스이기도 하고 로클래스이기도 하며, 신성한 동시에 세속적이고, 투박하면서 고귀하기도 했다. 맥주는 인류가 얼마나 멀리 왔는지, 동시에 얼마나 변하지 않았는지 말해준다. 종교의식과 변화에 관한 이야기, 장소와 정체성 이야기, 정치와 종교 이야기를 들려준다. 무엇보다 공동체 이야기와 맥주의 다양성에 관한 이야기는 늘 우리를 한자리로 불러 모았다.

이렇게 맥주를 양조하고 브루어를 직접 만나면서 나는 과거로 이동할 수 있었을 뿐 아니라 과거와 친밀해졌다. 처음 길게 늘어선 맥주 탭을 봤을 때는 경계를 나누어 생각했다. 맥주 마니아, 아는 체하는 사람, 쿠어스■ 맥주를 꿀꺽꿀꺽 마시는 사립학교 남학생. 마치 모든 맛에 경계선이 있는 것처럼 느껴졌다. 쓴맛을 어느 정도까지 감당할 수 있을까? 얼마나 독해야 정말 독한 걸까? 하지만 맥주의 기원을 추적하는 일은 이런 고민을 간단하게 정리해주었다. 맥주는 곡물에서 당으로, 당에서 알코올로, 날것에서 요리로, 맨정신에서 즐거움으로, 사람을 창조자로 만들었다. 그렇게 변화를 거듭하면서 우리를 서로 연결해준다. 살고 있는 장소를 지역 작물과 연결하고, 현재를 과거와 연결하며 우리를 서로 잇는다. 술을 빚는 행위는 사람 냄새를 풍긴다. 우리는 술을 마심으로써 존재한다. 이건 단지 내 이야기나 맥주 이야기가 아니다. 우리 모두의 이야기이자 맥주에 의해 펼쳐지는 세계, 브루어의 세계에 대한 이야기이기도 하다.

■ 미국의 맥주 회사로 세계에서 세 번째로 규모가 크다.

1장

바빌로니아인

무더운 이집트의 새벽. 이불처럼 무겁게 내려앉은 하늘 사이로 피라미드가 비죽 나온 발가락처럼 솟아 있다. 안개에 취해 생기를 잃은 대추야자 열매에서는 즙이 졸졸 흐른다. 삭막한 정적을 뚫고 모래언덕 너머로 브루어가 분주히 돌아다닌다.

하지만 이 브루어는 우리가 아는 브루어가 아니다. 칼하트_{작업복으로 유명}_{한 브랜드}를 입고 장화를 신은 지하 저장실 담당자도 아니고, 고글과 실험복을 착용한 발효 전문가도 아니다. 수도원의 수사도 아니요, 거품이 보글거리는 밀워키 공장의 밀주업자도 아니다. 이 브루어는 그보다 더 오래됐고 원시시대부터 존재했다. 그건 바로 파리다.

파리는 북슬북슬한 다리에 엉겨 붙은 귀중한 화물을 실은 채 비행한다. '사카로미세스 세레비시에saccharomyces cerevisiae'의 포자, 다른 말로 맥주 효모다. 인간 브루어도 인정하듯, 실제로 맥주를 만드는 건 인간이 아니다. 효모다. 무대를 마련한 건 브루어지만, 곡식과 홉과 물을 거품 나는 술로 변신시키는 재주를 부리는 건 열심히 일하는 보잘것없는 미생물 효모이므로 효모에게 공을 돌려야 한다. 이 포자가 바로 우리 이야기의 열쇠다. 맥주 효모는 산소로 호흡하고 글루코오스나 맥아당 같은 당류를 먹으며 알코올과 이산화탄소 그리고 풍미가 좋고 향이 뛰어난 에스테르ester■를 포함해 그 밖의 다른 화학물질을 생산한다. 단것을 먹고 사는 곰팡이는 단 성분이 조금이라도 있으면 어디서든 잘 자란다. 말하자면 거의 모든 곳에서 자랄 수 있다. 푹 익은 과일에 생기는 부드럽고 하얀 털은 자연 상태의 '사카로미세스' 군체로 자주 언급된다. 이렇게 흔한 사카로미세스 군체는 결정적인 역할을 하지만, 그 정체는 오랫동안 미스터리로 남아 있었다. 적절한 조건만 갖췄다면 달콤한 건 뭐든 발효된다. 가령 해를 충분히 받은 이집트 대추야자에서 나오는 즙은 공기 중에서, 그리고 먹이를 찾는 곤충에게서 효모와 박테리아의 포자를 끌어들여(일부 박테리아는 바람을 타고 이동하지만, 특히 사카로미세스는 이동할 매개체가 필요하다) 서서히 거품을 내면서 와인이 된다. 보리, 밀, 호밀 같은 곡식의 배양액(인간 브루어가 맥아즙이라고 부르는 것)은 맥주로 변할 것이다. 브루어는 수많은 시행착오를 통해 사카로미세스가 가장 좋아하는 따뜻하고 산소가 풍부한 환경을 다시 만드는 방법을 알아내긴 했어도, 수 세기 동안 정확히 무엇에게 서식지를 제공하는지 알지 못했다. 자

■　　맥주에서 느껴지는 과일 향은 레시피에 과일이 들어가 있지 않다면 대개 효모 에스테르로 만들어진다. 발효하는 동안 맥아즙에 있는 유기산과 발생되는 알코올 사이에서 에스테르가 형성된다.

연 상태의 포자를 길들이고 일을 하게 하는 과정이 어찌나 힘들고 어려 웠던지 태곳적부터 브루어는 시와 노래를 짓고, 많은 입문서를 쓰고, 기 도와 저주를 퍼붓게 했다. 맥주 발효는 마술처럼 일어나기 때문에 신들 이 관장한다고 믿었고, 과학이 아닌 종교의식과 믿음에 의해 통제된다고 믿었다.

하지만 오늘날은 다르다. 브루어는 '사카로미세스'의 정체를 밝혀냈을 뿐 아니라, 더 나아가 통제하는 법도 알고 있다. 여전히 기술적으로는 효 모가 맥주를 만든다고 할 수 있지만 이제는 인간이 지정한 방식을 따른 다. 브루어는 온도와 시간, 산소 수치, 심지어 기압까지 조정해서 발효를 조절할 수 있다. 말하자면, 애비 두벨abbey dubbel■ 스타일의 진한 과일 맛을 낸다거나 세종의 흑후추처럼 톡 쏘는 맛 또는 필스너처럼 가볍고 상쾌한 맛을 만들 수 있다. 각각의 풍미를 기록한 분석표를 바탕으로 오 리건의 맥주 회사 로그 에일Rogue Ales의 강렬하고 드라이한 팩맨 효모 Pacman Yeast부터 알케미스트 양조장의 감귤 향 나는 코넌Conan 효모까 지, 맛의 특징에 따라 '사카로미세스' 변종을 배양하는 방법을 알아냈다. 이런 기술을 개발하기까지 시간이 많이 걸렸다.

맥주를 양조한다는 건 자연을 통제하고 포자를 길들인다는 의미이며, 날것을 요리한 음식으로 변화시킨다는 뜻이다. 브루어의 이야기는 그 변 화에 관한 이야기이며, 궁극적으로는 그 변화로 인해 우리가 어떻게 바 뀌었는가에 대한 이야기다. 파리가 들려준 것인 동시에 내가 추적한 이 야기이기도 하다. 이 모든 일을 함께한 동료가 있다. 그는 다리에 효모를

■　　애비 두벨은 미국의 양조회사로, '뉴 벨지엄 브루잉'의 맥주 브랜드다.

묻힌 파리를 바짝 쫓는 또 한 명의 인간 브루어 샘 칼라지온이다.

샘은 잊힌 지 오래된 맥주, 사실은 최초로 만들어졌다는 맥주를 재현하기 위해, 델라웨어에 있는 맥주 공장 도그피시 헤드Dogfish Head에서 이집트까지 약 9000킬로미터를 날아갔다. 에머밀emmer wheat, 야자열매, 캐모마일, 그리고 가장 중요한 나일 삼각주의 마이크로플로라▪ 같은, 양조에 필요한 재료를 구하러 간 것이다.

그는 도그피시의 브루 마스터, '효모의 소리'라고도 불리는 벨기에인 플로리스 델레와 함께 갔다. 그의 여행가방 안에는 배양접시와 소독한 면봉이 가득 있었다. 운전사 래미는 영화 「인디아나 존스」에서 튀어나온 이집트인 같았다. 카우보이 모자를 쓰고 눈부시게 흰 셔츠를 입었는데 풀어헤친 셔츠 사이로 가슴 털이 바람에 휘날렸다. 자, 그럼 미국의 본부 상황은 어떠한가. 우선 '닥터 팻'이라고 불리는 패트릭 맥거번은 펜실베이니아대학의 요리와 발효음료 및 건강을 위한 생체분자 고고학 실험실의 인공 산물로 가득 찬 사무실에 있다. 그리고 델라웨어 밀턴에 있는 양조장에서 요오드로 얼룩진 손가락으로 인상을 쓰며 현미경을 들여다보는 실험실 기술자 카트링카 하우슬리는 다정하지만 엄격한 태도로 사람들을 통제하고 있다. 그렇다면 나는? 나도 마음은 그곳에 있었다. 모든 브루어는 형제나 마찬가지고, 특히 샘과 나는 오래되고 모호한 것에 이상한 매력을 느낀다는 공통점이 있다. 하지만 실제로 나는 소파에 앉아 있다. 이것은 짧게 방영됐던 디스커버리 채널의 「브루 마스터스Brew Masters」 다섯 번째 에피소드다. 이 다큐멘터리는 양조장을 운영하며 겸

▪ 미생물총微生物叢. 특정한 환경, 장소에 분포하는 미생물 집단.

은 고생과 모험을 시간 순으로 기록했다.[1] 이를테면 파리를 잡는 모험 같은 것 말이다.

촬영 스태프가 늘어놓는 찬양의 말에서 알 수 있듯, 도그피시 헤드는 단순한 양조장이 아니다. 그리고 샘도 여느 브루어가 아니다. 그는 수제 맥주craft beer■의 대부다. 도그피시 헤드는 미국에서 가장 먼저 수제 맥주 생산을 시작한 업체이자 가장 성공한 기업 중 하나다. 1995년에 맥줏집으로 시작해 지금은 1년에 약 3200만 리터의 맥주를 생산한다. 그러나 샘의 맥주는 변덕스러운 업계에서 장수하고 있다는 점뿐 아니라 사실 특이하기로 유명하다. 샘은 고수와 사과, 건포도와 치커리 그리고 갈색 설탕으로 양조한다. 그의 촉 랍스터Choc Lobster 스타우트는 말 그대로 초콜릿과 랍스터로 만들어졌다. 도그피시에서 만드는 '평범한' 맥주도 반전이 있다. 도그피시의 대표 제품인 '60미닛 IPA'를 보자. 거의 모든 맥주, 특히 IPA는 잎이 무성한 홉의 진액에서 쓴맛을 얻는다. 이는 브루어가 생 홉이나 건조한 홉을 맥아즙■■에 넣고 끓여 추출하는 것이다. 가장 독한 스타일의 IPA라 해도 한 시간 정도 끓이면서 드문드문 홉을 넣는다. 하지만 쓸쓸하고 소나무 풍미가 있는 60미닛 IPA는 이름에서도 알 수 있듯, 양조하는 한 시간 내내 계속해서 홉을 첨가한다. 이건 샘이 요리 프로그램에서 배운 방법이다. 수프에 처음부터 후추를 뿌리는 대신 천천히 시간을 두고 간을 하니 맛이 더 좋아진다는 것에서 착안했다고 한다. (더 강한 맛을 내기 위해 일부 맥주는 특별히 제작된 홉 인퓨저, 랜들 디 에나멜 애니멀Randall the Enamel Animal이라는 기계로 만들어지고 술집에

■   소규모 양조업체가 큰 자본의 개입 없이 전통적인 방식으로 만드는 맥주.
■■   싹을 틔운 보리인 맥아를 분쇄해 물에 끓여 당화시킨 액체.

서 판매된다. 브루어와 맥주 팬들은 짧게 줄여 '랜들'이라고 부르고 문장에서 명사와 동사로 사용한다. 예를 들면 "이 맥주 랜들한 거야?"처럼 말이다.) 잘 팔릴 가망성이 희박했음에도 샘이 자랑스럽게 '상식을 벗어난 에일'이라고 부르는 이 술은 결과가 나쁘지 않았다. 샘은 잘나가는 양조장을 소유하고 있고 비어 스노브beer snob, 자칭 맥주 전문가라며 아는 체하는 사람와 주류 언론의 관심 대상이기도 하며, 자신의 텔레비전 프로그램도 진행하고 있다.

다시 사막으로 돌아가보자. 샘과 촬영팀은 대추야자 농장으로 우르르 들어갔다. 까만 손톱에 손에는 반점이 있는 농장 일꾼들은 대추야자를 따서 거적에 펼쳐놓고 쭈글쭈글해질 때까지 햇빛에 말렸다. 플로리스델레는 싱글싱글 웃으며 거적 위에 덫을 설치했다. 그는 포자를 잡기 위해 대추야자 즙, 끈적끈적한 한천 배양액 젤리, 이소아밀 아세테이트를 바른 배양접시를 놓았다. 카트링카 하우슬리가 만든 미끼는 (파리에게는) 매우 유혹적인 썩은 바나나 냄새를 내뿜는다. 이제 기다리면 된다.

단 하나의 포자가 마치 발화장치처럼 모든 과정의 시발점이 된다. 뉴턴의 사과, 에디슨의 필라멘트처럼 역사의 흐름은 정말 작은 지점에서 시작될 때가 있으니까. 그리고 이 포자를 시작으로 인류는 모든 것을 만들어냈다. 하지만 먼저, 불이 필요했다.

사막의 밤. 천둥이 내리치고 빛이 번쩍였다. 1000년 동안 인류는 사냥꾼이었고 채집자이자 쓰레기 처리반이었다. 인류는 어쩌다 창으로 죽인 대형 동물이나 예리한 사냥꾼이 찾아낸 동물 사체를 먹었고, 들판을 돌아다니다 야생 과일을 따 먹는 등 그냥 있는 곳에서 먹을거리를 구해 먹었다. 그러다 불을 발견했다.

번개가 쳐서 검게 탄 나뭇가지로 인류는 어떤 면에서는 야생을 통제할 수 있게 되었다. 불을 이용하여 대형 고양잇과 동물을 쫓아냈고 사냥감을 몰 수 있었다. 들판을 정리하고 작물을 심을 수 있었다. 그러면서 요리를 할 수 있게 되었다. 정확히 어디인지는 고고학자도 모르지만, 아프리카의 깊숙한 동굴이나 중국 북부 고산지대에서 누군가 불씨 위로 동물 사체를 던지는 기막힌 생각을 해냈고, 그렇게 하여 불은 도구로 변했다. 위험하다고 생각했던 불을 이용할 수 있게 되면서 불꽃은 부엌이 되었고 부엌은 실험실이 되었다. 먼 옛날부터 "저녁은 뭐 먹지?"라는 말은 그냥 주변에 있는 걸 먹자는 뜻이었다. 하지만 이제 인류에게는 선택지가 있었다.

고기가 첫 번째 메뉴로 올랐다. 야생 물소나 들소 같은 소떼들이 불로 정리된 들판에서 지낼 수 있도록 진화했고, 인간이 소를 사육하면서 소를 숭배하는 종교가 생겨났다. 소고기는 왕과 신을 위한 음식으로 신성시되는 별미였다. 희생 제물들의 무덤을 발굴하면 으레 잔뜩 쌓인 소의 두개골을 볼 수 있다. 그러나 부유층이나 소를 먹었고 대부분의 사람들은 새로운 먹을거리로 근근이 살아갔다. 그것은 바로 곡식이었다. 인류는 여물통 앞에 선 가축과 합류했다.

벨기에의 깊숙한 동굴에 살던 네안데르탈인의 어금니에서 새까맣게 타서 딱딱하게 굳은 보리알이 발견되었다. 그 보리알은 그가 3만 년 전에 마지막으로 씹은 곡물로 농업혁명의 최초의 증거였다. 보리알에 관한 이야기는 「길가메시 서사시」에 시적으로 그려져 있다. 이 서사시는 메소포타미아 창조 신화로, 우루크Uruk의 고귀한 신적인 존재인 길가메시 왕이 겪은 모험을 다룬다. 이 서사시는 왕의 부하였던 엔키두Enkidu의 이야기로 시작하는데, 그는 원숭이와 구분이 안 될 정도로 야만인이었다.

신이 진흙과 침으로 빚은 엔키두는 "머리털이 덥수룩했다". 그는 동물처럼 "사람도 모르고 정착된 삶도 몰랐다". 풀을 생으로 먹었고 "갈증을 그저 물로 해소했다". 하지만 운명적으로 매음굴에 갔던 경험이 모든 걸 바꾸어놓았다. 요부 샴하트가 물웅덩이에서 야생동물과 씨름하고 있는 엔키두를 보고 그를 꾀어 우루크로 데려갔다. 그리고 그의 옷을 벗기고 빵과 맥주를 먹여 문명인으로 만들었다.

엔키두는 몰랐다네.

음식을 먹을 줄도

와인2을 마실 줄도.

그는 배우지 않았다네.

여자가 입을 열어

엔키두에게 말했다네.

"음식을 먹어라.

오, 엔키두여, 삶의 음식이여!

대지의 관습인 와인을 마셔라!"

엔키두는 배가 부를 때까지

음식을 먹었다네.

맥주를 일곱 잔을 마셨다네.

그의 정신은 느슨해졌고 익살스러워졌다네.

그의 마음에는 기쁨이 가득했고

그의 얼굴에서는 빛이 났다네.

(이발사가) 그의 몸에서 털을 벗겨냈다네.

그는 오일을 발랐다네.

사람의 모습을 갖추게 되었다네.

옷을 입었고,

사람다워졌다네.

이 신화는 사실이다. 곡물을 먹는 관습이 인류를 바꾸어놓았으니까. 도자기에서 정치로, 그림에서 건축물로, 현대인의 삶은 곡식을 기반으로 발달했다. 어떤 면에서는 인간이 곡물을 지배한 게 아니라 곡물이 인간을 지배한 셈이다. 곡물이 인간으로 하여금 노동하게 했으니 말이다. 메소포타미아 땅이 비옥한 건 맞지만 그렇다고 슈퍼마켓이 떡하니 등장한 건 아니었다. 농사란 힘을 들여 노동하는 것이다. 먹을 수 있으려면 먼저 밭을 갈고 곡식을 심고 물을 대야 했다. 인간은 티그리스강과 유프라테스강을 수로로 연결해 엄청난 기술을 이용하여 사회 기반 시설을 닦아 농사를 지었다. 이 과정을 통해 식량을 공급받았을 뿐 아니라, 여기저기 떠돌며 지내다가 하나의 목적 아래 모였다. 곡식을 수확하고 저장할 수 있게 되자 부족들은 한곳에 정착했다. 이 정착 지역이 인간 최초의 도시가 되었다. 저장해둔 곡식의 종류와 장소 그리고 누구에게 배당되었다는 기록은 인류 역사 최초의 글이 되었다. 곡식을 체계적으로 분배하는 작업에서 인류 최초의 법과 정치제도가 탄생했다. 정착해서 사는 사람들이 많아질수록 지역 규모는 점점 커졌고 이내 주요 권력이 등장했으니, 그들은 바로 수메르인과 아카드인이었다. 이들은 세계 최초로 진정한 문명국으로 통합되었고 곡식을 기반으로 바빌로니아 제국이 되었다. 제국은 천년 동안 지속되다가 페르시아의 키루스 대제에게 정복당했고, 와인 광이었던 마케도니아의 알렉산더에 의해 고대 그리스로 흡수되었다.

바빌로니아는 곡식을 기반으로 세워졌다. 그리스 역사학자 헤로도토스는 그 사실을 경이로워하며 이렇게 기록했다. "곡식(땅)이 아주 풍족해 흔히 200배를 생산하고, 풍년일 때는 심지어 300배를 수확하기도 한다." 보리, 스펠트밀, 기장, 호밀, 에머밀과 아인콘밀이 가득 쌓였다. 그러나 곡식을 수확해서 저장고에 넣었다고 해서 일이 끝난 건 아니었다. 건조된 생곡은 인간이 먹을 수 없었다. 뇌를 일깨우는 영양분과 에너지를 주는 당을 얻으려면, 식물에서 빵으로 가는 중간 단계 또는 식물에서 맥주로 가는 중간 단계에서 얻을 수 있는 맥아malt■ 만드는 법을 알아야 했다. 맥아 제조는 까다로운 일이다. 곡식알을 물에 적시고 따뜻하게 해서 땅에 심어진 줄로 착각하게 한다. 그러면 성장 엔진이 가동해 효소가 살아 움직이고 전분이 나오면서 소화하기 쉬운 말토오스(엿당) 같은 단당류로 바뀐다. 자연 상태에서 곡식은 그 당을 먹고 얻은 에너지로 싹이라 부르는 작은 뿌리와 배젖endosperm, 작은 새싹을 내고 해를 향해 뻗을 것이다. 인간이 그 과정을 짧게 줄이지 않는다면 말이다. 일단 곡식을 자라고 있다고 착각하게 만든 다음, 건조시켜 성장을 멈추게 하면 싹은 죽지만 당은 그대로 보존된다. 그렇게 해서 얻은 당은 인간이 먹거나 효모에게 먹이로 제공할 수 있다.

맥아 제조는 곡식의 잠재력을 드러냈다. 잠재해 있다가 밖으로 나온 당은 거의 모든 음식에 사용할 수 있었다. 레시피 개수는 폭발적으로 늘어났는데 대부분은 제빵 레시피였다. 일종의 아카드어와 수메르어로 된

■　　싹을 틔운 보리. 맥주의 주재료로 맥주의 색을 결정한다. 몰트 또는 엿기름이라고도 한다.

음식 사전이라고 할 수 있는, 2000년 전 이중 언어로 된 점토판에는 믿기 어렵게도 200가지 빵이 나열되어 있다. 밀가루 종류(에머밀, 보리, 스펠트밀)와 첨가제(대추야자, 견과류) 그리고 만드는 기술에 따라 구분되어 있다. 어떤 빵은 그냥 햇볕에 서서히 말렸다. 더 정교하게 만들어진 빵은 탄두리 스타일로 오븐 벽에 찰싹 붙여 구웠다. 하지만 메르수mersu 또는 바피르bappir▪라고 불리는 매일 먹는 빵은 단순하고 거칠며, 그래놀라바처럼 딱딱했다.

나는 이 빵을 얼른 만들어보았다. 아시리아를 연구하는 프랑스인 학자 장 보테로가 쓴 『세계에서 가장 오래된 요리The Oldest Cuisine in the World』라는 메소포타미아 시대 요리책과 고고학 문서에서 재료와 방법에 관한 정보를 모을 수 있었다. 발아시킨 곡물, 꿀, 물, 후추나 시나몬 같은 향신료를 조금 넣어 간단한 반죽을 만들어 원하는 대로 굽거나 말리면 된다. 나는 반죽을 오븐에 넣고 메소포타미아의 태양을 대신한다고 생각하면서 하룻밤 동안 낮은 온도로 구웠다.

만약 밀가루를 곱게 갈아 축축하게 반죽해서 한동안 상온에 그냥 두었다면, 아마 자연스레 효모가 생겨 발효되거나 부풀었을 것이다. 하지만 그렇게 하지 않고 반죽해서 바로 구웠기 때문에 빵은 일주일 동안 해를 받아 갈라진 쇠똥처럼 되었다. 맛은 괜찮았다. 친구는 처음으로 구워낸 빵을 꾸역꾸역 먹더니 "되게 건강한 맛이야"라고 했다. 그리고 사실이 그랬다. 기본적인 재료에 영양이 풍부한 벽돌 모양으로, 맛도 좋은데다 오래 보존할 수 있는 빵이었으니까.

▪   수메르 사람들이 먹던 빵. 보리를 두 번 구워 만들었다. 고대 메소포타미아 맥주를 양조할 때 주로 사용되었다.

메소포타미아 요리사들은 현명했다. 요리 실험은 바피르에서 멈추지 않았다. 빵을 건조해서 크럼블을 만들고 쩐득하게 반죽해서 얇게 민 다음, 속을 채워 파이 크러스트로 만들었다. 사실 우리가 먹는 음식에는 어떤 형태로든 빵이 들어간 경우가 많다. 고기 조각을 빵으로 싸거나 뿌리 재료와 베리도 빵 반죽의 속 재료로 쓰인다. 수사슴, 가젤, 양고기, 양파와 리크(부추 같은 채소)는 페이스트리 반죽에 올려 굽거나 바피르를 잔뜩 넣은 스튜에 뭉근히 익혔다. 그리고 마늘을 많이 넣고 식초를 뿌리고 민트와 다른 허브도 넣었다. 전체적으로 톡 쏘는 맛이 나면서 의외로 맛있을 것 같았다. 이 레시피는 한마디로 기원전 1600년 설형문자로 조밀하게 새긴 점토판 버전의 피전 팟 파이pigeon pot pie라고 생각하면 되겠다. "냄비에 비둘기를 넣어 삶다가 다리 부위는 꺼내서 고온으로 구워 살코기를 발라 반죽에 싸서 접시에 올린다. 그리고 냄비를 불에서 내리고, 국물이 식기 전 마늘을 고기에 문지르고 야채와 식초를 더한다." 맛이 나쁠 거 같지 않다.

먹는다는 단어는 글자 그대로 빵을 의미했다. 수메르어로 '먹다'라는 동사는 벌린 입과 빵 덩어리의 설형문자를 조합한 것이다. 빵은 정말로 모든 걸 뜻했다. 맥주를 가리키기도 했을 정도니까.

이집트로 돌아가보자. 플로리스 델레는 계속 땅 위에서 파리를 사냥 중이었고, 샘 칼라지온은 땅 아래 기원전 2400년 타이Ti의 무덤으로 들어갔다. 램프를 비추자 벽에서 상형문자로 그린 그림이 보였다. 쪼그리고 앉은 한 무리의 사람들이 곡식을 옮기고 갈고 섞고, 바피르 빵 덩어리를 물에 적셔 만든 귀리죽을 마시는 그림이었다. 그들은 베이커일까? 브루어일까? 사실은 둘 다다. 두 과정은 서로 연결되어 있다. 빵은 구워서 건

조시킨 맥주였고, 맥주는 걸쭉하게 만들어 발효한 빵이었다.

맥주의 기원을 완전히 새롭게 바라보게 된 샘은 바피르를 만들고 양조할 때 넣을 야자열매, 캐모마일, 이집트 밀, 플로리스의 소중한 포자(나중에 카트링카가 세포 군체로 키울 것이다)를 가방에 가득 채워 넣고, 고대 맥주를 재창조하기 위해 델라웨어로 돌아갔다. 샘은 그 맥주를 이집트어로 '빵 맥주'라는 뜻의 타 헨케트Ta Henket라고 이름 붙였다.

샘이 만든 맥주를 맛보기 전에 나는 직접 만들어보고 싶었다. 마침 상형문자 기록보다 더 자세한 레시피를 발견했다. 하지만 운도 나쁘지. 레시피는 시의 형태였다. 3800년 전에 쓰인 「닌카시Ninkasi 찬가」는 맥주의 여신에게 바치는 노래다. 시라면 반드시 등장하는 경의와 찬사, 가문의 역사가 장황히 적혀 있다. 아름다운 닌카시는 "흐르는 물에 의해" 태어났다고 전하며, 누군지는 모르지만 아무튼 왕의 딸로 태어났다. "군주들이 닌카시에게 가까이 가지 못하도록 고귀한 개들이 지킨다네." 이렇게 극진한 보호를 받는 동안, 닌카시는 곡식을 발아시키고 건조하고 갈아 섞은 다음 반죽을 구워 바피르 빵을 만들었다. (나는 이 부분까지는 해냈다고 생각했다. 아직도 이 사이에 낀 밀가루 껍질을 쑤시는 중이다.) 그리고 이것을 "땅 구덩이 안에" 넣고 꿀과 "달콤한 향료"를 함께 섞었단다.

언뜻 보면 맞는 말인 것 같다. 바피르를 굽고 끓는 물에 좋아하는 향료를 넣고, 나머지는 신에게 (사실은 야생 효모와 목마른 파리에게) 맡기면 된다. 하지만 막상 양조 작업을 시작하자 그것보다는 좀더 복잡했다. 맥주를 찬양하는 것과 실제로 만드는 건 완전히 다른 일이었다. 어떤 종류의 대추야자를 사용했단 말인가? 꿀은 어떤 종류를 썼지? "달콤한 향료"는 대체 뭐란 말인가?

나도 모르게 "선택권이 있는 사람은 괴롭다Wer die Wahl hat, hat die Qual" 는 오래된 독일 속담이 떠올랐다. 샘은 이집트 사막으로 가서 파리를 쫓고 카이로의 옛 지구에서 야자열매를 찾았다. 이런 재료로 그는 뭐든 양조할 수 있었다. 반면 내 선택의 폭은 정말 좁아서 레시피가 참 단순한 게, 역사적으로 순수했다고 말해두자. 일단 치아가 몇 개 없는 대추야자 상인에게 자하디zahadi 대추야자를 구했고, 동네 슈퍼에서 큰 통으로 파는 오렌지꽃 꿀을 샀다. 향료로는 고수와 검은 후추가 맛이 잘 어울리고 마실 만할 것 같았다. 민트와 식초는 너무 샐러드드레싱처럼 될 듯한 불길한 예감이 들어 선택하지 않았다. 하지만 그건 나중에 알고 보니 아이러니한 예감이었다. 나는 분명히 구덩이나 점토 항아리에 양조하지 않을 것이며 닌카시가 사용했던 오래된 밀의 종류가 무엇이든 그것도 사용하지 않을 것이다. 그러니 다른 것도 조금 다르게 해도 되지 않을까 하며 합리화했다. 나머지는 옛날에 실제로 썼던 방법과 최대한 비슷하게 만들려고 노력할 것이다. 이렇게 애쓰는 내 모습을 보면 닌카시도 방긋 미소를 지어주리라.

닌카시는 그렇게 해주었다. 나는 빵을 굽고 적시고 저었다. 불에 올린 냄비에서 맥아즙이 끓자 준비한 향신료를 뿌리고 대추야자를 썰어 넣었다. 그런 다음 축축한 곡물 빵과 흠뻑 젖어 부푼 대추야자, 그 밖의 재료가 섞인 걸쭉한 액체를 커다란 유리 저그에 부었다. 홈 브루어들은 유리 저그를 카보이carboy▪라고 한다. 병은 대개 발효 과정을 돕고 액체를 위생적으로 유지해주는 에어로크 마개로 단단히 막는다. 이때 '블로오

▪ 맥주를 발효시킬 때 사용하는 입구가 좁은 커다란 유리병.

프 튜브blow-off tube'라는 호스를 사용했는데, 제멋대로 부풀어 오른 대추야자 조각이 저그에서 나와 튜브를 막지 않고 통과할 수 있을 정도로 직경이 크다. 하지만 특별히 제작된 마개만큼 안전하지는 않다. 나는 맥주가 폭발하거나 시에 나온 표현대로 "티그리스강과 유프라테스강이 돌진하는" 것처럼 맥주의 강이 흐르는 장면을 보고 싶지는 않았다. 나중에 집에 돌아왔을 때, 대추야자가 천장에 붙어 있으면 어떡하지 하면서도 소중한 액체이니만큼 구석에 안전하게 잘 모셔두었다. 하지만 막상 외출하고 돌아와 저그를 확인해보니 반가운 장면이 연출되고 있었다. 거품이었다. 카보이에는 거품이 생겼고 블로오프 튜브에는 기쁘게도 이산화탄소가 부글거리고 있었다. 돌진하는 강줄기까지는 아니지만 충분히 활동 중이었다. 내가 잘 몰랐다면 맥주가 만족스럽게 만들어지고 있다고 여겼을 것이다.

상황은 문제없이 돌아가는 듯했다. 나는 고대 맥주를 무덤에서 소생시켰고 무덤에서 파낸 시체에 숨을 불어넣었다. 하지만 내가 만든 프랑켄슈타인이 입을 연다면 뭐라고 말할 것인가? 나는 브루어와 교신은 했지만 닌카시의 이야기는 그걸로 끝난 게 아니었다. 결과가 비극이든 희극이든 마셔봐야 아는 거니까. 나는 망령들과 함께 술을 빚은 셈이고 이제는 그들과 술잔을 기울일 차례다.

맛은 괜찮았다. 이제는 더 이상 이런 방식으로 맥주를 만들지 않는 이유가 있지만 닌카시의 술은 적어도 마실 만은 했다. 약간 달면서 묽고 신맛이 났지만, 메소포타미아인들이 요리에 식초를 얼마나 넉넉히 뿌렸는지를 생각하면 이런 톡 쏘는 맛은 크게 상관 없을 듯했다. 대추야자에서 나오는 깊은 맛, 흡사 당밀 같은 단맛이 났고 꿀을 넣어 약간 꽃향기

같은 맛도 났다. 정말 집중해서 맛을 느끼면 오렌지 꽃 맛까지 났다. 병입은 하지 않았고 흡입기를 저그에 넣어 먹어봤으니 탄산이 들어간 건 아니었다. 그리고 당시 사람들이 훈훈한 사막에서 술을 마셨듯 상온 상태로 마셨다. 그때는 그만저만해도 맥주는 맥주였다. 그러나 이내 맛이 달라졌다.

닌카시의 망령들이 내게 달려들었다. 나는 기구를 하나도 소독하지 않았다. 바빌로니아에 세제는 없었을 테니까. 맥아즙을 끓이는 것으로 웬만한 오염은 충분히 예방될 거라고 생각했다. 어쨌든 내가 사용하고 있는 유리잔과 음식 보관용 플라스틱 기구는 땅 구덩이나 구멍 난 점토 항아리보다는 훨씬 청결할 테니까. 선사시대 맥주의 장점 중 하나는 양조 과정에 정화 작용이 포함되어 있고, 알코올의 천연 방부제 기능 덕분에 비교적 마시기에 안전한 음료였다는 점이다. 현대도 마찬가지지만 밀봉해서 살균한 병과 냉장 저장 시설이 없다면, 사막의 뙤약볕 아래에서는 맥주뿐 아니라 어떤 음식이라도 유통기한이 길지 않다. 만약 내가 만든 맥주 냄새가 약간 이상하다면 그건 다 역사의 맛 때문이라 생각할 참이었다. 하지만 맥주 냄새는 참을 수 없을 정도로 고약해졌다. 플레미시 레드Flemish red ■의 풍부한 발사믹처럼 부드러운 맛도 아니었고, 람빅 lambic ■■처럼 신선한 퍼커pucker ■■■ 맛도 아니었다. 도리어 샐러드드레싱에 가까운 맛이었다. 말할 수 없이 시큼하고 사카린처럼 단데다 식초가

■　　　벨기에 플랑드르 서쪽 지역에서 생산되는 맥주. 맥주를 참나무통에서 숙성시키는 전통적인 제조 방법을 이용하며 '레드 에일'이라고도 한다.
■■　　농장에서 만드는 맥주. 자연 발효시키며 시큼한 맛이 특징이다.
■■■　사과나 수박 등 과일 맛이 첨가된 달콤하고 신맛이 나는 술로, 그냥 마시거나 다른 술과 섞어 마시기도 한다.

들어간 저렴한 중국 음식 같은 신맛이 났다.

내 탓은 아니었다. 레시피를 충실하게 따랐을 뿐이니까. 신들을 원망하고 싶지도 않았다. 닌카시 잘못도 아니니까. 대신 나는 파리를 탓했다. 그러니까 무슨 일이 일어났는가 하면, 내가 사용하던 효모균 사카로미세스보다 덜 우호적인 야생 박테리아가 달콤하지만 비위생적인 양조 과정 중에 발생한 것이다. 끓이는 과정에서 대추야자와 바피르 빵에 잠복해 있던 박테리아는 모두 죽었지만, 뜨거운 기운이 가시자 맥아즙은 다시 공격받기 쉬운 상태가 되었다. 더 큰 문제는, 맥주 빵을 발효시킬 때 전문가용 사카로미세스를 사용하지 않고 믿을 수 있는 플라이슈만스 Fleischmann's, 베이킹 제품 브랜드의 제빵용 효모를 사용했다는 점이다. 둘의 유기체는 비슷하지만 제빵용 효모는 대추야자나 꿀 혹은 갈라진 맥아 보리가 아니라 밀가루에 있는 당과 가장 좋은 효과를 내며 빨리 발효되어 반죽에 공기층이 형성되게 한다. 맥주 효모는 더 복잡한 당에 사용되고 다른 부산물인 이산화탄소보다는 풍미와 알코올 생성 능력을 좋게 한다. 그래도 나는 오늘날의 현대적인 효모보다는 제빵용 효모의 거칠고 평범한 특징이 파라오의 시종이 사용했던 것과 더 비슷할 거라고 판단했다. 문제는 그렇게 더 약한 효모가 일부 당을 발효시키지 않은 채 다른 시큼한 산을 분비하는 젖산균lactobacillus이나 초산균acetobacter 같은 새로운 사냥꾼을 기다리며 제 역할을 다하기도 전에 부푼 게 틀림없다는 거였다.

이런 맥주를 마시고 싶은 사람은 아무도 없을 것이다. 심지어 식초를 사랑하는 바빌로니아인들도 마시지 않으리라. 우리 입맛은 그때 이후로 크게 변하지 않았다. 시큼한 맥주는 그냥 시큼한 맥주인 것이다. 나는 바빌로니아식 양조를 이해한다고 생각했는데, 아마도 바빌로니아인이 술을 마시는 방법에 대한 내 생각을 바꿔야 할지도 모르겠다. 만약 이게 매일 먹는 빵이었다면 그 상태로 맛있게 먹어야 한다. 신선한 바게트도 이틀 사흘 두면 퀴퀴해지는데 맥주는 그러면 안 된다는 법이 있나? 이 맥주는 신선할 때 마셔야 하는 맥주였다. 사실 저그에서 아직 활발히 발효 중일 때 가장 맛이 좋았을 것이다. 일종의 최초의 맥주로 저탄산 저알코올이며, 신선하고 과일향이 풍부한 맛을 위해 활발히 활동하는 효모와 비타민 B6와 B12를 공급하는 술이었을 것이다. 나는 이탈리아 농장에서 하루 종일 끓이는 스튜 냄비, 러시아 지하 저장실의 크라우트 통, 또는 부엌에 있는 커피 머신에서 서서히 커피 찌꺼기가 나오는 장면처럼 바빌로니아 시대 집 귀퉁이마다 부글부글 끓는 저그를 상상해본다. '좋은 아내란 좋은 브루어'라는 수메르 속담이 있다. "맥주가 절대 끊이지 않는 집은 훌륭한 아내가 있는 집이다!"

맥주가 가정집에서 탄생하고 자랐을지 몰라도 맥주 이야기는 거기서 끝나지 않는다. 그리고 우리 이야기도 그렇다. 정착지는 마을이 되고 마을은 도시로 커지면서, 맥주 양조도 함께 성장했다. 그때 희귀했던 음식은 지금도 여전히 귀하다. 즉 와인과 벌꿀 술mead■은 통통하고 달달한 대추야자 즙처럼 얼핏 보기에는 갑자기 발효되어 자연스럽게 발생한 것처럼 보인다. 하지만 적어도 그리스인과 로마인이 대량으로 포도를 재배하는 법을 알아내기 전까지는, 진주처럼 만들어낼 수도 없고 수확하거나 통제하는 게 불가능한, 무작위로 얻을 수 있는 특별한 술이었다. 반

■   벌꿀을 재료로 발효한 술. 꿀을 구하기 힘든 만큼 귀한 술이었다.

면 양조의 미학은 대량 생산이 비교적 간단하다는 점이다. 일단 맥아를 제조하고 베이킹과 끓이는 기반 시설만 갖춰놓으면 된다. 더 큰 양조 냄비만 있으면 더 많은 맥주를 만들 수 있다. 마술 같은 과정이 들어가지만 사업이 될 수도 있다.

최초의 도시, 그중에서도 특히 이집트가 융성해지자 술을 빚는 일은 목마른 대중을 위해 산업 규모로 확대되었다. 1001~2000년까지, 현재 이라크 북부인 티그리스강의 누지Nuzi에는 하루에 수천 개의 빵을 만드는 중앙집권화된 빵집이 있었다. 하루에 최대 5600개의 빵을 만들었다는 대단한 기록도 있다. 한편 기원전 14세기 초 이집트 여왕 네페르티티의 태양사원 벽 안쪽에는 공장 규모의 양조장 겸 빵집이 있었고, 히에라콘폴리스 양조장은 매일 약 1200리터의 맥주를 쏟아냈다. 관급 맥주는 구빈원에서 노동자들에게 죽을 나눠주듯 배당되었다. 아시리아 사원 노동자는 하루에 4파인트를 받았고, 기자Giza 피라미드 건설 노동자는 10파인트를 받았다. 하지만 'hqt' 또는 'heqa'■라고 불리던 히에라콘폴리스에서 마구 퍼주던 이 맥주는 질 낮은 구정물 수준이거나 오늘날 대량 생산되는 원더 브레드■■ 식빵 수준이었다. 저알코올, 고탄수화물 음식으로 평민들에게 공급되던 연료였던 셈이다.

그래도 양조 규모가 커지자 맥주의 종류가 다양해지고 전문화되었다. 히에라콘폴리스에 있던 대규모 공장 수준의 맥주 양조장은 대중에게 술을 공급했고, 소규모 선술집은 좀더 안목 있는 고객의 욕구를 충족시켰

■　　　 hekt 또는 heket, haqu라고도 한다. 초기 이집트에서 보리 맥주를 가리키는 단어였다.
■■　　미리 썰어서 파는 식빵 브랜드. 토스터의 발명과 함께 본격 등장했다.

다. 바빌로니아에서 비트 사비티bît sabîti라고 불렸던 맥줏집은 가정에서 맥주를 만들던 가정주부에 의해 운영되었다. 유한계급 중 술꾼이 모이는 장소였던 비트 사비티는 섹스, 범죄와 반역을 계획하는 장소였기에, 아시리아 왕 삼시아드두와 바빌로니아 왕 함무라비 같은 초기 왕들의 비난을 샀다. 하지만 맥주 맛은 좋았다. 정부가 더 저렴하고 저급한 맥주를 독점하는 걸 보장하는 일련의 법안을 발표한 것을 보면 확실히 알 수 있다. 세계 최초의 성문법인 함무라비 법전은 술집에서 파는 맥주 가격에 못을 박아두었다. 손님을 끌어모으기 위해 규제를 어긴다면 함무라비 108번 조항에 따라 누구든 "처형되고 물에 던져지는" 벌을 받았다.

성전 노동자는 귀리죽을 고르거나 선택할 수 없었지만, 술집에서는 선택할 수 있었다. 술집은 저급품부터 고급품까지 여러 종류의 맥주를 선보였다. 맥주에 대한 기록과 레시피를 살펴보면 "겉모양이 그럴듯한 맥주" "고품질 맥주" "최상품 맥주"가 있었다. 사용한 곡식에 따라 화이트 비어, 레드 비어, 블랙 비어로 나뉘었고, 술을 내올 때 술에 물을 얼마나 탔느냐에 따라 단 맥주, 아주 단 맥주, 심지어는 "허리둘레를 줄여주는 맥주"(최초의 라이트 비어인가?)도 있었다. 도시 간 무역이 시작되면서 외국 음식 재료를 맛본 사람들은 더욱 색다른 맛을 찾았고 닌카시의 '달콤한 향신료'는 점점 더 뻗어나갔다. 섬세한 크로커스 꽃 암술머리에서 채취한 사프란처럼, 구하기 힘든 향신료를 사용한 맥주일수록 더 특별한 맥주가 되었다. 맥주 맛은 후추와 무에서 바질과 타임, 스파이시 쿠베바 열매후춧과 식물 중 하나, 환각 유발성 맨드레이크 뿌리, 아카시아의 달콤한 수액 맛까지 다양해졌다. 스코르피온 1세가 기원전 3150년에 묻힌 무덤에는 포도, 세이버리, 타임, 고수로 맛을 낸 사탕수수 맥주sorghum malt가 잔뜩 쌓여 있었다. 그리고 돌벽에는 '절대 시지 않는 맥주'라고 새겨져 있다.

"초기 인류도 현재 우리와 똑같은 감각기관을 갖고 있었다고 추정합니다." 팻 박사에게 내가 만든 톡 쏘는 맛의 맥주가 고대 바빌론 사람에게 통했을지, 혹은 티그리스강 주변에서 인기를 끌었을지 묻자 이렇게 답했다. 어떤 사람은 마셨을 수도 있지만 마지못해 마셨을 거라는 대답이 돌아왔다. 신 맥주를 마시고 싶어하는 사람은 아무도 없지만 모두가 좋은 품질의 맥주를 즐길 여력이 있는 건 아니었다. "계급이 엄격한 사회일수록 특별한 맥주가 더 많았습니다." 팻 박사가 설명을 이어갔다. "좋은 재료를 사용하면 맥주를 더 맛있게 만들 수 있죠. 꿀은 귀했고 포도도 흔치 않았으니 이런 술을 마실 수 있었던 사람은 오직 상류계급이었습니다."[3]

계급사회는 음식에 관해 더 엄격했다. 장 보테로는 메소포타미아 요리책에 이렇게 썼다. "식탁에 올라간 진미는 아무나 먹을 수 없었다. 훨씬 세련된 음식인데다 가장 신선한 상태로 준비되었기 때문에 평민을 위한 요리는 아니었다." 외국 향신료부터 어미 젖을 먹어 포동포동한 송아지와 희귀한 새까지, 가장 비싼 재료는 통치자에게만 제공되거나 신들에게 번제로 바쳐졌다. 한 사원은 매일 번제로 '포동포동하게 살진 흠 없는 양 일곱 마리'를 바쳤다. 보테로는 이를 두고 "부정적인 행위"라고 표현했는데, 이는 회개하는 신도들에게서 성찬의 기쁨을 앗아갔기 때문이다. 맥주 역시 물처럼 묽은 라이트 비어에서부터 파라오가 마셨던 포도와 고수를 넣은 맥주까지 품질이 다양했다. 그래봤자 신과 왕들이 좋은 맥주를 대부분 가져갔지만 그래도 신하들은 맛을 볼 수는 있었다. 공물로 바친 맥주는 공동 소유였기 때문에 '서로 붓고 마시고' 할 수 있었다. 사원은 양과 더불어 매일 약 650리터의 맥주를 신들에게 바쳤고 신도들이 나눠 마셨다. 여느 음식과 달리 맥주는 모든 사람에게 가장 중요한 음식이었고 신들과 왕 그리고 평민들에게도 똑같은 기쁨을 선사했다.

고대 맥주의 이런 특성은 상호 간에 즐거움을 주었다. 예를 들면, 맥주는 필터로 건더기를 다 거르지 않았다. 내가 만든 맥주처럼 그들이 마셨던 맥주도 대추야자, 보리 껍질, 곡식 조각과 파리 한두 마리(들어갔을지 누가 아나) 같은 게 둥둥 떠 있었다. 고대 그리스인은 바빌로니아인이 풍성한 턱수염과 콧수염으로 찌꺼기를 걸러 먹었다고 농담했을지도 모른다. 사실 바빌로니아인은 내가 흡입기를 이용해 마셨듯, 속이 빈 습지 갈대를 사용해 맥주를 빨아 마셨고, 망치로 두들겨 편 금이나 청동을 사용해 발효통에서 바로 찌꺼기를 걸러 먹었다. 바빌로니아 애주가들은 옹기종기 모여 모두 저그에 빨대를 담가 마셨을 것이다. 회사 사무실 정수기처럼 맥주는 공동 소유였다. 그리고 축제에서만큼 음료의 특징을 더 잘 드러내는 건 없다.

아시리아 왕 아슈르나시르팔 2세는 수도 칼후의 재건을 축하하기 위해 열흘 동안 연회를 열었다. 그는 보리를 먹여 키운 황소 1000마리와 양 1만 4000마리(메뉴에는 "내 정부情婦 이스타르가 소유한 무리 중에서"라고 쓰여 있다), 새끼양 1000마리, 사슴 500마리 그리고 맥주 1만 잔을 7만 명의 손님에게 제공했다고 한다. 팻 박사는 "미다스 왕의 장례식 같은 행사 때는 모든 사람이 조금씩" 귀족이 마시는 품질의 특별한 맥주를 맛보았고, "음식을 나누어 먹는 행사는 사회적으로 교류할 수 있게 해주었다"라고 말했다. 어떤 역사가의 말에 따르면, 터키 중심부에 있는 미다스의 무덤에는 맥주를 채운 157개의 청동 항아리가 "늘 있었다"고 한다. 팻 박사는 샘의 도움을 받아 청동 항아리 중 하나에서 딱딱하게 굳어 있던 잔류물을 캐내 도그피시 헤드의 '미다스 터치Midas Touch'로 재현해 냈다. 이렇게 하여 오늘날 애주가들도 그 술을 맘껏 즐길 수 있게 되었다. 맥주를 빚음으로써 우리는 인간이 되었고, 맥주를 마심으로써 '우리다운' 우리가 될 수 있었다. 이렇게 맥주잔을 함께 기울이는 행위는 대중을 왕과, 나아가 신과 연결해준다. 장례식에서 맥주를 건넴으로써 과거와 현재, 산 자와 죽은 자가 함께한다.

어느 날 밤, 나는 바람이 휩쓸고 간 대서양 연안 레호보스 비치에서 열린 도그피시 헤드의 고대 에일Ancient Ales 저녁 행사인 '미다스 터치'에 참석했다.▪ 이 소박한 갑판의 술집이 바로 도그피시 헤드가 1990년대 초 처음으로 사업을 시작한 상소다. 샘은 비좁은 부엌에서 낡은 케그와 터키 프라이어로 12갤런약 45리터의 홈 브루잉 장치를 조합해 시음용 맥주를 뚝딱 만들어냈다. 식품 보관 창고를 훑어보더니 마음에 끌리는 걸 넣고 휘저은 뒤 치커리를 넣은 스타우트나 건포도와 갈색 설탕을 넣은 에비 에일을 만들었다. 그리고 바에 앉은 모든 사람과 나눠 마셨다. 동네 술집으로 시작한 도그피시 헤드는 손님과의 유대감을 가장 중요하게 여긴다. 양조장에서 만든 여섯 개들이 맥주에는 전부 전화번호를 붙여놓았기 때문에 샘은 종종 술 취한 골수팬들이 음성 메시지를 너무 많이 남겨 월요일 아침에는 전화기 불빛이 번쩍번쩍한다고 웃으며 털어놓

▪　샘이 고대 이집트에 영감을 받아 선보인 샤토 자후Chateau Jiahu, 테오브로마 Theobroma 등의 맥주를 시음하는 행사.

곤 했다.

그날 밤 술집은 아늑하고도 북적였으며 비수기임에도 불구하고 모든 해변 술집을 활기차게 만드는 강렬한 햇빛 같은 분위기를 발산했다. 물론 나는 약간 초조한 상태였다. 내가 만든 바빌로니아 시대의 맥주는 기대만큼 그 시대와 확실한 연결고리가 되지 못했으니까. 브루어가 그저 그런 내 맥주에 코를 쿵쿵대고는 다른 비트 사비티를 찾아 떠나는 이미지가 머릿속에 그려졌다. 내가 쓴 이야기도 약간 갈피를 못 잡고 여전히 초기 단계에 머물러 있다는 느낌이었다. 이 맥주를 샘에게 선보이려니 닌카시 앞에 직접 맥주잔을 놓는 기분이 들었다. 좀 잘 봐줘요. 난 중얼거렸다. 나는 이야기를 전달하려는 그냥 그런 브루어일 뿐이에요.

나는 뒤에 서 있던 여자친구의 응원을 받으며 사람들 사이를 비집고 나무 패널로 된 위층으로 올라갔다. 응접실에 서 있는 여주인이 보였다. 이 행사는 아무나 올 수 있는 장례식 같은 것이 아니었다. 손님 명단이 있었고, 우리는 샘의 맥주와 취향이 맞는 충성스러운 팬 중 두 사람일 뿐이었다. 어쨌든 여자친구와 내가 느꼈던 분위기는 그랬다. 우리는 샘의 부인, 마리아를 소개받았다. 조금 있으면 샘이 올 거예요, 마리아가 말해주었다. 우리는 단순히 그의 맥주를 맛보러 간 게 아니었다. 왕과 함께 식사를 하러 간 거였다.

그가 전에 축구선수였다는 걸 보여주는, 넓은 가슴에 딱 붙는 스웨터와 색 바랜 카키색 바지를 입은 샘이 한가로이 걸어왔다. 우리는 악수를 나눴다. "마십시다." 그가 내 안경을 쳐다보며 웃자 마음이 편안해졌다. "이게 뭐죠?" 샘이 물었다. 도그피시 헤드는 정기적으로 만드는 맥주와 더불어 파격적이고 실험적인 맥주를 한 가지씩 내놓는다. 샘의 의아하다는 표정은 예상 못한 반응이었다. 그가 수장인데, 자신이 만들었던 맥주를 어떻게 몰라볼 수 있지? 샘은 잔잔한 조명 아래 앉아 작열하는 태양빛의 금색 향연을 감상하며 잔을 들어 조금씩 마셨다. 사프란과 꿀이 들어간 미다스 터치였다. 몰약과 헤이즐넛 가루가 느껴지는 비라 에트루스카Birra Etrusca는 고대 에트루리아 맥주로, 샘과 팻과 이탈리아 수제 맥주 양조자 두 명이 2800년 된 무덤 근처에서 발견한 재료를 기초로 만든 맥주다. 초콜릿이 들어간 아즈텍 양식의 테오브로마Theobroma도 보였다. 쌀과 산사나무 베리로 만든 중국 양식의 샤토 자후, 그리고 스칸디나비아에서 일본을 통해 온 주니퍼노간주나무와 찻잎으로 만든 사티Sah'Tea도 있었다. 샘은 플로리스가 대추야자 파리 효모에서 얻은 단 하나의 포자로 만든 맥주인 타 헨케트Ta Henket를 찾고 있었다. 이건, 샘이 말했다. 잠깐, 이건. 우린 웃음을 터트렸다. 술이 들어가서 더 편안해지지 우리는 호호▪에 대해 수다를 떨기 시작했다.

호스테스Hostess▪▪가 막 파산해서 트윙키가 잔뜩 쌓여 있다는 이야기와 리틀 데비▪▪▪로 화제를 옮겼다. 우리는 서로 뭘 가장 좋아하는지 물으며 떠들었다. 샘이 하루 종일 바닷가재와 초콜릿으로 만든 맥주를 양조하고 난 후 버드 라이트를 벌컥벌컥 마실 리는 절대 없겠지만, 수제 맥주의 왕인 그도 가끔은 비닐 포장지에 싸인 간식을 먹는다. 셰프가 그날의 메뉴를 설명했다. 바피르는 아니지만 푹신하고 달콤한 세몰리나 케이

▪ 동그랗게 만 케이크 안에 크림이 들어 있는 간식류.
▪▪ 북미권 사람들의 국민 간식인 트윙키를 만드는 회사.
▪▪▪ 1960년에 세워진 과자 회사. 짧은 붉은색 곱슬머리 소녀가 모자를 쓰고 있는 상표 그림으로 유명하다.

크인 바스부사basbousa에 휘핑 크림을 올렸고, 반죽에 싼 비둘기 고기는
아니었지만 텍사스주의 개인 사냥 목장에서 잡은 염소와 영양 혼종 고
기를 내왔다. 샘은 맛있는 음식도 소박한 형태일 수 있다고 말했다. 셀로
판 포장지에 쌌더라도 말이다. 대량 생산되는 정크 푸드와 고급 음식
사이에서 진짜 고급스러운 음식은 장인이 만든 것이다. "우리는 집에서
만든 듯한 음식에 돈을 더 내죠." 샘이 말했다. "통나무 장작불에서 구
운 빵, 좋은 품질의 커피. 사람들은 '커다란 SUV를 살 수도 있지만 뛰어
난 맛의 치즈를 살 수도 있다'라는 점을 인지하기 시작했습니다. 우선순
위가 제자리를 찾아가고 있는 거죠."

수제품은 품질이 나쁜 것까지 모두, 고향의 정취를 불러일으킨다. 더
자세히 말하자면 부엌의 추억을 떠올리게 한다. 원더 브레드의 가벼운
식빵 한 쪽은 공장에서 대량으로 찍어내는 것만큼 단순한 맛이지만, 껍
질이 딱딱한 빵이나 염소 갈비의 딱딱한 끝부분에도 매우 복잡한 이야
기가 있다. 심지어 실수로 갈비의 가운데가 탔거나 살짝 덜 익혔더라도
음식을 만든 손길에 대해 무언가를 말해준다. "무언가 이야기가 있다는
건 좋지요." 샘이 덧붙였다. 훌륭한 음식은 음식을 만든 이의 이야기를
들려준다. 그 과정은 자국을 남긴다. 그윽한 정취의 기억을.

우리는 어떤 술잔에 타 헨케트가 들어 있는지 드디어 알아냈다. 그런
데 그 술은 놀랍게도 여러 술 중에서 가장 밍밍했다. 이 술에 얽힌 탄생
일화는 아주 풍성했지만(이집트! 파리 사냥! 같은) 맛은 단조로웠다. 비라
에트루스카는 흙냄새가 났고 타닌이 느껴졌으며, 톡 쏘는 맛이 버치 비
어birch beer, 알코올이 들어 있지 않은 탄산음료를 연상시켰다. 샤토 자후는 달콤한
포도와 체리가 느껴져 상큼했다. 하지만 타 헨케트는 빵 같은 맛이 났

다. 빵과 약간의 소금 맛 정도랄까. 나는 잠시 혼란스러웠다. 그리고 나중에 도그피시 헤드에서 타 헨케트를 포장하여 출시했을 때 소비자들의 반응도 마찬가지였다. 그 맥주는 토스트 식빵 이상의 심오한 맛은 없었지만, 가격이 책정되었고, 커다란 샴페인 병에 코르크 마개까지 갖춰, 마치 케이크를 포장하듯 두꺼운 용지의 아름다운 레이블을 붙여 출시되었다. 맥주는 실패작이었다. "뭐, 그 맥주는 오리지널 진품이라는 걸로 승부수를 던진 셈이었죠."

그때 포장 방식이 실수였을지 몰라도 샘은 맥주가 성공적이라고 생각했다. 그건 케이크가 아니었고 토스트보다 약간 나을 뿐이었다. 농부가 먹는 빵이었고 장작불에 구운 질긴 빵이었다. 사실 단순하지 않은 장인의 음식이었던 것이다. 그 맥주 이야기가 지금에야 더 잘 이해된다. 브레드 비어, 적어도 이름은 정확했다. 그것은 피라미드를 건설하던 수많은 일꾼의 갈증을 빠르게 채워준 양식의 근원이었다. 맛은 귀리죽 같았다. 하지만 요즘 애주가들은 비싼 수제 맥주를 마실 때 느껴지는 흥미진진하고 강렬하며 과감한 맛에 익숙해져 있다. 타 헨케트는 바닐라 크림으로 만든 이야기가 아니었고 홉 가스트리크gastrique■를 얹은 이야기도 아니었다. 애주가는 강렬함을 원했지만 섬세함을 맛봤다. 그들이 기대한 건 초콜릿 바닷가재였지만 빵 바구니를 받은 셈이었다.

저녁식사 후, 나는 길을 돌아 바다로 향했다. 달빛을 받은 물거품은 마치 형광빛을 내는 베개처럼 부풀어 올랐고, 어둠이 담요처럼 깔린 바다에는 잔물결이 끊임없이 몰려들었다. 무한히 펼쳐진 무無를 바라보며

■　　식초와 설탕을 넣고 조린 소스로, 플레이팅을 할 때 고급스러운 분위기를 연출하기에 좋다.

나는 방금 전에 했던 식사와 앞으로 펼쳐질 여행에 대해 생각했다. 맥주의 두 가지 본질은 빵과 음료다. 다시 말해 브루어는 제조자이기도 하고 이야기 전달자이기도 하다. 대추야자 파리가 이야기의 포자를 실어 나르듯, 모든 맛은 콘텍스트를 담고 있다. 그리고 내가 할 일은 그 파리를 잡아서 파리가 실어 나르던 화물을 발효시키는 것이다. 미다스 터치의 사프란은 강력한 권력을 가진 왕의 보랏빛 예복에 말을 걸고, 자후의 달콤함은 샘의 표현을 빌리자면, 술과 잘 어울리는 "술을 연료로 하는 신나는 파티"를 연상시킨다. (맥주를 만들고 남은 찌꺼기가 단단히 굳어 있던 항아리는 세계 최초 악기인 새의 뼈로 만든 플루트와 함께 묻혀 있었다.) 쉽지는 않겠지만, 맛을 찾는 것은 결국 브루어를 추적하는 일이다.

이튿날 아침 샘을 다시 만났다. 전날 잔뜩 마신데다 상념들로 머리가 약간 뒤죽박죽이었다. 샘도 그래 보였다. 그는 열쇠를 잊고 와 인터폰을 눌렀다. "저예요. 샘입니다."

둘이 함께 걸어가는데 앞에 반짝이는 무언가가 보였다. 샘은 양조장에 갖추어놓은 새로운 실험실을 자랑했다. 수백만 달러의 빛나는 튜브와 배선이 어지러웠다. 하지만 그는 한창 설치 중이었던 소규모 시설에 더 기대감을 드러냈다. "큰 기계로는 어떻게 양조해야 하는지 모르겠어요." 그가 솔직히 인정했다. "내가 양조할 수 있는 가장 큰 크기는 5배럴약 794리터짜리입니다. 그리고 지금 술집에는 더 작은 2배럴짜리가 있죠. 고대 시기와 비슷한 크기입니다." 불에는 주전자가 올라가 있고 값비싼 압력 조절 장치나 글리콜glycol 냉각 재킷 같은 장비 없이, 단순히 발효 탱크만 있었다. 공장이 아니라 평범한 가정의 부엌 같은 모습이었다.

아주 큰 기계도 있긴 했지만 수동이었다. 내가 방문한 날은 직원들이

미다스 터치를 양조 중이었다. 우리가 잡담하는 중에 직원들이 야생초 꿀이 담긴 양동이를 들어 주전자 쪽으로 기울였다. "양동이 손잡이를 보일러 문에 걸고 꿀이 떨어지게 그냥 놔둡니다." 보호안경을 쓰고 고무장화를 신은 직원이 한숨을 내뱉으며 말했다. 그는 맥주는 즐긴다면서 "우리가 만드는 맥주 중에 이게 내가 제일 안 좋아하는 맥주예요. 만들기가 가장 까다롭거든요"라고 털어놓았다. 완성된 맥주에서 느껴지는 꿀의 풍미는 값비싼 황금빛 달콤함을 구매할 수 있었던 부유한 미다스 왕의 이야기뿐 아니라, 꿀로 술을 빚으려 애썼던 인간의 사연도 전한다. 도그피시 헤드의 예상치 못한 풍미는 단순한 전략이 아니다. 맥주에 콘텍스트를 선사하는 것이다.

풍미는 과정을 이야기하고 과정은 재료에 의해 결정된다. 비라 에트루스카의 몰약을 예로 들어보자. 샘은 몰약을 맥주에 사용하고 싶었지만 방법을 몰랐다. 몰약은 굉장히 딱딱한 수지 덩어리 형태라서 발아시키지 않은 곡식과 양조하기가 불가능했다. 풍미는 가득했지만 꽉 닫혀 있어 그 향을 추출해내기가 힘들었다. 샘은 에티오피아 소규모 상점에서 작은 몰약 봉지를 구입하여 동료 브루어들과 함께 며칠간 온갖 방법을 동원해 사용 방법을 연구했다. 몰약 덩어리를 알코올에 녹여보고, 요리해보고, 분쇄해보기도 했다. 해답은 이 세 가지를 조합하는 것이었다. 꽤 힘들었지만 효과는 있었다. 우리가 감각 실험실을 구경하는 동안 도그피시 헤드의 품질 관리 매니저가 한번 맛보라며 몰약 덩어리를 건네주었다. 내가 그걸 손으로 따뜻하게 한 뒤 쪼개어 냄새를 맡아보니 감초, 스피어민트, 베르가모트 냄새가 희미하게 났다. 안 되는 것은 없습니다, 샘이 말했다. 만들고 싶은 맥주를 중심으로 프로세스를 구축해봐요. 어떻게 포장하든 그 프로세스는 상품을 진짜로 만들 겁니다. 실험실에서든 개인 식탁에서든, 예컨대 샘과 내가 양조장 구경을 마치고 갔던 상가의 피자 가게에서든, 애주가들은 맥주의 풍미를 맛봄과 동시에 맥주 이야기를 맛보는 것이다. 피자 가게에서도 사람들이 샘을 알아보았다. 모든 사람이 샘을 아는 듯했다. 햄버거와 감자튀김과 피자를 시키자 종업원은 메뉴에도 없는 치즈 딥을 가져다주었다. 그런데 'cheese'의 s가 z로 표기되어 있었다. 60미닛 IPA를 한 잔 마시자 치즈가 쑥 내려갔다. 물론 맥주 전용 잔은 없었다. 우리가 사용한 잔은 버드 라이트 로고가 반짝이는 잔이었다. 셀로판지에 포장한 건강 빵 같다고나 할까. 중요한 건 겉모습이 아니라 맛이니까.

맛도 굉장히 좋았다. 보일 케틀에서 자욱이 나오는 홉 가루 같은 맛이었고 만드는 과정이 느껴졌다. 왜 샘은 파리를 쫓아 이집트로 갔을까. 왜 홉을 한 시간 동안 추가했을까. 유사한 화학제품으로도 똑같은 맛을 낼 수 있는데 왜 진짜 몰약을 구입했을까? 그 이유는 과거를 존중하기 때문이다. 그게 파라오의 시종이 양조한 방법이라면 샘도 그렇게 했을 것이다. 내가 했던 실패를 옛날 양조 장인들도 틀림없이 겪었을 거라고 생각하니, 내 맥주에 대해서도 기분이 좀 나아졌다. 수작업으로 그리고 옛날 방식으로 맥주를 만드는 건 어려운 일이다. 하지만 시도했다는 것 자체가 중요했다. "도전을 해야 그것이 현실이 됩니다." 샘이 말했다. 큰 병이든 작은 병이든, 맥주 전용 잔이든 버드 라이트 잔이든, 역사의 바다는 아직도 휘몰아치고 있었다. 희미하게 들릴지도 모르니 귀를 기울여보자. 브루어가 말하고 있다.

2장

샤먼

브라이언 헌트와 나는 바큇자국이 팬 자갈 깔린 진입로의 삼나무 아래 앉아 있다. 우리는 캘리포니아 와인 산지인 서노마 카운티의 시골, 샌타 로자 주변 어딘가에 있다. 정확히 어디냐고? 그건 나도 모르고 대시보드에 있는 가민Garmin, 내비게이션 제조 기업도 모르겠단다. 치솟은 나무와 울퉁불퉁하고 경사진 포도밭 사이로 휴대전화 신호도 신통치 않고 GPS도 먹통이었다. 길을 잃었다.

나는 은둔자를 찾아 이곳에 왔다. 브라이언은 문라이트Moonlight라는 이름으로 맥주를 양조한다. 그의 맥주는 베이 에어리어에서만 구입이 가능하며 아는 사람들 사이에서 대단한 인기를 누리고 있다. 그의 블랙 라거 '데스 앤드 텍시스Death and Taxes'는 주변 수제 맥줏집의 주요 상품이다. 브라이언은 아이스커피 같은 로스티한 맛을 카르네 아사다carne asada

타코와 잘 어울리도록 특별히 제조했다고 했다. 데스 앤드 텍시스는 색이 아주 어둡고 홉을 잔뜩 넣은 근처 페탈루마의 라구니타스 IPA처럼 시트러스하여 음과 양이 조화로운 맛이다. 데스 앤드 텍시스라는 강력한 이름에서 알 수 있듯, 믿을 만한 클래식한 맥주다. 하지만 내가 들은 이야기는, 브라이언이 숲속에 숨어 있는 양조장에서 더 흥미로운 맥주를 판매한다는 것이었다. 어떤 이는 그러러 괴팍한 외톨이라 하고, 어떤 이는 샤먼이라고 한다. 어느 쪽이든 브라이언은 맥주 제조 방법을 잘 알려주지 않는다. 그는 전화를 받을 때 퉁명스러웠고 이메일도 무뚝뚝했다. 내가 인터뷰를 요청하자 그가 처음 보인 반응은 "내가 어디에 있을지 정확히 말하기 어렵습니다", 그리고 "이메일은 믿을 수 없습니다"였다. "지금 이곳 상황이 복잡합니다." 그러고는 내가 원한다면 그리고 내가 장소를 찾을 수 있다면 와도 된다고 했다. 약속된 건 없었다.

샤먼을 만나려면 성지순례를 떠나야 했다. 101번 고속도로를 따라 북쪽으로 운전해 가다가, 깔끔하게 관리된 켄들잭슨 와이너리 대저택 주위를 벗어나 이랑이 쭉 뻗어 있는 좁은 농장 길에서 서쪽으로 바짝 꺾었다. 그리고 로컬 비니어드(포도 등급 판정)에서 금메달을 받은 피노 와인과 시음 시간을 알리는 옥외 광고판이 스쳐 지나갔다. 도로 표지판이 없는 지저분한 길로 들어서자 더 지저분한 길이 나왔고(그냥 길이었던가, 차도였던가?) 소나무와 홉 격자 시렁■ 사이를 흔들흔들 지나, 먼지를 뒤집어쓴 닷지 스프린터 밴과 더 더러운 픽업트럭 옆에 차를 세웠다. 차 번호판을 보니 "HALFBBL"■■ 그리고 "CRZYLUN(미친 사람이란 뜻)"이라고 쓰여 있었

■　　덩굴식물이 타고 올라가도록 길게 울타리를 만든 것.
■■　half barrel, 맥주를 담는 용기 중 사이즈가 작은 것.

다. 나는 텅 빈 케그가 잔뜩 쌓인 곳을 비집고 들어가, 양동이와 주전자와 호스들이 가득해 공기가 안 통하는 헛간을 지나 양조장에서 브라이언을 만날 수 있었다. 보는 사람에 따라 모든 장비는 겉보기에 반은 작동되고 반은 망가진 것 같았다. 벽에 붙은 누런 종이에 "맥주는 공장에서 찍어내는 제품이 아니다"라고 쓰여 있다. 바닥에는 빈 병들이 나뒹굴고, 나무 아래 있는 낡은 의자 외에는 앉을 데라곤 없는 이곳처럼, 다른 선택의 여지는 없어 보였다.

브라이언은 의자 깊숙이 몸을 구겨 앉았다. 그는 위에서 아래로 갈수록 더 야성적인 모습을 뿜냈다. 깔끔하게 자른 흰 머리카락은 듬성듬성 난 수염에 빛을 잃었다. 수염은 목 주변의 닳아 해진 티셔츠 깃에 비하면 그나마 나았다. 물 빠진 청바지 아래로는 호빗[■]처럼 털이 잔뜩 난 맨발이 비죽 나와 땅속으로 뿌리를 내리고 있는 것 같았다. 브라이언이 뚜껑 열린 휘발유 통을 발가락으로 슥 밀면서, 냄새가 맥주 시음을 방해한다며 병을 새로 열었다. 다섯 병째인가? 여섯 병이었나? 우리가 마신 맥주 역시 일반적인 기준을 벗어나 있었다. 정확히 어떤 맥주라고 말하기 어려웠다. 코카콜라 맛이 살짝 나는 맥주도 있었고 트위즐러젤리 과자 같은 맛이 느껴지는 맥주도 있었다. 또 다른 맥주는 복숭아 잔털처럼 퀴퀴하면서도 달콤했고, 어떤 건 민트 맛과 삼나무 같은 시원한 맛이 났다.

"이걸 마셔보세요." 그가 권했다. 맥주는 풍미 좋은 시골 빵조각처럼 빵 맛과 헤이즐넛 향이 약간 섞인 진한 맛이었다. 그리고 무언가 범상치 않은 게 들어 있었다. 감초? 오렌지 껍질? 세이지_{약용 허브}? "아닙니다." 브

■　　영국 작가 J. R. R. 톨킨Tolkien(1892~1973)의 작품에 나오는 난쟁이.

라이언이 눈을 반짝이더니 머리 위로 뻗은 나뭇가지 하나를 꺾었다. "이걸 조금 먹어보세요."

그가 건네준 것을 씹어보았다. 홉 열매를 부셔서 신선한 수지 향기를 맡은 다음, 발효통 안에서 거품이 일고 있는 맥주를 벌컥벌컥 들이켰다. 내 평생 동안 그렇게 양조장 순례를 다녔는데도 한 번도 나뭇가지를 씹어본 적은 없었다. 브라이언은 마치 내가 「서전트 페퍼Sgt. Pepper」▪를 한 번도 들어본 적이 없다고 고백이나 한 양 실망한 기색을 보였다. 그는 얼굴을 찡그리더니 공정을 참을성 있게 설명해주었다. "나무껍질 뒤에서 타닌을 얻을 수 있습니다. 티백을 너무 오래 우려도 나오잖아요. 가장 옅은 색의 끝 부분은 감귤향citrus 맛이 강합니다. 씹으면 갈라집니다." 그가 설명을 이어갔다. "날씨가 시원해지면 나뭇가지는 밝은 초록빛을 띱니다. 거의 형광색처럼 되죠. 올해는 날씨가 아주 이상해서 원하는 만큼 얻지 못했어요. 진녹색에 소나무 향이 더 났지요. 크리스마스트리 같은 맛이나 심지어 약간은 감초 맛이 나는 게 마치 탄산음료인 '닥터 페퍼' 같기도 하죠." 그가 미소를 지었다. 오늘 처음 보는 미소였다. "닥터 페퍼에 삼나무는 안 들어가겠지만요." 이 나뭇가지가 맥주에서 느껴지는 묘한 매력의 비밀이었다. 브라이언이 워킹 포 팁스Working for Tips라고 이름 붙인 이 맥주는 바로 나뭇가지로 양조한다. 나는 이빨에 낀 나무껍질을 빼내며 어떻게 만드는지 용기를 내 살짝 물어봤다. 그런 괴상한 아이디어는 어디에서 얻을까? 뿌리 깊은 이해, 아니면 이런 식물과 쌓은 우정에서? 내 질문에 그는 "그냥 씹어본 건데"라고 말하고는 어깨

▪ 비틀스의 여덟 번째 앨범 「서전트 페퍼스 론리 하츠 클럽 밴드Sgt. Pepper's Lonely Hearts Club Band」(1967).

를 으쓱했다. "나뭇가지를 언제 꺾으라고 알려주는 휴대전화 앱은 없잖아요. 그냥 직접 씹어봐야 알죠."

브라이언은 샌타로자 아래에 있는 러시안 리버Russian River 양조장으로 성지순례를 가는 길에 그의 소박한 양조장이 있는 줄도 모르고 그냥 지나치는 자칭 맥주 마니아들 그리고 IPA 수제 맥주 광팬들과 '워킹 포 팁스'를 마시는 걸 좋아한다. 러시안 리버는 홉 맛이 매우 강한 더블 IPA인 '플리니 디 엘더Pliny the Elder'■와 그보다 더 강한 한정판 '플리니 디 영거Pliny the Younger'로 가장 잘 알려져 있다. 두 종류의 플리니 모두 클래식이다. 특히 플리니 디 영거는 미국 최고의 IPA로 자주 언급될 정도로 최상의 맥주라 할 수 있고, 사실 모든 맥주 중 최고이기도 하다. 짧은 기간만 구할 수 있고 그나마도 양조장에서 직접 탭으로만 판매한다. 브라이언의 맥주가 소규모 사람들에게 인기가 있다면, 러시안 리버는 예일대학에서 처음 만들었다는 비밀 조직 '스컬 앤드 본스Skull-and-Bones'를 몰래 숭배하듯, 맥주 팬들이 남몰래 집착하는 맥주다. 맥주가 출시되는 날이면 다운타운의 교통은 꽉 막힌다. 팬들은 물병을 소중한 맥주로 채워 트로피처럼 집으로 가져가고, 심한 경우 이베이에서 되팔기도 한다. 캐스케이드 홉과 심코Simcoe 홉처럼 엄청나게 신맛으로 꽉 찬 '플리니 디 영거'는 내게는 쓴맛 나는 오렌지 크러시 같다. 맥주 마니아들은 나뭇가지 비슷한 맛이 나는 브라이언의 맥주를 마시더니 머리를 긁적이며 그가 사용하는 비밀스러운 홉이 뭘까 알아맞히려고 한다. "이렇게 생각하는 거죠. '어, 이건 캐스케이드가 아닌데. 그럼 갤럭시 홉인가?'" 브라이

■   23~79년 로마시대 학자 이름에서 따왔다.

언의 얼굴에 웃음기가 돌았다. "코드 네임 R-12-37을 쓴다는 이번에 새로 나온 그건가?" 마니아들을 놀리는 것도 재미있지만 맥주 초보자들과 함께 브라이언의 맥주를 마시는 건 더 재미있다. 맥주를 '안다고' 생각하는 사람들이지만 '이런 게' 맥주 재료가 될 수 있다는 건 아직 모르니까.

"사람들은 맥주 맛을 표현할 때 널리 인정된 133개의 '맥주 단어' 중 하나를 말해야 한다고 생각하지요." 브라이언이 말을 이었다. 아니, 진짜로 133개의 공식적인 감각 관련 단어가 있는 건 아니지만, 플레이버 휠과 맥주 평가는 거의 몇 가지 정해진 단어만 쓰는 경향이 강하다. 소나무, 감귤, 향신료, 커피 향이나 검푸른 열매 맛 같은 단어 말이다. "하지만 우리는 모두 맛이라는 대상에 대해 각자 다른 추억을 갖고 있습니다. 워킹 포 팁스를 마셨던 어떤 여성이 이런 말을 했었죠. '와, 이건 버몬트에서 먹었던 메이플 막대 사탕을 떠올리게 하는 맛이네요.' 그 여성은 나무 수액을 맛보고 있었거든요. 얼마나 완벽합니까? 그리고 나무 수액이라는 단어는 133개의 단어 안에는 없죠. 하지만 나는 맥주를 마시고 '아, 이런. 윽!' 하는 사람한테도 새로운 맥주를 추천하는 편입니다. 야생마를 길들이듯 부러지는 경험을 하게 하는 거죠." 그는 털이 덥수룩한 발가락으로 진입로 주변에 널브러진, 레이블을 붙이지 않은 병들을 가리켰다. "그런 것도 가능하다는 걸 보여줍니다."

맨발의 브라이언은 마치 판Pan■ 같은 협잡꾼으로 보였고, 그가 만든

■   그리스 신화에 나오는 목동과 가축의 신. 반인반수의 모습이다. 호색한이었고, 사람을 갑자기 공포에 사로잡히게 하는 능력이 있다. 공포를 뜻하는 패닉panic은 pan에서 유래했다.

맥주는 마법 같았다. 그런 맥주가 세상에 실제로 존재하는 것도 대단하지만 사실 더 큰 의미가 있다. 브라이언의 맥주는 한곳에 뿌리를 두고 있지만 마시는 사람들을 다른 공간으로 이동시킨다. 시에라 밖까지, 뉴잉글랜드로 가족 여행을 갔던 기억을 찾아 브라이언의 뜰에 있는 나무 꼭대기까지 이동하게 한다. 그는 샤먼이고 그가 제조한 약은 맥주다. 사람을 공간 이동시키는 맥주.

먼지가 자욱한 화창한 오후, 워킹 포 팁스는 나를 북쪽 소나무 숲 깊숙이 들어가게 했다. 술을 마시는 사이, 와인 지역의 태양이 나뭇가지 뒤에서 반짝였다. 대기는 차가워졌고 세상은 안개에 뒤덮였다. 브라이언의 뜰은 이미 세상과 멀찍이 떨어져 있었고, 이제 나도 사람들에게서 완전히 멀어졌다. 여기저기 괴물 같은 게 있다. 나무 맛이 나는 맥주? 이건 맥주가 아니다. 그렇지 않은가?

오늘날 맥주를 안다고 자부하는 이들은 왕년의 그리스 로마시대 와인 속물처럼 카탈로그와 카테고리에 집착한다. 오늘날 맥주의 세계는 IPA와 더블 IPA 그리고 IBU▪와 알파산alpha acid▪▪ 퍼센트로 분석된다. 예전에는 와인 그리고 와인 아닌 술로 나뉘었다. 그리스인은 와인의 맛과 용도라는 두 가지 기준으로 와인을 50종 이상으로 나열해 설명했다. 눈이 하나였던 아테네 출신 극작가 헤르미푸스는 사프리안 와인에서 제비꽃과 장미꽃 향이 난다고 했다. 아르카디아산 와인은 산모의 분만을 유도하는 데 도움이 된다고 전해지고, 잔테 와인Zante wine은 특히 독했다

▪   International Bittering Units, 보통 IBU로 표기하며 맥주의 쓴 정도를 나타낸다. 1~100까지의 숫자로 표시되며 숫자가 클수록 쓴맛이 강하다.
▪▪   홉 안에 들어 있는 르플린에서 나오는 쓴맛을 조절할 수 있다. IBU를 계산할 때 중요하다.

고 한다. 크레타섬, 이오니아, 로도스섬 같은 곳에서 온 이국적인 외국 와인은 귀해서 물에 섞어(그리스인은 바닷물을 섞으면 맛이 부드러워진다고 생각했다) 천천히 마셨다. 로마시대 작가 카토는 『농업에 관하여De Agri cultura』에 여러 피클과 케이크 레시피를 담았다. 그리고 중간중간 적절한 포도밭의 크기(90이우게라, 약 240제곱미터)에 대한 것부터 포도밭 농사꾼에게 제공할 음식과 의류(소박한 개수였음)에 이르기까지 실로 많은 정보를 알려준다. 카토의 제자였던 콜루멜라는 포도나무 약 20종을 조사해 대략적인 유전 정보를 스승의 기록에 추가했다. 로마제국이 팽창하면서 포도에 대한 지식도 널리 알려졌다. 사람들은 어떤 종이 어느 지역에서 가장 잘 자라는지, 어떤 토양과 날씨에서 어떤 맛의 포도가 나는지 알게 되었다. 트라이카 화이트 와인은 맛이 형편없었다. 맛이 좋기로 유명한 키오스섬의 페닌 레드 와인은 로마 시인 베르길리우스가 와인의 왕이라고 부를 정도였다. 로마인은 '테루아terroir'▪도 알아가기 시작했다. 다른 땅에서는 다른 맛의 포도가 자라며, 그 땅에서 난 포도로 만든 와인은 맛이 달랐다.

그리고 맥주도 있었다. 로마 군단은 카토의 분류에도, 콜루멜라의 분류에도 속하지 않는 새로운 음료를 제국의 변두리에서 맞닥뜨렸다. 서력 기원이 시작될 즈음, 이집트와 바빌론에 있던 공장 규모의 양조장은 모래 속으로 자취를 감췄다. 하지만 브루어 자체는 사라진 게 아니라 유럽의 국경 지방, 동부 산악 지대와 초원 지역, 북쪽의 늪지와 숲으로 흩어진 것이었고 나중에 로마인이 그들을 재발견했다.

▪ 토양, 포도 품종, 기후 등 와인을 재배하기 위한 여러 자연 조건을 가리키는 말.

로마에서 와인은 땅의 신이 하사한 음료였다. 와인의 효과도 마찬가지였다. 로마인은 와인을 아편, 맨드레이크 그리고 천연 마약 성분이 있는 식물과 같은 그룹으로 묶어, 한마디로 강력하지만 몸에 좋은 음식이라고 생각했다. 하지만 맥주에 대한 시각은 달랐다. 아마도 나중에 브루어들이 '크라우젠krausen'■이라고 이름 붙인 뚜렷한 거품이 생긴 것을 보고 와인보다 더 강렬하게 발효해서라고 생각했을 수도 있다. 아니면 로마인은 양조하기 위해 곡식을 준비하고 발아시키는 단계를 일종의 '제조'라고 여겨서 맥주를 수준 낮은 음료로 취급했을지도 모른다. 맥주는 만들어야 하고 단계를 거쳐야 한다. 갑자기 생기거나 이미 만들어져 있는 음식이 아니었다. 로마인은 곡식이 '썩거나' 기형이 됐다고 여겼고, 맥주를 "양조된 것"이라고 불렀다. 즉 인위적으로 만들어진 제품이라는 뜻이다. 와인과 달리 맥주는 자연의 산물이 아니었다. 신의 선물은 더더욱 아니었다. 그저 인간의 더러운 도장이 찍힌 제품이었다.

지금까지 모든 책은 갈등을 다뤄왔다. 날것과 요리된 것 그리고 자연과 양식 사이의 갈등이 잔디밭에서부터 문학까지(마이클 폴란의 『두 번째 자연Second Nature』, 레오 마르크스의 『정원의 기계The Machine in the Garden』) 우리 삶 전반에 걸쳐 어떻게 잔잔한 파문을 일으켰는지 이야기한다. 맥주가 확실한 예다. 어느 지점에서 마술이 끝나고 예술이 시작되는가? 브루어는 자연에 매여 있는가 아니면 자연을 통제하고 있는가? 시인이자 비평가인 프레더릭 터너는 『래펌의 계간지lapham's quarterly』의 자연을 다룬 글에서 유전공학의 기술과 인류 최초의 양조 효모 실험 사이에 선을

■　　발효조 위에서 가스에 효모가 붙어서 만들어지는 풍성한 거품.

분명히 그었다. 인류는 세계를 형성할 때 신인 척했고, 그러면서 자연스럽게 신성에서 더 멀어졌다. 그러나 터너는 셰익스피어를 인용하며 이렇게 말했다. "이건 예술이다. 자연을 고친, 사실은 자연을 바꾼 것이다. 하지만 예술 그 자체가 자연이다." 다시 말하면, 사실 복잡하다.

로마인 비평가의 말도 일리는 있다. 와인은 그냥 생겼다. 설탕과 포도가 귀한 지역에 사는 사람들은 고생을 해야 했지만, 와인을 만드는 일은 그저 과일즙을 아주 오래 놔두면 될 만큼 단순했다. 그에 반해 맥주를 빚는 사람들은 많은 노력을 기울여야 했다. 특히 지중해에서 먼 추운 지역에 살았던 브루어는 그냥 주변에 있는 재료를 사용했다. 기원전 7세기, 펠트를 덧댄 말안장을 탔던 동부 초원의 유목민은 유럽에 정착해 살면서 구할 수 있는 재료가 있으면 뭐든 술로 만들었다. 말을 타고 야생초와 과일을 찾기 위해 길을 떠났다가 꿀이나 심지어 말 젖까지 안장 주머니에 넣어 걸쭉한 액체로 발효시켰다. 맥주는 그야말로 길에서 태어난 음료였다. 곡물, 과일, 꿀과 허브를 뒤죽박죽 섞은 혼합물이었다. 줄리언은 야만적인 음료라며 이렇게 풍자했다.[4] "그럼 켈트족은 포도가 부족해서 곡물을 넣어 만들었을까?" 베르길리우스는 농업에 바치는 헌시 「게오르기카Georgica」에서 유라시아 스키타이 유목민 부족은 "포도 음료를 흉내내려고 밀과 시큼한 로언베리를 사용했다"라고 했다. 한때 바빌로니아였던 극동 지역에 살았던 부족은 수메르인 조상에게 힌트를 얻어 대추야자를 사용했다. 3세기 그리스인의 삶을 그린 15권 분량의 『데이프노소피스트Deipnosophists』는 대부분 사치스러운 저녁 식사를 묘사하고 있는데, 그리스의 현인이자 평론가 아테네우스가 자신의 고급스러운 취향과 야만 부족이 마셨던 술을 비교하면서 "밀로 만든 맥주에는 꿀을 넣는데, 꿀이 전혀 들어가지 않을 때도 많았다"라고 기록했다.

유목민이 생가죽 주머니에 꽉 채워 말갈기에 대롱대롱 매달고 다니던 곡식은 그들이 북유럽을 횡단하다 멈춘 곳에 뿌리를 내렸다. 게르만 부족은 기원전 5000년까지 밀과 보리 농사를 했고, 영국 제도의 켈트족이 곧 뒤를 이었다. 얼마 지나지 않아 첫 번째 양조장이 등장했다. 최초의 양조장은 기원전 3000년 스코틀랜드 해안 북쪽 오크니섬에 있는 스캐러 브레이라는 마을에 세워졌다. 다른 양조장도 똑같이 척박한 외딴곳에 문을 열었다. 발파지, 애시그로브, 마크리 무어, 그리고 럼섬의 킨로크처럼 먼 곳이었다.[5] 그곳의 양조장은 이집트처럼 거대한 공장 규모가 아니라 변방의 전초기지 같은 형태였다. 유목민 시대가 지나갔으니 양조가 자리를 잡고 체계를 갖췄을지 몰라도 아직은 여전히 어설펐다. 곡물을 맥아로 만들고 건조하거나 가마에서 구워, 겨우내 낟알을 보관하는 과정은 특히 조잡했다. 그냥 도랑에 곡물을 쌓고 뜨거운 재로 덮어 연기 속에서 굽는 수준이었다. 하지만 그런 가마도 드물어, 독일 북부 호흐도르프 주변 몇 곳에서만 증거를 찾을 수 있다. 북유럽의 변화무쌍한 날씨와 지형은 양조 기반을 갖추기 위한 곡식을 충분히 생산할 수 없었다. 게다가 게르만족과 앵글로색슨족은 사막에 물을 대던 거대한 바빌론 도시에 비해 중앙조직화가 많이 되지 않았다. 거기서는 빵을 만들기보다는 요새를 짓는 게 나았다.

브루어는 그들이 생산할 수 있는 적은 양의 곡식에다 유목민 조상들이 그랬던 것처럼 주변에서 수집한 재료를 넣어 양을 늘렸다. 나무 수액, 꿀, 체리, 호로딸기(클라우드베리), 월귤을 넣고 운이 좋으면 로마 와인도 한 잔 넣을 수 있었다.[6] 맥주는 온갖 술을 다 섞은 것이었고 맥주를 묘사하는 용어도 각양각색이었다.

　근대 양조 용어의 어원을 신석기시대까지 추적하다보면 어원이 같은 말, 파생어, 뻔한 추측이 뒤얽힌 덤불로 순식간에 빠질 수밖에 없다. '맥주'는 '마시다'라는 뜻의 라틴어 'bibere'까지 거슬러 올라가고, 어쩌면 보리나 꿀벌을 뜻하는 단어까지 올라가야 할 판이다. 고대 그리스에서 'methe'는 벌꿀 술을 의미할 뿐 아니라 단순히 '강하다'는 뜻이었다. 인도 아리아어로 'madhu'는 꿀이나 벌꿀 술을 의미하거나 그냥 "달콤한 음료수"를 의미하기도 했다. 게르만족은 'medu' 'ealu' 'win' 그리고 'beor'를 벌꿀 술, 에일, 와인, 맥주라는 의미로 쓴 것 같지만 아닐 가능성도 있다. 고대 영어 'beor'는(게르만족 언어로 'björr') 어떤 경우, 달콤하고 알코올이 들어간 모든 음료를 의미하기도 했다. 그 단어는 보리와 뿌리가 같을 수도 있고 아니면 완전히 다른, 다시 말해 사과주나 일부 언어학자의 의견으로는 냉각 증류한 술까지 의미할 수도 있다.

　알아내기 더 어려운 이유는 유럽의 신석기시대 음주와 관련된 언어는 편리한 2개 국어로 쓴 음식 사전이나 농업 교본 형식이 아닌 거의 시 형태로 보존되어 있기 때문이다. 이런 시적인 표현은 문장을 명확히 파악하기 힘들다. 시인들은 운율과 각운의 규칙에 근거해 알코올과 관련된 용어를 전반적으로 바꾸어가며 사용하는 듯하다. 예를 들면,「베어울프」에서 흐로트가르 왕의 연회장을 뜻하는 헤오롯은 여러 차례 와인 홀, 벌꿀 술 홀, 맥주 홀로 불렸다. 10세기에 앵글로색슨족이 쓴 시「포춘스 오브 멘Fortunes of Men」은 하나의 연에서 다음과 같이 세 가지 표현을 모두 사용하고 있다. "칼의 예리한 날로 벨 것이다 / 벌꿀 술 식탁에 앉아 있는, 에일을 잔뜩 마신 화가 난 술주정뱅이에 의해 / 와인을 잔뜩 마셔

취해―말주변이 대단하구나."

카토는 용어를 절대 이런 식으로 성의 없게 사용하지 않았을 것이다. 하지만 게르만족은 단어를 정의하는 일보다는 음주에 더 관심이 많았다. 역사가 앤 헤이건은 앵글로색슨족의 요리에 관한 개론에서 이렇게 적었다. "벌꿀 술을 가리키는 거의 모든 단어는 감정을 나타내는 단어입니다." 'medu' 'meodu' 'ealu' 같은 단어는 특정 술을 가리키기보다는 "음주, 하면 떠오르는 시끄러운" 분위기를 연상하는 데 사용되었다. 벌꿀 술 또는 'ealu' 'win' 'beor' 같은 단어는 단지 술을 뜻하는 게 아니라 술을 마신다는 생각을 표현하는 단어였다. 브라이언의 맥주처럼 정확히 '어떤 맥주'인지가 중요한 게 아니라, 어떤 맛이 나는지 그리고 맥주가 어떤 역할을 했는지가 중요하다.

북유럽 게르만족의 맥주 파티는 로마인들처럼 와인을 마시며 온화한 분위기에서 진행되는 토론회 같은 게 아니었다. 로도스섬의 히에로니무스가 말한 "스키타이인■처럼 행동하는 것"은 뻗을 때까지 퍼마셨다는 뜻이다. 기병들은 "맥주를 옷에 들이붓는" 방식으로 술에 취했다고 한다. 시인이자 초기 가톨릭 주교 베난티우스 포르투나투스는 6세기에 게르만족이 술 마시는 모습을 보고 이렇게 썼다. 사람들은 "미친 사람처럼 굴었고 상대방의 건강을 해칠 셈인 양 경쟁하듯 마셔댔다. 살아서 나가면 운이 좋은 걸로 여겨야 했다". 스웨덴 식물학자 칼 린네는 18세기에 전통적인 게르만 결혼식에서 마시던, 펜넬■■ 같은 식물을 넣은 맥주는

■   기원전 6세기~기원전 3세기에 남부 러시아 초원 지대에서 살던 유목 민족. 용맹하고 말을 잘 타기로 유명했다.
■■ 미나릿과의 한두해살이 풀. 지중해 연안이 원산지다.

너무 독해서 "사람이 균형을 잃을 정도였다"라고 썼다. 그리고 밤새 술을 마신 "손님들은 정신이 나갈 지경이었다"라고 기록했다.

이런 식의 술잔치가 어땠는지 좀더 이해하기 위해 나는 연회 이튿날의 잔재를 찬찬히 살펴보았다. 스키타이인의 한증막 아래 모닥불을 지핀 곳에 새까맣게 탄 대마초 씨, 북유럽족의 늪지 무덤에 있는 거대한 고블릿과 술통, 잊혔던 환각제에 대한 시적인 참고문헌들. 이런 부족들은 그저 음식이나 지위를 이유로 술을 마신 게 아니었다. 이런 맥주로 군대를 먹이거나, 피라미드를 건설하거나, 귀한 손님에게 좋은 인상을 심어줄 수는 없다. 머리가 깨지도록 취하게 될 것이다.

이제 샤먼이 등장한다. 문명의 변두리에 사는 사람들이라 해서 완전히 체계가 없는 건 아니었다. 왕과 족장, 장군과 지휘관이 있었다. 물론 종교도 있었다. 하지만 수메르나 그리스, 로마처럼 더 안정된 문명을 이룩했음을 보여주는 사원이나 예배용 건물은 없었다. 그들의 종교 의식은 샤먼을 중심으로 진행되었다. 샤먼은 일종의 다목적 지역 지도자였다. 단지 치료자나 성직자가 아닌, 인간과 신들의 세계의 영매이자 통역사였다. 민족지학자 피어스 비텝스키는 전 세계 샤먼 종교의 체계를 설명한 안내서에서 이렇게 설명한다. "샤먼은 치료자이자 마법사요, 인간이자 신성한 존재였고, 인간이자 동물이었으며, 남자이자 여자였다." 샤먼은 문지기였고, 맥주는 다른 영역으로 가는 그의 열쇠였다.7 비텝스키는 "샤먼의 논리는 영혼이 육체를 떠날 수 있다는 전제로 시작한다"라고 설명한다. 영적인 세계로 가는 여행은 육체와의 연결을 끊어버리는, 본질적으로 파괴적인 행위다. 샤먼의 종교 의식은 절단, 고문, 단식, 혼수상태 그리고 대개 술을 마셔 자의식을 바꾸는 경우가 많았다. 문화역사학자 볼프강 시벨부슈는 이렇게 기록했다. "사람이 술을 마시면 영혼은 다른 무언가와 동화되고, 마시는 술의 양과 비례해 자신의 영혼을 잃어버린다." 샤먼과 그(또는 그녀 또는 그것)의 마법에 걸린 사람은 곰, 사슴, 괴물, 야인이 되었다. 다시 말해 길가메시가 아니라 엔키두가 되었다. 이건 교양을 통한 깨달음이 아니었다. 퇴화를 통한 깨달음이었다.

알코올은 출입구였고, 민족지학자의 표현을 빌리자면 엔테오젠 entheogen이었다. 그리스어로 "안에서 신을 만듦"이라는 뜻의 엔테오젠은 종교에서 사용하는 물질이기도 하고, 신성이나 영적 차원을 이해하는 도구나 경로이기도 하다. 술에 취한 상태로 근래에 사망한 사람과 의식적으로 교감하곤 했다. 예를 들어, 게르만족은 이를 "죽음으로 가는"이란 뜻의 '토텐폴게totenfolge'라고 했다. 한 역사가에 의하면 이런 행위는 독주로 결속을 다지는 행위였다. 술은 단순히 미다스의 연회처럼 그냥 축하할 때 마시는 음료가 아니라 변화시키는 힘이 있었다. "살아 있는 자 중 남은 자를 일종의 초월적인, 초자연적인 상태로 변화시킨다." 하지만 이런 음료 중에서 알코올만이 유일한 마법은 아니었다.

북유럽 샤먼 브루어들은 포도는 부족했지만 약제사가 많아서 이들을 활용할 수 있었다. 예를 들어, 고고학자들은 스캐러 브레이에 있는 최초의 양조장 유적에서 사리풀, 독미나리, 조팝나무, 까마중으로 만든 맥주의 잔재를 발견했다. 베난티우스 포르투나투스가 옳았다. 그는 단순히 난잡한 술판을 목격한 게 아니었다. 이런 재료로 만든 맥주는 정말 자극적이다. 독미나리는 잘 알려진 독이고, 사리풀에는 몸이 붕 뜨는 기분을 느끼게 하는 마약 성분이 들어 있다. 이것은 소위 마녀가 날 수 있게 하는 물약에 흔히 쓰이는 재료였다. 까마중이나 벨라도나는 신경 체계를 방해하고 의식을 혼미하게 해 환각 상태에 빠지게 한다. (아이러니하게 도 종교재판에서 똑같은 물약을 만들던 마녀를 고문해 자백하도록 하는 데도 사용되었다.) 조팝나무는 그중에서 가장 순했지만 그래도 완전히 무해한 건 아니었다. 조팝나무에는 아스피린에 함유된 것과 동일한 소염제 화학 성분이 들어 있다.

영적 차원을 느끼게 하는 맥주는 심지어 이런 맥주들보다 더 강력했을 것이다. 일부 게르만족 샤먼은 썩은 보리나 호밀에 자라는 기생 곰팡이나 맥각Claviceps purpurea을 좋아했다. 고고학자들은 땅에 묻혀 있던 미라의 내장에서 못 보고 지나칠 수 없을 정도로 퉁퉁 불은 보라색 낟알을 발견했다. 맥각은 강력한 물질이다. 곰팡이에는 LSD와 부분적으로 동일한 화학물이 있다. 좋은 점은 강한 환각 작용과 함께 열광적으로 춤을 춘다는 것이다. 의사들은 이것을 "발작적인 맥각 중독"이라고 한다. 나쁜 점은 "괴저성 맥각 중독"으로, 복부 통증과 발작이 있고, 사지가 타는 듯한 기분이 들다가, 결국은 사망에 이른다. 괴저성 맥각 중독은 변종 곰팡이에 의해 발생한다고 보지만 확실히 파악할 수 있는 피실험자가 부족하다.

버섯은 또 다른 흔한 첨가물이었다. 19세기 동부 러시아의 탐험가는 캄차카반도의 코랴크족이 "빨간 버섯에서 추출한 성분으로 (브랜디와) 똑같은 독한 술을 만들어냈다"고 썼다. 그 버섯은 『미국 북부와 캐나다의 독버섯Poisonous Mushrooms of the Northern United States and Canada』에 따르면, "만취 상태, 감각기관 교란, 조증 행동, 망상 증세 그리고 죽은 듯이 자는 증상"을 일으키는 이보텐산과 뉴로톡신(신경독) 성분을 포함하고 있는 '광대 버섯Amanita muscaria'일 가능성이 높다. 버섯을 매우 좋아하는 사람은 위 증상 중 죽은 듯이 자는 일시적인 혼수상태가 서양 종교에서 부활의 근거로 쓰였다고 말한다. 알제리의 고대 유적지 타실리나제르의 산에 그려져 있는, 더듬이를 달고 버섯을 짊어진 "꿀벌 사람" 동굴 벽화에서부터 과테말라 정글에 있는 석상 조각까지, 버섯의 이미지는 샤먼의 종교 예술 작품에서 쉽게 찾을 수 있다. 어떤 이는 스톤헨지가 요정의 고리라고 불리는 둥근 버섯이 난 자리를 기초로 놓인 거라고 믿기도 한다.

그리고 소마soma, 박주가릿과 덩굴식물가 있다. 동부 베다와 조로아스터 종교의 고대 기록에 소마라는 제의용 술이 나온다. 소마는 양털로 거른 다음, 환각 유발성 식물과 활력을 주는 식물을 첨가한 술이다. 그렇다면 정확히 어떤 식물인가? 그건 아무도 모른다. '보어beor'처럼 소마도 끝없는 즐거움과 어지러움을 느끼게 하는 술이었다. 토대는 아마도 쿠미스kumys▪ 같은 발효시킨 말 젖일 것이다. 하지만 식물 자체를 알아내긴 힘들다. 아스클레피아스milkweed, 박주가릿과의 한 속나 대마초, 모르몬 티라고도 하는 자극성 약초인 마황일 가능성도 있다. 혹은 '무스카리아'나 '환각 버섯Psilocybe cubensis' 같은 다른 버섯일지도 모른다. 베다어로 쓰인 찬가 모음집 『리그베다Rigveda』에는 술을 찬양하는 노래가 114곡 들어 있다. 「신들을 위한 신」이나 「신들의 창조자」 같은 노래들이다. 어떤 성가는 "우리는 소마를 마셨고 불멸의 존재가 되었다네. 빛을 얻었다네"라고 노래한다. 고대 게르만족 대하소설에도 소마에 관한 기록이 있지만 시 형태라 불분명하다. 민족식물학자 테런스 매케나는 버섯을 찬양하는 책 『신들의 음식Food of the

▪   말, 소, 양 등의 젖을 발효시킨 것으로, 몽골과 중앙아시아 등지에서 주로 먹는다.

Gods』에서 "이미 사라진 지 오래된 언어로 설명한 부분만 조금 남아 있다"라고 썼다.

그래도 소마의 전설은 계속되고 있다. 동쪽의 전통이 수 세기에 걸쳐 북쪽으로 전해지면서 게르만족은 벌꿀 술 이야기에 그들이 숭배하던 신들과 신화, 음주 문화를 섞어 소마가 갖고 있던 힘을 벌꿀 술로 이동시켰다. 소마는 현인 크바시르(신의 침으로 창조되었다)의 피로 양조한 수퉁어의 벌꿀 술Mead of Suttungr이 되었다. 원래 소마를 마셔도 그랬듯, 이 신성한 술을 맛본 사람이라면 누구든 시인이 되었다. 벌꿀 술을 벌컥벌컥 들이켠 오딘▪은 인간을 향해 술을 뱉었고 인류는 그 술을 마시고 깨달음을 얻었다.[8]

로마인과 이방인에게는 모두 나름의 종교 체계가 있었지만 로마인은 자신들이 알아낸 것을 더 깊이 연구하고 분명히 규정하고 관리하면서 종교를 더 잘 이해했다. 하지만 이방인들은 그렇게 하지 않았다. 소마나 맥각 맥주를 마시면, 단순히 술을 마신다는 행위를 넘어 다른 세계로 이동하는 듯한 기분이 들고, 익숙한 육체의 세계를 이해하는 방법을 알게 되는데, 이런 것이 사람의 의식과 관점을 바꿔놓았다. 술에 취한 느낌은 술에 취하지 않은 맑은 정신에 새로운 의미를 부여했다. 짧은 순간 죽음을 경험하면 살아 있음에 더 감사하게 되는 것처럼 말이다. 테런스 매케나는 이 무너지는 듯한 경험을 "반전의 의식" 또는 "술에 취한 퇴보"라고 불렀다. 즉 "반쯤 조절할 수 있는 방탕과 신성한 영적 세계의 중간"의 시작이었다.

▪   북유럽 신화에 나오는 신으로, 게르만족이 숭배했다. 독일어로는 '보탄'이며, 수요일 Wednesday의 어원이기도 하다.

샤먼 브루어들은 냉엄한 현실을 다른 차원으로 이동시키는 방법을 이해하면서, 사회적 위치를 우리와 그들, 술 취한 자와 정신이 맑은 자, 건강한 자와 병든 자로 정리했다. 음주는 죽은 자와 영적인 존재들이 서로 소통, 교감하게 했다. 그건 샘 칼라지온이 개최하는 후터내니hootenanny■ 같은 파티나, 포르투나투스가 말한 "미친 사람"이 벌일 법한 시끌벅적한 행사가 아닌 종교 의식이었고, 사회를 결속해주던 중요한 형태였다.

이러한 음주는 단체 활동이었다. 술의 향정신성은 위험했으므로 사람들은 부족 안에서 안전하게 마셨다. 파티에서 멀찍이 서서 구경만 하고 춤출 상대도 없던 불쌍한 포르투나투스가 그토록 겁을 먹었던 것도 놀랄 일은 아니다. 그래도 사람들은 규칙을 바꾸기도 했고 심지어 어기기도 했다. 알코올 중독에 관한 『뉴요커』 기사에서 맬컴 글래드웰은 볼리비아 정글에서 원시 부족 캄바의 음주 습관을 연구한 예일대 출신의 인류학자 부부 이야기를 쓴 적이 있다. 부부는 매주 열렸던 부족의 술잔치에 참석했다. 잔치에 쓰인 술은 180프루프proof, 알코올 도수 90도짜리 저질 럼주였다. 글래드웰은 "실험실에서 쓰는 에탄올 수준으로, 과학자들이 세포 조직을 응고시킬 때 사용하는 농축액이다"라고 적었다. 그럼에도 캄바는 대체로 건강하고 평화로운 부족이었다. "사회 병리학도 언쟁도 없고, 분쟁이나 성폭행, 언어적 공격도 없었습니다. 알코올 중독도 없고요." 이유가 무엇일까? "캄바족은 술을 혼자서 마시지 않았습니다. 주중에도 마시지 않았죠. 그리고 정교하게 짜인 의례 체계 안에서만 마셨습니다."

■　　　민속음악 연주 모임이란 뜻으로 도그피시에서 매년 여는 파티.

의례는 술잔에 기록되어 있다. 북미 원주민의 굴 무더기에서부터 태평양의 거대한 쓰레기 더미에 이르기까지 모든 문명은 숨길 수 없는 잔재를 남겼다. 그리고 신석기 유럽인은 자신들의 문화를 컵에 기록했다. 암포라,■ 플래건, 거르개, 항아리 그리고 야생 소의 뿔, 적군의 두개골, 움푹 파인 모양의 오늘날의 유리잔 '마스크루크'의 조상격인, 줄무늬로 골을 낸 종 모양의 컵과 손잡이가 달린 커다란 맥주잔 '탱커드'에 이르기까지, 이 수많은 잔들은 매년 열리는 옥토버페스트에서 늘 뜨거운 이슈다. 물론 거대한 콜드런cauldron, 가마솥도 빼놓을 수 없다. 슈투트가르트 근처 한 무덤에는 40세의 한 남자가 화려했던 삶을 과시하려는 듯 온갖 장식과 도구들과 함께 잠들어 있다. 금을 박아 넣은 뾰족한 가죽 신발, 1.5갤런약 5.6리터의 술을 넣어 마시던 길이 3피트 이상 되는 뿔과 심지어 130갤런약 492리터짜리 콜드런까지 있다. (지금까지 발견된 것 중 가장 크지는 않다. 고대 북유럽의 발레리나 무덤 안에서는 317갤런1199리터짜리가 발굴되었으니 말이다.)

사람들은 이런 콜드런을 들고 건배하며 안녕을 빌었다. 볼프강 시벨부슈는 "신이 아닌 인간에게 바치는 희생 제물"이라고 표현했다. 음주는 계층을 평등하게도 하고 나누기도 했다. 한 역사가는 바이킹들의 미드홀mead-hall■■에서 존재했던 서열을 설명했다. "술을 건네받는 순서로 참석자의 상대적인 지위를 알 수 있다. 왕이 맨 먼저 받고, 그다음 고위층이 그리고 마지막에 가장 어리고 낮은 층이 받는다." 잔을 돌리면 서열이

■　　　고대 그리스 로마시대에 쓰던 양 손잡이가 달린 목이 좁은 큰 항아리.
■■　　독일 등 북유럽에 있었던 일종의 마을회관. 왕이나 군주가 지역사회 문제를 감독, 관장하는 공간으로 사용했다.

생겼고, 잔을 비우면 서열이 사라졌다. 베어울프를 처음 만난 흐로스가르 왕은 연회를 베풀며 말했다. 벌꿀 술을 마시며 긴장을 풀고 "그대의 이야기 꾸러미를 풀어보아라". 왕과 손님과 신하들은 술을 마시며 형제가 되었다.

그럼 오늘날은 어떠한가. 대학 친구들과 기분 좋게 파인트 잔을 기울이거나, 동아리방에서 키스톤 라이트(맥주 브랜드)를 가득 채운 콜드런을 들고 케그 스탠드를 하는 것까지, 술을 마신다는 건 유대감을 쌓는 행위다. 혹시 괜찮은 샤먼을 알고 있다면, 그는 수레박하 잎과 서양톱풀로 맛을 낼 것이다. 브라이언의 보조 브루어 중, 코걸이를 하고 체격이 건장한 제프 바클리는 신년 전야 파티에 가져갔던, 래브라도 차를 넣어 만든 맥주 한 통을 떠올렸다. 진달래속 식물인 래브라도 차는 마약 성분이 약간 포함되어 있거나 테르펜,$^{■}$ 레돌$^{■■}$ 성분이 들어 있다. 애서배스카족$^{■■■}$과 이누이트족은 치통이 있을 때 잎을 씹거나 차로 우려 마셔서 진통 효과를 보았다. 맥주에서 효과는 더 두드러진다. "분위기가 변하는 게 느껴집니다." 자세한 설명을 하지 않으려는 건지, 아니면 자세히 설명할 수 없는 건지 제프는 점점 작은 목소리로 말했다.

래브라도 차는 브라이언의 약제 가방 안에 들어 있는 도구 중 하나일 뿐이다. 내가 가방 안을 들여다봐도 되냐고 물었다. 우리는 거의 쓰러지다시피 걸어나와 차도 근처 작업장으로 발을 질질 끌며 걸어갔다. (돌아

■　　 식물계에 널리 분포하는 유기 화합물. 향료, 의약품, 화학 공업의 원료로 쓰인다.
■■　 수면제로 쓰이는 성분.
■■■ 캐나다, 알래스카 등에 거주하는 북아메리카 인디언의 하나.

가는 길에 참았던 화장실에 들렀는데 누렇게 변색된 버드와이저 캔이 두 그루의 나무 사이에 대롱대롱 매달려 있었다. "잘하면 캔을 회전시킬 수도 있어요"라고 제프가 말했다.)

브라이언은 맨발로 아무렇지 않게 자갈밭을 저벅저벅 걸어가 작업장 문을 열었다. 안에는 상자며 가방들이 무질서하게 가득 쌓여 있었다. "가방 안에 들어 있는 게 정확히 뭐죠? 이거 홉은 아닌 거 같은데요." 내 말에 브라이언이 히죽 웃었다.[9] "아닙니다. 멀리 구석에 있는 건 쑥입니다. 그리고 진달래 잎처럼 보이거나 말려 올라간 게 꼭 올리브 잎 같은 이 잎은 사실 래브라도 차입니다. 보니까 이건 서양톱풀이네요. 여기 있는 건 수레박하 잎이거나 향수박하입니다. 어딘가 우엉 뿌리도 있을 텐데." 그는 대팻밥으로 가득 찬 투명한 가방을 끌어내렸다. "이게 북미산 편백과 나무입니다. 어릴 때부터 시에라산맥을 자주 다니면서 이 나무의 냄새를 맡는 걸 좋아했죠. 그런데 올해는 나무가 안 좋아요. 아주 강한 천상의 향이 빠져버렸죠." 그는 '맥주 공식 용어'를 사용하지 않고 말하며 멍하니 손가락을 흔들더니 맨발로 땅을 쾅쾅 굴렀다. "땅이 너무 찐득해요. 망했어. 완전히 망했어요."

브라이언이 계절에 따라 변하는 미국 삼나무의 향에 대해 그리고 동부 삼나무와 서부 삼나무의 차이에 대해 장황히 설명하는 걸 들으면서, 나는 그의 맥주가 엔테오젠 변화에 관한 맥주인 만큼 특정 공간과 시간에 관한 맥주라는 걸 깨달았다. 삼나무로 만든 맥주는 브라이언을 햄스터를 기르던 어린 시절로 돌아가게 했을 뿐 아니라 이곳에 정착해 살게 했다. "있는 걸 사용하는 거죠. 모든 맥주는 문화적·경제적 이유와 더불어 정부의 필요와 정치적인 이유로 생겼습니다. 다른 곳에서 만든 맥주를 베끼면 완전히 모조품인 거죠." 그러므로 데스 앤드 텍시스처럼 무거운 맛의 맥주는 가벼운 캘리포니아 음식과 어울리고, 더 무거운 맛의 유럽식 로스트 요리나 슈니첼일종의 커틀릿과는 어울리지 않는다. 그러니 지구에서 저 멀리 떨어진 곳에서 이국적인 재료를 찾아 헤매느니, 브라이언은 근처에서 구할 수 있는 온갖 허브를 사용하는 것이다. 그는 근처에 있는 동종 요법homeopathy, 일종의 대체의학 의과대학에서 알고 지내는 약초 전문가의 도움을 받아 재료를 골랐다. "학교에 가서 온갖 야생 식물이란 식물은 다 맛을 봤습니다. 전문가 친구가 '4.8킬로미터쯤 떨어진 동네에 농부가 한 사람 있는데, 그녀를 만나보세요. 수레박하와 쑥을 키우거든요'라고 하더군요. 그래서 그 농부에게서 재료를 받습니다. 만약 이런 재료를 수입해서 쓴다면 내가 뭘 받을지 어떻게 알겠어요? 이게 내 방식의 '테루아'입니다." 만약 누렇게 변색된 버드와이저 캔이 맥주 산업에서 브라이언이 서 있는 위치를 나타내는 적절한 상징물이라면, 다른 버려진 병들은 그가 지방색을 받아들였다는 걸 상징한다. 반쯤 묻혀 있는 마른 잎더미에서 지구상에서 최고의 맥주라고 칭송받는 베스트블레테렌Westvleteren 12가 눈에 들어왔다. 맥주를 사랑하는 사람으로서 이런 야생의 숲에서 이국적인 보물을 찾아낸 건 굿윌기부 물품 판매처에서 구찌 명품을 발견한 것처럼 어울리지 않아 보였다. 그런 매력적인 수입품도 이 야생 흙더미에서는 빛을 잃은 듯했다.

로마의 작가 카토와 그의 제자는 수입 와인에서 상하 관계를 목격했다. 그들은 진귀한 베스티베스트블레테렌의 애칭에 넋을 빼앗겼을 것이다. 하지만 브라이언과 동료 샤먼들은 주변의 도움을 받았다. 이런 종류의 맥주를 다르게 받아들인 양조장과 그 맥주 맛을 보려면 전화로 일을 할 수는 없었다. 또 다른 순례길에 올라야 했다.

　나는 두 번째 샤먼을 4800킬로미터 떨어진 매사추세츠주 케임브리지에서 만났다. 복합 상업 지구에 있는 세련된 MIT 실험실의 유리 건물은 눈부신 가을 햇빛이 반사되어 반짝거렸다. 이곳은 바로 엄격하면서도 독특한 맥주를 만든다는 케임브리지 브루잉 컴퍼니CBC의 고향이다. CBC 브루 마스터 윌 마이어스는 술을 빚는 사람치고 놀랍도록 단정한 모습이었다. 얌전히 빗어 넘긴 머리카락, 단정한 격자무늬 셔츠를 깔끔하게 갈색 칼하트 바지에 집어넣었다. 브라이언이 삼림 지대의 산물이듯, 그는 세련된 대학 분위기의 산물이었다. 그날 오후 윌의 술집은 조용했다. 늦은 점심을 먹는 손님 몇 명만 커다란 샐러드 접시에 코를 박고 찰스 리버 포터Charles River Porter 반 파인트약 300밀리리터를 마시고 있었다. 하지만 아르쿼버스Arquebus나 브렛 세미터리Brett Semetery라는 독특한 이름의, 허브를 넣은 맥주가 나오자 분위기가 달라졌다. "사람들이 완전히 정신을 잃진 않지만, 보면 흥미롭습니다." 윌이 인정했다.

　이제 술집은 조용해졌지만 지하에서는 마술 같은 양조가 진행 중이었다. 나는 윌을 따라 천장 높이가 1미터 50센티미터 정도 되는 배럴 창고 안으로 몸을 숙이며 들어갔다. "조심하세요. 내가 이 창고에서 허리 디스크 세 개가 망가졌습니다." 지하는 술을 찾아 헤매는 트롤의 비밀 동굴 같았다. 배럴이 일렬로 늘어서 있고, 거품이 이는 카보이와 양동이들, 먼지 쌓인 저그, 완전히 밀폐해 덮은 통들이 잔뜩 있었다. 더 먼지가 쌓인 통은 퀴퀴한 냄새가 나는 실내로 활짝 열려 있어 영혼들이 통 안에 살 것 같았다. "가끔 내려와서 잠잘 때 읽는 동화책을 읽어요." 윌이 웃으며 말했다. 그가 만든 맥주 이름은 영국 시인 셸리의 시 「오지만디아스 Ozymandias」와 미국 록 밴드 '피시'의 노래 「나는 질소다 I am Nitrogen」에서 따왔다. 그는 아서왕의 전설을 읽는 게 취미다. 전형적인 아이비리그 히피다. 윌은 학교 다닐 때 "만약 실험실에서 홈 브루잉으로 화학을 가르쳤다면 인생에서 뭘 하며 살지 더 빨리 결정했을 텐데 말입니다"라며 웃었다. 고대 북유럽의 허브가 들어간 맥주를 만들기로 마음먹고 나서 그는 열심히 공부하기 시작했다. 정확하게 제대로 만들고 싶었기 때문이다. 그는 카탈로그를 보고서 허브를 우편으로 주문하려고 했다. "캘리포니아에 있는 히피 허브 딜러에게 전화해서 들버드나무가 있냐고 물었죠. '얼마나 있어요? 다 살게요', 그랬더니 가격이 파운드당 60달러나 하는 겁니다. 그래서 놀고 있는 습지 땅을 가진 친구를 찾아냈죠. 우리는 앉은부채풀을 다 뽑아내고 트럭 한 대 분량의 온갖 식물을 가져다 심었습니다. 지금은 대부분 제가 직접 길러서 씁니다."

윌은 펜치로 배럴의 윗부분에서 못을 하나 빼냈다. 우리가 든 잔 안으로 맥주가 쏟아져 들어왔다. '오지만디아스'는 산미가 강하고 아주 달았으며, '서리스 카세 Cerise Cassée'는 민트 맛에 강한 체리 맛이 나서 목넘김이 얼얼했다. 들버드나무과 서양톱풀, 로즈메리가 들어간 '위카파우그 그루잇 Weekapaug Gruit'은 흙냄새가 나고 타닌이 느껴져 습지에서 레드 와인을 마시는 것 같았다. 떨기나무의 연약한 꽃으로 만든 '헤더 에일 Heather Ale'에서는 묘한 침엽수 향이 희미하게 났다. 그것은 바닷바람에 실려 오는 소나무 냄새로, 마치 배에서 해안 숲 냄새를 맡는 듯했다. "들판에서 헤더 꽃을 찾고 싶었습니다." 윌이 맥주를 처음 만들던 때를 회상했다. "정원사들에게 전화해서 '이번 봄에 들판에 가서 꽃을 좀 잘라도 될까요?'라고 묻는 데만 수년이 걸렸어요. 정원사들은 '왜 그런 짓을 하려고 합니까?' 하고는 전화를 뚝 끊었죠. 그러다가 드디어 허락해준 정원사를 찾았습니다. 정말 신나는 날이었죠. 친구들이랑 양조장에서 만나 차를 타고 가서 아침에 꽃을 따왔습니다. 장바구니 두세 개는 채웠지요. 12파운드 정도 됐을 겁니다." 헤더는 중세 스코틀랜드 양조에서 흔한 재료였다. 나는 윌에게 꽃을 땄던 친구들이 '포그fogg'라는 꽃에서 자라는 곰팡이 이끼의 환각 효과를 알고 있냐고 물었다. 그는 물론 알고 있다고 했다. 정말 그런 효과가 있던가요? 그는 대답하려고 하지 않았다. 친구들과 윌은 자신들만의 방식으로 재미있게 보낸 것 같았다. 꽃을 수확한 다음 "수영 갔다가 랍스터 롤을 먹었죠. 바이킹처럼요" 하고는 그가 웃었다.

윌과 브라이언은 내 멘토가 되었다. 하지만 그들에게도 스승이 있었으니 바로 스티븐 해로드 뷰너다. 수염이 덥수룩하고 안경을 걸치고 베레모를 쓴 뷰너는 자칭 지구 시인으로 그의 책 『신성한 허브 치료 맥주 Sacred and Herbal Healing Beers』는 변방의 맥주 세계에서 일종의 외전外傳으로 통한다. 뷰너를 언급하는 것만으로도 특정 종류의 엔테오젠을 느낄 수 있다. 그의 책은 허브 에일, 고대의 벌꿀 술 그리고 모든 사람이 좋아하는 "향정신성 고농축 맥주"의 오묘한 세계로 가는 비밀의 문이다. 나도 뉴욕 북부의 구석진 곳에 있는 홈 브루잉 가게에서 한 권 발견했다. 내가 카운터로 책을 가져가자 상점 직원은 알 수 없는 눈웃음을 지었다. 윌과 브라이언의 책장에도 닳고 닳은 뷰너의 책이 꽂혀 있다.

나는 레시피가 나온 페이지의 귀퉁이를 접은 다음, 책을 손에 들고 자연식품 협동조합으로 향했다. 쑥, 약쑥, 들버드나무, 서양톱풀을 구해볼 셈이었다. 향신료를 대량으로 파는 매대로 사람들이 잔뜩 몰려들었다. 치아시드와 들장미 열매를 잔뜩 사고, 가람 마살라(매운 향신료) 냄새를 맡아보고, 마로 만든 가방에 헴프시드를 가득 채웠다. 나는 잠재적 환각 효과가 있는 내 쇼핑 목록을 보면서 사람들에게 곁눈질을 받을 각오를 하고 있었다. 하지만 그곳의 쇼핑객들이 볼 때 내 약초 목록은 파슬리나 세이지처럼 흔한 것이었다. 어찌나 흔한지 쑥은 다 팔리고 없을 정도였다. 마시멜로 뿌리와 쐐기풀 잎 사이에 있는 항아리는 텅 비어 있었다. 나는 실의에 빠져 집으로 돌아왔다. '샤먼이라면 어떻게 할까?' 나는 방향 코너로 다시 발을 돌렸다. 기운을 차렸다. 로즈메리는 샌프란시스코 지중해의 기운을 받아 야생에서 자란다. 나는 옆집 앞마당에서 몰래 몇 개씩 뽑곤 했다. 내 짐작은 옳았다. 많이 걷지도 않았는데 세이지, 서양톱풀, 유칼립투스, 소나무를 발견했다. 집으로 돌아와서 호호도르프 곡물을 월귤과 와인으로 대체했던 게르만속 브루어처럼, 토탄보다 탄화도가 낮은 초탄草炭으로 구운 맥아를 주전자에 담고, 직접 키우는 벌집에서 가져온 꿀과 냉동 크랜베리를 섞었다. 그리고 약초를 추가한 다음 1갤런짜리 저그에 부었다. 내게 있는 것 중 가장 큰 콜드런이었다. 일주일을 발효한 후 이제 마실 때가 되었다. 하지만 나 혼자 이 의식을 치를 순 없지. 이 맥주를 나눠 마시는 건 맥주를 양조하는 것만큼이나 중요한 의식이니까. 나는 친구들을 초대해 병을 열었다.

맥주는 솔 향이 나고 따뜻한 게 약간 모닥불 같은 느낌이었지만, 안타깝게도 너무 어설픈 맛이었다. 집에 오는 길에 지나쳤던 살짝 달콤한 향이 났던 나무의 느낌이라기보다는, 12번 선반에 있는 '야생에서 자란 사막 잣나무' 향 같았다. 로즈메리가 특히 강했다. 말리지도 않은 상태였고 계량도 안 했고 야생에서 찾은 거라 얼마나 사용해야 할지 몰랐다. 너무 많이 넣은 듯했다. 한 친구는 "치킨이랑 먹으면 잘 어울리겠다"고 했다.

브라이언은 재치 있게 말했다. 서노마의 미국 삼나무들 아래에서 그의 약초 상자를 함께 살펴본 후 내 상자에 들어 있던 유리병을 열었다. 잔을 채우고 자갈밭에 쌓여 있는 빈 병에도 따랐다. 내 녹음기는 오후에 술 세례를 잔뜩 받아 끈적끈적해졌지만 여전히 돌아가고 있었다. 그는 잠시 생각에 잠겼다. 녹음이 되고 있는 탓에 브라이언은 좀더 신중하게 말할 단어를 선택했다. "여러 가지가 느껴지네요." 그는 이렇게 말하고 또 멈추더니 효모가 얼룩덜룩 묻은 뿌연 잔을 들고는, 패기 있는 샤먼 지망생에게 해줄 수 있는 최고의 찬사를 던졌다. "이걸 누군가 마신다면 이렇게 말할 거 같은데요. '이건 맥주가 아닌데. 이게 뭐지?'"

브라이언은 양조장 겸 트랙터 차고 옆에 있는 비좁은 별채에서 연구 비슷한 걸 진행하고 있다. 한쪽 구석에 책상이 있고 활짝 열린 서랍에는 종이가 잔뜩 쌓여 있다. 다른 구석에는 쭈글쭈글한 침대 시트 위에 류트 14~17세기 현악기 비슷한 낯선 악기가 놓여 있다. 그리고 눈이 닿는 모든 곳에 책이 있었다. "기억은 하는데요. 어디서 읽었는지는 정말 모르겠네요." 그가 오드 노를란의 두툼한 책 『노르웨이의 양조와 맥주 전통Brewing and Beer Traditions in Norway』을 건넸다. "1880년에 쓴 책도 갖고 있죠. 어떤 건 독일어로 되어 있어 사전을 찾아가며 읽습니다." 그는 가장 소득이 컸던 에피소드를 들려주었다. "덴마크에 있을 때 반지하 서점에서 양조에 관한 책을 찾고 있었죠. 책이 많지는 않았어요. 그런데 서점 직원이 이렇게 말하는 겁니다. '칼스버그Carlsberg 양조회사가 문을 닫았을 때 책을 엄청 받았습니다.' 서점 직원들이 회사 도서관 책을 가득 실은 트럭을 발견한 거예요." 브라이언은 그 책을 다 샀다.

브라이언은 UC 데이비스의 양조학교에 다닐 때, 도서관에서 살았고 도서 대출 카드의 최대치까지 다 빌렸다. 그 당시 학교는 대형 양조장 직원을 공급하는 곳이나 마찬가지였다. 그는 1980년에 학교를 졸업하고 위스콘신주 밀워키에 있는 슐리츠에서 일했다. "나는 양조 프로그램을 중단하고 대형 양조회사로 일하러 간 사람들이 배운 것과는 반대되는 걸 배웠습니다." 그가 변명하듯 말했다. "아름다움을, 시를 배웠죠. 슐리츠에는 더 이상 사용하지 않는 건물들이 있었는데 나는 그곳을 거니는 것을 좋아했어요. 벽은 무너져내리는 중이었어요. 그곳에는 나무로 만든 저장 탱크와 목재 발효기도 있었습니다. 내가 슐리츠에서 일할 무렵 회사는 회계사들이 경영하고 있었죠. 말도 안 되는 끔찍하고 간단한 방법으로 맥주를 만들었습니다. 하지만 오래된 양조장 건축물은 세련되고 개성 있었으며 자부심을 가질 만했습니다. 컴퓨터화된 공장이 아니었어요." 그곳은 맥주의 정신이 살아 숨 쉬는 곳이었다.

"맥주는 시입니다." 브라이언이 말을 이었다. "뷰너가 지구의 시인이라면 저는 맥주의 시인으로 불리고 싶어요. 맥주가 나를 선택했습니다. 왜 그런지 나도 모르겠어요." 소마의 전설은 살아 있고 영감의 벌꿀 술Mead of Inspiration, 북유럽 게르만족 신화에 나오는 술은 힘을 잃지 않았다. 어디서 찾아야 하는지만 알면 된다. 브라이언이 권위자처럼 손가락을 들었다. "어떤 사람이 제리 가르시아■에게 그레이트풀 데드가 낸 앨범은 모조리 갖

■   1942년생 가수이자 기타리스트. 록 밴드 그레이트풀 데드의 멤버다.

고 있다고 했습니다. 그러자 제리는 '당신이 가진 게 그게 다라면 당신은 아무것도 가진 게 없는 겁니다'라고 했답니다."

바이킹 시대에 '맥주 지킴이'는 훌륭한 이야기꾼이었다. 술 취한 상태와 깨어 있는 상태 사이를 아슬아슬하게 오갔다. 새들이 무심히 날아다니던 날, 맥주를 질리도록 마시고 나서 버드와이저 캔을 빙그르르 돌릴 수 있게 된 후에 그리고 내 녹음기에 맥주를 더 흘린 후에야 모든 걸 껐다. 녹음기도 끄고 노트북도 닫고 독한 술로 혀가 풀리자, 브라이언은 협잡꾼보다는 가이드 같아 보였다. 맥주는 여행을 떠나는 것이다. 버스에 올라타라. 그가 운전할 것이다.

3장

수도승

베스트블레테렌 12를 맛보는 건 그리 간단하지 않다. 아무리 대단한 곳이라도 동네 맥줏집은 잊어주시길. 이 맥주를 찾으려면 그야말로 모험을 떠나야 한다. 먼저 중앙 유럽 표준시로 아침 9시에 일어나라. 그리고 성 식스투스 수도원에 맥주 전화번호로 전화를 걸어라. (그렇다. '맥주 전화'라는 게 있다.) 아마도 통화 중일 거다. 맥주 전화선을 여는 짧은 시간 동안 수도원은 시간당 8만 5000통의 전화를 받으니까. 자, 다시 전화를 걸어라. 아직도 통화 중인가? 그렇다면 수도승이 전화를 받을 때까지 시도해라. 전화가 연결되면 뚝뚝 끊기는 이국적인 억양의 영어를 구사하는 수도승이 벨기에에 언제 와야 하는지 알려줄 것이다. 이제 벨기에로 가라. 브뤼셀까지 가서 프랑스 국경 서쪽 방향으로 블레테렌 마을까지 한 시간 반을 운전해라. 수도원을 찾아서(당연히 지도는 갖고 있어야 한다) 하역장(내부는 방문객 출입 금지)에 차를 세워라. 그리고 수도승에게 40유로를 지불하고 암시장에 되팔지 않겠다고 엄숙하게 선서한 후(수도승에게 거짓말하진 않겠지?) 맥주 48병을 차에 조심스레 실어라. 차 한 대당 두 상자만 실을 수 있다. 그 이상은 안 된다. 그런 다음 사람들이 서 있는 옆줄로 이동해라. '분명히' 줄이 늘어서 있을 것이다. 가끔은 몇 시간씩 기다려야 한다. 인내심을 잃은 사람들 사이에서 주먹질이 오가기도 한다. 이 맥주는 그냥 맥주가 아니기 때문이다. 이 맥주는 세계에서 제일 맛있는 맥주다.

수제 맥주 시장은 종종 과열될 때가 있다. 단지 맛 때문이 아니라 맥주를 둘러싼 이야기 때문이다. 여기서 이야기란 도수와 희귀성과 가격을 말한다. 그리고 베스트블레테렌 12만큼 뜨거운 토론과 논쟁, 찬사를 일으킨 맥주는 없다. 온라인 포럼에서 늘 1위에 오르는 맥주다. 맥주 평가 사이트 '레이트비어RateBeer'(2905명이 후기를 남겼고 계속 늘어나는 중)에서는 100점을 받았다. '비어 애드버케이트Beer Advocate'(후기 3795개)에서도 100점을 기록했다. 게시판에 올라온 글들은 모두 이 맥주를 찾는 방법과 요령 그리고 고생담에 관한 내용이다. 베스트블레테렌 12를 구하는 게 그렇게 어렵냐는 한 초보자의 질문에 이런 대답이 올라온 적이 있다. "「호스텔Hostel」이란 영화 본 적 있나요?"■ 그리고 맥주를 마시고 남긴 시음기도 넘쳐난다. 이들이 남긴 찬사는, 맛보기 어려운 맥주인 만큼 화려한 시적 표현으로 자신들의 힘든 노력을 보상이라도 받고 싶은 양 심오하다. 형용사 대잔치다. 대서사시라도 한 편 써야 할 판이다.

■ 　「호스텔」은 유럽 배낭여행 중이던 미국 대학생들이 감금되어 잔혹한 고문을 당한다는 내용의 호러 영화다. 질문을 올린 초보자를 놀릴 셈으로 쓴 글이다.

베스트블레테렌 12는 단조로운 맛으로 시작한다. 자두, 누가, 파운드케이크, 너트메그, 호두. 그러고 나서 확 바뀌어 황홀하고 경건해지는 맛, 환희로 가득 찬 맛이 난다. 어떤 이는 "구운 바나나 숲"이 느껴진다 하고, 다른 이는 "나뭇잎과 송로버섯" 맛이 난다고 한다. 그런가 하면 "나의 성배" "변화되었다" "벨기에로 이사 가서 수도승이 되고 싶다"라는 후기도 있다.

레이트비어를 운영하는 조 터커는 이 뜨거운 현상을 이렇게 설명한다. "맥주는 단순히 맛을 전달하는 게 아니죠. 병에 담긴 분자 그 이상이고 안에 요정 지니가 있으니까요. 베스트블레테렌 12를 어떻게 구했는지, 어디서 언제 마셨는지, 그런 것도 시음기의 일부죠." 조 터커는 수년 전, 벨기에 희귀품을 수입해 파는 전문 회색시장▪에서 맥주 마니아들 사이에서 '베스티'라고 불리는 이 맥주를 처음으로 마셔보았다. 몇 주 후, 그가 사는 텍사스 집 현관에 "벨기에 키피 회사 발신"이라는 그럴듯한 레이블이 달린 병이 하나 도착했다(술이라서 불법으로 배송한 것 같다). 맥주 공급망에는 천국의 맛을 더 쉽게 볼 수 있는 허술한 구멍이 많다. 이베이에서 파는 병에는 높은 가격과 더불어 도덕적·금전적 가치가 매겨진다(최근에는 가격이 450달러까지 올라갔으니 아마도 수도승들의 맹비난을 받지 않을까). 수도원 근처에 있는 작은 카페 '인 데 브레데'에서 베스트블레테렌 샘플을 마셔볼 수 있다. 그리고 한때 베스트블레테렌을 가장 빨리 구할 수 있는 방법이 있었는데, 1945년부터 21명의 수도승은 1년에 3800배럴약 60만 4200리터만 만들었지만, 2012년 수도원 지붕 수리 비용을 마련하기 위해

▪ 희귀 상품을 비싸게 파는 시장. 암시장과 보통 시장의 중간이라고 해서 '회색'이란 표현을 쓴다.

일시적으로 생산량을 늘려 미국에 제한적으로 공급한 적이 있었다. 행운을 거머쥔 소비자들은 6병들이에 기념잔까지 함께 포장되어 있는 상자를 84.99달러에 구입할 수 있었다. 베스트블레테렌은 1만 5000상자를 출시했고 24시간이 지나지 않아 다 팔렸다.

모든 사람이 이 맥주는 특별하다고 한다. 그 말은 사실이다. 베스티는 맛있다. 블루치즈와 구운 바나나와 럼에 적신 건포도가 섞인 맛이 난다. 하지만 건포도나 먹으려고 몇 시간 동안 줄을 서지는 않는다. 신비한 변화는 단지 맛에서만 얻어지지 않는다. 그렇다면 베스티의 힘은 어디에 있는 걸까?

먼저 간단히 대답하자면, 오래되었기 때문이다. 전설의 장수長壽다. 베스트블레테렌은 수도원 에일이라 할 수 있다. 맛(과일향 나는 효모, 많은 설탕, 그다지 쓴맛은 없음)으로 판단했을 때 맥주 계열이라 할 수 있고, 유래(대개 벨기에가 기원. 그래도 콜로라도의 뉴 벨지엄New Belgium부터 캘리포니아의 로스트 애비Lost Abbey까지 많은 브루어가 이 스타일을 차용했다), 그리고 가장 중요한 전통으로 봐도 그렇다. 가장 인기 좋은 수도원 에일은 수 세기 동안 존재해왔다. 트라피스트 애비 노트르담 도르발 Trappist Abbaye Notre-Dame d'Orval은 1132년에 탄생했다. 로슈포르Rochefort 는 1230년에 나왔다. 레페Leffe는 맥주의 골드 레이블마다 탄생 연도인 "Anno 1240"를 자랑스럽게 새겨 넣는다. 달콤하고 풍부하며 도수가 높은 수도원 맥주의 풍미는 거친 돌로 지은 교회의 오랜 역사와 따뜻한 크리스마스 연회를 떠올리게 한다. 수도원에서 만든 건 아니지만 여전히 벨기에를 대표하는 맥주 스텔라 아르투아Stella Artois 광고에는 황금색 띠를 두르고 거품이 넘치는 고블릿 잔 아래 "잔이 아니라 성배입니다"라는 문구가 나온다. 이런 맥주를 구매할 때, 우리는 오래된 이야기도 함께 구입하는 것이다. 800년 된 타임캡슐을 사는 데 기꺼이 84.99달러를 내지 않겠는가?

그렇긴 해도 나는 더 맑은 정신으로 맛을 음미하고자 레이블의 연도와 광고는 신경 쓰지 않고 성배도 던져버리고 다시 천천히 마셔보았다. 맥주 맛은 보존이 잘 되었다는 느낌보다는 그간의 변화를 힘주어 말하고 있는 듯했다. 베스티의 건포도 풍미는 신기하게도 다른 수도원 맥주를 떠올리게 하지 않는가? 성베네딕트 수도원의 호두 향 가득한 아헬Achel 8은 어떤가? 사실 떠오르는 게 당연하다. 1970년부터 양조장들이 동일한 효모를 사용하고 있기 때문이다. 베스트말러Westmalle 양조장의 페일인 도수 높은 트라피스트 트리펠Trappist Tripel의 특히 가벼운 보디감이 중세시대 맥주와 비슷한가? 제2차 세계대전 이후 양조장들이 보디감이 산뜻한 필스너와 경쟁했기 때문이다. 수도원 맥주 이야기는 브렌드의 이야기가 그렇듯 양조 이야기만 담고 있지는 않다. 전통이 어떻게 트레이드마크로 진화하고 굳어졌는지, 재창조됐음에도 어떻게 과거를 보존하고 있는지, 변하긴 했지만 어떻게 똑같이 유지하고 있는지를 말하고 있다.

이야기는 두 개의 유산, 즉 기독교와 이교도가 합쳐지는 걸로 시작한다. 수도승은 샤먼의 신념 체계를 성문화한 다음 자신의 종교와 결합시켜 샤먼에게 맥주를 알려준 건 자신들이라고 주장한다.

초기 교회 지도자는 맥주를 좋아하는 사람들의 상스러운 수준에 맞추기 위해 자기 자신을 낮추고 싶어하지 않았다. 기독교 신학자 키루스의 테오도레트는 5세기에 쓴 글에서 주토스zuthos(보리 와인)를 "식초 향

같은 역겨운 냄새가 나고 몸에 해로운" 음료라고 표현했다. 그러나 그와 신도들은 이교도 민족에게 종교를 전파하려면 맥주를 그저 다른 사람들이 마시는 음료라고 치부할 수 없다는 사실을 알았다. 타협점을 찾아야 했다. 그래서 맥주를 마시는 사람들을 개종시키기 위한 캠페인을 시작했다.

먼저 교회는 달력을 합쳤다. 기독교의 각종 기념일을 이교도의 음주 연회 날짜에 맞췄다. 크리스마스를 오딘의 율타이드 연회와 맞추고, 모든 성인聖人의 날을 디사블로트Dísablót 수확 축제에, 성 요한의 기념일을 한여름 모닥불을 피우는 의식에 맞췄다. 이교도의 목동 상징은 선한 목자 예수 형태로 바꾸었다. 발굽이 갈라진 샤먼의 크람푸스Krampus■는 염소 뿔을 없애고 좀 통통하게 바꿨는데, 이것은 나중에 결국 산타클로스가 되었다. 수도원은 헌금을 거두는 행사를 열면서 교회 에일을 마시기 시작했다. 오늘날 교회 지하에서 여는 포트럭 파티와 비슷하지만 맥주만 더 많이 마셨을 뿐이다. 신성한 재원을 충당하려고 에일을 마시는 교회도 있었지만, 일부 교회는 특별한 이유가 있을 때 또는 건물 공사를 위해 마시기도 했다. 성식스투스의 수도승들은 헛간 준공식이 고대 북유럽어로 '타클라숄taklagsöl'■■이며, 이것은 글자 그대로 "지붕 에일"이란 뜻임을 분명 알았을 것이다.

초기 교회 규칙은 술 취한 사람에게도 관대했다. 술고래로 유명했던 신학생들은 청어Herring라는 술마시기 게임을 하곤 했다. 얼큰하게 술이

■　　　　중부 유럽의 전설에 나오는 의인화된 생물. 반은 염소, 반은 악마 형상이다.
■■　　　현대 스웨덴어로는 타클락스페스트taklagsfest. '상량식'이라는 뜻이다. 여기서는 루프탑 맥주 파티를 의미한다.

오른 신학생들이 수도원 복도를 걸어가는 다른 신학생의 의복에 죽은 물고기를 매달고는 그 학생이 걸을 때 따라가면서 물고기를 밟는 게임이었다. 스승들은 학생들이 음주 행위를 끝내기만 한다면 이러한 장난에 크게 신경 쓰지 않았다. 7세기, 캔터베리 대주교가 작성한 규정집에는 "크리스마스나 부활절 또는 다른 성인들의 기념일을 위한 즐거움이라면"이라고 기록되어 있다. 어떤 수도원의 소기도서에는 수도원장보다 더 취하지만 말아달라 혹은 "성체聖體에만은 토하지 말아달라"고 간절히 부탁하는 내용이 있다. (만약 그랬다면 40일 고해성사를 해야 하고, 만일 이를 개가 핥았다면 100일 동안 해야 했다.)

교회는 규모가 커질수록 더 큰 관용을 베풀었다. 테오도레트의 규율을 따르던 시기, 수도승은 맥주가 좀더 긍정적으로 평가되도록 교리와 일부 성서까지 개정했다. 오늘날의 수도승은 존중과 비하의 마음이 섞인 태도로 맥주를 대한다. 맥주는 와인처럼 경이롭기도 하고 빵처럼 흔하기도 하다. 아일랜드 구전 지식에 따르면 성 브리지트는 물을 신성한 맥주로 변하게 했고, 일부 영국 수도원에서는 맥주는 금식 기간 동안 마시기에도 괜찮은 술이라 마셔도 된다고 했다. 수도승들은 맥주를 홀짝거리며 "Liquida non frangunt ieiunium"이라고 말했다. 음료는 금식을 어기는 게 아니라는 뜻이다.

맥주는 용인되는 수준이었다가 교회의 관행으로, 특히 금식 기간 동안 매우 중요한 부분으로 받아들여지게 되었다. 성 베네딕트는 규칙서에서 베네딕트회를 따르는 수도원은 음식과 술을 가지고 지나가는 여행객을 환대해야 한다고 했다. 또한 수도승들은 "손으로 일해" 자급자족해야 한다고 포고했는데, 그 노동에는 양조도 포함되었다.

부르고뉴와 라인강 유역에서 장대하고 훌륭한 와인 양조 전통을 만들어온 시토회Cistercian처럼, 베네딕트회 수도승도 굉장히 훌륭한 맥주를 만들었다. 교회 땅에서 농사를 짓는 사람들이 십일조 헌금으로 곡창을 채워주었고 수도승은 교회 에일을 팔아 번 돈으로 구리 주전자copper kettle(담금솥이라고도 함), 대형 발효 캐스크(나무로 만든 술통) 그리고 싹을 틔운 곡식을 저장하고 건조하기 위한 가마 같은 최고의 기구들을 구매했다. 노곤한 여행객과 금식하는 수도승이 일용할 따뜻한 양식으로 양조한 맥주는 곡식을 잔뜩 넣어 맛이 풍성하고 달달했으며 영양도 꽉 차 있었다. (맥아즙을 곡식으로 만든 차tea라고 본다면, 찻잎인 맥아를 더 넣어 두 배로 강하게 우렸다고 할 수 있다.) 맥주는 무엇보다 안전한 음식이었다. 샤먼 브루어들은 맥주의 건강이나 청결보다는 영적인 효능에 더 관심이 많았지만, 수도원 브루어들은 매일 마시는 양식인 술이 생명에 해를 끼치지 않도록 하는 데 신경을 썼다. 그래서 수도승은 양조장을 깨끗하게 유지했다. 이를테면 쥐가 죽어 있는 장소에서 맥주 마시는 것을 금지하는 법을 통과시켰다. 물론 작은 걸음이겠지만 차이를 둔 거라고 볼 수 있다.

교회는 이교도 애주가들을 더 이상 비판하지 않았지만, 11세기 수도승 에일프릭 바타는 샤먼 브루어가 의지했던 암흑시대 관행을 "창피한 마법"이라며 비난했다. 수도원 양조장은 삼림 지대에 있지도 않았고, 콜드런을 불에 올려놓을 만한 장비도 없던 터라 획기적인 기술을 사용해야 했다. 스위스 생갈 수도원의 경우, 9세기 때 경건왕 루이가 대대적인 개조 작업을 시작했다. 베네딕트회가 생갈 수도원을 유럽의 나머지 지역의 모범이 될 만한 모델 교회로 세우려고 했기 때문이다. "깊이 생각해봐야 할 형제들의 음식이 있다"며 새로운 수도원을 위한 계획을 세웠다. 그들은 양조장 세 곳에서 맥주를 강도와 품질로 나눠 다르게 만들고(최상품은 수도승을 위한 맥주 '프리마 멜리오르'였고, 가장 낮은 품질은 목마르고 안목도 없는 여행객을 위한 맥주였다), 곡창, 맥아 저장고, 가마, 방앗간, 통제작소 그리고 가장 인상적인 향신료 정원도 두었다. 생갈 수도원의 저장고는 향기로운 광채로 터질 듯했다. 딜, 처빌, 민트, 파슬리, 겨자과 식물, 서양고추냉이, 로즈메리, 루타(지중해 연안 귤과의 상록 다년초), 세이지, 세이버리, 쑥국화, 월계수, 큐민, 미나리, 돌나무과 풀, 박하, 호로파, 고수, 양귀비, 짚신나물속 식물, 두루미냉이, 약쑥, 쑥, 흰꽃광대나물까지. 수도승이 왜 이렇게나 이국적인 향신료가 많이 필요했을까? 물론 맥주를 만들기 위해서였다.

수 세기 전, 로마인은 향신료를 변방에서 로마 수도로 끌어들이기 위해 광대한 무역 통로를 건설했다. 향신료의 양과 질이 어씨나 어마어마했던지 생갈 수도원이 초라하게 느껴질 정도였다. "로마인의 식탁은 온갖 강렬한 색과 풍미로 넘쳤지만 오늘날의 씨앗들처럼 그렇게 무해한 종은 아니었다."『서브 잇 포스Serve it Forth』를 쓴 M. F. K. 피셔는 이렇게 썼다. "로마인이 한 끼 식사로 먹었던 음식 중 하나만 봐도 우리는 기가 죽을 것이다. 여러 날 동안 그 어떤 풍미의 음식을 먹더라도 맛을 느낄 수 없을 정도로 강했다." 로마 요리에 관한 책『아피키우스Apicius』의 레시피 중 간단히 끓인 닭요리를 한번 살펴보자. 소스는 자그마치 아니스, 민트, 머스터드 씨, 대추야자, 발효된 생선, 식초, 오일과 '악마의 대변'이라고도 알려진 아위asafetida,■ 자극적인 양파 같은 재료였다. 로마 연회에 온 손님들은 주인이 준비한 호화로운 풍미에 얼이 빠진 채 정신없이 먹은 다음, 음식을 게워내기 위해 연회장을 나갔다. 하지만 로마제국이 무너지고 유럽이 고립된 작은 문명국과 부족으로 쪼개지자 로마의 무역 통로는 축소되거나 완전히 사라지고 말았다. 악마의 대변 덩어리는 말라갔고 암흑시대 브루어들은 들버드나무나 도금양 같은 약초를 찾아 돌아다녀야 했다. 그래도 교회 권력의 빛이 어두운 변방까지 비추자, 중세의 사고방식이 확장되었다. 로마와 일부 이교도까지 사용하던 더 오래된 전통과 함께, 잊혔던 향신료들이 다시 부엌으로 들어오기 시작했다. 향신료와 그들이 만든 맥주는 영적인 세계로 들어가는 문을 열어주지는 않았지만, 대신 신분을 상징하고 건강을 위해 마시는 술이 되었다.

현대인의 시각에서 중세시대 삶은 따분해 보일 수밖에 없다. 그러니 당시 향신료를 쓴 목적은 단순히 산패한 고기와 시큼한 맥주 맛을 감추기 위해서일 거라고 생각하게 마련이다. 그러나 중세 요리사들은 오늘날의 유일한 방부제인 소금을 줄이기 위해 향신료를 사용했다. 특히 사순절 동안 산처럼 쌓인 건조 생선은 회개해야 할 일이었을 테지만, 후추를 좀 뿌리면 거의 천상의 맛이었다. 어떤 샐러드 레시피는 마늘, 관자, 양파와 리크를 섞은 강한 맛이었다. 약간의 향신료도 많은 역할을 하지만, 다량의 향신료는 효과가 훨씬 컸다. "음식을 준비한다는 건 사실상 향신료 아래에 음식을 파묻는 거나 마찬가지였다." 볼프강 시벨부슈는 사치스러움에 관한 책 『천국의 맛Tastes of Paradise』에서 이렇게 썼다. "음식은 양념을 위한 수단에 지나지 않았다." 이처럼 로마시대에 향신료를 방대하게 사용했다는 사실로 로마가 얼마나 부유했는지를 짐작할 수 있다. 어떤 영주들은

■　　　　미나릿과 식물로, 악취가 특징인 향신료다. 거담, 항균 작용 등 약리적 기능도 있다.

후추와 생강이 있는 향신료 선반을 후손에게 물려주기도 했다. 40명을 초대했던 한 중세시대 연회에서는 식탁에 매발톱꽃 1파운드, 시나몬 반 파운드, 설탕 2파운드, 사프란 1온스, 클로브■ 4분의 1파운드, 서아프리카산 생강 4분의 1파운드, 후추, 월계수 잎, 너트메그 각각 8분의 1파운드를 놓았다고 한다.

볼프강 시벨부슈는 중세시대 사람은 향신료를 "전설 세계의 특사"로 여겼다고 설명한다. 콜럼버스와 바스쿠 다가마 그리고 마르코 폴로에 의해 그들의 진짜 지리학적 기원이 밝혀지기 전, 향신료는 어지럽게 빙빙 돌고 돌아 중세시대 식탁에 안착했다. 다시 말해, 정향(클로브) 한 알은 인도네시아 말루쿠 제도에 있는 감탕나무에서 수확해서 다도해에서 왔다갔다하다가 중국인 무역상의 손에 들어갔다. 그리고 인도로 간 다음 말라바르 해안을 거쳐 나가 다우선(안도양을 오가는 선박)을 타고 페르시아만으로 가서 마차에 실려 아랍의 모래를 건너 지중해로 흘러들어갔다. 이어서 북쪽 이탈리아를 지나 마침내 암스테르담의 활기찬 헤렌흐라흐트Herengracht 시장이나 더 멀리로는 스페인 지브롤터와 런던까지 흘러들어갔다. 1665년, 넘쳐흐르는 맥주통의 쾌락에 빠졌던 새뮤얼 피프스는 이렇게 썼다. "무릎 위 높이까지 방 전체가 맥주로 가득 찼다. 내 평생에 이런 놀라운 광경은 처음 본다." 향신료의 기원은 너무 이국적인 먼 곳이라, 사람들은 향신료가 천국에서 자란다고 생각했다. (그래서 천국 곡식이라는 이름이 붙은 것이다. 사실은 서아프리카에서 왔지만.)

다시 식탁으로 돌아가자. 향신료는 영적인 힘을 다 잃지는 않았지만

■　　　　꽃봉오리를 말려서 사용한다. 맵고 강한 향 때문에 고기 냄새를 제거하는 데 좋다.

신성으로 가는 엔테오젠의 길도 아니었고 신성을 위한 장치나 대역이라 기보다는 좀더 상징적인 존재가 되었다. 가령 데이지 꽃처럼 생긴 쑥국화는 성모 마리아를 상징한다. 당근과 연관된 방향성 허브이자 고대 북유럽 전통 음료의 맛을 내는 데 흔히 쓰이는 안젤리카는 천사장 미카엘Archangel Michael의 기원이다. 시나몬 장작더미에서 다시 태어난 신화적인 불사조는 종종 초기 기독교 석관에 새겨지곤 한다. 시나몬 향기는 대단하지만 소박한 모양의 껍질은 부활을 상징할 뿐 아니라 신성한 겸손을 상징한다. 즉 겉모습보다는 내적인 가치를 더 중시한다는 의미다. 맨드레이크와 맥각이 샤먼의 무아지경을 유도한 반면, 기독교의 향신료는 더 점잖은 편이었다. 대부분은 그냥 냄새만 좋았다. 향신료의 향기는 생강색 같은 습지대 풀과 창포 먼지로 뒤덮인 교회 바닥뿐 아니라, "너무 성스러운 삶을 살아 손에서 향 냄새가 나던"(톨스토이의 『전쟁과 평화』에 나오는) 신부神父 암필로쿠스에 이르기까지 성자의 순결함을 나타낸다.

평신도의 식탁에서 향신료는 부를 뜻했다. 그래도 겸손을 중요하게 생각하는 교회에서 상징으로 사용되지 않던 향신료는 과학이라는 새로운 색을 띠기 시작했다. 교회는 중세 향신료를 표준화하고 규제하여 공인 약재상에게 넘겨주었다. 그리고 현대화함으로써 샤먼의 전통적인 사용법을 보존했다. 9세기에 발라프리트 슈트라보를 비롯한 수도승 식물학자들이 향신료를 정리해서 기록한 약초 책이나 의학 도서를 보관하는 치료소infirmarer가 수도원마다 있었다. 슈트라보의 『호르툴루스Hortulus』는 수도원 땅에서 기른 식물 중 세이지, 루타, 장미("꽃 중의 꽃"이라 칭했다)의 의학적 효능을 높이 샀다. 슈트라보와 그의 추종자들은 샤먼처럼 혼란을 포용하기보다는 자연세계에서 체계를 세워나갔다. 교회에서 연구하면서 교육을 받은 샤먼은 마치 당직 중인 의사처럼 중세시대의 영주에게 고용된 '스파이서spicer'가 되었다. 최초의 의사였던 이들은 춥고 눅눅한 날씨에는 뜨겁고 건조한 생강과 후추가 기운을 북돋아준다고 믿었다. 블레스드 시슬성스러운 엉겅퀴, 국화과 잡초은 베네딕트회 수사가 강장제에 사용하던 라틴 이름, '카르두스 베네딕투스'에서 왔다. 페스트가 돌던 시절, 15세기 스파이서는 정향을 박아 넣은 향정갑▪이나 오렌지(이번 크리스마스에 벽난로 위 선반을 이걸로 꾸미는 건 어떨까)를 손에 쥐고 도시 전염의 주범인 동물의 배설물을 철벅철벅 밟고 다녔다. 하지만 의학용 향신료는 대부분 맥주로 마실 수 있었다. 특정 맥주는 감기부터 종양, '숙취' '옴'까지 고쳐준다고 믿었다. 마늘, 세이지, 더 쓴맛이 나는 상록 관목 루를 넣은 에일은 광견병에 걸린 개에게 물린 상처를 치료해주었다. 16세기 이탈리아 동식물 연구가 피에트로 안드레아 마티올리는 향수박하가 "모든 우울증을 없애준나"고 기록했나.

가장 흔한 만병통치약으로 처방되던 향신료는 습지 관목 들버드나무와 쑥 그리고 잡초가 무성한 데서 나는 서양톱풀 꽃이었다. '그루잇gruit'이라고 하는 허브 혼합물은 '그루잇법Gruitrecht'▪▪으로 각 교회에서 관리했다. 당시 교회는 이런 야생초를 키울 수 있는 미경지 땅을 통제하고 독점으로 거래할 수 있었다. 중세시대 마을에서 교회는 단순히 양조장이 아니라 친근한 숙박업소이기도 했다. 일상을 살아갈 힘을 주는 사회적·종교적·경제적 용광로로서 식품점이면서 약국이기도 했다. 그리고 모든

▪ 향신료를 넣은 구멍 뚫린 동그란 통. 악취나 병을 막기 위해 들고 다녔다.
▪▪ Grutrecht 또는 Braurecht라고도 한다. 영어로는 brewing right 또는 gruit right. 독일 중세시대에 맥주 소비세를 규제하던 법으로, 그루잇을 구매하는 모든 맥주 양조업자는 생산량에 비례해 세금을 냈다.

교회는 세금도 꼬박꼬박 내면서 스파이서와 홈 브루어에게 그루잇을 조금씩 나눠주었다. 메츠의 성 아르눌프는 6세기에 전염병이 돌 때, 물 대신 수도원에서 만든 약초 맥주를 나눠주어 마을 사람들을 구했다고 전한다. 이제 그는 맥주의 수호성인으로 불린다.[10]

아르눌프와 그의 추종자들은 생계를 위해 그리고 성자의 표현을 빌리자면 "건강의 선물"을 위해 맥주를 만들었다. 수도원 정원과 꽉 들어찬 곡식 저장고에서 가져온 재료로 양조되어 깊고 풍부한 맛에 향신료 냄새가 강했다. 하지만 베스트블레테렌 12의 '구운 바나나 숲' 향은 들버드 나무와 약쑥 때문이 아니다. 오늘날의 수도원 맥주는 중세시대 양조와는 다른 세계다. 13세기 레페는 아마도 신성한 쑥국화 잎과 약효 기능이 있는 쓴 박하의 독한 혼합물이었을 것이다. 오늘날 레페는 홉으로만 맛을 내고 수도승뿐 아니라 앤호이저 부시 인베브Anheuser-Busch InBev■ 직원들도 만들 수 있다. 분명히 전통은 변했다. 무슨 일이 일어난 걸까? 마르틴 루터, 나폴레옹, 제1차 세계대전, 청바지의 등장, 소송, 기업 인수 등등 일련의 사건이 있었다. 하지만 먼저, 잡초 같은 덩굴식물의 소박한 옅은 초록색 꽃이며, 반란, 무역, 현대 양조 개혁이라는 쓴맛의 상징이기도 한 홉을 살펴보자.

터질 듯한 곡물 저장고와 삐걱거리던 향신료 선반에서 만들어진 수도원 맥주는 단지 건강과 끼니를 위해서가 아닌, 보존을 위해서 알찬 내용물에 풍부한 맛으로 만들었다. 곡물을 더 넣었다는 건 효모를 위해 당을 더 넣었다는 것을 의미하고, 이는 알코올이 더 많이 생성되었다는 뜻

■ 벨기에의 맥주 제조 회사(AIB). 20만 명이 50개국에서 활동하는 세계적인 맥주 기업이다.

이다. 천연 향균 성분이 있는 알코올은 독한 맥주가 시큼해지는 것을 막아주었다. 하지만 여전히 맥주는 멀리까지 유통할 수 없고, 더 독한 술을 만들려면 더 많은 곡물과 허브가 필요하므로 만드는 데 돈이 많이 들었다. 그런데 수도승이 맥주를 빚는 목표는 품질과 자기만족이었고, 기도와 연구에 힘을 쏟느라 시간도 넉넉지 않아 술은 조금밖에 빚지 않았다. 오늘날의 수도원 맥주도 여전히 제한된 양만 생산하며 수도원 내에서만 소비하는 편이다.

그런데 홉이 그 모든 것을 바꿔놓았다. 수도원 맥주가 세속과 격리된 순수성에 기초한다면, 홉이 들어간 맥주는 무역에 토대를 둔다. 홉의 꽃에는 후물론humulone이라는 쌉쌀한 맛의 항균성 산이 들어 있어서 전통적인 다른 향신료보다 보존 효과가 훨씬 더 좋다. 더 오래 보존할 수 있는 맥주는 더 먼 길을 갈 수 있었고, 그래서 홉을 넣고 맥주를 만들던 사람은 향신료를 쓰던 경쟁자보다 더 넓은 시장을 점유했다. 또한 홉 덕분에 맥주를 더 순하게 만들 수 있었고 곡식을 덜 넣어, 즉 더 저렴하게 만들면서 동시에 오래 보관할 수 있게 되었다. 교회 밖에서 일했던 중세 시대 브루어에게 가장 중요한 점은 그 당시 신자들이 홉을 무시했다는 사실이다. 수녀원장이자 초기 기독교 식물학자인 힐데가르트 폰 빙엔은 12세기 약초 의학서에서 홉은 "그다지 유용하지 않다"고 말했다. 홉은 "인간의 영혼을 슬프게 하며 내장을 무겁게 한다"[11]고 덧붙이기도 했다. 그리고 홉은 교회의 '그루잇법' 적용 범위 밖에 있었다. '후물루스 루풀루스humulus lupulus'■ 또는 올라가는 늑대climbing wolf라고도 하는 이 강

■　　　lupulus는 라틴어로 작은 늑대를 뜻한다.

력한 식물은 관리하지 않으면 맹렬한 속도로 자라는데, 세금도 내지 않는데다 무료로 수확했다.

초기 정부가 한때 교회가 운영해 분리되었던 도시국가를 체계적으로 관리하기 위해 정치 영역으로 결합시키자, 맥주는 이제 먼 곳까지 수출할 수 있는 국제적 상품이 되었다. 고위급을 방문할 때 현지 특산품 맥주를 선물하는 게 관례였다. 폴란드 그단스크에서는 레드 비어, 함부르크에서는 화이트 비어, 하노버에서는 시큼하고 탁한 '브로이안broihan'이 대표 상품이었다. 17세기, 수백 개의 양조장이 있었던 소도시 아인베크는 강하고 톡톡 튀는 맛의 라거 타입 맥주 보크bock로 유명했다. 독일 북부 중앙에 있는 옛 도시 고슬라어는 짜고 신 '고사gosa'라는 맥주를 만들었고 지금도 특산품으로 팔고 있다. 이제 품질은 건강 문제가 아닌 사업 문제가 되었고, 항구는 맥주를 맛보려는 사람들로 바글거렸다. 모든 양조의 중심지가 모두 바람직한 이유로 유명해진 것은 아니었다. 덴마크 맥주는 두 종류가 있었는데 그중 하나는 현대 맥주 비평가에게 이런 평을 받았다. "평범해도 너무 평범하다." 벨기에의 항구 도시 안트베르펜의 날씨가 좋을 때에는 맥주에서 "다시 끓인 물" 맛이 났고, 나쁜 날에는 "물, 맥주, 역청, 소나무, 비눗물, 식초, 당밀 등"의 맛이 났다고 한다.

재료가 풍부한 곳에서 양조장도 번성했다. 1300년대 초, 지리학적으로 엘베 계곡의 곡창지대와 발트해의 홉 밭 사이라는 최적의 위치에 자리잡은 함부르크에는 400개 이상의 양조장과 거기서 만든 맥주를 북유럽까지 운송하는 선박만 20척이 있었다. 도시 수익의 절반이 양조에서 왔다. 한때 도시 생활의 든든한 경제적 기반이었던 교회는 점점 세력을 잃었다.

신도들은 십자가를 피해 빗자루가 걸린 술집으로 들어갔다. 빗자루는 여관집 주인이 좋은 맥주와 따뜻한 침대와 친구들이 있다는 표시로 여관 밖에 잠깐씩 걸어놓는 표식이었다. 15세기 베네딕트회 수도승 로버트 라이폰은 사순절 기간인데도 신도들이 교회를 빠지고 교회가 '승인한 술'을 마시러 선술집으로 간다고 불평했다. "신도들은 이렇게 생각하는 것 같군. '물고기는 바다에서 헤엄쳐야 하는 법이지!'라고." 양조에서 창출된 새로운 부가 교회의 경제적 권력을 무너뜨렸다면, 여관과 선술집은 교회가 갖고 있던 사회적 유대 기능을 약하게 만들었다. 술집의 토끼굴 같은 방에는 사회 각계각층의 삶이 이리저리 뒤섞여 있었다. 지하의 술주정꾼, 위층의 창녀들, 1층의 상인들까지 가지각색이었다. 제프리 초서는 이 아수라장을 『캔터베리 이야기The Canterbury Tales』에 그렸다. 선술집을 소문의 근원지로 관찰하여 썼으므로 당시로서는 개혁적이었던 일반인의 시각을 볼 수 있다. 이전의 바이킹 연회장과 로마의 토론 회장처럼 선술집은 새로운 소식과 당시 유행하던 세속의 이야기를 들을 수 있는 장소였다. 이전에는 종교에 심취해 있던 런던의 연회장은 16세기 종교개혁 후 창고를 술통으로 가득 채운 새로운 정부에 의해 산산이 무너졌다. 런던의 13세기 카르멜회 수도원은 '예 올드 체셔 치즈Ye Olde Cheshire Cheese' 맥줏집이 되었다. 15세기에 버먼지 프라이어리Bermondsey Priory였던 곳에는 지금 술집 디 에인절the Angel이 들어섰다. 런던의 다른 오래된 술집 이름을 살펴봐도 교회에서 기원했다는 것을 알 수 있다. 더 미트라the Mitre, 주교가 쓰던 모자, 블랙프라이어the Blackfriar, 도미니크회의 수도승이라는 뜻를 봐도 그렇지 않은가.

천 년 전의 바빌로니아 도시 우루크 혹은 바드티비라에서 정부가 술집에서 파는 맥주를 관리했듯, 술집도 관리 대상이 되어 손님에게 구정물을 내오거나 돈을 더 요구하면 정부에서 징계를 했는데, 예전처럼 강물에 빠뜨리지는 않았지만 벌금을 내게 했다. 헨리 3세는 1267법령으로 빵과 맥주에 관한 용량과 가격의 기준을 일찌감치 못박아두었다. 쿼트는 반 갤런 또는 포틀이라고 했고, 묵직한 반 페니로는 1갤런을 살 수 있었다. 이런 규제 때문에 브루어들은 정부의 영향력에 대응하기 위해 길드(양조 산업 초기의 로비 활동)를 조직하는 데 박차를 가했다. 양조는 점점 더 사업화되었고 브루어는 임금뿐 아니라 자신들의 투자금도 보호하는 법을 배우기 시작했다.

1500년대 들어 개신교가 등장했을 때도 가톨릭교회 기관들은 자신들의 상징성과 '그루잇법'으로 축적된 세금을 이용하여 중세시대 약초 정원 대부분을 계속 통제했다. 그리하여 개신교는 그 세대의 세속적이고 돈을 버는 데 혈안이었던 브루어들처럼 홉을 구하기 위한 싸움에 뛰어들었다.

앞에서 힐데가르트 폰 빙엔이 '무거운 내장' 운운했을 때, 사실 속셈이 있었다. 후물론은 그저 홉의 씨앗에 들어 있는 산과 수지 오일에 포함된 많은 화합물 중 하나일 뿐이다. 다른 성분인 휘발성 알코올 '디메틸비닐 카르비놀'은 진정 효과가 있고, 많이 복용하면 수면제 역할을 하기도 했다. (옛날에는 베갯잇 속에 홉을 가득 채워 넣으면 잠을 더 잘 잘 수 있다고 했다.) 알코올 도수가 높았던 교회 에일과 북유럽 게르만족의 술에 함유된 환각을 유발하는 그루잇 효과에 비하면, 진정시키는 성질이 있는 홉은 차분하고 온화한 대안이 되었다. 무, 사리풀, 약쑥, 독미나리(수도승이 불면증 치료제로 승인함) 같은 향신료의 의학적 효능과 경건한 순수성은 내세울 만하지만, 불면증을 겪는 것보다 더 안 좋은 부작용이 있었다. 문화인류학자 오드 노를란은 게르만족의 전통 양조에 관해 쓴 책에서 서양톱풀조차 "절대 무해하다고 할 수 없다"고 했다. 아마도 맥주를 더 독하게 만드는 작용을 했을 것이다. 가톨릭 스파이서가 사용했던 일부 식물은 샤먼의 약상자에서 차용한 것들로, 새로 알게 된 향신료의 건강 기능이나 종교적 상징이라는 속성보다 더 강력한 특성을 지녔다. 이런 향신료 혼합물로 만든 교회 에일은 교회 고위급들이 한때 눈살을 찌푸리던 독일의 술잔치에서처럼 넘치는 활기를 주었다. 이러한 이유 때문에, 교황의 권력에서 멀어지기를 바란 개신교는 홉이 들어간 맥주를 선호했다.[12] 마르틴 루터도 절대 금주주의자라고 말하긴 어렵다. "악마가 당신에게 '술 마시지 마라'라고 말하면 이렇게 대답해라. '나는 술을 마실 거다. 그리고 자유롭게 마실 권리가 있다.' 가끔 악마를 괴롭히기 위해서는 죄를 조금은 지어야 하지 않던가. 악마가 이런 사소한 일로 우리의 양심을 괴롭게 할 여지를 주면 안 된다"라고 말한 걸 보면 짐작할 수 있다. 1521년 보름스에서 교회 권위자들과 첫 번째 승부를 벌이는 동안, 마르틴 루터는 브라운슈바이크 공작이 결속을 다지기 위해 선물로 준 홉이 들어간 보크 비어Bock Beer, 독일산 흑맥주를 홀짝거렸다.[13]

교회는 한편으로 교리 공격을 당하고, 다른 한편으로 경제적 압력을 받아 권위가 쇠퇴하자 수도원 맥주로 눈을 돌렸다. 르네상스 시대의 정치적 혼란도 이 문제를 해결하는 데 도움이 안 되었고 특히 벨기에의 상황이 심각했다. 당시 벨기에를 나라라고 부를 수 있다면, 그 나라는 주와 지방으로 얼기설기 겨우 엮여 있는 상태였고 나중에는 나폴레옹의 함선에 무릎을 꿇었다. 20세기에 들어설 무렵, 유럽의 수도원은 멸망했고 양조장은 산산이 흩어졌으며, 케틀은 녹여서 대들보와 총검으로 쓰거나 아니면 그냥 방치되어 녹슬었다.

1930년 12월, 햇볕에 보기 좋게 그을린 윌리엄 랜돌프 허스트가 눈을 반짝이며 롤스로이스 카라반을 운전해 스페인 평원을 넘어갔다. (그 당시) 주머니가 두둑했던 이 언론계 거물은 시골을 활보하고 다니는 중이었다. 중부 캘리포니아 해안의 샌시메온San Simeon에 있는 그의 성에서 열릴 만찬 때 손님들을 깜짝 놀라게 할 유물을 찾고 싶었기 때문이다. 그때 한 돌무더기가 그의 눈에 들어왔다. 1835년에 무너진 13세기 수도원 산타 마리아 데 오빌라Santa Maria de Ovila의 잔해였다. 그는 만년필을 휘둘러 배송료 100만 달러를 지불하고 무려 11톤 무게의 화물선을 바다 건너 지구 반 바퀴 거리인 1만 2800킬로미터 떨어진 곳으로 보냈다. 이렇게 하여 그는 샌프란시스코에서 그 돌무더기를 받았다. 앞에서 언급한 것처럼, 그는 시나몬 향을 품은 불사조의 죽음과 부활을 느낄 수 있기를 꿈꿨다.

하지만 허스트가 상상했던 에덴은 문제가 있었다. 한번 상상해보라. 캘리포니아 북부 중앙에 있는 농촌 지역 비나의 척박한 금싸라기 땅. 지친 소들이 풀을 뜯는 갈색 언덕은 생명이 다해 헐벗었다. 쓰러질 듯한 헛간과 녹슨 트랙터, 종종걸음치는 메추라기와 야생 칠면조가 포도밭 사이로 빼꼼 고개를 내밀고 있다. 그리고 올리브나무와 아몬드나무, 자두와 오렌지 과수원이 보인다. 나무들 사이로 친숙한 돌무더기가 흘끗 보인다. 허스트가 구매한 수도원 혹은 수도원의 일부는 70년 후에 서서히 재건되기 시작했다. 바로 위로 높은 기둥이 떠받치고 있는 연회장에서 나는 늦가을의 한기에 몸을 떨며, 톡 쏘는 맛의 정향이 멀리서 돌아왔듯 이 돌들은 도대체 어떻게 여기로 오게 됐는지 궁금해졌다. 그리고 더 중요한 것. '맥주는 어디 있을까.'

이곳은 샌프란시스코 북쪽으로 3시간가량 떨어진 곳에 있는 트라피스트 수도원 아워 레이디 오브 뉴 클레르보Our Lady of New Clairvaux다. 이곳에는 21명의 수도승이 있다. 수도원에 도착하자 자원 봉사자 빌 스미스가 나를 맞이했다. 키가 크고 아주 마른 체격에 커다란 금테 안경과 야구 모자를 썼고 플리스 재킷을 입고 있었다. 빌은 유기농 닭 농장에서 일하는 사람처럼 보였다. "저는 수도승이 아닙니다." 그는 자신을 소개했다. "역사를 좋아할 뿐이고, 가톨릭 신자죠. 어렸을 때부터 이곳 미사에 왔었어요." 그러더니 어쩐지 불길하게 이렇게 덧붙였다. "말을 많이 하는 걸 좋아해요." 그러더니 포스트잇이 잔뜩 붙은 책과 복사해서 흐릿한 사진(무너진 교회 건물과 거주 중인 수도승들, 이마아마한 구레나룻을 기른 사업가 사진이었다)이 잔뜩 들어 있는 NRA미국 총기 협회 로고가 새겨진 가방을 둘러메더니 이 장소의 역사를 풀어놓기 시작했다.

알고 보니 우리가 앉아 있던 곳은 다름 아닌 스탠퍼드대학 설립자인 릴런드 스탠퍼드의 와인 저장고로 가는 입구였다. 스탠퍼드는 1881년 헨리 저크라는 남자로부터 이 지역을 사들였다. 포도주 제조의 대가인 헨리는 은둔의 삶을 살고 있었다. 그는 자신을 지하실에 가두다시피 하고 새벽까지 비밀리에 와인을 빚었다. 결과물은 대단했지만 사업 감각이 부족해서 사업을 제대로 운영하는 일은 힘에 부쳤다. 스탠퍼드에게는 커다란 계획이 있었다. 헨리 저크는 예술가였지만 스탠퍼드는 완전히 사업가였다. 스탠퍼드는 매일 마실 수 있는 저렴한 가격의 '데일리 와인'을 미국에 소개하고 싶었고, 포도가 주는 즐거움을 아는 새로운 세대를 키워내고 싶었다. 그는 성공을 꿈꿨다. 스탠퍼드가 지은 저장소는 거대한 아치형 지붕 아래로 거의 2에이커약 8093제곱미터 가까운 규모였다. 그 땅에서 겨우 2년 후, 계절당 200만 파운드약 90만 7200킬로그램의 수확물을 얻을 수 있었다. 하지만 안타깝게도 품종 선택을 잘못하고 말았다. 사업가로서 추진력은 상당했지만 농사에는 재능이 없었던 것이다. 스탠퍼드는 헨리 저크의 마법 없이는 휑뎅그렁한 공간을 절대 채울 수 없었고, 그가 애써 만든 그저 그런 맛의 와인은 브랜디로 증류할 수밖에 없었다. 그러나 금주법이 발효하면서 브랜디는 스탠퍼드의 투자자에게는 너무 독한 술이었다. 게다가 1915년 불가사의한 시점에 포도밭에 화재가 발생했다. 망가져버린 스탠퍼드의 포도밭은 곧 철거되었다. 땅은 휴경지가 되었고 나중에 스탠퍼드 사망 후 스탠퍼드대학의 땅이 되었다.

그러던 중 1955년, 루이빌 남쪽 2000에이커의 목초지에 있던 켄터키 수도원에서는 확장할 땅을 찾고 있었다. 40여 명의 수도승이 살기에는 비좁았기 때문이다. 팔려는 땅이 있다는 소식을 들은 수도원장은 비나로 향하기 전에 샌프란시스코에서 한가로운 하루를 보내며 골든게이트 공원을 걸어 다녔다. 공원 안에 있는 일본 차 정원의 경치를 즐기던 어느 날, 그의 눈에 무언가 이상한 게 들어왔다. 16세기 시토 수도회의 수도원 돌이 길가를 따라 놓여 있는 게 아닌가. 행운의 벨이 귓가에서 댕댕 울렸다. 과거와 현재가 부딪히는 순간이었다.

앞에서 허스트는 돌무더기를 캘리포니아로 들여오는 과정에서 재산을 탕진했고 그의 신경도 쇠약해졌다. 1931년, 1만 개의 돌은 샌프란시스코의 텅 빈 항구에 도착했고 오랫동안 방치되다가 레이블을 붙여 상자에 조심스레 보관되었다. 허스트는 2200톤에 달하는 애물단지의 보관비를 내는 대신 시에 넘겼고, 결국 돌들은 계속 방치되어 부식했다. 샌프란시스코시는 오래된 바위에는 관심이 없었다. 더욱이 창고에 화재까지 발생해 상자를 일련번호 방식으로 보관하는 게 불가능해지자 아예 관심을 끊어버렸다. 시는 이 돌들을 실용적으로 쓰기 위해 돌이 지닌 신성함을 포기하기로 결정했다. 그리하여 연석이나 도로 포장재로도 쓰고, 골든게이트 공원 내 정원의 계단 일부에도 이것들을 사용했다. 하지만 돌안에 성령이 남아 있던 건지 겨자씨만 한 믿음이 있던 수도원장의 눈에 돌의 진가가 보였던 것이다. 그리하여 1994년, 수도회는 비나의 대지와 창고에 남아 있던 돌들을 구매하고 수도회의 가장 오래된 전통인 헌금 모금 활동에 들어갔다.

오늘날 뉴 클레르보의 수도승들은 자두, 귤, 호두와 아몬드를 키운다. 그러나 그들은 무언가 더 강력한 게 필요했다. "한 방이 필요했습니다." 빌이 말을 이었다. "뭔가 흥미로운 거요. 사람들이 일부러 올 만한 게 필요했죠." 와인은 어떤가? 수도승들이 아직도 와인을 만들고는 있지만 빌은 시음하려는 나를 말렸다. 비나의 더운 밤은 포도를 기르기에는 적합하지 않은 날씨란다. 아직도 스탠퍼드가 고생했던 문제로 애를 먹고 있는 셈이었다. 수도승들은 헨리 저크 같은 인물이 필요했다. 나중에 그런 인물을 맥주 분야에서 찾아냈다.

비나의 아래쪽 치코 근처에 시에라네바다 브루잉 컴퍼니가 있다. 미국 수제 맥주의 아이콘이자, 시에라와 함께 가장 잘 알려진 페일 에일 캐스케이드 홉과 다른 웨스트 코스트 홉을 넣은 새콤한 IPA의 유행을 시작한 주인공이다. 베스트블레테렌이 수도원 맥주의 대표이자 넘어서야 할 표준이자 사전에 오를 만한 대표 상품이라면, 시에라는 미국의 신흥 강자다.

시에라네바다는 지붕에서 물이 새는 수도원이 아니다. 골든스테이트 하이웨이를 타고 가면 볼 수 있는 이 양조장은 확고한 자신감에 찬 거대하고 환한 빛을 사방으로 뻗어낸다. 가랑비가 내리던 12월 아침, 반짝이는 플라스틱 크리스마스 장식 나뭇잎과 조명이 달린 로비는 고요했다. 『피플』지와 『스포츠 일러스트레이티드』과월호 잡지들이 테이블 끝에 쌓여 있었다. 전화벨이 울리자, 아주 짧은 머리에 고풍스러우면서 세련된 엄마들이 쓰는 듯한 안경을 걸친 세 명의 중년 여성이 단조로운 목소리로 전화를 받았다. "시에라네바다 브루잉 컴퍼니의 바비입니다. 잠시만 기다려주세요." 이거 수도원보다는 치과 느낌인데. 시원한 민트 향의 소독약 냄새 대신, 부글부글 거품이 이는 맥주에 담긴 신선한 빵 냄새와 꿀 향기가 통풍관을 타고 살살 흘러나왔다. 이건 분명 양조장 냄새다. 나는 바비에게 다가가서 방명록에 서명하고 방문객 이름표를 단 후 『피플』지를 들고 스티브를 기다렸다.

시에라의 브루 마스터 스티브 드레슬러가 카드키를 흔들며 로비로 들어왔다. 그는 시에라의 초창기 멤버. "다음 달에 30년이 됩니다." 그는 자랑스럽게 말했다. 학자풍의 차분한 자신감, 금속테 안경과 붉은 뺨, 증기 청소기로 민 듯 축 늘어져 턱까지 내려오는 금발은 수도승 같은 분위기를 풍겼다. 그 때문인지 지혜롭고 친절해 보였다. 그래도 어쨌든 수도승은 아닌지라 예복을 입고 있지는 않았다. 브루어의 유니폼이라 할 수 있는 디키즈미국 의류 브랜드 옷도 고무장화도 후줄근한 후드티도 입지 않았다. 시에라 직원들은 멋진 플리스 재킷에 양조장 로고가 찍힌 고어텍스

조끼를 입고 있었다. 로고에는 홉 덩굴과 보리가 눈 쌓인 알프스 산과 강을 둘러싼 그림이 수놓여 있다.

스티브가 근무한 30년이라는 시간 동안 시에라는 수제 맥주 운동의 허접한 나룻배에서 웅장한 전함으로 성장했다. 미국에서 두 번째로 큰 수제 맥주 양조장이자 전 세계에서 여섯 번째로 큰 규모의 양조장을 노스캐롤라이나에 건설하는 공사를 막 끝냈다. 양조장 크기는 20에이커약 8만 1000제곱미터에 투자 금액은 1억 800만 달러다. 1년에 거의 100만 배럴에 가까운 맥주를 생산하는데, 대부분 페일이고 미국 페일 중에서도 가장 많이 팔린다. 수제 맥주 업계에서 쓰이는 수많은 용어는 이 양조장과 여기서 만드는 맥주들에서 나왔다. 뭉툭한 갈색 병, 포리스트 그린 탭 핸들, 목가적 이미지 그리고 질리지 않는 홉의 맛(가장 중요한 점이다). 미시간주 서부 도시 그랜드래피즈에 있는 파운더스 브루어리Founders Brewery는 1997년 양조장을 시작할 때, 시에라의 싱징인 뭉툭한 갈색 병을 사용하겠다고 선언하면서 유행에 합류했다. 런던의 캠덴 타운 브루잉 Camden Town Brewing은 IPA용으로 그린 탭 핸들을 사용한다. 심지어 바다 건너 나라에서도 시에라의 힘을 이해한다는 상징적인 제스처라고 할 수 있다.

시에라가 공급하고 있는 16개 국가 어디서든, 언제든 페일 에일을 주문해보면 맛이 똑같다. 스티브는 그 점을 자랑스럽게 여겼다. 그는 페일을 "역사적인" 스타일이라고 했는데, 그건 시에라 양조장에서 페일을 존중하며 보존하려 애쓴다는 의미다. 시에라는 모든 맥주를 냉장 상태로 배송하는 가장 큰 양조회사다. 앤호이저 부시도 그렇게는 못한다고 스티브가 말했다. 만약 시에라 직원이 술집이나 맥주 가게에서 페일을 마셨는데 최적의 상태가 지난 맛이 난다면, 그는 다른 고객이 그 맥주를 마시고 괴로워하지 않도록 나머지 맥주를 전부 사들여 폐기할 전권을 가진다. 창립자 켄 그로스먼이 정확한 맛을 위해 페일 에일의 첫 번째 배치를 열두 번 마셔봤다는 전설 같은 이야기도 있지만, 그 후로도 시음 실험은 거의 변한 게 없는 듯했다. 양조장 규모가 커지긴 했어도 페일에 가공 펠릿홉의 수분을 제거하여 압축한 것을 사용하는 대신 여전히 홉을 통째로 넣고, 현대적인 가압 실린더가 아니라 뚜껑 없는 직사각형 탱크에서 발효하며, 이산화탄소가 아니라 살아 있는 효모로 탄산을 넣는다. 그야말로 전통적이며 완전히 미국적인 방식이다.

하지만 나는 이곳에 페일을 마시러 온 게 아니다. 아직 베스트블레테렌과 수도원 맥주를 연구 중인 나는 오빌라Ovila를 맛보려고 왔다. 시에라를 1위 자리에 앉힌 국제적인 기업이, 무엇보다 홉에 집중하는 전형적인 수도원 방식을 비틀어서 차용한 오빌라 맥주 말이다. 만약 시에라네 바다가 수도원 맥주를 양조할 수 있다면, 그 어떤 양조장들도 할 수 있다. 그리고 그게 가능하다면 베스트블레테렌이 그렇게 특별한 이유는 무엇일까?

뉴 클레르보 수도원 측에서 시에라 양조사에게 기금 모음을 도와달라고 요청했고, 양측은 수도승의 전통과 시에라의 창의적인 수제 맥주라는 두 요소를 결합하여 특별한 맥주 라인을 만들기로 했다. 하지만 베스트블레테렌이 이미 이루어놓은 것을 재탕한다는 뜻이 아니었다. "맥주를 복제하는 방법으로 존경심을 표시하고 싶지는 않았습니다. 이런 맥주는 역사가 깊죠." 스티브가 말했다. 그 뜻은 페일 같은 맥주는 시에라의 스타일 아이콘이라는 말이다. 시에라는 단지 페일의 표현을 흉내내려는 게 아니라 새롭게 해석하고 싶었다. "새로운 맛을 넣기 위해 무엇을 해야 할까? 우리만의 맥주를 만들기 위해 미묘한 차이를 두고 싶었습니다." 오빌라 시리즈는 세 가지 버전이 있다. 다크하고 맥아 풍미가 나는 '두벨dubbel', 가볍고 후추 맛이 나는 '세종' '쿼드quad' 또는 '쿼드루펠quadrupel'이라고도 하는 강한 맛의 골드 에일이다. 벨기에식으로 도수에 따라 번호를 붙인다. 베스트블레테렌 12도 쿼드다. '12'는 플라토■의 정도를 뜻한다. 플라토는 알코올 함량을 재는 유럽 방식으로 대략 10퍼센트 ABV■■를 뜻한다. 시에라의 대표 맥주 세 가지 버전에는 모두 벨기에 맥주보다 홉이 더 많이 들어가고, 수도원의 과수원에서 수확한 과일을 넣어 자급자족하던 베네딕트 수사들의 전통을 이어간다는 의미를 더했다. 세종에는 밀감을 사용하고 쿼드에는 자두를 넣는다. 일부 배치batches는 뉴 클레르보 수도원이 사용하던 와인 통에서 숙성시키기도 한다. 와인 통의 원래 목적보나 아마 너 나은 사용법일 것이다. 세 종류 모두 전형적인 수도원 맥주는 아니다. 하지만 그게 무엇이든 스티브의 표현을 빌리자면, "어떤 것도 절대적이지는 않습니다".

나는 그해의 슈거 플럼 쿼드Sugar Plum Quad의 마지막 양조 시간에 맞춰 도착했다. 스티브는 오래된 양조장에 나를 데려가 과정을 설명해주었다. 여기서 오래되었다 함은 수 세기가 아니라 수십 년 되었다는 뜻이다. 20년 전, 시에라 양조장은 페일 에일의 첫 번째 배치를 반짝이는 구리 주전자로 만들었지만 요즘에는 공장에서 만든다. 양조장에서는 오빌라 맥주 시리즈를 몇 가지 만드느라 거품이 보글거리고 있었다. 새로운 방

■ 독일계 화학자 프리츠 플라토의 성에서 따왔다.
■■ ABV는 Alcohol by Volume의 약자로 맥주의 도수를 뜻한다. 보통 퍼센트로 표시한다.

식과 익숙하지 않은 재료로 맥주를 다양하게 만들어볼 때는 규모가 작은 시설이 더 좋다. 스티브 같은 프로들도 늘 더 배울 게 있기 마련이고, 부수적인 프로젝트만 진행하는 작은 규모의 시스템이 있으면 매우 유용하다. 대체로 홉으로 가득 차 있던 저장실은 그날은 건자두를 넣은 통과 나중에 맥주의 풍미를 강하게 만들기 위해 추가로 넣을 설탕 시럽 튜브가 가득 쌓여 있었다. 우리는 울퉁불퉁해진 건자두를 입에 넣고 맛을 봤다.

"이런 과일로 양조를 해보지는 않았어요." 스티브는 고무처럼 질긴 설탕 덩어리 같은 과일을 우물거리며 말했다. 건자두 50파운드를 한 시간 반 동안 끓이는 작업은 맥주를 만들기 위해 꼭 필요한 과정일 것이다. 하지만 어떤 역할을 할까? 먼저 스티브와 그의 동료 브루어는 자두 씨에서 나오는 기름 때문에 맥주의 거품이 없어질까(맥주 거품에 올리브유를 한 방울 떨어뜨리면 무슨 말인지 알 것이다) 우려했다. 하지만 거품 상태는 괜찮았다. 하지만 투명도가 문제였다. 드디어 칼하트 작업복과 슐리츠 비니 차림의 전형적인 브루어 복장을 한 직원이 맥주의 '첫 번째 과정'을 보고 있었다. 맥주가 주전자에서 나와 사이트 글라스sight glass라는 투명한 파이프를 통과하자, 그는 자리를 비켜 우리도 보게 해주었다. "아, 색깔이 풍부하고 좋네요." 스티브가 어두운 액체를 보고 말했다. 맥주는 나무 색깔에 보랏빛도 돌아 녹은 마호가니 빛을 띠었다. "그런데 너무 탁하네요. 이걸 어떻게 걸러야 할지 모르겠어요. 괜찮아질 거라는 믿음은 있지만, 알 수가 없죠." 그는 이렇게 말하고 조끼 지퍼를 올리더니 발효실로 발걸음을 옮겼다.

차가운 타일이 깔린 발효실 바닥은 막 호스로 청소를 끝낸 듯 눈부시게 깨끗했다. 우리가 나가기 전에도 소독제를 뿌리는 걸 보니 왜 그렇게 깨끗한지 알 만했다. 시에라는 수도원은 아니지만 그만큼 위생을 중요하게 생각한다. 죽은 쥐는 안 보이겠구나, 하고 생각했다. (그래도 익숙하지 않은 희미한 고기 냄새가 났다. "효모인가요?" 내가 스티브에게 묻자 그는 "아니요. 베이컨 냄새입니다." 양조장 레스토랑 부엌이 바로 복도 끝에 있었다.) 청결은 중요하다. 처음 양조했을 때부터 계속 개방형의 낮은 직사각형 탱크에서 발효하고 있는 페일 같은 맥주는 특히 깨끗함이 중요한 요소다. 시에라의 다른 맥주는 양조장 지붕을 따라 늘어선 그루터기처럼, 60피트_{약 18.2미터} 높이로 우뚝 솟은 강철 사일로에서 발효한다. 발효기 밑바닥은 끝으로 갈수록 뾰족해지는 원추 모양으로, 브루어가 죽은 효모와 기타 침전물을 걸러낼 수 있고 시음용 샘플을 뽑을 수도 있다. 그런 원추들이 발효실 천장에 마치 종유석 또는 지붕을 뚫고 떨어진 불발탄처럼 매달려 있다. 스티브가 어슬렁어슬렁 다가가더니 그중 하나를 손가락으로 탁 쳤다.

"이건 아주 새로운 창조물입니다. 이게 어떤 맛이 날지 아직도 모르겠어요. 그래서 잔을 가져와서 미각 실험을 해보는 거지요." 이미 알던 맛일까? 새로운 맛일까? 완전히 변형되어 바나나 숲 향이 나길 바라는 걸까? 그는 그보다 단순하다고 했다. "내가 좋아하는 맥주를 찾는 겁니다. 전에 알던 사람이나 그 어떤 것을 모방하려는 게 아닙니다."

스티브는 원추 끝에 있는 '츠비켈zwickel■'을 잡아 뽑았다. 그런 다음 플라스틱 스프레이 병에 든 살균제를 뿌리고 돼지꼬리pigtail라고 부르는

■　　　발효 중인 맥주의 맛을 평가하기 위해 저장조 끝에 붙어 있는 꼭지처럼 생긴 노즐.

코르크처럼 생긴 주둥이를 비틀어 열었다. 그리고 다른 손잡이를 돌리니까 밝은색 맥주가 잔 안으로 쏟아졌다. 그는 맥주를 조명에 비춰보더니 인상을 찡그렸다. "어둡네요." 그가 중얼거렸다. 그는 머리카락을 귀 뒤로 넘기고 잔에 코를 댔다. "드라이한 짙은 과일 향이 나요. 자두와 설탕이죠." 드디어 한 모금 마셨다. "캐러멜 맛이 강하고요. 초콜릿도 약간 느껴지네요." 나도 잔을 잡고 그를 따라했다. 마치 크렘 브륄레처럼 탄 캐러멜 크러스트를 넣은 초콜릿 자두 푸딩 맛이 났다. 스티브는 잠시 멈춰 잔을 돌리더니 만족해했다. 전통적인 맛이면서 새로운 맛, '훌륭한' 맛이었다. 오래 볶은 커피와 과일 케이크의 풍미가 뉴 클레르보 수도원의 벽돌로 지은 연회장에서 난로를 피우던 밤을 연상시켰다. 하지만 반전이 있었다. 시트러스한 홉 향이 희미하게 나면서도 자두의 시큼한 달콤함도 느껴졌다. 그리고 풍미가 서로 잘 어울려 조화로웠다. 시에라 양조장에서 새로운 맥주는 벨기에에도 새로웠다. 두벨, 트리펠, 심지어 베스트블레테렌의 유명한 쿼드처럼 번호를 붙이는 스타일은 먼지 쌓인 유물처럼 보이지만, 그 맥주들은 사실 20세기 발명품이다. 근대 초반 벨기에에 맥주 문화는 엉망이었다. 제1차 세계대전 끝 무렵에는 벨기에 양조장의 반이 사라졌을 정도였다. 벨기에 맥주는 사멸했다가 다시 태어났다. 그러다가 우리가 알고 있듯이, 수도원 에일은 인기 있는 핫한 브랜드가 되었다.

스탠 히에로니무스는 벨기에 맥주의 최고 전문가다. 그는 벨기에식 양조를 조사하거나 만들어보려는 사람에게 성경이나 다름없는 『수도승처럼 양조하기Brew Like a Monk』를 썼다. 신비한 중세시대 사람처럼 들리는 이름이지만 그는 메릴랜드 출신이다. 나는 볼티모어에 사는 스탠에게 연락했고 그는 내가 예상했던 이미지를 유쾌하게 산산조각냈다. 팜 브루어리Palm Brewery가 만드는 대표적인 맥주인 호박 빛 스페샬레Speciale는 유럽에서 가장 인기 있는 벨기에 맥주 중 하나인데, 빈티지 클래식이 아닌, 대중을 만족시킬 목적으로 만들었다. 20세기에 열렸던 "벨기에 맥주의 발전" 대회 출품작이었다. 유서 깊은 뒤블 모르트가트Duvel Moortgat 양조장은 1870년대까지 거슬러 올라가긴 하지만, 강렬한 금빛 에일을 양조하기 시작한 건 겨우 1923년 영국 효모를 사용하면서부터였다. 트라피스트 수도원■의 오르발Orval은 1790년대에 잠들었다가 1926년이 되어서야 재건되었다. 그곳의 수도승들이 건축비를 충당하기 위해 양조장을 시작했고 독일인 브루 마스터를 고용해 운영했다. "다채로운 전통이 있죠." 스탠이 동의했다. "하지만 전통은 계속 진화했고, 전쟁을 겪고 재정비되면서 맛은 변했습니다. 수도원 맥주 중 일부는 19세기와 관련 있지만, 현재 쓰이는 레시피 중 70년 이상 된 건 없습니다."

제1차 세계대전의 여파가 가라앉자 현대 애주가와 벨기에인의 미각에 변화가 찾아왔다. 벨기에 양조장은 장비를 재정비하여 새로운 맛을 공급하기 시작했다.

전쟁 후 비틀대던 시기, 독한 술이 필요했을 이 시기에 벨기에 사람들은 파괴적인 진gin에 탐닉했다. 외무부 장관 에밀 반더벨드는 1900년에 130명의 사망자 중 101명이 술 때문에 사망했다며 앞으로 10년간은 술

■ 트라피스트 맥주는 수도원 연합회 ITA에서 인증한 전 세계 10개 수도원의 맥주에만 붙일 수 있는 명칭이다.

을 절제해달라는 탄원서를 발표했다. 그는 "벨기에인은 맥주를 많이 마신다. 독한 술을 마시면 중독될 수밖에 없다"라고 주장했다. 1919년, 강한 개혁 의지를 보이던 정부는 결국 금주령을 내렸다(이 금주령은 1984년까지 풀리지 않았다). 벨기에 애주가들은 독주가 없어져서 아쉬워했다. 한편 20세기 초에 유럽 다른 나라에서는 가볍고 깨끗한 필스너가 인기를 끌었다. 그단스크의 시럽처럼 짙은 갈색의 '요펜비어jopenbier'와 영양이 풍부한 맥주는 인기가 시들해져 어두운 시대의 유물이 되었다. 근대의 애주가들은 가볍고 세계적이며, 도수가 높은 술을 선호했다.

브루어들은 앞다투어 해법을 찾아나섰고, 결국 설탕에서 답을 찾았다. 설탕은 묵직한 맛이 없이 술을 독하게 만들었으며, 보리나 다른 곡식에서 오는, 보디감을 더하는 단백질 없이 바로 알코올로 발효되었다. 브루어들의 표현에 따르면, 단백질은 "식감mouthfeel"이라는 것을 맥주에 선사한다. 느끼함이 입안 가득 혀를 감싸서, 곡물이 충분히 들어가는 양조를 원했던 수도승들에게 인기 있었다. 하지만 가볍고 신선한 걸 원했던 애주가는 질색하는 맛이었다. 그런데 순수 당을 사용하면, 완성된 맥주에서 거의 맛이 느껴지지 않는다. 알코올 도수를 높이면서도 톤 단위로 발효할 수 있고 식감이 심할까 걱정하지 않아도 되었다. 차를 마시는 것에 비유한다면, 찻잎을 더 넣지 않고도 순수 카페인 수치를 높이는 거라고 생각하면 된다. 나폴레옹 전쟁으로 인한 항구 봉쇄로 인도 제도에서 사탕수수를 수입하는 게 어려워지자, 설탕 정제 기술이 19세기 후반 유럽에서 발전하기 시작했다. 드넓은 사탕무 밭 그리고 이 사탕무를 소중한 설탕가루로 만드는 기술은 한때 그 어떤 향신료보다 귀했던 재료를, 빵과 잼과 사탕에 넣는 소금처럼 흔한 첨가물로 탈바꿈시켰다. 20세기 초, 브루어는 드디어 당분 경쟁에 참여할 수 있었다. 1920년대와 1930년대에 맥주에 설탕을 넣은 최초의 양조장은 아마 베스트말러일 것이다. 베스트말러가 만든 맥주 중 가장 가볍고 독했던 맥주는 수퍼비어Superbier였고 나중에는 트리펠Tripel로 이름이 바뀌었다.

이 새로운 종류의 발효 음료는 새로운 입맛을 가진 새로운 효모가 필요했다. 효모가 느리게 연소하며 보리와 호밀을 아작아작 씹어대는 예전 방식은 정제된 사탕무의 격렬한 속도를 감당할 수 없었다. 기존의 효모는 더 쉽게 얻을 수 있는 영양분을 글자 그대로 죽을 때까지 씹어대느라 소화 열기를 너무 강렬히 생산해 스스로 타 죽는다. 그래서 수도원에서 새로운 세대의 맥주를 생산하는 데 사용되는 효모는 독특한 특성이 있다. 다른 에일에서 사용하는 효모와 기술적으로는 동일한 종류지만(필스너의 라거 효모는 다른 종이다. 나중에 살펴보겠다) 이 수도원 효모는 더 단순한 당을 발효시키도록, 맹렬히 발효되는 과정에서 더 높은 온도에서 살아남을 수 있도록 진화했다. 고온은 다른 효모 종을 대부분 죽이거나, 안 좋은 비누 냄새를 풍기는 페놀과 코가 타들어갈 듯한 퓨젤유_{곡물 발효의 부산물} 알코올 같은 화학물질을 발산하도록 스트레스를 준다. 하지만 수도원 효모는 섭씨 약 21도 이상에서 에스테르_{산과 알코올이 작용해 생긴 화합물}라는 과일 향 혼합물을 방출한다. 베스트블레테렌의 발효는 섭씨 약 27도에서 절정에 이르러, 바나나 향 나는 이소아밀 아세테이트, 와인 같은 에틸 뷰틸 아세테이트, 정향 맛 나는 4-비닐 과이어콜4-vinyl guaiacol을 생산하면서 맥주에 굉장한 풍미를 준다.

벨기에산 효모도 작지만 강력하게 발효한다. 특별히 달거나 묵직하지는 않지만 풍미는 여전히 좋고, 남은 당 대부분을 빼앗아가 더 완전하게 발효한다. 브루어는 이것을 발효도attenuation■라고 한다. 효모 균주의 발효도가 높을수록 지쳐 떨어지기 전까지 더 많은 당을 소비할 수 있다. 예를 들어, 영국산 효모의 경우 벨기에산 효모보다 더 낮은 발효도를 보인다. 즉 포터와 브라운 에일이 상대적으로 달다.

벨기에산 효모 균주는 대부분 수도원 맥주의 보디감을 가볍게 하며 알코올 느낌은 강하게 만든다. 왜 그런 공통점이 있는 걸까? 그것은 벨기에 수도원에서 쓰는 효모가 대부분 같기 때문이다. "1950년대 들어서 다 바뀌었습니다." 스탠이 설명했다. "토마스 신부가 베스트블레테렌에 들어가서 말끔히 정리한 그 순간 말입니다." 토마스 신부는 여행객을 도와주는 사람이었다. 그리고 뒤블과 드 코닝크에서 일했던 장 드 클레르크와 함께 벨기에 양조장을 현대화한 사람이기도 하다. 토마스는 베스트블레테렌 양조장의 목재 발효 탱크를 강철 탱크로 바꿨고, 베스트블레테렌이 아직도 사용 중인 베스트말러 효모 균주를 도입했다. 효모 균주는 양조하는 날마다 늘 새로 배달받았다고 한다.14 1970년대에서야 양조를 시작한 아헬Achel도 동일한 효모를 사용한다.

오늘날 '애비abbey'라 하면 모든 맥주를 의미하기도 한다. 브라세리 생 푀이앵Brasserie St. Feuillien의 세계적인 애비 트리펠Abbey Tripel도 작은 수도원에서 만들어졌다. 하지만 아플리겜Affligem의 동급의 뛰어난 맥주는 하이네켄이 양조하고, 레페Leffe의 인기 있는 블론드blonde는 앤호이저 부시 인베브가 만든다. '트라피스트'라는 말에는 특별한 의미가 있

■ 저감도라고도 함. 효모의 의해 섭취되는 맥아즙 내 당의 양을 퍼센트로 나타낸 것으로, 효모가 제대로 일하고 있는지 알 수 있는 척도다.

다. 사실 '오가닉'과 '샴페인'처럼 돈을 투자할 만한 귀한 단어다. 트라피스트는 2000년 전쯤 프랑스의 생 로베르 오브 몰레슴으로 거슬러 올라간다. 검은 예복을 입은 베네딕트회 형제들의 방종에 질려버린 로베르는 1098년 흰 예복을 입고 엄격한 수행 생활을 하는 '엄률 시토회Order of Cistercians'를 창설했다. 그 수도승 중 한 명이었던 수도원장 아르망장 드 랑세는 1656년 프랑스의 트라프 대수도원을 창립했다.[15] 수도승들은 나폴레옹의 박해를 피해 스위스로 도망갔고 그다음에는 러시아로 이동했지만 자신을 보호할 수 있게 되자 드디어 벨기에 정착했다.

다른 훌륭한 수도승 양조사들처럼 트라피스트 수도승들도 양조를 했다. 그리고 그들이 만든 맥주도 훌륭했다. 맛이 너무 좋은 나머지, 세속적인 양조회사들이 돈을 주고 자신들이 만들었다고 광고하려고까지 했다. 그중 하나가 벨기에 중부 도시 루뱅에 있는 벨텀 브루어리Veltem Brewery다. 1960년 벨텀 트라피스트 맥주를 출시하자 시토회 수도원 노트르담 도르발은 벨텀 브루어리를 고소했다. 2년 후, 벨기에 무역 및 통상법원은 '트라피스트'의 법률적 범위를 규정했다. 'Trappist'와 더 광범위한 단어인 'abbey'를 구분한 것이다. 1997년 인터내셔널 트라피스트 어소시에이션(ITA)이 어센틱 트라피스트 프로덕트(ATP)라는 브랜드를 설립했다. 그래서 현재 모든 귀중한 베스트블레테렌 상자 옆에 이니셜 ATP가 육각형 로고와 함께 새겨져 있다.

법적으로 '트라피스트'는 공인된 트라피스트 수도원에서 수도승의 감독 아래 만들거나 수도승이 직접 만든 맥주라는 뜻이다. 이 정의는 어떻게 보면 구체적이라고 할 수 있지만 사실 모호하다. 이 행운의 로고는 치즈부터 꿀 그리고 켄터키에 있는 겟세마니 수도원의 초콜릿 버번 퍼지에도 붙일 수 있다. 수도원이 어떻게 생겨야 수도원인지, 어디에 있어야 하는지, 어떻게 양조해야 하는지에 대해서는 아무런 설명이 없기 때문이다. 베스트블레테렌 양조장은 예전 방식인 직사각형 발효 탱크를 사용한다. 시메Chimay 맥주는 홉을 사용하여 시럽을 추출한다. 오스트리아에 있는 엥겔스첼 수도원Engelszell Abbey은 가장 최근에 생긴 트라피스트 양조장이고, 지금까지 벨기에 밖에 있는 단 두 곳의 트라피스트 양조장 중 하나다.▪ 여기서는 직접 기른 양봉장에서 채취한 꿀을 재료로 독일에서 지은 최첨단 양조장 시설을 이용하여 다크하고 스트롱한 그레고리우스Gregorius를 만든다.

벨기에로 가서 오빌라 시리즈를 조사했을 때, 시에라의 브루어들은 전통과 변화라는 다층적인 의미를 파악하겠다는 관점으로 맥주를 파고들었다.

시에라의 수석 브루어인 스콧 제닝스는 그 경험을 잊지 못하는 듯했다. 스콧, 스티브, 시에라의 창립자인 켄 그로스먼 그리고 다른 운 좋은 직원들은 뉴 클레르보의 전 수도원장 토마스 신부를 데려가 다섯 곳의 양조장을 들렀다. ("수도원장을 데려가는 건 언제나 도움이 됩니다." 스콧이 말했다. 다음에 베스트블레테렌에 전화를 걸 때 이 점을 기억해야겠다.) 그들은 첫날 아침 로슈포르를 방문했다. "햇빛이 스테인드글라스를 통해 들어오고 있었습니다. 무릎을 꿇고 기도하고 싶어지더라고요." 스콧이 회상에 젖었다. 로슈포르는 유물이 아니었다. 사실 일부 수도원 양조장은 고리타분함과는 거리가 멀다. "어떤 곳은 아름다웠고요, 우리 양조장처

▪ 2019년 4월, ITA 웹사이트에 따르면, ITA 맥주로 인정받은 수도원 양조장은 14곳으로 늘었다.

럼 최신 양조장 실험실도 갖췄더군요." 그가 의외라는 듯 말했다. 로슈포르의 스테인드글라스를 통해 들어오는 햇빛이 현대적인 원통형 발효 탱크를 비췄다. 시에라가 사용하는 것과 똑같은 종류였다. "조사 가기 전에 수도원 브루어들이 새로운 탱크 디자인을 사용하기를 꺼린다는 글을 읽었거든요." 탱크 디자인은 아무 생각 없이 선택했을 것 같지만 사실 중요한 사항이다. 공기와 덜 접촉한다는 건 특별한 벨기에 효모가 특유의 에스테르를 덜 만들어낸다는 뜻이기 때문이다. 전통적으로 낮은 직사각형 탱크는 표면 대 높이 비율이 더 커, 키 큰 실린더에서 발효하는 것보다 과일 맛이 더 난다. 높은 실린더에서는 발효 중인 맥주의 아주 일부만 공기와 접촉하기 때문이다. 그리고 베스트블레테렌 같은 몇몇 수도원 양조장은 더 오래된 발효제를 고집한다. 시에라도 페일 에일을 만들 때 마찬가지지만, 로슈포르와 오르발은 더 이상 오래된 발효제를 사용하지 않는다.

"그들은 현대적인 장비를 사용하는 걸 반대하지 않아요. 우리도 반대하는 입장이 아니거든요. 접근법만 전통적이라면 괜찮다고 생각합니다." 그렇다면 수도원 맥주는 과정보다는 장소에 덜 엄격한 걸까. 태도보다는 시설에 덜 민감한 걸까. 전통이란 사고방식이니까, 스타일과 장비는 변할 수 있지만 사고와 목적만 진실한 상태로 남는다면 괜찮은 걸까. 그러면 좋은 맥주를 만들게 될까? 샘 칼라지온이 말했듯 내가 신들에게 더 가까이 가게 할 수 있을까?

시에라네바다는 결국 수도원 맥주와 크게 다르지 않다. 페일은 금방 변하지 않겠지만 양조장은 변할 것 같다. 시설을 계속 현대화하고 있지만 스티브의 말에 따르면, 사실 그것은 맥주를 동일하게 만들기 위한 것이라고 한다. 스티브가 나에게 옥수수 사일로 미니어처 버전 같은 10피트짜리 금속 튜브 '토르페도Torpedoes'를 보여주기 전까지는 그 말을 완전히 이해할 수 없었다. 어떻게 보면 저장용 사일로가 맞기도 하다. 물론 토르페도는 곡식이 아닌 홉으로 가득 차 있지만. "우리는 셀러브레이션 Celebration■의 생산을 늘려야 했어요. 하지만 그렇게 할 수 있는 시설이 없었죠. 탱크가 필수적인 맥주거든요." 스티브가 설명했다. 건조된 홉을 넣는다는 건 발효기에서 더 많은 시간을 있어야 한다는 말이고, 맥주는 양조가 끝난 후 신선한 홉의 오일을 흡수한다는 뜻이다. "우리는 발효기를 더 놓을 공간이 없었어요. 그래서 켄이 칵테일 냅킨에 이 아이디어를 그렸죠." 토르페도는 거대한 프렌치 프레스처럼 작동한다. 홉을 채우고 맥주를 부어 흠뻑 담근 다음 물기를 뺀다. 맥주를 발효기에 일주일 더 두지 않고, 몇 시간 안에 토르페도를 통해 펌프질하고 나면 병에 넣을 준비가 된다.[16]

맥주의 원래 아이디어만 유지된다면, 새로운 맛(자두 같은)으로 만든 것 혹은 현대화된 과정(토르페도)으로 만든 것을 통해 오래된 맥주 전통을 살릴 수 있다. 양조는 체계적이고 통제 가능한 과학일 수 있지만 맥주의 풍미는 예술에 속한다. 객관적으로 평가하거나 컴퓨터로 측정할 수 없다. 글쎄 혹시라도 측정이 가능할까?

이 질문이 시에라의 품질 관리 실험실의 정곡을 찔렀다. 실험실은 기술과 인류, 컴퓨터와 온갖 미사여구, 완전 밀폐한 세균 배양접시와 열린 레드 바인스Red Vines 튜브가 기묘하게 섞여 있었다. 내가 도착했을 때는

■　　　　시에라의 인기 홀리데이 맥주. 건조한 홉을 넣어 만들었다. 1981년부터 양조되었다.

연필과 종이가 아무렇게나 놓인 긴 탁자 위에 물 잔이 있었다. 입가심용인가? 아니었다. 시에라의 맥주 심사위원들은 맥주를 만들 때 사용하는 물맛까지 확인한다. 그들이 사용하는 컴퓨터는 물은 측정할 수 없기 때문에 미각 판정 패널들이 모여서 맛을 본다. 감각 전문가 캐시 해덕은 패널들이 차이를 집어낸다고 자랑스러워했다.

"우리는 수돗물을 마셔봅니다. 그리고 자외선에 노출시키고 다시 맛을 봅니다. 탄소 필터로 거른 다음 또 맛을 봅니다. 그때쯤에는 어떤 냄새도 안 나야 하기 때문이죠. 컴퓨터로 하는 테스트도 있지만 감각을 이용하는 게 최고입니다." 그녀는 탁자 끝에 놓인 '라인 1 제터' 그리고 '라인 2 제터'라고 쓰인 피처 두 개를 가리켰다. 맥주를 병에 넣고 뚜껑을 닫기 전, 제터라는 기계가 고압의 물로 맥주를 쳐서 병목에 있는 마지막 남은 공기를 빼낸다. 맥주에 거품이 일면서 터져나오는 이산화탄소가 병의 공기를 비우면 뚜껑으로 밀폐할 준비가 된다. "우리는 제터에서 어떤 냄새가 난다는 걸 알아챘습니다. 결국 노즐을 분리해 씻어야 한다는 걸 알 수 있었죠."

물론 그들은 맥주 맛도 테스트한다. 필터로 거르기 전과 후의 발효기 샘플, 맥주가 병으로 가는 라인에서 가져온 샘플, 다른 시기에 포장이 끝난 맥주를 모두 맛본다. 그날 그들은 '올해의 셀리'라는 애칭으로도 불리는 셀러브레이션의 그해 배치를 시음하고 있었다. 작은 방에 허리 높이의 탁자가 늘어서 있고 브루어들은 침묵 속에 맥주를 마시고 돌리고 뱉고 기록하고 있었다. "방마다 일곱 명을 넘기지 않으려고 해요. 집중하기 위해서죠." 창문을 들여다보며 캐시가 설명했다. 심사위원들은 "브랜드에 맞는가, 맥주가 우리 기대에 부응하고 있나?"에 대한 답을 찾는단다. 해마다 미묘한 변화가 생기는 건 괜찮다고 했다. 큰 결점(예를 들어 계란 냄새, 너무 차가워진 발효에서 오는 황화수소 냄새)이 나오면 '출하 불가' 판정을 받아, 맥주를 정화할 대대적인 계획을 세우거나 최악의 경우 폐기 처분한다.

그런 다음 심사위원들은 레드 바인스 탁자로 돌아가거나 자신들이 작성한 노트를 점검한다. 여기서도 역시 인간이 컴퓨터보다 더 낫거나 최소한 더 잘 설명할 수 있다. 미각 시험단은 "식물 줄기 맛, 맛있는 아몬드 맛, 경쾌함, 죽 같은 맛이 나요"라고 깎아내렸다. 나는 누군가 '변형'이라는 단어를 쓰길 기다렸지만 과학자들은 현실 세계에 머물렀다. "라인 2 제터에서요. 톰, 로션 냄새 나지 않아요?" 캐시가 물었다. "어느 브랜드 로션요?"

게다가 인간은 데이터와 기억을 모두 사용하여 맥주를 비교하면서 시간에 따라 맥주 맛이 어떻게 변했는지 추적하는 데도 더 뛰어나다. 나는 캐시에게 시에라 맥주 중 셀러브레이션 에일을 가장 좋아한다고 말했다. 사실 엄마가 가장 좋아하는 맥주이기도 하다. "셀리는 시간이 흐르면서 약간 장미가 느껴졌어요." 캐시가 말했다. "작년에는 소나무 향이 좀더 났고요."

셀러브레이션에서 장미를 느낀다면, 오빌라의 자두에서는 어떤 맛을 느낄까? 10여 년 된 과수원, 반짝반짝 빛나는 새로운 홉 탱크. 전통과 반전, 과거와 현재, 변화와 지속성. 완전히 변화된 이야기를 맛볼 수 있다![17]

내가 직접 수도원 맥주를 만들 수 있다면, 성스러움은 전혀 없을 것이다. 시에라처럼 나도 복제를 하고 싶었던 건 아니었지만 할 수도 있었다.

양조장에서 공유한 레시피나 자료가 많은 홈 브루어들의 레시피까지 합하면 수많은 레시피가 존재하고, 심지어 세계에서 가장 숭배받는 맥주인 시에라의 페일 레시피도 알려져 있다. 심지어 베스트블레테렌의 레시피까지 공개되어 있다. 위대함으로 가는 지름길을 선택할 수도 있었다. 하지만 나는 내 힘으로 위대함을 좇고 싶었다.

나는 역사적인 돌로 초석을 놓기로 했다. 바로 클래식한 벨기에 효모인 화이트 랩(WLP500)이다. "과일 향이 나고 페놀이 적당히 함유되어 있다"고 회사가 공언하는 효모다. 홈 브루잉 게시판에서는 시메 병에 있던 효모 잔재에서 배양되었을지도 모른다는 설이 돈다. 기원은 고대로 거슬러 올라간다. '그래, 이 초석 위로 최신식 성당을 멋지게 세워보리라.'

나는 알코올 함량을 높이기 위해 설탕을 사용했지만, 시에라와 다른 수도원이 사용하는 값비싼 시럽 대신 흔한 갈색 설탕을 선택했다. 전문가 등급 시럽이라고 알려진 '벨기에 캔디 슈거'는 전환된 비트 당beet sugar, 사탕무의 뿌리에서 얻은 당이다. 즉 설탕의 분자가 순수 과당과 포도당으로 쪼개졌다는 뜻으로, 발효되는 동안 효모는 소화 단계를 거치지 않아도 된다. 미국인들의 식탁에 놓인 흰 설탕과 갈색 설탕은 사탕무가 아니라 대개 옥수수로 만들었고, 가공되지 않은 자당sucrose이라서 효모가 처리하기 더 힘들다. 그러나 가격이 저렴하다는 장점이 있다. 그래서 나는 유럽에서 작은 유리병에 담긴 시럽을 주문하는 대신, 동네 가게에서 도미노 설탕 한 상자를 샀다. 그리고 효모의 과일 향은 '썬 메이드'의 노란 건포도로 대신하기로 했다. 나는 현대의 마법인 '키친 에이드 핸드 블렌더'를 이용해 재료를 퓨레로 만들어 끓고 있는 맥주에 부었다.

선메이드 건포도는 수도승이 재배해서 말린 자두가 아니다. 동네 가게에서 산 갈색 설탕도 비싼 벨기에 캔디 슈거 등급에 못 미친다. 하지만 엥겔스첼 수도원의 꿀이나 시에라의 자두처럼, 이런 재료는 나만의 미묘한 차이이자 나의 반전이 될 것이다. 베스티와 비교해도, 심지어 오빌라와 비교해도 내가 만든 수도원 에일은 독특했다. 그 둘보다 탁하고 가벼웠고 그렇게 도수가 높지 않았다. 정제하지 않은 갈색 설탕 색을 내는 당밀이 철분과 소금처럼 약간 찡한 신맛을 더했다. 노란 건포도는 오빌라의 묵직한 자두보다 더 은은한 맛이 났다. 하지만 여전히 따뜻하고 뭉근한 과일 향을 맡을 수 있었다. 서서히 배어나오는 시럽 같은 달콤한 맛이 났다. 가벼운 보디감 뒤로 따뜻한 알코올 기운이 확 느껴졌다. 그렇다. 내 맥주는 달랐지만 (역사적인) 맥락은 있었다. 맥주는 자신만의 방법으로 전통을 이해하고 자신만의 방법으로 경전을 해석하여 이야기를 들려준다.

맥주는 분자 그 이상이다. 그리고 교회는 돌덩이를 쌓아놓은 건물 그 이상의 의미를 갖는다. 윌리엄 랜돌프 허스트가 재생시킨 돌무더기 위에서, 서서히 재건된 뉴 클레르보의 성당에서 그리고 시에라가 판매하는 오빌라에서 나는 그 의미를 꿰뚫어볼 수 있었다. 옮겨 심어진 이국의 전통이 계승되고 있었다. 스테인드글라스로 햇빛은 들어오지 않았지만 대신 비계를 통해 빗방울이 떨어졌다. 상자 속에 갇혀 있는 것보다 재사용하는 게 나을까? 자문하지 않을 수 없었다. 유리 장 밑에 곰팡이 핀 유물로 두는 것보다 현대화해서 사용하는 게 더 좋은 생각일까? 고대의 방법과 현대의 돈으로, 반은 오래된 돌로 반은 새로운 돌로 절반쯤 지어진 건물 앞에 서서 생각해보았다. 정답은 분명했다. 빌 스미스는 성당

벽 사이를 메운 새로운 돌을 인공적으로 오래돼 보이게 하거나 손때를 묻히지 않았다고 알려주었다. 어떤 돌이 어느 시대의 돌 위에 있는 건지 구분할 수 있었다. 그리고 다섯 개의 아치가 모인 가운데 기둥은 고대의 돌 위에 우뚝 서 있었다. 빌이 고개를 끄덕였다. "이 돌덩이 하나에도 많은 역사가 숨 쉬고 있죠."

4장

농부

지친 농부가 묵직한 곡식 자루를 끌며 들판을 터벅터벅 가로질러, 일과를 마치고 나무 아래에 모인 동료에게 다가간다. 한 여인이 빵을 자르고 다른 이들은 나무 그릇에 담긴 죽을 마신다. 완전히 지친 한 농부는 나무 아래에 대자로 뻗어 있고 걸음을 재촉해 온 다른 농부는 커다란 자기 항아리를 벌컥벌컥 들이켠다. 이것은 네덜란드 화가 브뤼헐의 1565년 작품 「추수하는 사람들The Harvesters」에 나오는 풍경이다. 더 정확히 말하자면 메트로폴리탄 박물관에서 파는 엽서인데 아버지가 나에게 보낸 것이다. 뒷면에 건축가다운 날렵한 글씨체로 이렇게 쓰셨다. "이게 맥주니?"

그래야 한다. 와인을 만드는 친구의 농담에 따르면, 좋은 와인을 만들려면 맥주를 많이 만들어봐야 한단다. 저 농부들이 마시는 음료가 뭐든 간에 확실한 게 하나 있다. 하루 종일 포도를 으깨거나 무더운 늦여름에 곡식을 수확한 후, 묵직한 코트 뒤 론프랑스의 유명 와인을 마시고 싶지는 않을 거라는 점이다. 가벼우면서도 술술 넘어가는 술이 제격일 테고 소박한 음료가 나올 것이다. 내 아버지가 썼듯 이런 농부들에게 정답은 간단하다. 팜하우스 맥주팜하우스 에일 또는 농장 맥주다.

팜하우스 맥주는 크게 두 가지 스타일인 세종과 람빅 중 하나다. 오늘날 전문가들이 두 맥주의 차이에 대해 끝없이 논쟁을 벌이지만, 본질은 농장 맥주는 단순하다는 사실이다. 다시 말해, 폭이 넓다. 두 종류 모두 찌꺼기 곡식을 긁어모아 옛날부터 농장에서 만들었다. 추수 후 들판에 남은 곡식이나 작년에 안 팔리고 창고에 남아 있던 곡식으로 만든 술이면 다 농장 맥주다. 풍미와 재료의 조화롭지 않은 혼합은 나무통에서 오랜 숙성 과정과 독특한 발효 과정을 거쳐 하나의 맛으로 완성된다. 가볍고 밝은 세종은 브루어들이 여러 계절에 걸쳐 만들며 알게 된 톡 쏘는 효모 균주에 의해 발효된다. 반면 시큼하고 강한 냄새를 풍기는 람빅은 미생물과 야생 박테리아의 독특한 혼합으로 만든다. 정해진 특정 효모가 있는 건 아니지만 김치나 사워도 브레드시큼한 맛의 발효 빵, 전통적인 피클을 만들 때도 같은 종류의 복잡하고 자연스러운 발효가 일어난다.

두 종류 모두 현재 흔히 구할 수 있지만, 한때 노동자의 하루 배급량이었던 만큼 저렴하다고 할 수는 없다. 세종은 최근 가장 유행하는 수제 맥주 스타일로 양조장에서 잔뜩 힘을 주어 만들었고, 워싱턴의 로그즈던 에일Logsdon Ales이나 메릴랜드의 스틸워터Stillwater 양조장은 팜하우스 맥주만 전문으로 만든다. 나는 건조한 홉을 넣은 세종, 블랙 세종은 물론이고, 히비스커스, 세이지, 심지어 페니로열pennyroyal, 일종의 박하로 맛을 낸 세종까지 마셔봤다. (맛은 좀 별로였다.) 세종의 자매품 람빅은 가장 인기 있고 구하기 힘든 맥주다. 2009년 브뤼셀의 전설적인 람빅 양조장인 드리 폰테이넌Drie Fonteinen에서 부서진 화로가 과열되어 수십만 병의 귀한 맥주가 망가지자, 맥주 블로그가 시끄러워졌고 애주가들은 상실감에 눈물지었다. 하지만 세종과 람빅의 기원은 사실 소박하다. 교회나 실험실에서 탄생한 맥주도 아니고 공장이나 회사 사무실은커녕, 그야말로 농장에서 만들어진 맥주니까.

세종은 벨기에 남부 왈롱 지역에서 만들어졌다. 왈롱은 마치 지킬과 하이드처럼 반은 농장이고 반은 산업 지구다. 그리고 콩드로즈의 곡물 저장고가 펼쳐진 들판과 샤를루아 탄광으로 나뉜 곳이다. 노동자를 위해 양조된 세종은 양식으로 쓰기 위해 만든 맥주다. 지역마다 다양한 특색이 있으며 맥주 맛은 지역의 입맛에 맞게 변형되었다. 광부와 제련소 노동자는 풍부하고 강한 맛을 좋아했고 농부나 '계절노동자saisonniers'는 가볍고 드라이한 맛을 즐겼다. 이런 경제활동 방식에 따른 선호도가 왈롱 맥주를 둘로 나누었다. 진한 맥아 풍미의 비에르 드 가르드Bière de Garde(오래 저장할 수 있으므로 "저장하기 위한 맥주"라고 불린다)가 있고, 다른 하나는 더 산뜻한 맛의 보통 세종으로, 맥주를 가장 좋아했던 계절농장 근로자를 위한 맥주였다. 현지 재료로 만들었으므로 맛도 다 달랐다. 껍질이 두꺼운 프랑스 보리와 감초 맛 홉으로 만드는 비에르 드 가르드는 다른 맥주보다 맛이 더 다채롭다. 다른 시골 맥주는 '에스쿠르종escourgeon'이라는, 후추 맛이 나고 질소가 풍부한 가을보리와 더 가볍고 섬세한 홉을 사용했으며, 생강과 아니스 같은 향신료로 맛을 증대한다. 가끔 비에르 드 가르드 레이블이 붙은 맥주를 볼 수 있지만, 요즘에는 사용한 곡식이나 홉과 관계없이 두 하위 맥주를 다 세종으로 본다. 중요한 것은 효모다. 브루어는 강력한 효모 균주로 모든 재료를 발효시킨다. 활발히 발효 중인 배치에서 효모를 가져와 '기유아르guilloire'라는 특별한 금속 탱크에 있는 다른 배치로 옮긴다. 가장 건강하고 활발한 세포만 잡는 이런 톱 스키밍top skimming 기술은 남은 곡식을 먹어치우는 효모와 합쳐져 시간이 지날수록 브루어가 던져 넣는 어떤 재료든 거기서 나오는 당을 모조리 먹어치우는 슈퍼 변종이 되어, 청량감 있고 가벼우며 후추 맛이 나는 드라이한 맥주로 만든다. 가장 유명한 세종 양조장인 브라세리 뒤퐁Brasserie Dupont은 강도에서 와인 효모와 비교되는 하우스 균주를 사용한다.[18]

세종을 만드는 사람들은 레시피를 정형화하거나 교회에서 정한 재료를 사용하지 않았다. 그들은 사실 브루어도 아니었고 농부들이었으니까. 이렇게 생각하고 나니, 세종이 세종인 이유가 무얼까 궁금해졌다. 한 가지 맛도 아니고 셀 수 없이 다양한 맛 그리고 특정한 맛이 아닌 무한한 맛 뒤에는 어떤 이야기가 숨어 있을까? 나는 샌프란시스코에 있는, 벽이 갈라지고 천장 페인트가 벗겨진 작은 아파트 4층에 살고 있다. 조용한 벨기에의 곡식 들판과는 천지 차이다. 여기서 세종의 비밀을 찾기는 글렀지. 먼저 해야 할 일을 해치우자. 나는 농장을 찾아야 했다. 그래서 로그Rogue로 발걸음을 옮겼다.

로그 양조장은 오리건주 뉴포트에 있다. 직원들이 '로그 네이션 월드 헤드쿼터'라고 부르는 이 양조장은 수십 종의 맥주를 만들어 전 세계로 수출한다. 1년에 40여 종, 9만 배럴을 수출한다. 대표 맥주인 강렬한 데드 가이Dead Guy부터 매운맛의 치폴레 에일Chipotle Ale까지, 포틀랜드에서 가장 인기 있는 도넛에서 영감을 받은 베이컨과 메이플 시럽을 넣은 맥주까지 다양하다. 하지만 나는 잠깐씩 파는 특이한 맥주나 공장 규모의 생산에는 관심이 없다. 로그에는 다른 이야기가 있다. 월드 헤드쿼터의 동쪽으로 70마일약 113킬로미터 떨어진, 오리건의 조용한 인디펜던스 외곽에 있는 42에이커약 17만 제곱미터 규모의 농장에서 찾을 수 있는 이야기다. 나는 바로 거기로 갈 것이다.

나는 서부 지역의 맥주 관련 언론인 10여 명이 승차한 관광 차량을 얻어 탔다. 승합차부터 명품 토트백에 이르기까지 그야말로 시찰을 빙자한 관비 유람여행이다. 언론사들이 이런 전형적인 시찰을 나설 때 직원들의 가방에는 언론 보도용 팸플릿 복사본, USB 드라이브(추가 언론 보도자료용 파일이 담겨 있음) 그리고 XL 사이즈 티셔츠가 들어 있기 마련이다. 하지만 우리 가방에는 맥주가 가득했다. 봄날 아침, 우리를 태운 차는 포틀랜드 남쪽으로 달렸다. 그리고 얼마 지나지 않아, 첫 번째 쉬이익 소리와 함께 싱글 몰트 에일 한 잔을 건네받았다. 로그 농장에서 기른 보리로 소규모 배치만 만든 맥주였다. 가볍고 빵 냄새가 났으며 영국 머핀처럼 달았다. 하루를 시작하는 방법으로 나쁘지 않군.

우리는 막 뜨거워지기 시작한 정오 무렵 인디펜던스에 도착했다. 한때 세계 홉 생산의 중심지였던 이곳은 미드웨스트 공장 지대나 예전의 보르시 벨트 리조트처럼 황량하고 고요하며 쓸쓸한 기운이 감돌았다. 도로는 마을 중심으로 깔끔하게 뻗어가다가 구불구불 이어지더니 농장이 있는 들판 진입로 쪽으로 직각으로 꺾였다. 곳곳에 있는 농산물 표지판이 눈에 들어왔다. 복숭아, 자두, 어떤 것은 '베리'라고 쓴 것 옆에 '라즈'라고 쓴 종이를 나중에 덧붙인 듯했다. 초록빛 언덕은 저 먼 산 쪽으로 굽어들어갔다. 이슬에 젖은 푸른 잎 위로 털이 북슬북슬한 옥수수 줄기와 햇빛에 구워진 갈색 건초더미로 뒤덮인 들녘 풍경은 곧이어 마술책에 나 나올 법한, 바람에 흔들리는 키 큰 홉들의 탑으로 바뀌었다. 이어서 양조장의 상징인 붉은색 별 표시가 찍힌 흐릿한 초록색 철제 헛간이 나타났다. 드디어 로그 농장에 도착했다.

양조장은 대개, 아무리 대규모 양조장이라고 해도 약간은 어질러져 있게 마련이다. 낡았다는 것은 역사가 있음을 말한다. 밀워키의 밀러 공장 같은 곳도 찢긴 입장권 반쪽과 핫도그 포장지가 주차장에 쌓여 있다. 관광객이 잔뜩 다녀갔다는 증거다. 샌프란시스코의 '앵커 브루잉' 바닥은 새로 설치된 까다로운 병입 라인을 무시하듯 병뚜껑이 어지러이 널려 있다. 하지만 로그에 쌓여 있는 먼지는 훨씬 지저분했다.

우리는 차를 세우고, 털이 보송보송한 다리로 종종거리는 알록달록한 닭들을 몰아냈다. 두 남자가 자갈 깔린 진입로 위에 있던 빈 병을 차자 떼굴떼굴 굴러 돌에 부딪혀 깨졌다. 우편물이 잔뜩 쌓인 움푹 팬 우편함 옆에 ATV 차량이 무심히 서 있다. 나는 차에서 나와 작열하는 태양 아래에서 정원을 거닐다가 나무에서 사과를 따 낡은 배럴에 앉아 우적우적 먹었다. 바람이 불자 배럴에서 따뜻한 식초와 포도주스, 소나무와 레몬 냄새가 실려왔고, 커다란 나무가 머리 위에서 속삭였다. 여기는 병입 라인이 없어서 시끄럽지 않다. 그러니 귀마개를 낄 필요도 없었다.

로그의 농부들은 보리와 호밀을 기른다. 민달팽이가 파먹은 호밀 작물 찌꺼기가 햇빛 아래 건조되고 있었다. 농부들은 꽃 향이 나는 밀 맥주 '맘스 헤프Mom's Hef'에 넣기 위해 장미도 기른다. 라즈베리, 매리언베리, 얼기설기 얽힌 호박 그리고 닭장 옆에서 할라페뇨 고추도 기르고 벌도 친다. 마지막으로 셌던 벌통 수가 19개였다. 하지만 로그에서 기르는 건 대부분 홉이다.

홉은 나선형 덩굴이 탑처럼 무성하게 자라면서 24피트약 7.3미터 높이의 와이어를 타고 올라간다. 덩굴식물과 혼동하면 안 된다. 덩굴bine과 아주 유사한 덩굴식물vine은 큰 줄기가 조금씩 자라며 홉지吸枝를 이용하여 별 모양으로 뻗어나간다. 하지만 홉은 고양이 혓바닥처럼 뻣뻣한 털로 회오리처럼 올라간다. 특히 무덥고 건조한 여름에는 하루에 1피트약 30센티미터까지 자란다. 우리는 초록색 벽 사이를 거닐었다. 너무 조밀하고 향기가 강해 홉이 숨을 쉬는 게 느껴질 정도였다. 호리병 박처럼 볼록 나온 배 위로 늘어진 티셔츠(가슴팍에 잡지 이름 『브루 유어 온Brew Your Own』이 적혀 있었다)를 입은 한 남자가 엄지손가락만 한 크기의 홉 꽃을 땄다. 보드랍고 옅은 초록색 솔방울 모양의 홉에 수지 냄새가 나는 노란 덩어리가 군데군데 보였다. "아, 잘 자랐네요." 그가 냄새를 맡았다.

그 수지가 신선한 홉을 촉촉하고 끈적끈적하게 하며, 덩굴의 삐죽삐죽한 털은 수확 작업을 어렵게 한다. "이걸 하나 뽑고 나면 고양이랑 싸운 것처럼 보인다니까요." 우리의 가이드이자 로그의 농장 매니저인 나타샤 크로닌이 홉 줄기를 살살 두드리며 말했다. 홉 농사가 기계화되기 전 전성기에는, 다시 말해 로그에서 사용하는 트랙터 수확기계가 도입되기 전에는, 홉 수확은 가족이 함께 하는 일이었다. 수확하는 일꾼들은 계절을 따라 북쪽으로 이동했고, 여름에는 옮겨 다니며 일하는 일꾼들이 세운 텐트로 농장이 북적였다. 가장 큰 농장에서는 더 많은 일꾼을 불러들이기 위해 댄스홀과 복싱 링을 갖추기도 했다. 20세기 초 한 일꾼은 이 장면을 이렇게 기억했다. "홉 농사꾼의 착한 아내는 몇 주에 걸쳐 준비했다. 소박하지만 편안하고 깨끗한 침대들이 농장 안 숙소마다 갖춰졌다.

빵도 굽고 도넛도 잔뜩 튀겼다." 일꾼들은 일렬로 늘어선 홉 덩굴 곁을 걸어가며 자루에 50파운드약 22.6킬로그램씩 채웠다. 아이들은 음료수를 받고 일했고 부모들은 토큰이나 구멍 뚫는 표를 받았다. 자루 하나당 구멍을 한 번씩 뚫는 방식이었다. 수확 기간 동안에 이런 표는 동네 슈퍼마켓에서 콩이나 빵이나 새로운 장갑을 사는 데 화폐로 쓰였다. 슈퍼 주인들은 표를 모아놨다가 농부들 수중에 돈이 있는 농번기 끝무렵에 현찰로 바꿨다.

이른바 황금시대였다. 인디펜던스 근처의 산업은 부흥했다. 1895~1899년에 미국은 1582만 7630파운드약 720만 킬로그램의 홉을 수출했다. 이 홉들은 대부분 뉴욕이나 태평양 연안 북서부에서 생산했다. 1909년에 미국양조협회는 오리건의 날씨와 토양 조건에 엄청난 관심을 보였다. 오리건은 "토양이 깊고 풍부하며 천연 상태라 홉 수확의 양과 질 면에서 모두 좋은 곳"으로 알려졌다. 시메와 다른 벨기에 브루어들도 미국에서 생산한 갈레나스Galenas와 클러스터 홉을 맥주에 몰래 넣기 시작했다. 심지어 일부 영국 양조장은 셰필드와 캔터베리의 전설적인 밭을 외면하고 야키마와 로그강으로 시선을 옮겼다. 인디펜던스는 세계 홉의 수도가 되었다. 2만 에이커약 81제곱킬로미터의 들판에서 홉이 자랐고 금주 기간 중에도 계속 자랐다. 거의 맥주에 가까운 무알코올 맥주 맛을 내기 위해 그리고 베보Bevo와 메디코 몰트Medico Malt 같은 신경안정제 맛을 내기 위해 계속 키웠다. 그러나 1950년대 소위 빅 3인 앤호이저 부시, 밀러, 쿠어스는 희미한 레몬과 건초 냄새가 나는 호라이즌Horizon 홉은 필요 없다고 판단했다. 특별히 관리된 매우 효과 좋고 강인한 품종인 독일산 균주를 사용해도 충분할 테니까 말이다. 결국 인디펜던스 주변의 작은 농장들은 다 팔리거나 특화되었다. 또는 단일 작물용 대규모 밭으로 뒤덮이거나 그것도 아니면 아예 사라졌다.

하지만 30년 후 새로운 세대는 수제 맥주에서 좀더 흥미로운 맛을 찾았다. 그들은 그 지역의 '테루아'에 특히 잘 맞는 임페리얼 IPA의 특징인 강한 소나무와 시트러스한 맛을 원했고, 그로 인해 작은 규모의 농장들이 다시 문을 열었다. 로그 양조장은 2008년 처음으로 20에이커약 8만 제곱미터를 심었고 이듬해에 20에이커를 더 심었다. 농장에서는 일곱 가지 특별한 종을 재배했는데 각각의 종이 매우 독특해서 '키안티Chianti'나 '리오하Rioja'처럼 공식 명칭을 얻었다. (그러나 로그는 그 상을 그다지 대단하게 여기지 않았다. 건강한 홉은 잡초처럼 자라기 때문에 운 좋으면 상태가 안 좋은 로그 덩굴이 앞마당에 뿌리 내린 것을 볼 수도 있다.)

수확기에 도넛을 튀겨 먹던 일은 이제 사라졌지만 달라진 건 거의 없는 듯했다. 로그 양조장의 트랙터들은 50년이나 되었다. 기계톱으로 무장한 트랙터들이 일렬로 늘어서 탈탈거리며 내려오더니, 홉 덩굴이 감고 있던 격자 구조물을 잘라내고 마치 새를 물고 오는 사냥개처럼 홉을 컨베이어 벨트로 옮겨놓는다. 그리고 덩굴은 처리 시설이 있는 헛간 안으로 던져 넣는다. 연약한 꽃잎 꾸러미인 홉이 헛간에서 고문당하듯 처리되는 것은 차마 상상하기 힘들다. 열십자로 엮인 가죽 벨트, 기름 낀 기어와 도르래, 그 사이에서 비틀거리는 계단. 이 모든 것이 어디로 가는지 아무도 모를 테지만, 40년간 맨손으로 홉을 기른 베테랑 농부만은 알고 있다. 미로 같은 홉 밭을 거닐면서 나타샤가 이렇게 털어놓았다. "이곳에 처음 왔을 때 저는 길을 잃었죠." 안에 있는 물건들은 모두 먼지와 분쇄한 홉에서 나온 수지에 뒤섞여 끈적끈적했다. 숨을 깊이 쉬면 목이 막혔다. 따뜻한 나무, 삼베, 오렌지 꽃향기와 경유 냄새가 났다.

홉은 덩굴에서 기계로 베어낸 뒤, 거대한 가스 엔진에서 나오는 뜨거운 열기가 가득한 창문 없는 방에 있는 가마에 건조하기 위해 쌓아 올린다.[19] 가마는 나무로 때기 때문에 홉을 두는 헛간마다 지붕에 응급 물탱크가 있다. 그래도 불이 잘 난다. 하지만 요즘 로그의 직원들은 새를 더 걱정한다. 홉을 다 말리고 나면 우뚝 솟은 또 다른 헛간 바닥에서 홉을 식히는데, 이슬이 맺히는 새벽에 문을 열어 온도를 조절하고 바람을 들이는 동안 배고픈 새도 함께 들어오는 것이다. 그래서 정해진 시간마다 컴퓨터로 매의 울음소리를 내 침입자를 쫓아내려고 애쓴다. 드디어 완전히 건조된 홉을 200파운드약 91킬로그램씩 뭉치로 포장해 펠릿 만드는 곳으로 보내면, 잘게 부순 다음 토끼 먹이처럼 생긴 작은 펠릿으로 만든다. 시에라네바다처럼 전통을 고집하는 브루어는 홉을 통째로 쓰길 더 좋아하지만, 펠릿은 물에 더 빨리 녹고 오래가며 공간도 덜 차지한다. 로그에서 수확하는 홉은 대부분 펠릿으로 만들어져 월드 헤드쿼터로 보내 양조에 쓰인다. 7-홉 IPA는 농장에서 키우는 모든 균주를 사용하고, 거기다 그들만의 보리와 전매 효모도 넣는다. 레이블에는 이런 농담을 적는다. "'방목한' 물을 사용합니다." 그리고 남은 홉은 나타샤의 남편 조시에게 보낸다. 조시는 농가에 사는 양봉업자이자 브루어로, 로그 사람들은 "농업부 꿀벌 담당 차관보"라고 부르기도 한다.

조시에게는 혼자 사용하는 헛간이 있다. 안은 천장이 낮고 어둑하며 시원했다. 이 사이로 보이는 혀처럼, 연초록 외장용 자재 사이로 구름이 지나가는 게 보였다. 『초보자를 위한 양봉 기술 안내서Beekeeping for Dummies』『맥주는 어떻게 만드는가?How to Brew』 같은 책들이 벌통 옆에 쌓여 있고 사과주 압착기도 있었다. 벌통을 돌려 벌집을 비워내기 위한 도구인 수동 채밀기에서는 아직도 찐득한 꿀이 흐르고 있었다. 여분의 파이프와 새로 끓인 맥아즙을 식힐 때 사용하는 구리 코일이 양봉 작업복과 함께 걸려 있고, 빈 곡식 주머니와 분뇨가 틀림없는 찌꺼기가 덕지덕지 붙은 삽도 보였다. 조시가 가구로 만들기 위해 망가진 배럴에서 분리해놓은 판자도 구석에 쌓여 있었다. 이렇게 어지러운 방에 25갤런_{약 94.6}리터짜리 홈 브루잉 시스템이 있었다. "이게 다예요. 그래도 작업 중인 양조장 맞습니다." 조시가 정리 안 된 방을 보고 어깨를 으쓱이며 웃었다.

그는 자신이 만든 맥주를 우리에게 부어주었다. 갈색 에일이었는데 곡물 맛이 났지만 저렴한 반주용 맥주처럼 약간 옅었다. 그도 인정했듯 탄산도 충분히 들어가지 않았고, 사실 맛이 썩 좋지 않았다. "맛 보일 게 더 있으면 좋겠지만, 폭염 중에 발효가 다 엉망이 됐어요. 살아 있는 거라고는 이 브라운 맥주가 전부입니다." 세종이라 말하긴 힘들었다. 적어도 규칙대로 하자면 말이다. 하지만 이게 농장 맥주인가? 바로 그렇다. "여기서 양조를 시작했을 때 로그의 주인 잭 조이스가 이런 말을 했습니다. '만들고 싶은 걸 양조하세요. 하지만 반드시 농장 맥주여야 합니다.' 그게 무슨 의미인지는 말하지 않더군요. 나는 어두운 독일 스타일의 도펠보크_{doppelbock}■를 만들었죠. 잭은 그건 스코틀랜드 에일이지 농장 맥주가 아니라고 했죠. 시간이 좀 지나니까 농장 맥주는 '스타일'이 아니라는 걸 알게 됐습니다. 그리고 농장 맥주는 그해 중 가장 더운 날에 양조하는 게 아니라는 사실도 알게 됐죠. 짬이 날 때 양조하는 거예요. 농

■　　독일 바이에른주 지역 양조장에서 만드는 라거 맥주. 어두운 색에 알코올 도수와 풍미가 강화되었다.

장은 일이 많고 바쁘거든요." 그가 끈적끈적한 양봉 작업복을 가리키며 한숨을 쉬었다. "지금은 꿀을 수확하고 있습니다. 농장 양조는 느긋하게 만드는 걸 의미해요. 제 계절에 나오는 것을 사용하고, 갖고 있는 걸로 만들죠. 레시피라 할 만한 것도 없습니다. 어떤 맥주는 성공하고, 어떤 맥주는 실패하죠. 만들면서 배우고 있습니다." 그는 자신이 만든 맥주를 차토Chatoe 시리즈라 하고 더토이어Dirtoir 또는 굿 칫Good Chit('칫'은 보리 싹이 처음으로 났다는 뜻)처럼 시골 촌사람 같은 분위기가 물씬 나는 이름을 붙였다. 조시는 시간이 있을 때 여분의 홉과 민달팽이가 먹지 않은 호밀 등 남은 재료를 모아 양조한다. 그는 잡종을 양조하는 셈이다. 맥주를 세종이라 부르지는 않았지만, 그건 다시 말하지만 브뤼헐의 그림 속 농부처럼, 그냥 맥주다.

농장 맥주지만 농장이 꼭 필요한 것은 아니었다. 특별한 레시피나 멋진 기원도 필요 없다. 필요한 건 바른 자세, 농장의 마음가짐이다. 그렇다 해도 나는 헛간조차 없었다. 하지만 내가 이전 배치에서 만들고 남은 것으로 양조하려고 반쯤 사용한 먼지 쌓인 홉 찌꺼기를 찾아 냉장고를 뒤지거나 필스너 맥아가 부족할 때 호밀이나 스펠트밀 부스러기로 메운다 한들 안 될 이유가 있을까? 나는 호밀 세종, 훈연한 세종 그리고 밀 세종을 만들어봤다. 하나는 기네스처럼 어두운색이었지만, 세종 효모의 대표적인 특징이 드러나면서 색도 밝아지고, 냉장고 뒤에 둔 채 잊고 있다가 6개월 정도 숙성되면 부드러워지고 초콜릿 소다처럼 달면서도 톡 쏘는 맛이 된다. 치폴레 후추로 양조한 또 다른 맥주는 푹 삶은 칠리를 불에 천천히 태운 맛처럼 그윽하고 부드러웠다. 둘 다 맛이 다르지만 훌륭했다. 목표했던 스타일도 없고, 레시피와 레이블도 없고, 이름도 없이 양조한 이런 맥주는 그 어떤 압박감도 없이 만들어 맥주 본연의 맛을 맛있게 즐길 수 있었다. 맥주는 그저 가진 재료로 만든 신선한 혼합 음료라는 본모습을 찾으려는 것이다.

여기 또 하나의 엽서가 있다. 건초가 있는 들판, 흐르는 개울물, 진흙투성이 진입로, 늘어진 해먹 그리고 옅은 파란색의 작은 오두막집. 마치 개똥지빠귀 알을 푹신한 숲에 떨어뜨린 것 같다. 이건 여름의 허드슨 밸리, 스토어 로드Store Road에 있는 작은 집이다. 내 책과 브루잉 장비를 여자 친구와 나눠 쓰고 있는 공간이다. 작은 두 방에는 여유 공간도 그다지 없다. 거리 이름처럼, 조금만 걸어가면 스콜_{씹는} 담배 브랜드과 폴저스_{커피} _{브랜드} 통, 버드 라이트 케이스, 이름도 없는 육포를 담아둔 통이 쌓여 있는 시골풍 가게가 있다. 나는 면도도 더 이상 하지 않았다. 우리는 나무를 땐 연기를 뒤집어쓰고 다녔다. 고속도로에서 멀찍이 떨어진 상가에서 부드러운 피자를 사먹고 농장에서 기른 딸기도 먹었다. 읽고 쓰고 걷고 술을 빚다가, 해가 지면 사슴이 나와 풀을 뜯는 집에서 우리가 함께 빚은 맥주를 마셨다.

한 달이 지나자 자동차는 먼지투성이가 되었고 내 수염은 말갈기처럼 길어졌다. 우리는 야생동물처럼 지냈다. 여름 내내 양조 기술을 갈고닦으리라 다짐했지만 맥주에 레이블을 붙이던 시스템도 흐지부지되었다. 한마디로 엉망이었다. 처음에는 스크린 인쇄와 스텐실▪ 작업도 하고, 주문 제작한 스티커에 장난스러운 이름도 붙였지만, 나중에는 병뚜껑에 흐

▪　　　글자나 무늬 같은 것을 오려낸 뒤 생긴 구멍 안에 물감을 넣어 문양을 찍어내는 기법.

릿한 색을 칠해 구분하고 사인펜으로 대충 표시했다. 우리는 실제로 양조를 했든 안 했든 무조건 맥주 스타일을 기록했다. 양조한 날짜와 사용한 홉을 포스트잇에 적었다. 하지만 이렇게 열심히 기록만 하며 여름을 보내지는 않았다. 가만 생각하니 다른 일을 하기도 했다. 예를 들어, 해먹에 누워 있는 일 같은 것 말이다. 이렇게 느긋하게 맥주를 빚으니 양조도 그렇고 맥주를 마시는 것도 다 신나는 모험이 되었다. 운명적인 어느 날 오후, 시골 장에서 산 샐러드와 구운 옥수수와 바삭한 빵으로 점심을 먹기 위해 밖에 식탁을 차리면서 나는 냉장고 뒤를 뒤져 가장 차가운 병을 꺼냈다. 'SSN'이라고 쓴 게 다였다.

나는 신비하게 보이는 탁한 맥주를 유리병에 부었다. 한 입 마시자 모든 의심이 사라졌다. 쓰고 신선하고 톡 쏘고 차가우면서 곡물 맛이 나고, 바삭한 호밀 크래커처럼 드라이했다. 시골에서 더운 오후에 점심 때 마시기에 안성맞춤이었다. 있는 그대로 좋았다. 그 순간에, 그 계절에 더할 나위 없었다.

깊이 생각하지도 않았고 잘 알지도 못하는데, 괜찮은 아니, 꽤 맛있는 세종을 만들어냈다. 그러고 나니 람빅이란 맥주는 이렇게 쉽게 만들 수 있는 게 아닌데 하는 두려움이 스멀스멀 일었다. 오늘날 람빅은 인기 있는 술이다. 볼에 팍 주름이 생길 정도로 시고, 고약한 냄새를 풍기는 치즈처럼 톡 쏘는 맛이 나며, 오래 묵은 와인처럼 복잡한 풍미의 람빅은 사실 모두가 즐길 수 있는 술은 아니다. 하지만 일단 그 맛에 매료된 사람에게는 스카치나 부르고뉴 와인처럼 평생 동안 즐길 만한 술이다. 마니아들은 람빅을 잔뜩 구해다가 수년간 숙성시킨다. 힙한 맥줏집들은 맥주 창고가 마치 귀중한 와인 창고인 양 전시해놓는다. 목이 너무 말라 저그에 담긴 맥주를 꿀꺽꿀꺽 들이켜는 농장 일꾼들이 가끔 작은 잔에 담아 온스로 파는 브랜디를 마시는 장면은 사실 상상하기 어렵다. 람빅은 냉장고 뒤에 숨겨두었다고 해서 깜박 잊을 수 있는 술이 아니다. 특별할 때만 여는 술이지, 오후에 시원하게 들이켜는 술은 아니다. 오늘날 람빅은 잡종이 아니다. 혈통이 있다.

람빅은 왜 이토록 특별한가? 람빅의 벨기에 고향이 특별한 장소인 이유와 같다. 태양, 비, 과수원 쪽으로 부는 해풍, 보리의 서리, 만개한 벚꽃, 날씨, 토양, 미신. 이 모든 것. 바로 '테루아' 때문이다.

람빅은 브뤼셀 남서쪽 파요텐란트 지역에 있는 센강 둑에서 태어났다. 어떤 사람들은 한때 운 좋은 주민 600명과 43개의 양조장의 고향이었던 렘비크Lembeek 마을이 정확한 장소라고 지목하기도 한다. 거기서 농부가 먼저, 나중에는 브루어가 매일 식탁에서 마실 맥주를 만들었다. 밀과 오트로 만든 '보흐바르트walgbaert'부터 붉은 보리로 만든 '루트비어roetbier', 이런 맥주는 세종처럼, 힘든 일을 하는 노동자를 위한 맥주였다. 이런 맥주가 남다른 이유는 생략한 재료 때문이다. 그것은 바로 효모다. 세종 브루어들은 배치에서 배치로 균주를 조심스럽게 거두고 보존하고 강화했지만, 람빅 브루어들은 그저 창문만 활짝 열어놓았다.

마술 같은 람빅 양조의 비결은 자연발생적 발효다. 새로 끓여서 발효하지 않은 맥주를 뚜껑 없는 널찍한 '쿨스힙koelschip'이라는 통▪에 넣어 하룻밤 동안 시원한 바람에 식게 놔둔다. 그러면 굶주린 미생물, 야생

▪　　영어로는 쿨십coolship. 맥아즙을 식히는 널찍하고 얕은 통.

효모, 박테리아가 달려든다. 이 단계에서 람빅은, 아니 사실 모든 맥주는 달달한 곡물 수프가 되고 굶주린 생물들의 신나는 연회장이 된다. 그래서 브루어들은 대부분 오직 양조 효모만 식탁에 나올 수 있도록 신중하게 작업한다. 까다로운 위생 작업과 선택적 배양을 한다. 맥아즙을 빨리 식힌 다음(맥주가 너무 뜨거우면 효모를 죽이므로) 원하는 균주의 순수종을 첨가한다. 만약 조심하지 않으면 맥아즙은 천천히 움직이는 미생물의 강력한 혼합물이 되어 플로리스 델레의 대추야자나 채 썬 양배추처럼 '자연 그대로' 발효할 것이다. 이렇게 여기저기 떠도는 미생물은 람빅의 특징인 신맛을 낸다. 믿기 힘들 정도로 너무 시큼하기 때문에 그 맛이 아니라면 평범한 맥주일 것이다. 람빅은 맛이 핵심이다. 복잡한 발효 과정에서 생기는 와인 같은 깊은 맛을 확실히 내기 위해 맥주의 나머지 재료는 간단한 것들로 한다.

우선 소박한 곡물을 넣는다. 페일 맥아, 거칠고 단백질이 풍부한 6줄 보리와 발아시키지 않은 생밀을 사용한다. 줄기에 여섯 개의 알갱이가 붙어 있다고 해서 이름이 6줄 보리인 이 곡물은 대부분 브루어가 쓰는 2줄 보리에 비해 더 묵직하고 거친 맛이 난다. 발아시키지 않은 곡물unmalted grain, 비맥아화 곡물은 서서히 분해되고 더 깊은 맛이 나지만 소화하기 힘든 당을 생산한다. 건강식품 코너에서 파는 밀알은 돌처럼 딱딱해 오랜 시간 요리해야 한다. 대부분의 맥주에게는 나쁜 소식이다. 브루어는 빠르고 깔끔한 발효를 원하는데 그러려면 단순하고 빨리 소화되는 당이 필요하기 때문이다. 하지만 람빅에는 그게 통한다. 양조 효모를 이렇게 비유해보자. 튼튼하고 빠른 하운드 같은 사냥개인데, 마트에서 파는 사료를 먹여 얌전히 집에서 길렀다고 말이다. 야생 박테리아를 늑대라고 치면, 더 거친 곡식에 있는 긴 사슬의 녹말과 아미노는 카리부북아메리카에 사는 순록 생고기에 비유할 수 있다.

브뤼셀 남서쪽 파요텐란트의 농부가 개발한 양조 기술은 이렇게 단순한 기초 지식을 더 풍성하게 만들었다. 이 방법은 주전자에 뜨거운 죽을 가득 담고 거기에 곡물을 오랫동안 담가두는 것이다. 터비드 매시turbid mash라는 이 독특한 방법은 벨기에 정부가 곡물 주전자의 크기 또는 매시툰mash tun, 맥아즙을 넣는 통의 크기로 맥주에 세금을 매기기 시작하자 1822년에 등장했다. 이 세법 때문에 브루어는 더 많은 곡물을 더 작은 주전자에 욱여넣게 되었다. 곡물이 꽉 들어찬 주전자를 불에 바로 올리면 타기 때문에 '브루어의 바스켓'이라는 체로 액체를 걸러낸 다음 끓이고, 그것을 '슬레임slijm'이라는 되직한 죽에 다시 넣었다. 성가신 과정이었지만 효과는 좋았다. 이렇게 오랫동안 서서히 끓이면 비맥아화 곡물의 복합당을 끌어낼 수 있고, 빠른 시간에 조리하는 것보다는 무거운 보리의 큰 단백질을 철저히 분해할 수 있다.[20]

농부가 사용했던 홉은 대개 쓰다 남은 저렴한 것이었고, 긴 발효 기간 동안 지독한 박테리아로부터 맥주를 안전하게 지키기 위한 보존이 주목적이었다. 박테리아는 악명 높은 젖산균으로, 기분 좋을 정도로만 시큼하던 맥주를 마실 수 없는 수준으로 변하게 하는 주범이다. 맥주를 오랫동안 숙성하고 나면, 신선하고 높은 등급의 홉 맛으로 떠올리는 밝은 소나무 향과 새콤한 꽃 향이 사라지고, 휘발성 방향족 화합물도 쉽게 변한다. 그래서 람빅 브루어는 고품질 재료에는 돈을 투자하지 않는다. 문제는 사용한 재료만큼 얻는다는 점이다. 저렴하고 오래된 홉은 종종 치즈나 발 냄새가 나기도 한다. 혹은 두 가지 냄새가 동시에 나거나 더 나쁜 냄새가 날 수도 있다. 어떤 사람은 종이 상자에 묻은 고양이 오줌 냄새라고도 표현한다. 하지만 아주 오래 끓이면 맛과 냄새는 증기로 사라지면서 이성화異性化된다. 전통적인 방법을 쓰는 람빅 브루어 린데만스는 한때 12시간 동안 끓이는 대단한 기록으로 악명 높았다.[21]

이쯤에서 뜨겁고 달콤한 맥아즙은 당과 다른 영양분에게는 신나는 잔칫상이나 마찬가지다. 오늘날 많은 브루어가 맥아즙을 빨리 식히기 위해 냉각수를 넣은 열교환기를 사용하고, 원하는 효모를 넣은 다음 깨끗하고 위생적인 발효기에 저장한다. 하지만 람빅 브루어는 그렇게 하지 않는다. 바쁜 농사꾼들은 맥아즙이 자연 상태에서 시원해지도록 밤새 그냥 놔둔다. 하지만 맥아즙이 당을 먹는 박테리아와 효모 세포 수백만 개에 감염되는 것은 하룻밤이면 충분하다. (우연히도 유기체는 세포벽에 따라 다르다. 효모, 곰팡이, 버섯 같은 균류는 게 껍질에 들어 있는 것과 똑같은 키틴질 분자로 강화된 세포벽을 갖고 있다. 박테리아 세포는 더 유연하다.)

'쿨스힙' 단계를 거친 후 배럴로 들어가면 진짜 람빅의 이야기가 시작된다. 예를 들어, 플레미시 브라운Flemish brown이나 우드 브륀Oud Bruin 같은 시큼한 맥주들도 람빅처럼 많은 유사한 미생물을 배양한다. 하지만 시큼한 맥주는 배럴에서 숙성되지 않고 스테인리스 탱크에서 발효된다. 그래서 발사믹한 단맛이 나는 경향이 있으며 람빅처럼 날카롭고 드라이한 맛은 없다. 구멍 뚫린 나무로 만든 배럴은 공기가 잘 통하므로 다른 종류의 박테리아를 끌어들인다. 즉 그런 미생물은 아늑한 밀폐 공간보다는 바람이 솔솔 부는 베란다를 선호한다. 람빅은 자연스럽게 이런 방식으로 만들어지게 되었다. 와인 생산지에서는 빈 오크통을 구하기 쉽기 때문이다. 대부분 유럽 오크나무, 즉 프랑스산이었다. 프렌치 오크는 스파이시하고 바닐라 향이 나는 미국 '화이트' 오크(버번 양조장에서 사용하는)보다 결이 성기고 타닌은 높다. 도수가 센 술이나 와인은 미국 오크의 풍미를 견딜 수 있지만, 람빅처럼 가벼운 맥주는 그럴 수 없다. 어떤 브루어들은 미국 오크통에서 숙성한 맥주는 나뭇가지 같은 맛이 난다고 한다.

일단 맥주가 안정 단계에 접어들면 맥주에 상주하는 벌레bug■들이 장악한다. 람빅 발효는 다양한 효모와 박테리아가 포함된 심오하고 복잡한 과정이다. 가끔은 다년간 지속되기도 한다. 어떤 사람은 전 과정을 단순한 단계로 나누기도 하지만, 사실은 훨씬 더 복잡하다. 미생물은 공생하면서 자라고 죽고, 맥주의 시큼한 맛은 시간이 흐르면서 계속 변한다. 촘촘히 엮여 있는 생태계처럼, 박테리아의 다양한 조합이 가장 건강한 것이다.

일단 발효가 진행되면 브루어가 통제할 수 있는 게 거의 없다. 또는 어떤 유기체가 죽을지 아니면 번성할지, 유기체의 어떤 특정한 풍미가 맥주에 나타날지 조작할 수도 없다. 온도가 중요한 역할을 하므로 서두를 필요가 없다면 날씨를 보며 일정을 짜는 게 브루어에게 유용하다. 배럴이 계절에 따라 수축하고 늘어나고 숨을 쉬면서, 안에 있는 미생물도 역시 변한다.22 오래전부터 람빅을 빚는 사람들 사이에 내려오는 말이 있다. "맥주는 여름에는 마셔야 하고 겨울에는 통 안에 있어야 한다."

일정은 대략 이런 식으로 반복된다. 브루어는 보통 농한기인 10~4월 사이에 양조한다. 완성된 람빅에 가장 먼저 뿌리를 내린 유기체는 정말 나

■　맥주 마니아들은 효모나 야생 박테리아 균주들을 벌레라고 부른다. 이후 본문에서 계속 '벌레'로 적는다.

쁜 종이다. 요로 감염을 일으키는 박테리아 '엔테로박터 클로아카', 폐렴을 일으키는 주범인 '클렙시엘라 뉴모니아' 그리고 대장균 '에셰리키아 콜리'다. 이런 균들은 위험하지만 잠시만 머물고, 무시무시한 만큼 중요한 역할을 한다. 이런 박테리아는 일부 람빅에서 느껴지는 기분 좋게 톡 쏘는 여운을 주는 식초 같은 초산을 생성한다. 사실 더 중요한 사실은 막 완성된 어린 맥주young beer, 발효가 막 끝난 맥즙. 탄산이 없다의 화학 성분을 바꿔 포도당을 더 작은 조각으로 분해해 우호적인 박테리아가 소화하기 쉽게 만든다는 것이다.

그런 다음 '사카로미세스 세레비시에'가 등장한다. 브루어에게 친숙한 이 효모는 게으른 단세포 생물이다. 이 효모는 섭씨 21도 정도의 따뜻한 서식지를 좋아하고, 자기가 일할 부엌을 소화하기 쉬운 나쁜 당으로 채우기를 원한다. S. 세레비시에는 여름에 온기와 함께 등장해 박테리아식으로 침착하게 청소 작업을 시작한다. 효모는 맥주에서 가장 얻기 쉬운 단순당을 먹어치우고 알코올과 이산화탄소를 생성해 배럴 사이로 거품을 낸다. S. 세레비시에가 죽으면 사체는 자기분해되어 다음 미생물의 먹이가 된다.

심지어 람빅 브루어가 야생에서 구한 배양되지 않은 균주에도 S. 세레비시에는 빨리 작용하는데, 이 단계가 지속되는 것은 겨우 몇 주뿐이다. 그런 다음 '페디오코쿠스'와 '브레타노미세스' 같은 천천히 움직이지만 끝까지 일하는 미생물들 때문에 맥주는 시큼해진다. 'S. 세레비시에'는 단순당을 먹지만, 이 두 가지 균주는 맥주 효모가 놓친 복잡하고 사슬이 긴 당을 먹는다. '페디오코쿠스'는 람빅의 대표적인 풍미인 젖산을 생산하지만, 버터 향을 내는 디아세틸처럼 시큼한 풍미를 방출하기도 하고,

심지어 발효하는 맥주에서 로프rope라고 알려진 끈적이는 점액을 내기도 한다. '페디오코쿠스'는 무시무시하다고 생각할 수 있지만, 사실 소시지에 속한 초리조와 살라미에서 꽤 흔히 발견된다. 또한 고맙게도 크라우트의 시큼함과 샤르도네의 버터 향 같은 부드러움은 로프 덕분이다.

'브레타노미세스'는 맥주의 가장 흔한 야생 재료. 브레타노미세스는 뚜껑을 열어둔 배럴이나 개방형 발효기에 든 대부분의 맥주(와인도 마찬가지)는 물론, 람빅에서도 발생한다. 사실 아주 흔해서 브레타, 브렛 또는 그냥 B라는 닉네임으로 부르는데, 칼스버그사 실험실의 닐스 히예트 클라우센이 1904년에 발견했다. 이 이름은 그가 처음으로 발견한 오래되고 퀴퀴한 영국 맥주 이름을 딴 것으로 "영국 양조산업 곰팡이"를 의미한다. 다섯 개의 주요 균주를 살펴보자. 클라우센의 이름과 같은 '클라우센니'는 빈티지 보리와인 같은 풍미를 낸다. 람빅에서 가장 흔히 발견되는 두 가지는 '브룩셀렌시스'(무슨 이유에서인지 도시에서 양조된 맥주에서 더 흔하다)와 이것의 시골 형제 '람비쿠스'다. 어떤 품종이든 간에 브레타노미세스는 맥주를 드라이하게 한다. 어떤 당도 안전하지 않다. 브레타노미세스는 뭐든 먹어치운다. 심지어 배럴 자체에 있는 셀로비오스 당질cellobiose carbohydrates도 먹는다. 브레타노미세스는 맥주의 산소 함유량도 바꾼다. 긴 실린더 모양의 세포는 사슬로 분화되어, 발효 중인 맥주 겉면에서 무리를 지어 펠리클pellicle이라는 끈적거리는 박피를 형성한다. 이렇게 하여 맥주 위쪽에 떠 있는 브레타노미세스 덩어리는 신선한 공기를 얻을 수 있고, 상대적으로 표면 아래에 있는 맥주는 밀폐되어 산소가 없어져서 '아세토박터acetobacter' 같은 호기성 박테리아 감염을 막아준다. '락토바실러스'(젖산균)처럼 '아세토박터'는 자유분방한 람빅 제조자들도 피하는 야생 미생물이다. 아세토박터는 알코올을 먹고 아세트산을 만들어 좋은 맥주를 식초로 바꿔버린다. 브레타노미세스는 괴상한 풍미도 난다. 과학자들은 이 화학적 부산물을 카프릴산caprylic acid과 에틸 락테이트ethyl lactate라고 부른다. 브루어들은 이것들을 냄새로 알아챈다. '염소' 냄새와 '말 담요' 냄새가 난다고 한다. 농장 맥주에서 농장 같은 냄새가 나게 하는 게 바로 이런 것들이다.

브루어들은 람빅의 맛을 자신들의 입맛에 맞게, 이를 테면 염소 냄새가 더 나고 말 냄새는 덜 나게, 완성된 맥주의 배치를 섞거나 설탕과 과일을 섞어서 조절할 수 있다. 프랑부아즈framboise■는 라즈베리로 맛을 냈고, 크리크kriek■■는 체리로 맛을 냈다. 좀더 단 맥주 파로faro에는 갈색 설탕 또는 캐러멜을 섞는다. 아무것도 섞지 않은 람빅은 전통적으로 배럴에서 나와 그대로 식탁에 놓는다. 거품이 있는 괴즈gueuze(이 이름은 아마도 고대 북유럽의 가이저geyser에서 왔을 것이다)는 스파클링한 게 특징이다. 괴즈는 원래 덜 숙성되고 아직 완전히 발효되지 않은 맥주와 더 오래된 배치를 섞은 다음 밀폐해 다시 발효하고 병에 탄소를 집어넣는다. ('메토드 샹프누아즈Méthode champenoise'는 스파클링 와인에 '쉬익' 하는 거품을 내는 방법이기도 하다.) 그래도 오늘날 일부 '괴즈'에는 저렴하고 손쉬운 방법을 쓰기도 한다. 밀 맥주는 시큼한 구연산으로 톡 쏘는 맛을 주고 사카린과 아스파르탐으로 단맛을 낸다.

람빅의 발효는 이렇게 섬세하고 복잡하기 때문에 람빅 브루어는 자신

■　　　프랑부아즈는 라즈베리를 의미함과 동시에 라즈베리로 만든 브랜디를 말헌다.

■■　　크리크는 브뤼셀 근처에서 나는 작고 검은 체리다. 이 체리로 만든 벨기에식 람빅 맥주가 '크리크'다.

만의 방식과 노하우를 지키는 데 아주 까다롭다. 가장 유명한 람빅 제조사 중 하나인 캉티용Cantillon은 현대적인 괴즈를 만들 때 사용하는 손쉬운 방법을 '지름길'이라며 비웃었다. 4세대 브루 마스터인 장피에르 반 로이가 벨기에의 람빅 브루어 길드에 합류하는 것을 거절한 이유 중 하나다. 반 로이는 크리크에 과일을 넣을 때 퓌레나 즙으로 만들어 넣지 않고 통째로만 사용한다. 캉티용 레이블에 그려져 있는, 검은빛 과일과 커다란 씨로 유명한 벨기에산 스하르베이크Schaarbeek 체리나무는 맥주에 아마레토amaretto, 아몬드 맛이 나는 이탈리아산 술 같은 풍미를 준다는 설도 있지만, 사실 이 나무는 가레 뒤 미디Gare du Midi 근처에 있는 양조장의 세련된 술집들 사이에서 찾아보기 힘들다. 캉티용이 112년 된 양조장을 수리하기 시작했을 때, 반 로이는 낡은 천장 타일을 따로 보관하면서 아마 마법까지 보존해두었을 것이다. 그러니 적어도 박테리아는 목숨을 구한 셈이다.

반 로이와 람빅에 집착하는 마니아들은 이 정도로 엄격히 전통을 지켜야 예전 방법으로 만드는 '진짜' 람빅을 보전할 수 있다고 주장한다. 여기서 '예전 방법'이란 말이 중요한데, 이는 특정 장소를 의미한다. '브레타노미세스'와 '페디오코쿠스'는 어디에나 존재한다. 맥주는 센강에서 시큼하게 되듯 미시시피강에서도 시큼해질 것이다. 하지만 엄격한 전통주의자들은 박테리아가 벨기에산이 아니라면 그런 시큼한 맥주는 람빅이 아니라고 한다. 정말 그럴까? 신성한 천장 타일 없이도, 벨기에산 바람이 없이도 람빅을 만들 수 있지 않을까? 나는 이를 알아보기 위해 미국 양조장 두 곳을 방문했다.

포틀랜드 메인의 녹음 짙은 교외, 나무 사이에 얌전히 자리한 창고 옆

양조장에서 알라가시Allagash의 브루 마스터 제이슨 퍼킨스를 만날 수 있었다. 그때는 초봄이었고 I-95 고속도로가 가까이에 있는데도 불구하고, 밝은 대서양 햇빛을 받아 나무들은 깨끗하고 신선한 냄새가 나는 게 마치 가을이 계속 이어지고 있는 것 같았다. 창고의 묵직한 앞문에는 스테인드글라스가 장식된 유리창이 있었다. 양조장 투어 가이드 중 한 사람이 직접 만든 것으로 캘리그라피로 'A'라고 쓰여 있었다. 문을 통과하자 눈에 들어온 방은 사우나처럼 나무판으로 촘촘히 둘러졌고 낮은 스테인리스 강철 쿨스힙(깨끗하다고 할 수는 없었지만)으로 꽉 차 있었다. "우린 화학물질은 사용하지 않습니다." 제이슨이 통 주변에 지저분한 때가 낀 것을 가리키며 말했다. 뜨거운 물로만 청소한다고 한다.

알라가시 양조장 입장에서 그 더러운 동그란 자국은 소중한 존재다. 양조장의 시큼한 맥주를 만드는 데 일조하는 그 지역 특유의 미생물이 많다는 확실한 증거이기 때문이다. 이 헛간은 지역주의의 성지다. 헛간은 양조장을 확장할 때 자른 나무로 만들었다. 창문은 마을의 오래된 교회에서 가져왔고 문은 근처 고철 처리장에서 가져왔다. 그리고 먼지는 숲에서 실려온 것이다. 제이슨과 알라가시 브루어들은 벨기에 맥주를 흉내내려고도, 센강을 따라하려고도 하지 않는다. 대신 그들은 자기들이 있는 곳을 반영하려고 한다. 상쾌한 공기와 희미한 바닷바람, 메인주 나무의 기운들 말이다.

알라가시는 과학적 성실함과 수도승의 인내심을 섞은 양조 태도로 벨기에 람빅 양조 전통을 정신적으로 따르고 있다. 또한 '쿨스힙'도 사용하고 발아시키지 않은 곡물과 '진짜' 람빅으로 보증되는 다른 양조 관행도 따르고 있기는 하지만, 알라가시 양조장은 그들만의 맥주를 만든다. "철학적인 관점에서 우리가 신경 쓰는 게 한 가지 있다면, 그건 맥주를 람빅이라고 부르지 않는 겁니다." 제이슨이 말했다. 캉티용은 알라가시의 '쿨스힙koelschip'과 비슷한 도구를 사용하지만, 그들의 도구와 맥주를 모두 쿨십Coolship이라고 부른다. 로그의 샤토처럼 전통을 살짝 비튼, 불손한 반전이라 할 수 있다.

양조하는 날, 브루 마스터 제이슨 퍼킨스는 양조장에서 헛간으로 호스를 가져와 바구니 사이로 맥주를 펌프질해 남은 홉을 거른다. 통에 옮겨진 맥주는 하룻밤 동안 식는다. "이 방이 뜨거운 욕조가 됩니다. 얼굴이 서로 보이지도 않죠." 제이슨이 설명했다. "우리는 람빅 제조 과정을 모델로 삼습니다. 그건 숨기지 않아요. 하지만 이런 의문이 들죠. 만약 우리가 다른 곳에서 하는 일을 똑같이 여기서 한다면 무슨 일이 일어날까? 그리고 무슨 맛이 날까?"[23]

알라가시의 브루어들은 쿨십 시리즈(의문을 품다가 갑자기 떠오른 영감은 여러 해 연구 끝에 완전한 열매를 맺었다)를 만들기 전에 먼저 위대한 브루 마스터들을 연구했다. 양조장 소유자 롭 토드는 일주일 동안 벨기에 수도원을 돌며 베스트말러와 로덴바흐Rodenbach 양조장에서 배럴에 든 신선한 맥주를 마시며 그 맛에 마음을 빼앗겼다. "저도 맥주에 완전히 빠졌었죠." 그가 웃었다. 전형적인 맥주 마니아다. 롭은 벨기에 브루 마스터인 장피에르 반 로이를 "캉티용에서 온 장"이라고 숨도 쉬지 않고 단숨에 부르며 대화를 나눴다. 그들은 로이가 술을 만드는 과정을 보고 배우면서 그 과정이 그다지 신비하지는 않다는 사실도 알게 되었다. "그가 사용하는 오래된 홉 '터비드 매시'는 필요에 의해서 그렇게 사용한 것이었습니다." 제이슨이 말했다. 그리고 우연의 일치로 알라가시의 방법도 일부 그렇다. 쿨십이 있는 방은 메인주 법의 허용 범위 내에서 가장 크다. 통 크기는 제이슨이 인정하듯 상상에 맡기겠다.

비좁은 산간벽지의 헛간 욕조에서 만들어도 이보다 더 적은 배치가 나올 수 있을까? 헛간에서 그리 멀지 않은 곳에 새로 깐 흰 타일과 반짝거리는 탱크가 있는 알라가시의 거대한 생산 양조장이 어슴푸레 빛난다. 안에는 내티 드레드Natty Dread, 가수 밥 말리의 일곱 번째 앨범가 철컹거리는 병입 라인보다 더 큰 소리로 울리고 있다. 양조장은 1년에 4만 5000배럴약 7150만 리터을 만들었다가 최근 설치한 새 발효기 덕분에 이제는 거의 6만 배럴9534리터을 생산한다. 알라가시는 규모가 비슷한 다른 수제 양조장들처럼 인기 좋은 맥주를 기반으로 한 잘 지어진 양조장이었다. 알라가시 맥주는 단순히 '화이트White'라고 불린다. 1994년 밝은 레몬 맛의 상큼한 밀 맥주 스프리처를 처음 출시했을 때, 알라가시는 미국에서 벨기에 스타일의 맥주를 제조하는 유일한 양조장이었다. 지금은 어떤가. 내가 포틀랜드로 가려고 렌터카 업체 허츠에 들러 직원에게 알라가시에 간다고 말했더니, 그들은 능글맞게 웃으며 "아, 알라가시 화이트, 여자들이 진짜 좋아하는 맥주죠"라고 했다. 이 이야기를 롭 토드에게 했더니 그는 미소를 지었다. 캉티용에서 온 장처럼 고매한 브루어라면 이 말을 모욕으로 느낄 수도 있다. 하지만 롭은 사업가의 눈을 가졌다. "맥주는 한 사람이 한 파인트씩 다 마셔봐야 하니까요"라며 어깨를 으쓱했다.

물론 그게 완전히 맞는 말은 아니다. 알라가시는 화이트를 트럭으로 판다. 하지만 쿨십은 아니다. 쿨십은 오직 양조장에서만 구할 수 있고 모든 배치가 귀중하다. "이웃 주민들이 처음으로 맛을 봅니다." 제이슨이 말했다. 쿨십 시리즈는 규모에 집착하지 않으며 지역 장사라는 것은 1대 1의 게임이다. 로그의 조시처럼, 제이슨과 롭은 새로운 것을 시도하고, 위험을 감수하고, 실수도 하며 자신들이 선택한 사람들과 함께 결실을 나눈다. 그들은 맥주 저널리스트, 호기심 많은 이웃들처럼 귀 기울여 듣는 사람들에게 자신들의 이야기를 전한다. "우리는 지금까지 13번째 배치를 만들었습니다. 그러니까 13번째 실험을 한 셈이죠. 맥주가 다 달라요."

롭과 제이슨은 나를 데리고 형광등이 켜진 서늘한 양조장 안에 있는 배럴 보관실로 갔다. 그곳은 마치 자궁처럼 따뜻하고 어두운 성소 같았다. 방이 두 개 있었는데, 먼저 들어간 방에는 버번 위스키를 숙성했던 통에 숙성한 퀴리외Curieux 맥주 캐스크가 수백 개 있었다. 위스키와 나무에서는 달콤한 캐러멜 향이 났다. 작은 뒷문을 통해 들어간 두 번째 방은 오래된 교회의 성유물함 같았다. 제이슨과 롭은 고약한 치즈 향이 나는 더 작고 따뜻한 이 방을 '야생의 방'이라고 불렀다. 텅 빈 배럴이 썩지 않게 양초를 켜놓아서, 시골에서 바람에 실려오는 스컹크 냄새 비슷한 톡 쏘는 유황 냄새가 희미하게 났다. 롭은 노란색 플라스틱 커피 잔을 케그에 놓고 지역 주민들에게 맥주를 소개하기 시작했다. "이건 재러드가 만든 맥주입니다. 저건 라이언 거고요. 저것도 재러드 거고요. 저건 그레그가 만든 겁니다. 이 맥주에 우리 개성이 들어가 있습니다." 우리는 견습생 브루어였던 케이트 던리비가 만든 술도 마셨는데, 그녀는 마치 잠든 아이를 몰래 훔쳐보듯 조용히 다가와 숨을 죽였다. 어떤 배럴에는 엑스자로 두른 붉은색 테이프와 함께 '실험실 전용'이라는 불길한 느낌의 글자가 적혀 있었다. '푸드르foudre'라는 2700갤런짜리 거대한 배럴에는 피 묻은 모형 팔이 달려 있었다. 핼러윈 때 마셨던 호박 맥주 고울십Ghoulship에 붙었던 장식을 남겨둔 것이었다. "우리는 모든 영혼이 이 맥주에 들어가라고 일부러 이 방을 엄청 드나들었습니다." 롭이 농담을 던졌다. "거미줄을 다 치웠나요?" 내가 물었다. "그럼요. 하지만 저 피 묻은 팔을 남겨뒀죠."

롭은 뒤집힌 배럴 위에 작은 잔을 놓고 우리의 첫 번째 샘플인 '리저검Resurgam'을 따랐다. 1, 2, 3년 생맥주를 섞은 것이었다. 무슨 망령이 든 것처럼 거품이 일었다. 제이슨이 "살아 있는 거 같죠"라며 웃었다. 맥주는 밝고 생동감 넘쳤으며 깨끗하고 신선한 타르 맛과 희미한 딸기 맛으로 마무리되었다. 다음에는 밸러턴Balaton을 마셔보았다. 체리, 시럽, 시큼한 단맛이 길가에서 파는 파이를 떠올리게 했다. 라즈베리를 넣은 레드Red는 사탕 같은 맛이 나서 약간 인공적으로 느껴졌다. 맥주의 신맛은 강렬했지만 부드러웠다. 맥주는 놀라울 정도로 '신선'하면서도 새콤하고 밝았다. 수개월, 수년 동안 유리병에 담긴 후에도 아삭하고 즙이 넘치는 피클 오이처럼, 람빅은 박테리아와 함께 계절의 풍부함을 잘 보존하고 있었다. "산성화로 보존됩니다." 제이슨이 설명을 이어갔다. 아이러니했다. 상하지 않는다? 어떤 면에서는 이미 상해 있으니까. "이건 불멸의 술입니다. 15년 된 괴즈도 갖고 있는데 2년 된 것 같은 맛이 나니까요."

이렇게 신선한 맥주를 만드는 데는 시간이 많이 걸린다. "시큼하기만 한 맥주는 쉽게 빨리 만들 수 있습니다." 롭이 설명했다. "식초도 금방 만들 수 있잖아요. 우연히 만들어지기도 합니다. 어떤 맥주는 처음 6개월 정도는 맛이 안 좋아요. 정말 나쁘죠. 다년간 사람들은 쿨십 프로젝트가 어떻게 되어가는지 물었죠. 그러면 '우리도 모릅니다!'라고 말할 수밖에 없습니다. 2년은 지나야 팔 수 있을지 어떨지 알 수 있거든요. 시큼하지만 부드럽고 균형 잡힌 미묘한 맥주를 만드는 데는 오랜 시간과 인내심이 필요합니다."

인내심을 잘 아는 사람이 있다면 그건 졸리 펌킨Jolly Pumpkin 양조장의 론 제프리스다. 론은 마른 체격에 문신을 했고, 장발에 해적 선장 같은 수염을 기르고 있다. 그리고 하와이언 셔츠를 매우 좋아한다. 그의 맥주 노트에는 "건배. 그리고 대단히 고맙습니다Cheers and mahalo plenty"■라고 쓰여 있다. 친구들은 그를 유령 선장이라고 부른다. "어떤 양조장의 지하 저장고에서 일할 때였는데, 해피아워 시간 즈음 집에 가기 전에 한 잔해야지 하면서 계단을 올라갔습니다. 그때 나를 한 번도 보지 못했던 손님이 들어왔죠. 내가 난데없이 등장하니까 깜짝 놀랐겠죠. 그 후로 나를 유령 선장이라고 부른답니다."

론의 양조장은 방문객이 찾기 어려운 은밀한 곳에 있다. 하얗게 바랜 낮은 건물은 창문도 없고 아무 표시도 없이, 미시간 교외의 텅빈 주차장 쪽으로 묻혀 들어가듯 서 있다. 내가 차를 운전해 도착했을 때 제대로 왔음을 알 수 있었던 유일한 표시는 누군가 쓰레기통에 스텐실로 '졸리 펌킨 아티산 에일Jolly Pumpkin Artisan Ales'이라고 새기고, 위쪽에 양조장의 호박 로고를 페인트로 그려놓은 게 다였다.

안에서는 론이 거미줄 쳐진 방을 꽉 메운 배럴을 진두지휘하고 있었다. 어떤 것에는 분필로 수수께끼 같은 글자들('C-Dog' 'Dos Loco' 'Beast')이 적혀 있었고, 어떤 것에서는 거품이 넘쳐나고 있었다. 이 배럴들이 모두 그의 맥주다. 여기에 '쿨스힙'은 없었지만 배럴에는 숲에 사는 야생 효모가 가득했다. 그 때문에 서까래에도 효모가 잔뜩 붙은 듯

■   마할로mahalo는 하와이어로 '고맙습니다'라는 뜻이다.

했다. 방에서는 달콤하고 축축한 냄새가 났다. 어둠 속에서 갑자기 나무 병마개가 툭 튀어나왔다. 정말 이러다 유령 나오는 거 아냐!

"우리는 소금 같은 것을 던지지는 않아요." 늘 그렇듯 내가 거미줄에 관한 질문을 던지자 론이 대답했다. "하지만 알고 있는 미신은 많죠." 하나 예를 들자면, 50파운드짜리 곡물 자루가 들어오면 그는 뜯은 자루의 윗부분을 보관해둔다고 한다. 왜냐고? 한번은 그걸 다 버렸다가 브루어들 용어로 스턱 매시stuck mash, 곡물 덩어리로 탱크가 막히는 것이 되어 보일 케틀로 걸러지지 않아 고생한 적이 있기 때문이다. 거미줄은 그냥 치우지 않는 것이었다. 양조장 천장은 대개 높으니까. "그냥 귀찮으니까요."

론은 초반에는 조곤조곤 말하더니 일단 흐름을 타기 시작하자 괴상한 이야기를 펼쳐놓기 시작했다. 어떤 농사꾼은 진흙을 먹는다는 둥, 자기는 효모를 멍하니 쳐다보는 걸 좋아한다는 둥. '벌레'에도 영혼이 있어서 배럴마다 성격이 담겨 있다고도 했다. "2000리터짜리 배럴이 하나 있습니다. 11월마다 초산에틸강한 네일 리무버 향이 나는 혼합물을 내뿜죠. 밤에 날이 더 추워져서 그런 건지 양조장에 히터가 들어와서 그런 건지 이유는 나도 모릅니다. 하지만 11월에는 배럴에 맥주를 3주 이상 놔둘 수 없습니다. 힘들게 알아낸 사실이죠. 이런 농장 맥주를 만들 때는 예상치 못한 일이 많이 일어나지만, 일단 갖고 있는 야생 효모에 익숙해지면 비슷한 패턴이 드러나기 시작합니다. 우린 그저 효모가 좋아하는 환경을 만들고 훌륭한 맥주를 만들도록 맞춰줄 뿐입니다. 맛이 좋은 신 맥주를 양조하는 건 다른 맛있는 맥주를 양조하는 방법과 똑같습니다. 배럴에 그냥 놔둔 다음, 병에 담는 게 아니라 실험을 하는 겁니다."

새로운 맥주를 빚은 다음 잘되길 두 손 모아 빈다. 그리고 빈 곡물 자루를 차곡차곡 모아두고 기다린다. 하지만 론은 그렇게 해도 잘 안 될 수 있다고 인정했다. "해가 갈수록 상태가 나빠지는 통이 있습니다. 맥주를 버리는 건 기분 좋지 않은 일이지만 마음이 무너지는 건 아니죠. 맥주가 나쁘다면 시원하게 털어버려야죠. 배럴에 든 맥주 상태에 잔인할 정도로 솔직해지지 않으면……." 그는 민감한 문제라는 듯 말끝을 흐렸다. "뭐, 마음이 복잡합니다. 어떻게 보면 돈을 하수구에 버리는 거나 마찬가지니까요. 하지만 브루어라면 누구나 다 압니다. 맥주를 버리지 않는다는 말은 나쁜 맥주를 판다는 말이죠."

론 제프리스의 맥주는 맛있게 시큼하다. 다크 에일인 밤 누아르Bam Noire는 품질 좋은 나파 피노Napa Pinot 와인의 흙냄새와 과일 향이 난다. 나무 빛깔의 브라운 맥주 비에르 드 마스Bière de Mars, 화성에서 온 맥주에서는 크랜베리 주스의 산뜻한 타닌감이 느껴졌다. 풍성한 황금빛의 '오로 드 칼라바자Oro de Calabaza'는 맵고 시큼했다. 그는 화가 난 취객들이 혀 꼬부라진 소리로 남긴 자동 응답기 메시지를 여전히 받고 있었다. "맥주가 맛이 갔다고! 신맛이 난다니까!" 배럴의 나무판이 서로 맞닿을 정도로 비좁은 공간에서 만들어지는데, 어떤 맥주는 숨을 쉬고 어떤 맥주는 거품을 내뿜는다. 졸리 펌킨의 모든 맥주는 기분 좋을 정도의 새콤함이 있다. 끝맛이 드라이하고 심지어 견과류 맛이 나는 9퍼센트 ABV 크리스마스 에일인 노엘 드 칼라바자Noel de Calabaza 같은 매우 독한 맥주라도 다음 잔을 또 마실 수 있다. 독특한 미생물학적인 특징이 론의 트레이드마크이자 그가 만든 모든 맥주의 핵심이다. 약간 밋밋한 브라운 에일은 '농장' 맥주라고 생각 못 할 수도 있다. 그래서 카카오닙이 들어간 펌킨 에일, 수도원 스타일의 알코올 도수가 높은 황금빛 맥주나 가볍고 탁한 밀 맥주가 시큼할 거라고는 기대하지 않는다. 하지만 이건 농장 맥주가 맞다. 기술적으로 람빅도 아니고 세종도 아니고, 그 중간이다. 론은 규칙을 어기거나 아예 무시한다.

"정해진 규칙은 정말 없습니다. 루시에르나가Luciérnaga, 반딧불이는 반은 세종이고 반은 페일 에일입니다. 아이오IO는 레드 세종이죠. 내가 만들어낸 스타일이에요. 붉은색은 히비스커스로 냈죠. 밤 비에르Bam Bière는 더 가벼운 맛이지요. 세종 맥주는 브리티시 비터British Bitter 같아서 여러 잔 마실 수 있을 겁니다." 론을 이끌어주는 가이드는 농장 맥주다. 이 맥주들은 그 자체로 독특하고, 순간순간 완벽하다. 알라가시 양조장은 '람빅'이란 이름을 사용하지 않고 론도 정해진 이름을 전혀 쓰지 않는다. '비에르 드 가르데'가 광부들에게 가장 잘 맞듯, 세종은 농부들에게 가장 잘 맞는다. 람빅이 세종의 특징을 잘 담고 있듯, 코르크가 열리면 태양과 비가 다시 생기를 찾는다. 그래서 졸리 펌킨의 맥주는 어디서, 언제, 왜 만들었는지, 어디서, 언제, 왜 즐기는지에 따라 다르고 독특하다.

"나는 내가 아티스트라고 생각합니다. 내가 가진 비전은 아름답고 위대한 걸 만드는 겁니다. 규정할 수 없고 늘 변하는, 완벽한 맥주를 만드는 거죠. 그 순간에 완벽하고, 무슨 일을 하고 있든 그때 마시기에 완벽한 맥주요. 아마 이튿날은 다른 걸 마시고 싶을 겁니다. 매 순간 최고의 맥주가 있는 법이고, 그런 느낌은 곧 사라지죠. 그게 바로 브루 마스터들의 순간적인 예술이라고 생각합니다."

"방법: 야생 효모 잡기"는 홈 브루어를 위한 인터넷 사이트인 홈브루 토크Homebrew Talk에 올라온 글 중 가장 활발히 논의되고 가장 긴 댓글이 달린 뜨거운 이슈다. 만약 홈 브루잉이 자신만의 워홀 팩토리Warhol Factory■를 갖고 있다면, 또는 그린위치 빌리지 가스라이트 카페Greenwich Village Gaslight Cafe■■가 있다면, 그건 이 사이트일 것이다. 12페이지가 넘는 그 글에는 괴짜와 시인, 브루어와 맥주 마니아들이 북적거린다. 글을 올린 이들은 "미친 발효주의자" 혹은 "사카로미세스" 같은 닉네임을 쓴다. 이들의 아바타는 주로 뺨이 불긋한 수도승과 거품이 이는 스테인 잔이다. 그들은 게임에서 남보다 한 발짝 더 앞서가려고 끊임없이 아등바등하는 중이다. 누가 가장 자연적이고 자발적이면서 동시에 진짜 시큼한 맥주를 만들 수 있는가, 그리고 누가 가장 유려한 문장으로 시음기를 남기는가 같은 게임 말이다. 그들은 자신의 효모가 이웃집 사과나무에서 떨어졌다고 자랑한다. 내 건 파리가 가져다줬다구!

나는 줄줄이 달린 댓글을 보면서 집에서 람빅 스타일 맥주를 만드는 게 가능한지 알아보기 시작했다. 양조에 집착하는 모험적인 사람이 몇 있었다. 그들은 증거로 곰팡이 사진을 올렸다. 브루어들은 총천연색 배양접시와 한껏 부풀어오른 요거트 통을 자랑해댔다. 그런 사진들은 포르노처럼 중독성이 있어서 나는 "펠리클 포르노pellicle porn"라고 불렀다. 아내들도 댓글 달기에 참여하기 시작했다. 다른 브루어가 배우자가 퇴짜 놓은 배치라고 설명하자 다른 브루어는 "안됐네요. 참 좋아 보이는 펠리클인데요"라고 위로하기도 했다. 심지어 아마추어들도 맥주를 버렸단다. 하지만 맥주가 성공했을 때는 동의어 사전이 등장한다. 이런 맛이라니!

■　　앤디 워홀이 '팩토리'라는 이름의 스튜디오를 열었고 훗날 팝아트의 중심이 된 것을 말한다.
■■　　1958년에 맨해튼에서 문을 연 카페. 포크 뮤직과 다양한 뮤지컬의 중심이었다가 1971년에 사라졌다.

이런 향이라니! 바나나, 꿀, 유칼립투스, 계란, 딜, 시나몬, 파인애플, 망고, 후추, 풍선껌. "쉬어버린 우유 냄새와 함께 발 냄새가 난다" "축축하고 퀴퀴한 냄새" "냄새가 고약한 카망베르 같음" "찐 옥수수처럼 맛있는 맛" "코뿔소 방구 냄새와 신 과일 향이 섞였다" 등.

홈메이드 람빅은 최대한 치밀하게 조사해서 만들거나 아니면 그냥 방치하고 잘되길 바라는 것 사이의 아슬아슬한 서커스와 같다. 내가 홈브루토크 웹사이트에서 발견한 조언은 "어쩌다 다이 터미네이터dye-terminator 모세관 염기서열 분석capillary sequencer을 구했다면……"부터 "꽃가루가 잔뜩 묻은 꿀벌을 접시에 으깨보세요"라는 조언까지 다양했다. "곰팡이가 아니라고 확신이 들 때는"처럼 모호한 경고를 읽고는 마음을 놓을 수가 없었다.

마치 시 같고 따분한 괴짜들의 글을 읽고 있으려니 제물낚시를 하던 때가 떠올랐다. 그리고 그 방식이 야생 농장 맥주를 만드는 것과 유사하다는 생각이 들었다. 두 가지 종목 모두 대단한 인내심과 집착이 필요하기 때문이다. 자연의 무질서를 힘차게 헤치고 나가다가 소용돌이치는 표면 아래로 어렴풋이 반짝이는 완벽한 한 순간을 낚는 것이다. 둘 모두 잠시나마 무한한 우주의 야생에 있는 작은 입자에 스스로를 묶으려는 시도다.

일반적인 생각은 그렇다. 거친 개울에서 트로피 송어를 낚을 수 있다. 유리병에 맥아즙과 약간의 홉을 채워 하룻밤 동안 두면서 박테리아와 효모를 끌어들인다. 그런 다음 '벌레'가 와서 일할 때까지 기다린다. 1~2주 정도 지나 거품이 서서히 일기 시작하면 거품을 걷어내고 신선한 맥아즙을 더한다. 이 과정을 반복하며 매번 전체의 양을 늘리면 결국 맥주를 만들 수 있을 것이다.

pH를 조절하면 어떤 박테리아는 더 생기게 하고 어떤 박테리아는 없 앨 수 있다. 개별 군체를 격리시키기 위해 한천 배지를 사용할 수 있고 가장 건강해 보이는 것을 수확할 수 있다. 스터 플레이트stir plate와 워머 를 사용해 균주를 배양할 수도 있다. 떡갈나무 수액이 흐르기 시작하는 초봄에 효모의 특정 균주가 잡히기를 바라면서 플레이트를 내놓을 수 있다. 발효를 과일이나 꿀로 촉진할 수 있다. 혹은 포스터 선전처럼 그냥 "흘러가는 대로 놔두고" 맥주 맛을 가능성과 '테루아'에 맡길 수도 있다.

잘 익은 자두 맛이 날지 코뿔소 방구 맛이 날지는 어떤 박테리아가 걸 렸느냐에 따라 다르다. 즉 만드는 사람이 어디 사는지에 따라 다르다. 나 일강부터 센강에 이르는 모든 곳에 페디오코쿠스, 브레타노미세스 기타 등등이 있지만 벨기에의 특정 혼합물은 정말이지 특별하다. 화이트 랩 스White Labs 양조 효모 회사의 과학자 네바 파커가 이 말을 확인해주었 다. 화이트 랩스는 샌디에이고에 있고, 네바는 뒷마당에서 시큼한 맥주 를 만들려고 하지 않는다. "문제는 환경입니다. 이곳 주변에는 딱 맞는 미소 식물군이 없습니다. 왜인지는 몰라요. 벨기에의 배양균은 매우 독 특하죠. 우리가 하는 건 그걸 재창조하려는 겁니다." 화이트 랩스는 파요 텐란트 같은 람빅 생산 지역에 있는 것을 기초로 하되 약간 변경하여 자 신의 균주를 만들어낸다. "분명 실험실에서는 대장균을 기르지 않습니 다." 네바가 힘주어 말했다.

나는 람빅을 만들어보기로 결심했다. 내 맥주는 '샌 프라남빅san franambic'이라고 부를 것이다. 하지만 먼저 인공 연못에서 물고기를 낚아 야 했다. 나는 네바 파커가 준 효모, 'WLP655'라고도 하는 '벨기안 사워 믹스 1'을 약간 사용했다. 배럴에 뭐가 있었는지도 모르고, 나무판의 구멍과 갈라진 틈으로 뭐가 들어갔는지도 모르지만, 어쨌든 야생의 솜씨를 기대하며 내 맥주를 3갤런짜리 작은 배럴에 숙성했다. 선반의 사워크라우트sauerkraut, 독일식 양배추 절임와 냉장고에 있던 사워도sourdough 스타터로 보건대 내 부엌은 박테리아 동물원 수준이었다. 벨기에는 아니지만 나름 독특한 환경이다. 운이 좋으면 야생 침입자가 맥주 안에 들어갈 수도 있겠다. 나는 거미줄이 쳐진 나만의 성유물함인 식료품 선반에 배럴을 숨겨놓고 1년 반을 '시간의 흐름에' 맡겨뒀다.

야생 박테리아로 양조하는 건 위험하다. 하지만 조심만 한다면 괜찮다. 맥주를 마시는 가장 흔한 이유는 맥주가 물보다 깨끗하기 때문이었다. 이건 어느 정도 사실이다. 다시 말하면, 맛이 안 좋으면 나쁜 맥주라는 것을 금세 느낄 수 있지만, 오염된 물은 너무 목마른 사람을 속일 수 있기 때문이다. 그렇다. 홈메이드 람빅은 대장균과 연쇄구균이 가득해 하수구 냄새가 날 수도 있다. 만약 맥주가 마실 수 없을 것 같아 보인다면 마시지 않는 게 좋을 것이다. 하지만 다행히도 내 람빅은 그렇지 않았다.

내 람빅은 그야말로 화염 방사기용 액체였다. 마시면 진짜 쓰라렸다. 내가 만든 샌 프라남빅의 시큼한 맛은 과일과 허브에서 온 게 아니었다. 맛의 물결을 타고 일렁이는 게 아니라 찌르는 정도였다. 나는 샌 프라남빅이 배럴에서 보낸 계절을 맛보려 했고, 부엌 창문으로 들어오는 봄바람, 겨울의 차가운 안개, 끈적끈적한 베이 에어리어의 인디언 서머를 찾아보려고 했다. 그런 풍미들이 나를 이동시켜주길 바랐지만, 내가 느낄 수 있는 맛이라고는 알코올이 타는 맛이 전부였다. 풍미는 하나였고 그

마저도 좋지 않았다. 이 맛으로 시를 쓸 수는 없겠다. 코뿔소 방구와 시큼한 우유? 그것도 아니고 그냥 맛이 없었다.

만약 론 제프리스가 말했듯이 이 맥주를 마시는 완벽한 순간이 있다면 도대체 언제일까. 머리가 아파왔다. 마시고, 얼굴을 찡그리고, 한숨을 내쉰 다음, 싱크대에 쏟아버렸다.

나는 조심하려고 했다. 검증된 실험실에서 테스트를 거친 배양된 박테리아를 사용했다. 그리고 인내심을 갖고 숙성할 시간을 줬지만 얻은 게 없었다. 야구 방망이를 힘껏 휘둘렀지만 1루에서 아웃당한 소년이 된 느낌이었다. 하지만 내가 했던 게임은 람빅의 정신과 엇나갔다는 사실을 깨달았다. 나는 맥주의 본질을 놓치고 있었다. 아마도 그게 시를 쓰지 못한 이유일 테고, 얇고 텅 빈 맛이 나는 이유일 것이다. 람빅은 인내심보다 항복을 요구하는 게 아닐까.

내가 발효에 미친 사람이라고 할 수는 없지만 피클 담그는 법은 훤히 꿰고 있다. 나는 벨기에에 살지도, 메인주의 숲에 살지도 않지만, 샌프란시스코는 이 땅 특유의 '테루아'를 갖고 있다. 벨기에에는 람빅이 있고 샌 프란시스코에는 빵이 있다.

홈 베이커들은 알겠지만 플라이슈만스의 '래피드라이즈RapidRise' 이스트와 비교하면 사워도는 람빅 발효처럼 완전히 다른 생물학적 존재다. 효모는 신선한 빵 반죽에 다시 수분을 보충하는 순수한 '사카로미세스'의 건조한 세포를 사용하지 않고, 다시 살아나서 전분을 씹고 부풀어 오른 이산화탄소 거품을 뱉어낸다. 사워도 베이커들은 야생 박테리아와 죽 상태의 살아 있는 효모를 '스타터'■로 사용한다. 사워도 스타터의 티스푼마다 5000만 개의 효모 세포와 50억 개의 박테리아 세포로 바글거린다. 람빅의 특징이 그렇듯이, '벌레'들은 모두 상대적으로는 동일한 스타터다. 다른 점은 이 벌레들의 비율이다. 지역마다 각자의 혼합 방식이 존재한다. 샌프란시스코 효모의 경우, 주로 '칸디다 밀레리' 그리고 박테리아인 '락토바실러스 샌프란시센시스'다. 이 효모 균주는 산에 저항력이 있다는 점이 특징이다. 사워도는 3.8pH까지 내려갈 수 있다. 람빅처럼 시며, 유콘 지역 사냥꾼들이 가죽을 무두질하기 위한 스타터로 사용할 정도로 산성이다. 너무 시큼해서 생명체는 대부분 버텨내지 못한다. 하지만 '칸디다'는 아니다. 그런데 효모는 빵 반죽의 주요 당인 맥아당을 소화시키지 못한다. 'L. 샌프란시센시스'는 그래도 소화할 수 있어서 둘이 공생할 수 있다. 잭 스프랫과 아내■■처럼 가지고 있는 모든 당을 깨끗하게 핥아먹을 수 있다.

람빅처럼 스타터는 자발적으로 탄생한다. 반죽을 덮지 않고 축축한 채 그대로 두면(공기 중에서 오는 건지, 밀가루에서 오는 건지, 베이커의 손에서 오는 건지는 아무도 모르지만) 스스로 발효하기 위해 충분한 야생 효모를 잡을 것이다. 감염된 반죽은 밀가루를 규칙적으로 먹으면서 살아 있다가 빵 덩어리에서 덩어리로, 베이커에서 베이커로, 세대에서 세대로 옮겨 다닌다. 람빅처럼 미신적인 요소도 많다. 한 프랑스 빵집은 자기들의 스타터가 나폴레옹 시대로 거슬러 올라간다고 주장한다. 내 스타터는

■ 　발효 공정을 진행하기 위하여 순수 배양한 효모. 미생물 배양 종이라고도 한다. 프랑스어로는 '르뱅levain'이다.
■■ 　전래 동요에 나오는 캐릭터. 잭은 말랐지만 비계를 먹지 못하고, 반대로 뚱뚱한 아내는 살코기를 먹지 못한다. 두 사람은 서로 상대방이 먹지 못하는 음식을 먹고 접시를 핥았다는 내용이다.

친구인 생물학자 라이언 켈리가 주었다. 그는 오리건의 토양 과학자에게서 받았다고 했다. 라이언은 스타터와 함께 복사한 종이와 레시피를 잔뜩 건네주었다. 이름하여 "라이언의 사워도 책"이었는데 "밀가루를 이용한 재미있는 활동" "나트륨 이야기" 같은 장으로 구성되어 있었다.

라이언은 빵을 진지한 태도로 다루었다. 아니라면 내가 그렇게 느꼈는지도 모른다. "만약 내가 '진짜' 진지하게 작업한다면, 박테리아를 석출plate out한 배양접시를 사용해 순수 혼합종을 만들겠어요." 라이언에게는 그게 농담이 아니라 자기 일이었다. 우리는 사워도 맥주를 만들기로 했다. 그는 실험복을 옷걸이에 걸었고 우리는 함께 맥주를 양조하기 시작했다. 간단한 페일 에일을 만들고, 늘 가게에서 사던 유리병에 든 효모 대신 거품이 부글거리는 스타터 한 스푼으로 대체했다. 결과는 놀라웠다. 맛이 '좋았다.' 사실 내가 WLP655로 만든 람빅보다 더 좋았다. 사워도 맥주는 빵 맛이 났고 가벼웠으며 훌륭한 빵에서 나는 약간 시큼한 맛이 났다. 알라가시의 맥주 브랜드인 '리저검' 같은 톡 쏘는 맛은 느껴지지 않았고, 졸리 펌킨의 '밤 누아르Bam Noire'에서 느껴지는 발사믹 같은 깊은 풍미는 부족했다. 내가 로그의 오리건 창고에서 조시와 함께 마셨던 브라운 에일에 가까운 맛이었다. 좋은 맥주로 마실 만했다. 만들기도 쉬웠고 마시기에도 신선한 맥주. 가게에서 산 유리병에 든 효모보다 농장 효모가 부족한 게 뭐란 말인가? 집에서 구운 빵보다 농장에서 만든 빵이 더 나은 건 뭘까? 내 사워도 맥주는 그 당시로서는 완벽했다. 네바의 유리병은 어울리는 장소에 있지 않다는 느낌이 들었다. 나는 여전히 농장이 없다. 하지만 긴 하루를 마치고 토스트 한 조각과 홈 브루 한 잔이면, 하늘에 있는 4층짜리 농장에 있는 기분이 든다.

5장

기업가

런던의 블랙프라이어Blackfriar는 3000마일을 날아갈 만한 가치가 있는 맥줏집이다. 모퉁이에 있는 작은 술집으로, 실내는 어둑했고 아치형 천장은 금박이 벗겨져 있다. 벽에는 음침한 표정의 수도승이 새겨진 고색창연한 나무판자가 붙어 있다. 블랙프라이어는 '현재'라는 엄지손가락에 박힌 '과거'라는 가시 같았다. 템스강에서 수백 야드 떨어진 테이트 모던의 추상화로부터 수 세기는 떨어져 있는 느낌이었다. 런던 지도와 캠페인 포리얼 에일Campaign for Real Ale■의 지역 맥주 안내서를 손에 쥐고 시차로 고생하던 나는, 달콤한 미트로프와 양파를 넣은 샌드위치 냄새를 맡고 번뜩 정신을 차렸다. 올이 나간 청색 양복을 입은 노신사 옆으로 다가갔

■　　　CAMRA라고도 함. 1971년 네 명의 영국인이 만든 캠페인으로, 전 세계에 18만 3000 명의 회원이 있다. 영국 맥주를 함께 즐기고 발전시키고 홍보하는 게 목적이다.

다. 하프 윈저 방식으로 묶은 넥타이가 느슨하게 풀린 것으로 판단하건대, 그는 분명히 이미 많은 술을 들이켠 듯했다. "난 예순 셋이라오." 내가 그의 황갈색 맥주를 쳐다보자 노신사가 입을 열었다. "그리고 열여섯 살 때부터 풀러스Fuller's 양조장의 런던 프라이드London Pride를 마셨습니다." 울퉁불퉁한 치열을 내보이며 반짝이는 영국식 신사화를 신은 그는 흡사 런던 관광청 직원이나 영국 사진집에 나오는 사람 같았다.

블랙프라이어는 1536년 헨리 8세가 도미니크회 수도원 문을 닫았던 그 자리에 펍을 짓고 1870년대부터 맥주를 팔아왔다.[24] 그때 이후로 지금까지 블랙프라이어는 거의 바뀌지 않았다. 그릇들도 그대로였다. 캄라 CAMRA 안내서에 따르면 여기가 "진짜 에일"을 판매하는 펍이다. 가압되고 냉장된 케그가 아니라 지하의 차가운 캐스크에 보관된 맥주 말이다. 최소한 미국 애주가들이 마시던 것과 비교하면 그렇다. 진짜 에일, 따뜻하고 김빠진 맥주다. 맥주는 '지하 저장고 온도'(섭씨 약 12도)로 제공되며 생 효모의 소화 활동으로 가볍게 탄산이 생긴 맥주다. 케그는 살균 소독되지만 캐스크는 적당히 관리되므로 효모는 살아남아 당을 계속 먹고 이산화탄소를 배출한다. 블랙프라이어의 대리석 바 위로 길게 굽은, '엔진'이라 불리는 맥주 핸들에 레버가 달려 있어 손으로 눌러 지하의 배럴에서 맥주를 끌어 올린다. 레버에는 맥주의 스타일과 이름이 적힌 방패 같은 표식이 달려 있다. 견과류 맛의 브라운 에일, 크림슨 비터, 나무 향나는 마일드, 스모키 스타우트. 인상적인 배열이었다. 과거의 무수히 많은 풍미를 여행하며 긴 오후를 보낼 것 같아 가슴이 벅찼다.

나는 튀김 요리와 함께 포터를 주문하고 자리를 잡았다. 하지만 내 기대는 한숨과 함께 거품처럼 사라지고 말았다. 튀김은 눅눅했고 맥주 상태도 그보다 낫지 않았다. 퀴퀴하고 달면서 미적지근한 것 같았다. 사실 '같았다'라는 단어로 요약할 수 있을 정도였다. 술집에 있던 대머리 친구가 얼굴 한쪽을 머리카락으로 가린 모습처럼 축 처지고 늘어진 맛이었다. 나는 바텐더에게 의견을 물었다. "에일이죠." 거의 알아들을 수 없는 남아프리카공화국 말투였다. "다크한 편이고요. 음, 나도 잘 모르겠어요. 내가 보기에는 다 비슷해 보이거든요."

블랙프라이어 같은 유적지에 계속 있다 보면 점점 역사에 무관심해질 법도 하다. 그래도 나는 런던에 올 때 눈을 크게 뜨고 맥주 마실 준비를 단단히 했기에, 영국 사람이 영국 맥주를 미적지근하게 생각하는 걸 듣고 적잖이 놀랐다. 바텐더는 지루해 보였고 손님들은 그들만의 방식으로 마시고 있었다. 여자친구는 순한 라거를 시켰는데 나쁘게 말하면 그냥 '사이다'였다. 고압적이었던 바텐더는 이렇게 말했다. "여자들이 마시는 맥주 비슷한 거죠."

내가 꿈꾸던 영국은 사라진 걸까? 직접 만든 풍미 가득한 맥주 캐스크를 전문가의 손길로 관리하고, 다정하게 눈웃음을 보내며 "치어스, 메이트" 하던 문화는 다 사라진 걸까? 혹은 영국의 국민작가 P. G. 우드하우스의 수많은 책처럼 완벽한 페르시안 카페는 다 허구였던가? 런던 풍경은 불협화음 같은 이야기들이 복잡하게 엮인 태피스트리 같았다. 그런데도 런던의 맥주에 대한 주민들의 반응은 대수롭지 않다는 식이었다. 그럭저럭 비슷하게. 정말 이게 다인가?

영국 맥주는 고위층과 하위층의 이야기, 순수함과 더러움, 고품질 맥주와 저품질 맥주의 이야기다. 관리된 캐스크에 들어 있는 탄산 가득한 황금빛 에일, 각각이 다 살아 있고 독특하며 시간과 장소에 따라 다른 영국 맥주에 대한 내 환상은 이야기의 한 부분일 뿐이다. 오래된 밋밋한 포터는 또 다른 이야기다.

두 곳의 술집과 두 개의 맥주가 들려주는 이야기다. 런던의 타르에 갇힌 블랙프라이어와 샌프란시스코의 신생 매그놀리아Magnolia 양조회사의 수준은 다르지만 정신은 같다. 저급한 포터와 고품질의 IPA다. 하나는 건강한 시골 특유의 주요 상품에서 매스 마켓의 싸구려 물건으로 변질했고, 다른 하나는 허세를 부리고 처음에 등장했을 때처럼 화려하다. 그건 역사이자 진정성의 이야기이고 인위적인 이야기다. 새로운 세계와 오래된 세계의, 보존과 변화의, 잃어버린 제국과 막 등장한 세계의 이야기다. 나는 내가 찾던 낭만을 마침내 찾겠지만 쓰레기를 샅샅이 파헤쳐야 할 것이다. 영국 맥주의 이야기는 어둠에서 나와 빛으로 이동한 그런 이야기다.

1814년 10월 17일 런던. 그을음에 숨이 막히고 귀가 터질 듯하고 진흙투성이의 갑갑한 런던은 산업시대로 몸부림치며 진입했다. 화재 사고와 공장 재해, 전염병과 폭동이 있었지만 이 사건에 비하면 아무것도 아니었다. 사건 당일, 그림자가 지도록 높이 치솟은 물결이 우르릉하더니 부서졌다. 소호에 있던 호스 슈 브루어리Horse Shoe Brewery의 22피트약 670센티미터 높이의 저장 탱크 고리가 터져 맥주 32만 3000갤런약 122만 2688 리터이 벽을 타고 넘쳐 거리로 쏟아져 나와, 집 네 채와 집안에 있던 여덟 명의 여자와 어린이를 쓸어버렸다. 그것은 세계에서 처음으로 공장에서 대량 생산한 포터 맥주였다. 그리고 그 맥주 홍수는 바야흐로 전 지구를 장악하는 물결의 진정한 시작이었다.

영국은 로마제국이 와인으로 넘쳤듯이 포터로 넘쳤다. 영국의 탐험가 제임스 쿡 선장은 '엔데버Endeavour'호를 타고 남태평양을 지나며 포터를 마셨다. 1788년 교도소장은 시드니만에서 식민지 발견을 축하하며 캐스크에서 술을 따랐다. 이민자들은 미국 국경에서 포터를 매우 그리워했다. 오늘날에도 가장 훌륭한 포터는 멀리 떨어진 예전 식민지에서 만들어진다. 스리랑카의 '라이언Lion'이나 자메이카의 '드래건Dragon' 같은 맥주다. 포터는 범위와 규모의 맥주다. 수천 년 동안 맥주는 집이나 농장, 교회에서 만들어졌다. 18세기 말, 겨우 수십 년 만에 포터는 과학적으로 접근하고 발전했다. 하지만 동시에 어떻게든 비용을 절감하려는 악랄한 경영인이 운영하는 거대한 산업으로 변모했고, 이런 특성이 현대의 맥주를 정의했다.

하지만 먼저, 맥주가 닭장에서 기어나온 이야기부터 하자.

맥주에 대한 영국인의 무관심은 영국 맥주만큼이나 오래된 것 같다. 오랜 역사 동안 축배를 들 일이 거의 없었다. 따뜻하고 탁한 맥주는 수세기 묵은 전통이다. 끔찍한 맥주는 한때 아주 흔해서 사실 "떠들기 좋은 소문good gossips"이라는 시의 장르를 낳을 정도였다. 1550년 즈음에 쓰인 존 스켈턴의 「엘리노어 러밍의 술 담그기Tunnyng of Elynour Rummyng」는 약간 모자란 맥줏집 안주인에 관한 시로, 안주인이 어찌나 못됐던지 닭을 양조장에서 살게 했다. 시는 이렇게 노래했다. "그리고 닭의 배설물이 에일의 한가운데 떨어졌다." 이 말이 중세 영국 애주가들이 좋은 맥주를 마실 때, 그게 좋은 맥주인지 몰랐다는 뜻은 아니다. 어떤 책은 이렇게 설명한다. "신선하고 깨끗한 맥주가 틀림없다. 저품질이 아니고 스모키하지도 않다. (…) 그리고 시큼한 에일과 죽은 에일은 누구에게도 좋지 않다." 닭 배설물의 요묘한 냄새에도 불구하고 애주가들은 계속 술을 마셨다. 겉으로 봐서 마셔도 되는 술처럼 보이도록 향신료를 친 건지, 아니면 불굴의 정신으로 내색하지 않은 건지 모르겠지만, 아무튼 영국인은 맥주를 계속 마셔댔다. 중세시대 버킹엄의 공작 험프리 스태퍼드의 영지에서는 1년에 4만 갤런약 15만 1416리터의 맥주를 소비했다. 공작과 휘하 식솔 모두가 매일같이 들이켠 양이었다. 시간이 흐르면서 맥주는 거의 변하지 않았지만, 변한 게 있다면 더 독해지기만 했다는 점이다. 엘리자베스 시대에 알코올 도수가 높은 에일은 '미친 개Mad Dog'나 '용의 우유Dragon's Milk' 같은 식욕이 떨어지는 이름이었다. 그런데 이런 맥주들이 인기 있었고, 판매해도 되는 수준의 맥주였다. 오히려 홈메이드 맥주가 더 나쁠 수도 있었다.

양조할 때 쓰는 브루 케틀은 가정에서 물을 끓일 수 있는 유일한 조리 도구여서 양조장 외에 화장실, 세탁실에서도 사용했다. 길가메시 시대 이후로 양조는 여전히 주부가 매일 해야 하는 집안일이었다. 1615년 한 가정집 주인은 이렇게 기록했다. "우리 영국 부인네들은 절대로 빵과 음료에 무지해서는 안 된다." 그리고 사실 만드는 방법을 모르는 주부는 거의 없었다. 「독한 맥주에 관한 논문A Treatise on Strong Beer」과 『완벽한 가정 브루어The Compleat Family Brewer』를 포함해 홈 브루잉 안내서도 넘쳐났다. 하지만 안내서가 '많다'고 반드시 맥주 품질이 '더 나은' 건 아니었다. 1840년대 홈 브루잉 책에서조차 온도계가 필요 없다고 했다. 물 온도는 손으로 판단했다. 곡물은 "손가락을 델 정도로 충분히 뜨거운" 냄비에 가득 넣어야 한다는 안내서도 있다. 그 결과로 나온 맥아즙은 보일 케틀로 물을 뺄 때 "까마귀 깃펜으로 쓴 글씨 두께"일 정도로 얇게 천천히 흘려야 했다. 이런 낭만적인 표현은 스코틀랜드의 한 귀족도 예외가 아니어서, 어느 가을 아침 그는 자신의 영지에 있는 양조장을 이렇게 묘사했다. "앵초꽃이 아침 햇살을 즐기고 있구나. 이슬방울은 잎사귀에서 마지막까지 반짝인다. 찌르레기는 덤불에서 그윽한 노래를 지저귄다……."

양조가 목가적 풍경 같을지 몰라도 맥주 자체가 늘 밝았던 것만은 아니었다. 맥주 전문 작가 윌리엄 리텔 티저드는 한숨을 쉬며 이렇게 말했다. "나이든 여인들도 양조할 수 있다. 하지만 우리가 확인한 수천, 아니지, 수백만 통의 배럴은 마실 게 못 되었다. 나이가 지긋하다고 해서 모든 여인이 양조를 잘한다고 성급히 결론내리지 않는다." 그는 맥주 마니아일 뿐 아니라 역사가, 개혁가, 양조 강사이자 늘 스스로를 발전시키려고 노력하는 사람이었다. 그가 출판한 여섯 권의 책 중 무려 1846페이지나 되는 『브루잉의 이론과 실습Theory and Practice of Brewing』은 양조 방법, 재료와 과정의 과학적 분석은 물론, 최근 양조 개혁에 대한 설명(대부분은 "8겹 발효, 묽게 하기, 세척, 기구 보존" 같은 내용) 그리고 재미있는 이야기, 초기 양조 산업에 대한 개인적인 관찰 등이 담겨 있다. 티저드는 성격은 고약했지만, 맥주를 발전시키는 화학과 과학의 힘을 확신했던 선의를 지닌 사람이었다. 티저드는 『브루잉의 이론과 실습』 서문에 "예술과 과학의 모든 분야가 그렇듯, 각 세대가 저지른 실수는 미래의 경험으로 알게 된 정보에 맞춰 바로잡아야 한다"고 썼다.

티저드의 시대는 그런 실수로 가득했다. 잘못된 배치는 맥주를 시큼하게 만들었고, 잔털이 북슬북슬한 붉은 곰팡이는 '따끔따끔한' 맛이 나게 하거나 맥주 색을 '누렇게' 만들었다. 또는 맥주를 시게 만드는 야생 효모에 감염되면 '로프'라는 반질거리는 젤라틴 물질이 만들어졌다. 과학을 쓸모없다고 치부했던 양조 책에는 망한 배치를 고칠 때 필요한 모든 조언이 들어가 있는 것 같다. 어떤 책은 백악이나 라임, 오트밀을 추가해보라고 조언한다. 잘게 자른 양고기, 달걀 껍데기, 탄산염이나 탄산칼륨을 섞어 넣으라고 충고하기도 한다. 그렇게 하면 "당신이 만든 술은 완벽했던 첫 번째 상태로 곧 돌아갈 것"이란다. 하지만 시적 감성을 지녔던 스코틀랜드 귀족의 양조 노트 여백에는 "일어나게 해서는 안 될 일" 같은 실망스러운 결과의 글이 가득했다. 하지만 메소포타미아에서도 그랬듯, 대부분은 맥주가 시큼해지기 전 신선한 상태로 마셨다. 한 귀족은 쉬어버린 배치를 보고 한숨을 쉬며 이렇게 말했다. "그나마 다행이라면 빨리 처리될 거라는 점이군."

19세기에 들어 산업혁명이 일어나자, 도시화된 신흥 중산층은 대부분 양조를 포기했다. 복잡한 도시에 살면서 시간도 공간도 부족했던 것이다. 스페인계승전쟁(1701~1714)이 끝나고 프랑스와의 무역, 즉 보르도 와인 수입이 재개되자 시골에 남은 소수의 귀족은 새롭게 유행으로 떠오른 수입 인도 차를 즐기기 시작했다.

양조는 사라지지 않았고 다만 현대화되었다. 변화는 홈 브루잉 안내서의 바뀐 어조에서 드러난다. 이제는 과학을 이용하자! 윌리엄 로버트 로프터스는 1856년에 쓴 『더 브루어: 양조 방법을 친절하게 알려주는 논문The Brewer: A Familiar Treatise on the Art of Brewing』에서 이렇게 기록했다. "과학에서 필요한 신중한 조작에 예술은 없을 것이다. 또한 과학에서 필요한 응용은 깊이 생각하고 잘 통제해야 한다." 그는 설명을 이어갔다. "대부분의 브루어는 그저 똑같은 방법으로 양조해도 충분하다고 여길지 모른다. 하지만 많은 사례의 결과, 아쉬울 수 있다. 현명한 브루어라면 자신의 경험 지식을 늘리려고 노력해야 한다." 한때 괴짜들의 하찮은 도구로 여겼던 온도계는 새로운 세대의 브루어에게는 "상당히 정확하고 뛰어난 도구"가 되었다. 로프터스의 조언은 노이로제에 걸린 사람처럼 정확해서, 매싱mashing■ 탱크의 핸들을 정렬하는 방법부터 보일 케틀의 물 따르는 주둥이를 덮는 천의 크기까지(너비가 정확히 1피트, 즉 30.48센티미터) 설명했다. "까마귀 깃펜으로 쓴 글씨 두께" 같은 애매한 표현은 없다.

브루어들은 과학의 도움을 받아 더 섬세하고 정확한 관찰이 가능했지만, 아무리 관찰력이 뛰어난 브루어라도 늘 모든 걸 통제할 수는 없었다. 로프터스는 곡물을 발아시키는 과정을 "식물의 신비한 공작소"라고 표현했으며, 그와 그의 동료들도 그렇게 보는 듯했다. 체계는 있지만 알 수 없는 그런 것. 이제 브루어들은 온도계를 휘두르며 놀라울 정도로 많은 지식을 쌓았다. 맥주가 끓을 때 나는 풍미와 아로마가 시간이 지나면서 어떻게 변하는지 측정함으로써 홉에 휘발성 기름이 있다는 사실을 알아냈다. 곡식이 어떻게 자연적으로 발아하는지 알았고, 효소를 인위적으로 활성화하려면 열과 수분이 필요하다는 사실을 개략적으로 이해하기 시작했다. 브루어들은 작업장에서 무언가가 벌어지고 있다는 것은 인지했지만 정확히 어떤 일이 발생하는지는 아직 알지 못했다.

닌카시와 사나운 개들의 시대부터, 맥아 제조는 종교 의식이지 과학이 아니었다. 티저드 같은 엄격한 사람도 좋은 맥아 제조자와 가마를 다루는 사람(곡식을 인공 발화시키고 그 곡식을 건조하는 화로를 관리하는 사

■   당화. 곡물에 들어 있는 전분을 발효성 당으로 바꾸는 단계다. 맥아를 뜨거운 물에 넣어 죽 같은 상태가 된다.

람)은 맥아를 "눈으로, 이빨로, 미각으로" 판단할 수 있다고 썼다. 그는 발아 전문가가 되려는 사람들에게 "밝은색" 곡식을 선택하고 "곡식이 상당한 향기를 내뿜을 때까지" 발아시키라고 했다. 맥아 전문가는 32킬로그램 정도 되는 갈퀴 '볼게무트wohlgemut'로 곡식을 쓸었다. 이 말은 독일어로 "기분 좋은, 명랑한"이라는 뜻이다.

다양한 풍미는 브루어가 조절할 수 있는 일이 아니었다. 선택의 문제가 아니라 장소와 방법의 문제였기 때문이다. 어떤 나무로 만든 보관 용기를 썼느냐, 화로가 얼마나 뜨거웠느냐에 따라 맛이 달라졌다. 영국 남부 맥주는 그 지역에서 구한 짚으로 불을 지핀 가마를 사용해서 스모키한 풍미가 난다. 서부 맥주는 나무 위에서 건조하고 보관한 보리로 만들어 약간 더 깨끗한 풍미가 있다.

가마를 다루는 사람들은 몇 가지 요령을 알고 있었다. 하나는 젖은 상태의 곡식을 굽는 것이었다. 그렇게 하면 더 높은 열을 사용하면서도 낟알을 태우지 않고 더 풍부한 풍미와 어두운 색을 얻을 수 있었다. 너도밤나무나 자작나무 가지로 계속 저으면서 짚을 반복해 넣고 물을 흩뿌리면, 불이 이글거리며 활활 타고 구멍이 송송 난 금속제 바닥 위에 쌓인 곡식은 색이 어둡게 변하면서 광택 칠한 가죽처럼 빛나고 가끔은 팝콘처럼 튀기도 했다. 이런 낟알은 갈색 맥아, 블론 몰트blown malt 또는 스냅 몰트snap malt라고 하는데, 낟알이 터지는 소리에서 그리고 그 맥아로 만든 맥주의 톡 쏘는 달콤함에서 이름이 나왔다.

갈색 맥아의 효소는 세포 조직을 파괴하면서 고열에서 죽거나 변질되었고, 그렇지 않으면 곡식의 전분을 발효 가능한 당으로 전환시킨다. 전분도 효모가 소화시키기에는 너무 날것이라, 갈색 맥아로 만든 맥주는 달고 묵직하고 풍부하며, 알코올 도수가 상대적으로 낮다. 그게 바로 포터다.

아, 포터여!

토머스 드퀸시는 19세기 런던에 대해 이렇게 썼다. "런던에는 한때 물이 있었지만 땅 표면에서 물이 막 빠진 것처럼 더럽다. 이런 모습은 일요일에 비 오는 런던 모습보다 더 칙칙하다." 드퀸시는 매우 독한 술을 마셨지만 런던 사람들은 대부분 포터를 마시며 한숨을 돌렸다. 그 당시 지구상에서 가장 큰 도시였던 런던은 영양가 있는 음식이 귀했다. 짙은 색의 맥주는 탄수화물의 소중한 공급원이었고, 특히 맥주 이름을 따온 하역부porter들에게 귀한 음료였다. 포터를 좋아했던 어떤 사람은 "푸짐하고 영양이 풍부해 포터 등 다른 일꾼들에게 매우 적합하다"라고 썼다. (하역부들은 포터가 담긴 배럴을 옮기면서 몰래 맥주 맛을 봤다. "캐스크에 빨대를 꽂아 맥주를 빨아 마신다sucking the monkey"는 표현은 여기서 나왔다.)

포터는 짐꾼들뿐 아니라 아기를 키우는 엄마들에게도 좋은 음료였다. 의사는 엄마들에게 유당을 넣어 더욱 맛이 풍부해진 포터를 마시라고 처방했다. 한 의사는 이렇게 적었다. 브랜디드 너리싱Branded Nourishing, 다이어테틱Diatetic, 토닉Tonic, 포 레이디스For Ladies, 포 인밸리스For Invalids 같은 맥주들은 "위생적인 영양분이 있어 중요한 위치를 차지할 것이다." 그러나 윌리엄 로버트 로프터스가 포터의 "지극히 가벼운 천상의 맛"(달콤하고 퀴퀴하면서도, 낡은 체스터필드 소파▪처럼 편안한 포터)이라고 했던 것에는 비밀이 있었다. 갈색 맥아에서 나오는 달콤함은 일부일

▪ 등받이와 팔걸이 높이가 같고 겉을 천으로 누빈 소파.

뿐이다. 포터를 마시면 느껴지는 약간 시큼한 맛은 "시간, 접촉, 부패의 섭리를 통해 생긴 것 같다"고 했다. 또 티저드는 "설명할 수 없다"고 털어놓았다. 그렇다면 그 시큼한 맛은 어떻게 생긴 걸까? 티저드는 포터를 저장했던 배럴, 즉 "단단히 싸매 어두운 곳에 두고 잊었던" 맥주통을 원인으로 주목했다. 그의 말이 아주 틀린 것은 아니다.[25]

그 당시 판매되던 맥주는 종종 이런저런 술의 혼합물이었다. 바텐더는 '저급' 맥주나 팔리지 않은 오래된 맥주 케그를 버리지 않고 두었다가, 새로 만든 '고품질' 맥주와 섞어 팔았다. 경첩이 달린 변기 밸브와 딸 수 없는 열쇠 등 앞뒤를 가리지 않고 발명에 열심이었던 조지프 브라마는 손잡이가 두 개이고 주둥이는 한 개인 탭을 발명해 특허를 냈다. 이 탭 덕분에 신선한 맥주와 오래된 맥주를 술집에서 한 번에 바로 섞을 수 있었다.

혼합한 술 중 바텐더가 발견한 최고는 '포터'였다. 갈색 맥아의 풍부한 전분은 재빨리 반응하는 양조 효모에 영향을 받지 않고, 공기가 잘 통하는 배럴에 보관된 맥주를 감염시키는 '브레타노미세스'처럼 느리게 움직이는 박테리아 변종들의 먹이가 되면서, 시간이 흐를수록 부드러워진다. 갈색 맥아의 전분에 남은 걸 빼앗기고 난 오래된 포터는 매우 드라이해진다. 만일 신선한 맥주와 오래된 맥주를 섞으면 신선한 맥주는 오래된 맥주를 생기 있게 하고, 반대로 오래된 맥주는 신선한 맥주에 미묘한 맛을 더한다. 포터를 즐기던 어떤 이는 이런 감상평을 남겼다. "유혹적인 갈색 빛깔과 풍성하게 덮인 거품, 콜리플라워 같은 거품 헤드." 티저드는 "입에 꽉 차는 묵직함, 달콤함과 함께 순수하고 적당히 쓴맛, 시거나 탄맛 없이 날카롭고 시원하며, 입으로 후 불면 바로 문을 닫아버리는 촘촘

하고 풍성한 거품, 자극적이고 톡 쏘는 풍미"라고 기록했다.

섞는 방법을 알게 된 브루어들은 미리 섞어둔 포터를 본격적으로 판매하기 시작했다. 전하는 이야기에 따르면, 쇼어디치Shoreditch 양조장이 1722년 최초로 '나무통 전체' 혹은 배럴을 섞어서 동네 술집 블루 라스트에 판매했다고 한다. 좀 의심스럽지만, 80년 후에 존 펠텀이라는 작가가 처음으로 기록한 이야기에 따르면 그렇다. 어쨌든 사실이든 아니든, 이 양조장 주인 하우드는 포터 유행으로 돈을 버는 데 실패해 1747년에 파산하고 말았다. 하지만 블루 라스트는 영리했다. 포터의 신화를 광고에 사용해서 오늘날까지 살아남아 있으니 말이다.

미리 섞은 포터는 맥주 산업계에 개혁을 불러왔다. 브루어들은 점점 더 큰 혼합 배럴에 투자하더니 나중에는 군비 확장하듯 경쟁했다. 양조장은 신상품과 함께 가장 큰 배럴을 최초로 공개할 때 댄스파티와 디너 파티를 개최했다. 포터 유행의 정점에서 허크Huck 양조장은 창고에 발효 중인 맥주가 어찌나 많았던지, 점검하던 직원이 열린 탱크에서 나온 이산화탄소에 질식사했다. 그를 구하러 간 사람도 사망했다.

가장 유명한 브루어들은 국회 의석을 차지했다. 험프리 파슨스 경은 5만 4000갤런약 20만 4412리터짜리 통 한 쌍으로 기사 작위를 받았고, 그의 맥주는 "파슨스의 블랙 샴페인"이라는 칭호를 얻었다. 그래도 거대한 배럴만으로 성공할 수 있었던 건 아니었다. 포터를 양조하는 데는 어마어마한 양의 곡식이 필요했고 완성된 맥주는 판매하기 전 수 개월 동안 숙성해야 했으니까. 양조장은 수가 늘어나면서 지름길을 찾기 시작했다. 1784년 런던 동부 와핑 지역에 있던 레드 라이언Red Lion 양조장은 그 도시에서 처음으로 증기기관을 설치했다. 이 증기기관은 맥아를 갈아 거대한 철판으로 만든 통 사이로 맥주를 펌프질하곤 했다. 곧이어 윌리엄 리텔 티저드의 "매싱 조절기Mashing Attemperator"라는 광고와 증기로 돌아가는 다른 기구들이 양조 잡지의 뒷면을 장식했다.

양조 도구가 발전하면서 브루어들의 관찰력도 더 날카로워졌다. 아마 가장 혁신적인 변화는 액체비중계hydrometer일 것이다. 1786년 존 리처드슨은 당시 인기가 높았던 자신의 책 『통계 수치Statistical Estimates』에서 액체비중계는 깨지기 쉬운 유리 막대기인데 액체에 넣으면 똑바로 선다고 소개했다. 비중계는 순수한 물과 비교했을 때 그 액체의 조밀함을 아래위로 움직이며 알려준다. 그래서 액체비중계로 바닷물에 소금이 얼마나 있는지 또는 맥주에 설탕이 얼마나 용해되었는지 알 수 있었다. 이로써 브루어들은 사상 처음으로 맛을 보는 방법 말고도 맥아의 당도를 판단할 수 있게 되었다. 발효 과정 중 맥주를 여러 번 측정함으로써 발효가 얼마나 잘 됐는지, 즉 얼마의 당이 알코올로 변했는지 판단할 수 있었다. 액체비중계는 포터의 바닥에 깔려 있는 당도도 알려주었다. 바로 갈색 맥아 그 자체 말이다. 곡물의 쓸모없고 변성된 효소는 다시 곡물을 아주 못쓰게 만들었다. 이는 포터를 만드는 데 왜 그렇게 돈이 많이 드는지도 설명해준다. 브루어는 맥아의 전분을 소량이라도 발효 가능한 당으로 전환하는 데 충분한 효소를 모으기 위해 약한 맥아를 잔뜩 사용해야 했다.

새로운 데이터로 무장한 티저드는 '지저분하고 비과학적인' 맥아 제조 환경에 격분했다. 그는 "맥아 저장고는 대개 조명도 어둡고 바람이 잘 안 통한다"고 했다. 그리고 건물 환경이 열악해서 말라 죽은 곡식을 보는 것만으로도 그는 돌아버릴 지경이었다. "잘못 다뤄진 불량품들, 형체

도 없는 곰팡이로 부패해 부풀어 올랐구나. 운명보다 더 빨리 자신을 죽
인 암살자를 겁주기 위해 벌떡 일어난 순교자의 시체 같은 불쾌한 냄새
가 난다."

이제 곡물의 생장을 이해하게 된 브루어들은 무언가 해보려고 했다.
다시 말해, 그저 작업장을 관찰만 하는 게 아니라 통제하고 싶어했다. 브
루어는 풍부하고 다크한 맛의 맥주를 만들기 위한 지름길을 알아내려고
했다. 효율이 더 높은 곡물을 만들 수 있을까? 즐거운 기분으로 짚더미
와 씨름했지만 실패한 곳에서 과학이 성공했을까? 그들은 코크스■에서
해답을 찾았다. 그것은 바로 뿌옇게 그을린 연기에서 찾아낸 페일 몰트
pale malt, 즉 색이 옅은 맥아였다.

런던의 하늘은 수십 년간 마치 포터처럼 어두웠다. 찰스 디킨스의 『어
려운 시절Hard Times』에 나온 표현대로 "기계와 커다란 굴뚝의 도시"였
다. "기다란 뱀 같은 연기가 끊임없이 나와 똬리를 풀지 않았다."

그곳은 코크스타운이었다. 타르가 들어간 역청탄으로 만든 강력한 연
료 이름을 딴 마을이다. 코크스는 1700년대 초에 성공적으로 만들어져
주로 철 제련과 중공업에 사용되었다. 코크스를 이용한 최초의 상업적
양조장은 영국 북쪽 탄광 마을인 더비셔와 노팅엄에 있다. 코크스의 특
징은 밝은 불꽃과 높은 온도와 긴 지속력이었다. 연기의 성분은 석탄이
코크스로 정제될 때 과열된 열기에서 발생하는데, 나무나 짚에 비해 더
깨끗하다. 코크스를 연료로 한 오븐에서는 맥아를 아주 천천히 구울 수
있어서 맥아의 효소가 손상되지 않는다. 그리고 갈색 맥아의 특징인 스

■　　　석탄을 가공해 만든 연료. 고대 중국에서 난방이나 요리에 사용했다는 기록이 있으며,
　　　철을 생산하는 용광로의 연료나 증기기관의 연료로 쓰였다.

모키한 톡 쏘는 맛을 없앨 수 있다.

가마를 다루는 사람들은 '강렬한 악취'를 더 이상 맡지 않고 원하는 온도로 조절할 수 있었다. 그들은 저온에서 시작해 서서히 온도를 올리는 방식으로 3~4일에 걸쳐 맥아를 천천히 건조하는 새로운 기술을 개발했다. 첫날은 섭씨 약 26.6도로 시작하고 둘째와 셋째 날은 약 32.2도, 마지막 날은 비교적 훈훈하게 약 48.8도로 올린다. 그렇게 해도 건강한 효소가 잔뜩 들어 있는 이 새로운 페일 몰트는 갈색 맥아에는 부족한 전분을 당으로 전환시키는 힘이 좋다. 브루어는 이걸 당화력 또는 DPdiastatic power라고 하며 린터Linter로 측정한다. 35도 린터의 DP를 가진 맥아는 지닌 모든 전분을 발효성 당으로 바꿀 수 있는 충분한 효소력이 있다. 이런 맥아는 '자발적 변환selfconverting'을 한다고 표현한다. 일반적으로 건조하거나 가마로 구운 맥아의 색이 옅을수록 더 많은 효소가 그 안에 들어 있고 DP도 더 크다. 가장 옅은 맥아는 150도 린터까지 높은 DP를 가질 수 있다. 즉 자발적 변환을 할 수 있을 뿐 아니라 효소도 남아 있다는 뜻이다. 페일 몰트는 소량을 써도 갈색 맥아의 변환하지 않은 전분을 처리하는 데 필요한 효소를 늘릴 수 있다.

물론 더 옅은 맥아가 색과 맛에서 더 가벼운 맥주를 만든다. 페일 몰트는 효소를 더하지만 깊은 풍미를 주지는 않는다. 풍성한 맛은 어두운 색으로 구운 맥아와 메일러드 반응Maillard reaction, 갈변 현상의 선물이라 할 수 있다. 말하자면 그냥 식빵보다 구운 식빵이 더 풍미가 좋은 것과 마찬가지다. 브루어는 부족한 부분을 흑맥아로 채웠다. 만약 페일이 천천히 끓여 만든 거라면, 흑맥아는 활활 태워서 만든 것이다. 커피 로스팅 과정과 유사하게, 흑맥아 혹은 '페이턴트patent' 맥아(영국 기술자 대니얼 휠러가 1818년 공식 제조 권리를 확보한 후 붙은 이름)를 만들려면 섭씨 약 204도의 온도로 숯을 태운 드럼에서 곡물을 구워야 한다. 이건 스냅 몰트로 맛을 증폭시킨 거라 날카롭고 톡 쏘며 맛이 강하다. 조금만 넣어도 페일 맥아를 사용하는 포터 브루어에게 부족한 풍미와 색을 모두 선사할 것이다. 영국에서 가장 먼저 공장 규모로 지어진 양조장인 휫브레드Whitbread는 대니얼 휠러의 맥아가 시장에서 유행하자마자 주문을 넣었다. 런던의 가장 큰 포터 양조장이었던 트루먼Truman과 1815년 세계에서 가장 큰 양조장이었던 바클리 퍼킨스Barclay Perkins도 곧 사용하기 시작했다.

페일 맥아의 효소와 흑맥아의 구운 풍미로 만들어진 새로운 다크 비어는 터보 엔진을 단 포터가 되었다. 더 드라이하고 날카로우며 색이 더 어두웠고, 발효할 수 없는 전분이 알코올로 전환되자 맛은 더 강해졌다. 브루어들은 이 맥주를 '스타우트'라고 불렀고, 배럴에 십자가 인장과 함께 맥주의 도수를 XXX, XXXX로 표시했다. 사이먼스 오브 레딩Simonds of Redding의 아크에인절 스타우트Archangel Stout는 터무니없는 수준인 XXXXXXX였다.[26] 런던 자치구 중 하나인 서더크의 앵커Anchor 양조장이 만든 가장 유명한 스타우트는 특히 발트해에서 인기 있었고, 오늘날 러시안 임페리얼 스타우트의 등장을 이끌었다. 이 종류는 아일랜드에서도 큰 인기를 구가했다. 1821년 소개된 기네스Guinness의 엑스트라 슈피리어 포터Extra Superior Porter는 자국인 아일랜드에서 인정을 받기까지 시간이 다소 걸렸지만 수입한 영국 포터는 여전히 인기가 좋았다. 하지만 1840년대에 이르자 기네스는 생산된 맥주의 많은 양을 영국으로 수출했다.

한편, 부드러운 전통 방식으로 만든 포터의 잔잔하면서도 톡 쏘는 맛을 그리워하는 사람도 있었다. W. 위어는 19세기 중반, 런던의 일상을 그린 책에서 갈색 맥아로 양조한 포터와 흑맥아로 양조한 스타우트의 차이를 이렇게 설명했다. "셰익스피어의 매끄럽고 풍부한 위트에 비해, 코미디언이 늘어놓는 부자연스럽고 얄팍한 수준이다." 물론 티저드는 더 강한 어조로 평했다. 그는 그가 사랑하는 '독한 갈색 술'이 사라진 걸 슬퍼하며 말했다. "많은 양조장에서 만드는 검고 탁한 술이 자리를 꿰차고 말았다. 너무 갑작스럽고 놀라운 현상이다. 목마른 개에게 물을 못 마시게 하는 것만큼이나 충격적이다."

맛이 부자연스럽고 얇다고는 하나 그래도 독 성분이 든 것보다는 나았다. 코크스를 연료로 쓴 가마는 가격이 비싸서 돈에 민감한 브루어들은 비용을 아끼려고 의심쩍은 첨가물로 눈길을 돌리기 시작했다. 어떤 건 당밀, 감초('스패니시 주스') 그리고 에센시아 비내essentia binae(설탕을 끓여 불에 구운 것) 같은 온순한 재료였다. 하지만 다른 재료는 그렇지 않았다. 풍부한 거품을 만들기 위해 황산철을 사용할 때도 있었다. 어떤 안내서는 '따뜻한 느낌'을 위해 용담gentian 뿌리나 고추를 사용하라고 조언하기도 했다. 한 대담한 레시피는 소고기 육수를 권장했다. 로프터스 같은 순수주의자는 이를 보고 "살인자 수준의 돌팔이 짓"이라며 맹렬히 비난했고, 정부에 이 흐름을 막아달라고 청원했다. 정부는 실제로 반응을 보였다. 1824년, 당이나 당밀 또는 꿀을 사용하면 100파운드의 벌금을 내야 했다. 홉 대체재를 쓰면 20파운드, 선을 벗어나는 약물을 쓰면 100파운드를 내야 했다. 그러자 브루어들이 반격했다. 그들은 '프리매시툰협회Free Mash Tun Association'를 결성하고 맥주 규제 완화를 위한 로비 작업에 들어갔다. 결국 정부는 한 발 물러나 맥아 대신 설탕을 사용하는 것을 허용했고, 이어서 모든 재료에 세금을 매기는 것을 중단하고 도수에 따라 세금을 매기기 시작했다. 브루어들은 이제 어떤 품질의 설탕이든 원하는 대로 어디서든 구할 수 있었다. 다시 말해, 구할 수 있는 재료 중 가장 저렴한 것을 사용했다. 이제 맥주 도수는 점점 약해졌고 돌팔이들이 활개를 치고 돌아다녔다. 1800년대 중반, 노동자들을 위한 교육 팸플릿을 출판하는 '유용한 지식 보급을 위한 모임Society for the Diffusion of Useful Knowledge'에서 215개의 맥주를 테스트한 결과, 거의 반이 넘는 맥주에서 화학 첨가물이 발견되었다.

양조 과정에서 부족했던 부분은 온갖 새로운 기구와 화학을 이용해 보완하려고 했다. 보존을 위해 살리실산과 초산을 사용했고, 쓴맛을 위해 라임의 황산염을, 선명함을 위해 차아황산을 사용했다. 브루어들이 이런 흐름을 주도했지만, 곧 더 많은 음식 산업계가 뒤따랐다. 피클은 황산철 결정체에 의해 초록색으로 염색되었고 빵은 백반白礬이나 백악, 탄산암모늄으로 표백되었다. 사탕의 붉은색은 비소로 입혔으며, 글로스터 치즈 껍질의 밝은 오렌지색은 납으로 만들었다. 우유에는 석회를 가미했다. 이런 열광적인 화학 실험은 마침내 1876년 총리 벤저민 디즈레일리가 음식과 약물 판매 법안을 통과시킴으로써 식품 검사에 현대적인 방식을 사용하도록 만들었다.

맥주는 앞에서 언급한 '엘리노어 러밍'의 음울한 맥주 이후 300년 동안 큰 발전이 없었지만, 분명한 것은 맥주가 이제 헛간의 '욕조'에서 벗어나 '공장'으로 갔다는 사실이다. 나는 그 과정을 따라갔다.

나는 기름때가 낀 가스레인지와 짝이 안 맞는 곡물 유리병, 마스킹 테이프와 굵은 사인펜으로 표시한 발효용 저그 옆에 털썩 주저앉았다. 저그에서는 거품이 일고 있었다. 돌아다니는 닭도 없었지만 증기로 움직이는 플라이휠▪도 없었다. 나는 샌프란시스코의 북적거리는 도로 위 건물 4층에 자리 잡았지만 여전히 시골 농장의 양조 수준이었다. 진정한 포터를 만들기 위해서는 업그레이드를 좀 해야 했다. 우선 공장 규모의 장비가 필요했고 내 맥주가 일반 사람들에게 어떤 반응을 보일지도 알고 싶었다. 지금까지 나는 집에서 작은 배치만 양조해왔다. 소박한 샤먼의 그로그주▪▪를 모방하기에는 아주 훌륭한 방법이었다. 하지만 포터는 대량 생산이 특징이고 인기도 대대적으로 얻었다. 이 말은 규모가 중요하다는 것이다. 나는 예전에 포터가 큰 인기를 얻었던 것처럼 요새도 그럴 수 있는지 알아보고 싶었다.

내가 아는 유일한 '맥주 남작'▪▪▪의 도움을 구하기로 했다. 내 아파트에서 몇 블록 떨어진 곳에서 작은 펍을 운영하는 짐 우즈에게 전화를 걸었다. 그는 내가 쓰던 20갤런 시스템을 포터 공장 규모로 확대해보는 실험을 통해 시간여행을 할 수 있게 해주었다. 따닥따닥 붙어 있는 그의 장비는 내 장비에 비하면 차원이 달랐다. 펍의 비좁은 뒤쪽 구석에는 커다란 철제 케틀이 프로판 가스 버너 위로 겹겹이 쌓여 있었다. 발효기는 기울어진 벽을 따라 늘어서 있었다. 뒤집어진 원뿔 통은 뭉툭한 탄두의 무기고 같았다. 스테인리스 제어판에는 디지털 온도 값, 컬러 상태 표시등과 함께 '브루 마스터 짐 우즈 전용'이라고 적힌 배지가 있다. 그리고

▪   회전 속도를 고르게 하기 위해 회전축에 달아놓은 바퀴.
▪▪   럼에 물을 탄 음료를 가리키지만 맥주라는 뜻으로도 쓰인다.
▪▪▪ 맥주 사업에 성공한 독일계 미국인을 지칭하는 말. 애니메이션 「심슨 가족」 시즌 8 에
      피소드에서 금주법 시대의 마피아 활동을 패러디하면서 닉네임으로 사용되었다.

상당히 멋진 모양의 버튼과 손잡이가 달려 있었다. 갑자기 확 일어난 프로판 가스 불꽃 때문에 내 팔의 털이 약간 그을렸다. 나도 모르게 이렇게 소리쳤다. "점화!"

짐이 노트북을 펴고 레시피를 계량할 때 사용하는 프로매시ProMash 프로그램을 실행하자, 티저드가 혀를 쯧쯧 차며 머리 위를 서성이는 듯했다. 내 양조 기록장에 있는 색이라고는 맥주를 만들다가 흘린 얼룩이 전부인데. 어쨌든 짐은 나에게 맥주의 색을 표시하는 SRMStandard Reference Method(1과 2는 가장 옅은 필스너이고 40은 가장 어두운 스타우트를 가리킨다) 플러그를 꽂으라고 했다. "'매력적인 갈색?' 이게 대체 무슨 색이에요?" 나는 농담을 던졌다. "'뒤덮인 거품'을 가리키는 IBUInternational Bitterness Unit는 뭐지?"

우리는 이런저런 예상을 하며 맥주를 빚었다. 웨스트요크셔에서 7대째 맥아 회사를 운영하고 있는 토머스 포셋 앤드 선스Thomas Fawcett and Sons에서 품질 좋은 영국 갈색 맥아를 주문했다. 더 이상 나무나 짚을 지핀 불로 굽지는 않지만 오늘날의 산업화된 가마로 구운 갈색 맥아, 특히 포셋처럼 적게 생산하는 회사의 맥아는 수 세기 전처럼 여전히 풍미가 좋다. 짐과 나는 우리 선조들이 그랬던 것처럼 페일 맥아로 당화력을 올려야 했다. 풍미를 잃은 것을 만회하기 위해 산성화된 맥아를 추가했고, 달고 시큼한 맛을 주기 위해 젖산을 가미했으며, 로스티한 끝맛을 주기 위해 블랙 페이턴트 맥아를 사용했다. 갈색 맥아는 정말 대단하다. 반질반질한 참나무 조각이 쪼개지며 구운 밤처럼 걸쭉한 캐러멜 속을 드러냈다. 블랙 페이턴트 맥아는 화로에 구웠기 때문에 더 쓰고 검은빛을 띠며 스모키하고 드라이하다. 우리는 흙 또는 나무 냄새가 나는 퍼글

Fuggle 홉을 사용했다. 쓴맛이 뛰어나서라기보다는 저장했을 때 질병에 강하고 오래 보존할 수 있기 때문이었다. 그건 아무래도 좋았다. 갈색 맥아야말로 우리 쇼의 주인공이었기에 우리는 갈색 맥아 맛이 어떤 영향도 받지 않은 채 빛나길 바랐다.

우리는 곡물을 담그고 홉을 끓였다. 람빅과 마찬가지로 보통 때보다 더 오래 끓였다. 더 달고 풍부하게 만들어 양조에만 집중하게 할 뿐 아니라, 홉의 강렬한 아로마를 상당히 증발시킬 수 있기 때문이다. 그런 다음 맥아즙을 10갤런약 38리터짜리 발효기 두 개로 옮겼다. 커피 향 나는 짙은 색의 끈적거리는 액체였다.(까마귀 깃털처럼 두꺼웠던가?) 잔뜩 쌓인 짐의 최신 장비 중 없는 게 하나 있었는데, 술을 숙성해서 전통적인 퀴퀴한 포터의 드라이하고 약간 시큼한 풍미를 낼 수 있는 1000갤런짜리 배럴이었다. 배럴도 없고 그 안에 사는 맥주를 산패시키는 미생물도 없었지만, 우리는 구할 수 있는 재료를 사용하기로 했다. 바로 병에 든 '브레타노미세스'였다. 병에는 소독 과정을 거쳤지만 부드러운 전형적인 효모가 아니라는 무시무시한 주황색 경고 문구가 붙어 있었다. 우리는 조심스레 열어 걸쭉한 액체를 발효기에 첨가했다. 그리고 거품이 이는 배럴 두 개를 한 달 동안 놔뒀다가 어린 맥주와 인공적으로 숙성한 맥주를 섞어 술집에서 판매하기 시작했다.

"보스트윅의 베스트 브라운 포터"라고 이름을 붙인 맥주는 약간 달고 시큼하며 진하고 무거운 느낌에, 밀크 커피처럼 약간 타닌도 느껴졌다. 바닐라 아이스크림과 먹으면 훌륭한 아포가토가 됐다. 샌프란시스코의 축축하고 비 오는 11월을 감안하면 완벽한 맥주라고 생각했다. 가격은 6달러로 책정했고, 전부 다 팔았기 때문에 신선한 배치에 오래된 술을 섞을 필요가 없었다. 하지만 극찬의 후기는 받지 못했다. 몇몇 손님은 "오래된 맛이 나요"라고 하거나 "먼지 같은 냄새가 나요"라며 콩콩거리기도 했다. 그러고는 빳빳한 20달러를 더 내고 페일 에일 병을 마셨다. 그는 내가 만든 다크하고 달콤한 포터와는 전혀 반대인, 라이트하고 쓴 맥주를 좋아하는 사람이었다. 그건 비 오는 런던 거리와 해가 쨍쨍한 콜카타만큼 차이가 크다. 내가 만든 포터는 괜찮았지만 애주가들은 IPA를 원했다.

닌카시와 곡물의 신들은 권좌에서 물러났다. 오늘날 맥주업계의 모든 사람은 홉을 숭배한다. 수제 맥주를 만드는 사람은 더블, 트리펠, 임페리얼 IPA로 쓴맛 경쟁을 하고, 톡톡 튀는 이름을 지어 승부수를 둔다. 홉티메이터Hoptimator, 트라이세라홉스Tricerahops, 홉티머스 프라임 Hoptimus Prime 같은 이름 말이다. 이런 맥주들은 독한 만큼 비싸지만 소비자는 그래도 선뜻 구매해 병을 비운다. 이런 맥주의 인기는 새로운 현상은 아니다. IPA의 과대 광고와 품질과 비용은 초창기부터 이야기의 중심이었다.

맥주의 기원은 대개 소박하다. 예를 들어 세종은 따분한 농장 업무 중에 그냥 손에 잡히는 재료로 만든 것이다. 포터는 어떤가. 퀴퀴한 케그의 생명을 좀더 연장해보려다가 나온, 노동자를 위한 결과 아니던가. 하지만 IPA는 아니다. 귀족 출신인 IPA는 섬세한 사람을 위해, 고급스러운 입맛을 가진 사람을 위한 술이다. 포터가 어둡고 칙칙한 지하 저장고에서 만들어진 반면, IPA는 인도로 향하는 쾌속 범선의 혼잡한 참나무 탁자 그리고 몹시 자극적인 향의 차와 사프란 자루더미 사이에서 숙성했다. 포터는 이 나간 커다란 탱커드에 마셨고 IPA는 반짝이는 유리잔에 마셨다. 포터는 달콤해서 편안함을 주었다면 IPA는 쓰고 강렬해서 긴장할 정도였다. 그러다 갑자기 쓴맛을 더 좋게 받아들이기 시작했다.

오늘날 가장 쓴 맥주인 팰러트 레커Palate Wrecker 혹은 애로건트 바스터드Arrogant Bastard(으르렁거리는 괴물 석상 그림 밑에 이 맥주의 신조가 쓰여 있다. "넌 그럴 가치가 없어")를 용감하게 마신 자는 강인함의 훈장을 받는다. 하지만 초기 IPA는 많은 사람에게 익숙했던 중후하고 무거운 스타우트와 포터의 건강한 맛의 적절한 대안으로 시장에 나왔다.

공장 시대의 어둡고 시큼한 맥주 다음에는 씁쓸하고 가벼운 맛의 커피와 차의 시대가 도래했다. 번영의 새벽이 런던의 안개에 구멍을 내고, 새뮤얼 존슨의 날카로운 풍자가 낭만주의 시인의 감상적인 말투를 잘라버렸다. 이제 술꾼들은 편안함 대신 강렬함을 찾았다. 커피숍은 인산인해를 이뤘고 찻잔은 중국 접시 위에서 딸각딸각 흔들렸다. 역사학자 마크 펜더그라스트는 커피의 역사를 설명한 책에서 "커피는 잃어버린 영혼들의 단 하나의 쓰라린 동반자"요, 현대의 상징이고 위안이었다고 적었다. 물론 모두가 다 만족했던 건 아니다. 한 비평가는 당시를 이렇게 기록했다. "최신 유행하는 '커피'라는 음료는 끔찍한 이교도 같다. 이 음료는 활기찬 진정한 영국 청년을 완전히 프랑스인처럼 바꿔놓아, 이제 잘해야 참새처럼 되어버렸고, 상당히 퇴보했다." 사람들의 입맛이 쓰고 묵직한 맛을 선호하는 방향으로 진화하자, 음주 자체는 필수품에서 선택물이 되었다. 1800년대 말, 영국 애주가의 여유 시간은 더 많아졌고 주머니는 두둑해졌다. 그들에게는 선택의 자유가 생겼다. 맥주는 배를 채우는 음료 그 이상이 되었다. 한낮에 시원하게 목을 축이거나 저녁 만찬 자리에서 마시면서, 맥주는 점점 지위의 상징이 되었다.

의사들은 "묵직한 점액성 물질"이 들어가 무거운 느낌이 나는 포터는 "금속 노동자, 농부, 모르타르 노동자 같은 육체적으로 힘든 계층에게 더 낫다"고 권했다. "어린 신사들"은 너무 연약해지고 너무 프랑스인 같아졌다. 『펀치Punch』는 1850년대에 약간 가벼운 농담조로 기사를 실었다. 그들은 "적의를 품은 존재"를 향한 마음을 누그러뜨렸다. 그들의 잔에서 무언가 새로운 음료가 반짝였다. 더 쓰고 홉 맛이 진한 페일이었다.

1843년 조너선 페레이라는 「음식과 식이요법에 관한 논문Treatise on Food and Diet」에서 페일이 "조심스레 발효시켜서 모든 단맛이 없어지도록, 혹은 다른 말로 한다면 드라이해지게" 만들었기 때문이 맛에 민감한 중산층에 가장 잘 맞는다고 썼다. 의사들은 자신들이 가장 좋아하는 브랜드를 의학 저널에 광고했다. 『케미스트The Chemist』에서 한 의사는 이렇게 말했다. "나는 이 주제를 관심 있게 지켜보았는데, 마셔본 모든 술 가운데 이스트 런던에 있는 에드윈 애벗의 커티스 양조장에서 만든 페일이 가장 뛰어났다." 그리고 "다양한 검사를 진행하고 나서 그곳 맥주의 순수성을 확신할 수 있었다. 특이한 쓴 풍미와 자꾸 마시고 싶은 맛은 기운 없는 환자에게 큰 도움이 될 거라고 본다. 그리고 다양한 질환에서 회복 중인 환자의 기력을 보충해주고 신체에 활력을 더한다." 그는 이렇게 말하고 권위 있는 서명으로 끝을 맺었다. "Medicus라틴어로 의사라는 뜻."

페일 특유의 드라이하고 강렬하면서도 좋은 맛은 홉에서 나온다. 이제 국제 무역의 중요한 열쇠는 '보존'에 달렸다. 허브를 의례적·의학적으로 사용하는 가톨릭 에일에 대항하는 개신교의 상징이 되어 유럽 대륙에서 인기를 얻고 있던 소나무 향 홉은 영국에서는 서서히 인정받기 시작했다. 영국인은 네덜란드인처럼 점점 뚱뚱보가 되어간다며 조롱당했다.

15세기, '백년 전쟁'에서 피란 온 플랑드르 사람들이 홉 맛이 강한 맛있는 맥주를 들여왔다. 영국 의사 앤드루 보드는 홉이 들어간 맥주는 "네덜란드인을 위한 자연 음료"라며, "뚱뚱한 남자가 되지 마라. 배가 나오지 않게 해라. 네덜란드인의 얼굴과 배처럼 보이니까"라고 했다. 하지만 인생의 쓴맛의 즐거움을 다시 찾은 덕에, 홉은 결국 영국인 사이에서 단지 인기만 있어진 게 아니라 만병통치약이 되었다.

홉은 뭐든 할 수 있었다. 로프터스는 이렇게 설명했다. "홉의 의미와 가치는 (…) 여러 중요한 특징 덕분이다. 활기차고, 따뜻하고, 식욕이 돋게 함은 물론이고 소화도 잘 되게 하고, 이뇨 효과도 좋고, 발한제 역할도 한다. 강장제와 경련을 막는 기능도 확실히 있다. 그리고 그 향기로운 쌉쌀함은 없던 입맛도 살려주고, 건강에 안 좋은 음식도 바로잡아주며, 소화를 촉진하고, 영약학적 가치도 높이고, 모든 음식을 합친 장점이 있다."

그래도 한참 동안 끓이거나 오래되어 눅눅하고 달아진 포터에서 "향기로운 쌉쌀함"은 맛볼 수 없다. 어둡고 탁한 술은 특히 그 당시 멋진 유리잔에 술을 마시던 부유층에게 외면받았다.[27] 이에 대응해 브루어는 흑맥아를 줄이고, 갈색 맥아로 낮춰 홉을 전면에 내세운 가볍고 깨끗한 맥주를 만들었다. 술을 대량으로 만들어 오랫동안 숙성하던 포터 브루어는 구할 수 있는 가장 저렴한 홉을 사용했다. 이제 술을 즐기는 사람들이 진짜 홉 맛을 알게 되자, 페일 에일 브루어들은 최고의 홉을 구하려고 했다. 그리고 영국에서 선택할 수 있는 홉이란 수 세기 전 홉을 처음으로 재배할 때와 사실상 똑같았다. 그때도 지금도 켄트 골딩Kent Golding 홉이다. 페일 에일의 정수인 봄 같은 초록빛 보석이다.

수도원 브루어들과 그들의 세속적인 경쟁 상대들은 항균성 산酸 '후

물론humulone'에 홉의 진정제와 방부제 성분이 있음을 알아냈다. 하지만 홉의 꽃잎 사이에 박혀 있는 끈적끈적한 작은 수지 덩어리에는 그 이상이 들어 있다. 바로 풍미 좋은 오일과 산이 가득하다. 후물론과 루풀론 lupulone은 강한 쓴 풍미를 내는 한편, 파르네센farnesene과 미르센myrcene 오일은 더 진한 흙 냄새와 새콤함, 소나무 향을 더해준다. 특정 균주의 산과 오일 종류 그리고 일반적인 산과 오일의 비율이 완성된 맥주의 특징을 나타낸다. 이런 특징은 '테루아'에 의해 결정된다. 홉이 자라는 땅과 기후 말이다. 산도가 높은 홉이 더 효과적으로, 다시 말해 더 적은 양을 넣어도 브루어가 원하는 쓴맛을 줄 수 있고 보존 효과도 좋다. 하지만 그 풍미는 라이트 맥주에게는 너무 강하다. 티저드의 표현에 의하면 서식스 홉은 "구역질이 날 정도로 참기 힘든 고약한 풍미"가 난단다. 그런가 하면 로프터스는 바위처럼 단단한 북쪽 토양에서 자라는 무시무시한 노팅엄서 노스 클레이Nottinghamshire North Clay 홉에 대해 "역겨움에 가까운 매우 고약한 맛"이라는 감상을 남겼다. 1836년 존 레베스크가 쓴 『양조의 예술Art of Brewing』에 따르면 이런 홉들은 "숙성해서 부드러워지면 포터를 양조하기에만 알맞아" 짙은 색dark toasty 맥주를 만드는 곳으로 보내져서 달콤하고 묵직한 보디감이 홉의 강렬함을 중화시킬 것이다.

색이 옅고 기름 함량이 높은 홉이 가장 가격이 높게 책정되자 일부 부도덕한 홉 농부들은 유황으로 홉을 표백하기도 했다. 영국 동남부 켄트에서 생산된 홉이 최고의 평가를 받았다. 북해에서 불어오는 해풍의 시원한 입맞춤을 받고 부드러워졌기 때문이다. 그리고 거기서 자라는 홉 종류 중에서는 '골딩'이 최고였다. '레드 딜리셔스 사과'처럼 지금은 어디에서나 볼 수 있지만, 시작은 특이하고 우연한 발견이었다. 이 행운을 얻은 사람은 우편물 보관소에서 일하던 골딩 씨였다. 그는 고지대로 하이킹을 하러 갔다가 "품질과 생산성이 탁월한" 이 식물을 우연히 발견했다. 몇 줄기를 뽑아 뒷마당에 심었는데, 이것이 양조 역사에 발을 내디딘 첫걸음이다. 레드 딜리셔스 사과도 그렇듯, 골딩 홉도 놀라울 만큼 별 특징이 없고 밋밋하기까지 하다. 골딩은 겨우 약 3~4퍼센트의 산(최근 강력한 미국산 골딩은 산 함유량이 15퍼센트를 넘기도 한다)만 들어 있고 매우 진한 꽃향과 허브 오일 후물렌humulene과 카리오필렌caryophyllene을 자랑했다. 영국 페일 브루어와 단골 고객들은 봄의 클로버 밭처럼 뛰어난 풀향과 부드러운 골딩 홉의 섬세함을 높이 평가했다.

희미한 풍미의 켄트 홉에도 또 다른 장점이 있다. 브루어들은 홉을 많이 사용할수록 맥주가 더 오래간다는 사실을 알아냈다. 그 당시 독일과 벨기에 같은 유럽 대륙의 브루어들도 발견했듯이, 홉에 함유된 쓴 방향성 오일에는 천연 항균성이 있다. 그래서 더 달고 홉이 덜 들어간 포터 같은 맥주에서 무제한의 자유를 누리는 '벌레'가 맥주를 시큼하게 만드는 것도 막아준다. 더 쓴 홉은 술을 마시는 사람에게만 그저 좋았던 게 아니라 맥주 자체를 건강하게 유지해주었던 것이다.

홉이 켄트에서 뿌리를 내리고 인기를 얻어갈 때, 영국령 인도에 주둔 중인 영국 군인들은 입이 바짝바짝 말랐다. 적도 지대의 더위로 군복 바지가 홀딱 젖는 상황에서 나라에서 제공한 묵직하고 끈적끈적한 포터를 마시고 있던 그들은 새로운 음료를 갈망했다. 그즈음 뭄바이를 향하던 배 한 척이 얕은 물에서 난파되는 사건이 일어났다. 선원들은 배의 무게를 줄이고자 수화물을 바다에 버렸다. 신문은 이 사건을 이렇게 보도했다. "선원들이 버린 물건은 정부에서 보낸, 포터가 담긴 무겁고 번거롭기만 한 캐스크였다."

포터는 대부분 동인도회사 본사에서 리강river Lea 쪽으로 몇 마일만 올라가면 되는 조지 호지슨의 보Bow 양조장에서 만들어졌다. 동인도회사는 쾌속 범선이 중국의 비단과 정향을 싣고 갔다가 돌아오는 길에 이익을 냈다. 외항에서는 고향의 맛을 맛보려는, 특히 맥주를 위해서라면 기꺼이 돈을 내는 군대를 위해 물자를 실어 날랐다.

인도로 가는 여행은 6개월 이상 걸렸고 적도를 두 번 지나가야 했다. 동인도 무역선이라 불렸던, 수천 톤의 짐을 실은 배의 선창에는 마치 지옥동굴처럼 뿌연 열기가 끓어올랐고, 뱃전에서 뱃전까지 꽉 들어찬 상자와 배럴은 파도가 닥칠 때마다 로프에 매달린 채 이리저리 움직였다. 갑판 위 선원들은 괴혈병으로 신음했고, 아래에 있는 맥주는 엉망진창이 되었다. 퀴퀴해지고 오염되었으며, 심하면 배럴이 새거나 부서졌다. 때로는 항해 중에 선원들이 다 마셔버리기도 했다.

호지슨은 맥주를 18개월 할부로 판매했다. 그건 동인도회사의 배가 인도에서 선창을 비우고 회사의 지갑을 다시 채워 돌아올 때까지 기다리겠다는 뜻이었다. 그런데 동인도회사는 호지슨이 공급하는 품질에 만족하지 못했다. 동인도회사는 맥주가 항구에 일단 안전히 도착하면 효모를 추가해 발효되지 않은 맥주를 만들어보기도 했다. 또는 물을 넣어 희석해서 마시는 맥주 농축액 제조도 시도해보았다. 하지만 그 어떤 맥주도 시원찮았다. 그러다가 호지슨이 포터 대신 독한 발리와인barleywine이나 도수가 센 페일 맥주 캐스크를 몇 개 제공하자, 회사는 드디어 대안을 찾았다고 생각했다. 그것은 '옥토버 맥주'였다. 수확 양조 시기인 10월에서 이름을 따온 이 맥주는 "와인 비슷한 것을 마시고 싶어하는" 부유한 시골 주지들을 위해 만들어졌다. 영국이 프랑스와 오랫동안 논쟁을 벌이는 동안 와인은 사치품이 되었다. '바이너스 네이처Vinous Nature', 즉 고급 셰리주만큼이나 달짝지근한 이 옥토버 맥주는 다년간의 숙성으로 부드러웠다. 어떤 영주들은 첫 아들 탄생 기념으로 첫 배치를 양조해서 아이가 18세가 되면 함께 마시기도 했다. 브루어들은 맥주를 신선하게 유지하기 위해 방금 딴 홉을 잔뜩 넣었다. 바클리 퍼킨스의 KKKK 에일은 1배럴당 10파운드약 4.5킬로그램를 쓰기도 했다. 호지슨은 견고하게 잘 만든 맥주라면 인도로 가는 길도 견뎌내리라고 생각했다.

그의 생각은 옳았다. 첫 번째 선적이 팡파르를 울리며 무사히 도착했다. 1822년 온화했던 1월 어느 날, 『콜카타 가제트Calcutta Gazette』호는 "호지슨이 10월에 양조한 최고의 에일이라고 보장한다. 거주자들이 지금껏 받아 마셨던 그 어떤 맥주보다 뛰어나다"라고 장담했다. 마침내 군인들은 밝은색에 켄트 홉이 들어간, 고향의 맛이 나는 독한 페일을 마실 수 있었다(괴혈병을 쳐부술 수 있는 항생제 성분은 말할 것도 없고).

호지슨의 아들 마크와 프레드릭이 곧 아버지의 뒤를 이어 양조장을 넘겨받았다. 그리고 호지슨에게 쏟아졌던 칭송은 두 아들을 냉혹하고 모질게 만들고 말았다. 그들은 다른 양조장에서 선박을 보낼 예정이라는 정보를 입수할 때마다, 자신들이 만든 맥주의 가격을 내려 시장에 공급을 늘리는 방식으로 경쟁자를 협박해 내쫓아버렸다. 신용 한도를 죄고 이자율을 올려, 결국 동인도회사 전부와 인도로 보낸 맥주까지 헐값으로 팔았다. 강 아래쪽 회사 책임자들은 심기가 불편해지기 시작했다.

1820년대 말, 동인도회사 책임자였던 캠벨 마조리뱅크스는 더 이상 두고 보지 않기로 했다. 그는 호지슨의 보 양조장에서 만든 옥토버 맥주를 손에 들고 경쟁사인 올소프Allsopp 양조장을 방문해 똑같은 맥주를 만들어달라고 요구했다.

마조리뱅크스가 이런 제안을 한 시기는 마침 올소프가 러시아 시장 점유를 잃었을 때였다. 나폴레옹 전쟁이 끝난 후 재개되었던 무역은 러시아 황제가 영국 수입품에 새로운 관세를 부과하기 시작한 1822년 다시 막혔다. 러시아인은 스타우트를 좋아했고 수출 시장 대부분은 올소프와 버턴Burton 양조장들이 담당하고 있었다. 그들에게는 맥주를 런던으로 육로를 통해 보내는 것보다 강 하류 헐Hull에 있는 항구를 이용해 북해를 건너 유럽 대륙으로 보내는 게 비용이 더 적게 들었다. 런던으로 직행하는 철도가 없었고 런던의 애주가들은 이미 마실 게 많았기 때문이다.

올소프 양조장은 포터를 잘 만들었다. 다크하고 달콤하면서 알코올 도수가 높은 맛은 러시아인의 취향과 잘 맞았다. 아들들에게 사업을 넘기는 것을 몇 년간 망설이고 있던 샘 올소프는 마조리뱅크스가 가져온 호지슨의 맥주 샘플을 맛보자마자 뱉어버렸다. 나이 많은 그의 입맛에 페일은 너무 썼다. 인도는 여전히 열린 시장이었다. 올소프는 페일을 만들어보기로 했다. 그는 찻주전자로 양조 실험에 몰두하고(전설에 따르면 그렇다) 있던 맥아 제조자 잡 굿헤드의 술을 마셔보았다. 나쁘지 않다고 생각한 그들은 함께 페일을 만들기로 했다.

올소프의 인디아 페일 에일은 당장 성공을 거두지는 않았다. 어떤 사람은 너무 달다고 했고, 어떤 사람은 밋밋하다고 했다. 진짜 페일 같지 않다는 데는 모든 사람이 동의했기에 굿헤드는 코크스로 때는 가마에 다시 불을 지피고 이번에는 아주 천천히 더 밝은색의 맥아를 만들었다. 그 결과 흰 맥아white malt가 나왔다. 가장 높은 등급의 맥아였다. 흰 맥아로 만든 맥주도 역시 특별했다. 이 맥주가 만족스러웠던 한 술꾼은 이렇게 말했다. "천국 같은 맛이로다. 밝은 호박색에, 크리스털처럼 깨끗하다. 아주 특이한 미세한 풍미가 느껴진다." 그러는 사이 자만심에 젖어 있던 호지슨 양조장은 무리하게 확장을 거듭했고 맥주 품질은 다시 곤두박질쳤다. 런던의 『뉴 먼슬리 매거진New Monthly Magazine』의 1830년대 익명의 사설에 따르면, 과거 챔피언이었던 호지슨이 "썩 좋지 않은 맥주, 가끔은 상태가 나쁘고 가끔은 아예 맥주가 아닌 맥주"를 보냈다며 비난을 받았다. 호지슨 양조장은 점점 독점을 잃으면서 위축되었고, 결국 터키, 시리아, 그리스, 이집트 같은 덜 까다로운 시장으로 배를 돌렸다.

올소프 양조장은 맥아 외에도 성공을 빚진 또 다른 재료가 있었다. 굿헤드와 마조리뱅크스의 손길 너머로 양조장 깊숙한 곳에서 특별한 힘이 작용한 것이다. 버턴 양조장 서쪽의 페름기-트라이아스기 사암 단층에 있던 황산칼슘을 함유한 석고 퇴적물 때문에 물에 유황이 스며나왔다. 애주가들은 물 밑에 깔린 계란 냄새를 "버턴 풍미"라고 불렀고 그것으로 만든 맥주는 pH가 낮아졌다. 더 시큼한 맥주는 더 적은 에스테르와 잔여 전분으로 특히 드라이하게 발효된다. 전분은 완성된 맥주를 탁하게 할 수 있어 예쁜 유리잔에 담기에 좋은 술은 아니다. 런던의 석회질 토양에서 나오는 연수로 만든 맥주에 에스테르가 과일 향을 더했다. 결과는 어땠을까? '버턴 IPA.' 독하고 쓰고 "깨끗하고 톡 쏘는 샴페인 같은" 맥주가 탄생했다. 그 물이 버턴의 술을 특별하게 만들었다. 그리고 그 맥주는 세계를 정복할 것이었다.

버턴의 맥주는 인기를 얻은 듯 보였다. 1827년 인도를 향하던 쾌속 범선 한 대가 아이리시 해협에서 난파당했다. IPA를 담은 대형 통 300개를 실은 배는 목적지 시장에서 5000마일 떨어진 곳에 처박혀버렸고, 선박보험사는 맥주를 리버풀에 싸게 풀기로 결정했다. 영국 노동자들이 처음으로 페일 에일을 맛본 것이 이때다. 10년 후, 새로운 철로가 건설되면서 버턴의 맥주들은 기차로 운송되었고, IPA는 런던을 강타했다. 철로가 건설된 1839년에 버턴의 생산량은 50퍼센트 증가했다. 1850~1880년까지 그 작은 마을은 30만 배럴에서 거의 300만 배럴까지 만들게 되었다.

런던의 포터 생산은 급감했다. 당시 유일한 최고의 맥주 비평가 앨프리드 바너드는 세기가 바뀔 무렵 이렇게 기록했다. "변덕스러운 대중은 통에 들어 있는 포도 맛의 포터를 지겨워했다."(포터가 지겨워진 사람은 바로 바너드일 것이다. 코받침 안경을 쓰고 맥주와 위스키에 대해 글을 썼던 그는 영국에서 영업 중인 100곳 넘는 양조장을 모두 방문한 것으로 유명하다.) 영국 맥아 제조인 협회의 총무였던 윌리엄 포드에 따르면, 페일은 "중산층과 상류층에서 소비량이 굉장히 늘었다". 런던에서 마지막으로 포터만 생산하던 업체는 1872년 양조 일정에 페일을 포함했다. 1887년에 포터는 런던에서 양조되는 모든 맥주 중 3분의 1도 안 되는 점유율을 기록했다.

버턴에서 멀리 떨어진 곳의 브루어들은 지역 풍미를 좇았다. 화학자들은 버턴의 센물hard water을 흉내내기 위해 '버터나이징Burtonising'■ 한 석

■　　양조에 쓰이는 물에 석고를 넣어 버턴의 물과 비슷하게 만드는 것.

고를 팔러 다니기 시작했다. 주머니가 좀더 넉넉한 회사들은 중개인을 없애고 그냥 버턴에 공장을 지었다. 트렌트강은 거물급 런던 양조장이었던 인드 쿠프Ind Coope, 만Mann, 크로스맨Crossman, 트루먼Truman, 채링턴Charrington의 위성 공장으로 금세 북적였다. 오랫동안 칼을 갈아온 호지슨의 보 양조장은 시장 지분을 놓고 올소프 양조장과 전쟁을 벌였고, 배스Bass 양조장은 그들이 벌려놓은 틈을 실컷 공략하다 이내 두 양조장이 누리던 영광을 차지했다. 배스는 맥주에 '샴페인 에일'이라는 이름을 붙였는데 곧 와인처럼 유명해졌다. 1853년 배스는 두 번째 양조장을 건설했고 10년 후 세 번째를 지었다. 19세기 말, 배스는 최초로 1년에 100만 배럴을 생산해내는 세계에서 가장 큰 양조장이 되었다. 또한 처음으로 양조장의 대표 이미지를 브랜드로 만들었다. 밝은 빨간색 삼각형 로고는 "영국인이 발을 들여놓는 곳이라면 어디든지" 즉 인도에서 남태평양까지, 꽁꽁 언 북극까지 모든 곳에서 볼 수 있었다. 최초의 북극 탐험가들은 얼음 위로 페일을 실은 썰매를 끌었다. 한 탐험대장은 "아침밥만큼 영양분이 풍부하다"고 기록했다. "맥주는 와인이나 다른 술보다 훨씬 몸에 활기를 준다."[28] 한동안 IPA의 독점은 확고했다.

하지만 황금 신도 추락할 때가 있는 법. 처음에는 포터의 탁한 특징과 비교해 상쾌한 맛으로 시장에 출시되었던 IPA는 스스로 성공의 희생양이 되고 말았다. 모든 양조장이 최고 품질의 흰 맥아와 골딩 홉을 구매할 수는 없었기 때문이다. 유명한 켄트 홉 밭은 많은 양을 생산할 수 없었다. IPA의 인기가 커지자 브루어들은 대안을 찾기 시작했다. 1860년, 배스는 영국에서 기른 홉에 미국산 홉을 추가했다. 대부분 뉴욕과 오리건의 퍼글과 클러스터Cluster 홉이었다. 구매자들은 새로 나온 맥주에서 블랙 커런트black currant, 블랙베리 같은 맛이 난다고 불만을 터트렸다. 『에딘버러 리뷰Edinburgh Review』의 한 사설은 "미국 홉은 단어 몇 개로 일축할 수 있을 것 같다. 미국 포도처럼 거칠고 악취가 나며, 홉이 자란 토양 냄새가 난다"고 일갈했다. 이런 "미국산의 톡 쏘는 맛"은 오늘날에는 귀하지만, 어떤 이는 고양이 소변 냄새라고도 하는 이 퀴퀴하고 강렬한 냄새는 심코Simcoe와 콜럼버스Columbus 홉 같은 서북쪽에서 기른 홉을 뜻했다.

사람들의 불평에도 불구하고 배스 양조장은 여전히 맥주를 만들었고 곧 독일과 캘리포니아에서 구한 홉과 프랑스, 터키, 알제리에서 온 보리를 추가했다. 이는 곧 파멸로 가는 길이었다. 교활한 브루어들은 먼저 외국 홉을 사용하더니 그다음에는 홉을 전혀 사용하지 않았다. 이전의 포터 브루어에게 힌트를 얻은 일부 브루어들은 대체재로 키니네를 사용했다. 다른 이들은 더 비도덕적이었다. 트집 잡기 좋아하는 포옌이라는 프랑스 교수는 영국 브루어들이 IPA의 쓴맛을 더 쉽게 만들려고 프랑스인 화학자를 고용했다는 정황이 보인다는 글을 영국 신문에 게재했다. 이는 1852년 '스트리크닌 명예훼손 사건Great Strychnine Libel'으로 알려졌다. 배스의 소유주는 혐의를 강력하게 부인하며 『타임』에 반박 글을 실었다. "페일에 그렇게 치명적인 물질이 들어갔다면 왜 인도에 사는 유럽인 수는 오랫동안 줄지 않았는가."

치명적일 정도로 독하지는 않았지만, 맥주는 그저 그렇게 약해졌다. 마일드 또는 평범한 쓴맛이라고 불리는 새로운 스타일의 맥주가 영국에 등장했다. 인도로 가는 험한 길에 대비할 필요가 없어진 브루어들은 방부제 항생 오일을 많이 넣을 필요가 없었고, 더 신선하거나 또는 '오래 보존되는' 맥주를 판매하기 위해 비싼 홉을 사용할 필요도 없었다. 1857년 배스 양조장은 브리티시 비터에 배럴당 3.5파운드약 1.58킬로그램 홉을 사용했지만, 1900년대에 들어서자 전국 평균은 2파운드약 0.9킬로그램로 내려갔다. 그리고 1910년이 되자 런던의 풀러스 양조장에서 만든 AK 마일드는 홉을 겨우 1.5파운드약 0.68킬로그램만 사용했다.

위대한 페일이 무너진 것이다. 하지만 나는 다시 되돌릴 참이었다.

원래부터 IPA에는 부드러운 맛이라고는 없었고, 그건 지금도 마찬가지다. 오랜 시간 지속되도록 그리고 가장 까다로운 미식가를 만족시키기 위해 만들어진 이런 독한 맥주는 최고 품질의 재료를 사용하고, 가장 옅은 맥아와 가장 좋은 홉을 사용한다. IPA는 클래스가 중요하다. 이런 페일을 다시 만들어내려면 최고의 재료가 필요했고, 그건 메리스 오터Maris Otter 맥아와 캐스케이드 홉이 필요하다는 의미였다.

만약 맥주잔에서 시골에서 구운 빵 냄새가 난다면, 웬즐리데일 치즈 한 조각을 곁들여 마시고 싶은 기분이 든다면, 만약 한 모금을 마셨는데 영국식 벽난로와 건초 보관소가 눈앞에 그려진다면, 메리스 오터 보리가 부리는 마법으로 떠오르는 이미지일 가능성이 높다. 메리스 오터는 영국 스타일 맥주의 시금석이다. 겨울에 수확하는 내한성이 있는 이 보리는 따뜻하고 풍미가 충만하기로 유명하고, 맛은 전통적이더라도 기원은 현대적이다. 메리스 오터는 케임브리지의 메리스 레인에 있는 식물육종연구소Plant Breeding Institute에서 1966년 처음으로 개발되었다.[29] 그때는 영국 맥주의 암흑기였다. 저렴한 마일드가 펍을 점령하고 있었고, 유명한 브루어는 메리스 오터 같은 비싼 곡물은 절대 사용하지 않았다. (풀러스 맥주는 예외다. 그리고 런던 프라이드London Pride■가 그렇게 인정받는 이유는 메리스 오터 때문이다.) 메리스 오터 보리는 한때 거의 사라졌었다. 1990년대까지도 아무도 보리를 기르지 않았다. 황금시대의 향기를 간직한 몇 개 안 남은 낡은 창고에 남아 있던 보리가 전부였다. 그러나 2002년, 두 개의 회사가 에얼룸heirloom■■ 종의 권리를 구매했고 메리스 오터는 다시 재배되어 구워지기 시작했다.

베이킹을 향한 나의 열정 또는 뿌리 깊이 영국을 편애하는 성향은 풍요로움과 곡물의 세계로 나를 끌어주었다. 메뉴판에서 맥주에 들어간 성분(브루어 말로는 곡물 함유량grain bill)을 읽다가 메리스 오터를 보자, 나는 망설일 것도 없이 얼른 그 맥주를 주문했다. 동네 홈 브루 가게에서 메리스 오터 생곡물을 봤을 때는 손에 쥐고 엠앤엠 초콜릿인 양 우적우적 씹어보았다. 비슷하게 생긴 길게 늘어선 흰 플라스틱 양동이에 쌓여 있던 메리스 오터는 다른 페일 몰트와 거의 구분되지 않았다. 영국, 벨기에, 독일, 캐나다에서 페일이라는 색조에만 12가지 이름이 붙는다. 골든 프라미스Golden Promise, 핼시언Halcyon, 빅토리Victory, 펄Pearl 같은 이름이다.

나는 카운터 직원에게 메리스 오터 보리를 맛으로만 구분해낼 수 있냐고 물어보았다. 그는 낡은 윈드브레이커 재킷의 소매를 말아 올리고 팔짱을 끼고 있었다. 울퉁불퉁한 팔에는 문신이 새겨져 있었다. 직원은 "그러면 손님은 할 줄 아세요?"라며 나를 노려봤다. 그렇다. 내 감각은 감

■　영국 맥주 회사 '풀러 스미스 앤 터너'에서 양조하는 대표적인 에일 맥주. 시민 공모로 이름을 지었다.

■■　수 세기 동안 특정 지역이나 개인, 민족 등이 소중히 여겨 보존해온 고유의 맛과 향을 지닌 재료나 식물. 242쪽 '에얼룸 토마토' 참조.

정이 섞여 흐려져 있었다. '에얼룸'을 지켜낸 이야기에 흔들렸나? 물론 그것도 한몫했겠지. 하지만 그 이야기가 바로 IPA에 관한 모든 것이다. 위치, 희소성, 전통, 한마디로 대단한 이야기다. 나는 메리스 오터 한 자루를 구매했다.

이제 홉이 필요했다. 그것도 최상품으로. 그래서 원산지로 발걸음을 옮겼다. 캘리포니아주 페탈루마의 '라구니타스 브루잉 컴퍼니' 뒷마당 비어 가든에서 시골오리 요리를 먹으며, 홉 농사를 짓는 존을 만났다. 그는 홉 덩굴 한 쌍이 새겨진 순은으로 만든 카우보이 벨트를 차고 있었다. 우리 대화는 곧장 맥주 이야기로 들어갔다. 존의 풀 네임은 존 시걸 주니어다. 와인 하면 나파 지역이듯 홉의 대표 지역인 워싱턴의 야키마 밸리에서는 홉 농사를 짓는다. 시걸 가족은 그곳에서 왕족이나 다름없다. 존의 아버지도 아들과 똑같은 벨트를 차고 있었다.

시걸 목장은 수십 년간 홉을 길렀지만 2008년 가장 큰 고객인 앤호이저 부시를 잃자 크게 휘청거렸다. 벨기에 브라질 계열의 대형 양조사 인베브가 버드와이저를 만들던 앤호이저 부시를 인수하면서 버드와이저의 레시피를 바꿨다. 그들은 존의 까다롭고 연약한 윌라메테Willammete 홉 대신 더 저렴하고 강한 종을 사용했다. 전형적인 미국 농장의 아이러니로, 그들의 마지막 계약을 이행하기 위해 인베브는 존에게 홉을 기르지 '말아달라며' 돈을 지불했다.

존은 농사 규모를 줄여 노스웨스트에 공급하기 시작했고 수제 맥주 시장 붐이 일자, 민트 향 나는 전형적인 홉인 '노던 브루어Northern Brewer'와 풀 향 나는 '퍼글'을 심었지만 대부분의 대형 양조장이 사용하기에는 성질이 너무 까다로웠다. 더불어 한창 유행이던 매우 쓰고 송진 향이 강한 너깃Nugget과 CTZ 홉도 심었다. 하지만 내가 원한 건 캐스케이드였다.

메리스 오터 보리 하면 영국 맥주이듯, 캐스케이드 홉 하면 미국 맥주다. 시에라네바다의 페일과 앵커 브루잉의 리버티 같은 굉장히 유명한 맥주 덕분에 미국 페일은 캐스케이드 홉의 톡 쏘는 자몽 향으로 알려져 있다. 그리고 존 시걸이 그 홉을 가장 먼저 재배했다. 캐스케이드 홉의 영향은 대단하지만, 상대적으로 최근에 개발된 종이다. 메리스 오터 보리처럼 캐스케이드 홉의 뿌리는 1960년대로 올라간다. 미국 홉 산업은 한두 번 휘몰아쳤던 금주법과 1920년대 말, 홉을 시들게 하는 기생충 전염병인 노균병으로 작물이 다 망하고 구매자도 잃었던 일 이후로 다시 완전히 회복하지 못했다. 농부들은 대부분 강하고 쓴맛의 클러스터 홉만 재배하고 스페셜티 홉은 유럽에 넘겼다. 쿠어스 라이트의 이미지는 아마도 완전히 미국적이지만, 맵고 달콤한 맛은 확실히 향이 좋은 독일의 할러타우 미텔프뤼Hallertau Mittelfrüh 홉 덕분이다.

하지만 1950년대 식물을 시들어 죽게 하는(청고병) 곰팡이 버티실리움verticillium이 퍼져 미텔프뤼 홉의 수확이 감소하고 가격이 급등하자, 미국의 브루어(클러스터 홉의 단일 재배는 비슷한 병에 걸리기 쉽다는 걸 이미 알고 조심하고 있었다)들은 자국에서 다양한 홉을 시도했다. 쿠어스는 농업부에 건의했고, 농업부는 농부에게, 농부는 존 시걸과 상의했다. 존은 1968년 USDA56013이라는 하이브리드 종의 샘플을 몇 가지 심어보았다. 4년간의 양조 실험(그리고 이름도 바꾼) 후, 쿠어스는 시걸 농장에서 처음으로 상업적으로 판매한 캐스케이드 홉을 구매했다. 한번에 1파운드당 1달러를 지불했는데 농부 대부분은 그 반만 받아도 운이 좋은 셈이었다. 2년 후, 샌프란시스코의 신생 양조사 앵커Anchor가 자기들이 만든 리버티 에일에 넣을 홉을 구매했다. 리버티는 미국인의 미각에 충격을 주었다. 캐스케이드 홉의 시트러스함은 대부분의 사람들에게 너무 강했다. 하지만 농부들은 홉의 품질에 상응하는 가격도 알게 되었고 홉은 곧 계곡을 휩쓸었다. 오늘날 리버티는 수제 맥주의 공통분모가 되었고 캐스케이드 홉은 아이콘으로 자리 잡았다.

빅토리아 시대의 영국 브루어는 켄트 골딩스에서는 북해의 공기를, 노스 클레이에서는 노팅엄셔의 축축한 먼지를 맛볼 수 있었다. 존은 자신이 기른 캐스케이드 홉과 농장에서 서북쪽으로 80킬로미터쯤 떨어진 목시Moxee에서 자란 홉의 차이를 구별할 수 있다. 존의 캐스케이드 홉은 특히 오일 함량이 높다. 즉 시트러스하고 미르센이 풍부한 홉보다 덜 쓰고 풍미가 더 좋다. 캐스케이드 홉은 천천히 끓여 졸인 듯한, 자몽이 아닌 자몽 소스 같은 맛이 난다. 존에게 맛 좀 볼 수 있냐고 물었더니, 며칠 후에 연초록색 잎이 든 가방이 현관 앞에 도착했다.

나는 별 준비 없이 그냥 맥주를 만드는 편이다. 손에 닿는 재료를 이것저것 넣어보고, 흥미로워 보이는 재료도 넣어보고 그야말로 가지고 있는 것으로 만든다. 레시피를 거의 따르지 않고 절대 기록하지도 않는다. 과정이 중요한 거지, 결과가 중요한 게 아니지. 참을성 많은 내 소중한 친구들이 내가 최근에 만든 맥주를 가만히 내려다보던 모습이 떠오르긴 하지만. 어쨌든 나는 크랜베리와 꿀을 넣은 '스모크 페일' 또는 '치폴레-초콜릿 펌킨 스타우트' 같은 것을 만들어왔다. 그리고 서두를 필요 없을 때 가장 좋은 결과가 나왔다. 오래 숙성해야 하고 강력한 효모가 제멋대로인 내 시간관념을 이해해줄 때 만들 수 있는 세종처럼, 좀 이리저리 바꿔서 만들어볼 수 있는 맥주 말이다. 하지만 IPA는 다르다. 이런 맥주는 최선을 다해 만들어야 하고, 그다음 그걸 망치도록 최선을 다해야 한다. 나는 아주 신중하게 양조했다. 너무 오래 우린 차처럼 내 곡물을 너무 뜨거운 온도에 담근 건 아닐까 온도를 꼼꼼히 확인했고, 맥주에 거머리처럼 쓴 타닌이 들어가지 않게 조심했다. 홉의 연약한 오일이 상하면 안 되므로 너무 센 불로 끓이거나 오래 끓이지 않도록 각별히 신경 썼다. 발효기를 깨끗이 닦고 소독했으며 다목적 효모 균주를 넣었다. 이것은 과일 맛이나 세종의 후추 맛이 나는 수도원 효모가 아닌, 휫브레드 에일Whitbread Ale이라는, 깨끗하고 부드럽고 연약한, 한마디로 양 같은 효모다. 충분한 시간을 들여 인내심을 가지고 작업했다. 그리고 나는 내가 만든 '아이'를 인도로 보냈다.

상징적으로 말이다. 물론 첫째는 안전이다. 나는 숙성시킬 것을 대비해 보존 효과를 늘리기 위해 홉을 한 줌 더 넣어 단단히 잠갔다. 내 작은 부엌에도 4층 아파트에도 배럴을 넣을 공간이 없어서, 발효기에 구운 오크 조각을 한 움큼 뿌려 넣어 나무통 느낌만 주었다. 그러고는 가장 따뜻하고 먼지가 많은 냉장고 위로 맥주를 유배 보냈다.

그리고 술집에 가서 맥주를 들이켰다.

거센 바람이 불던 11월, 아늑한 '데이브 매클레인의 매그놀리아' 개스트로펍 안에는 그레이트풀 데드의 음악이 부드럽게 흘러나오고 있었다. 하늘은 영국 하늘 같았지만 여기서 영국처럼 느껴지는 건 맥주, 포터와 에일, 발리 와인과 비터뿐이다. 데이브도 영국을 좋아하지만 맹목적이지는 않다. "특정 시대물로 보이는 물건은 뭐든 싫어합니다." 마치 오래된 영국 술집으로 위장한 가게에서 파는 눅눅한 튀김 요리처럼, 낡은 물건들로 치장한 술집을 두고 하는 말이다. "새로운 에너지와 사고 없이 그냥 역사적인 재창조물을 갖다 붙이는 거죠. 그런 데 가면 무슨 디즈니 월드에 온 것 같아요." 데이브의 펍에는 영국 고어를 써놓은 거울 붙은 간판은 없다. 영국 국기가 펍 앞에서 휘날리지도 않는다. 그냥 위대한 영국 맥주만 있다.

그날 오후, 풍성한 수염과 불룩 나온 배로 미국 가수 제리 가르시아 같은 분위기를 풍기는 데이브는 부드러운 눈길로 직원들에게 지시하며 바 앞에 앉아 있었다. 종업원이 와서 한 잔 더 하겠냐고 물었다. 데이브는 잠시 우물거렸다. "그러죠. 아니오. 아니, 한 잔 더 할게요." 그가 만든 빌리 선데이 비터Billy Sunday Bitter를 시켰다. "이런 거 정말 하고 싶었어요. 앉아서, 맥주 몇 잔 마시면서 영국 맥주 이야기 하는 거요. 나한테 주는 선물 같은 일이에요." 지하 양조장에서 메리스 오터 보리를 담느라 김이 흘러나와 술집 안은 빵 냄새로 가득했다. "이 냄새가 이 집의 심장이자 영혼입니다."

데이브는 펜실베이니아에서 자라 보스턴대학에 갔지만 곧 맥주와 그레이트풀 데드를 따라 캘리포니아로 왔다. 그리고 UC 데이비스 마스터 브루어스 과정에 등록했다. 다른 사람들은 졸업장을 받으러 페어필드 고속도로 아래에 있는 버드와이저 양조장으로 갔다. 데이브는 1997년에 샌프란시스코로 옮겼고, 그레이트풀 데드가 살던 보랏빛 빅토리아풍 집에서 얼마 떨어지지 않은 그 유명한 헤이트 앤 매소닉Haight and Masonic■의 구석에 작은 펍을 열었다.

데이브는 1990년대 후반, 런던에 갔다가 영국 맥주에 완전히 빠졌다.

■   샌프란시스코의 유명 쇼핑가. 정확한 이름은 Haight St & Masonic Ave다.

"영국 박물관 근처에 있는 램스 콘딧가의 '더 램The Lamb'이 생각나네요. 바에 서서 모든 맥주를 마셔봤던 게 기억나요. 정말 맛있었죠. 미국에서 이미 풀러스를 병으로 마셔봤었어요. 드래프트로도 마셔봤죠. 하지만 영국에서는 정말 살아 있는 맛이었어요. 진짜 에일이었죠. 필터를 안 거치고, 신선하고 생동감 있고." 그러나 원산지에 가보니, 바짝 마른 껍질만 있었다. "버턴은 망했더라고요. 우리는 배스에도 갔는데 배럴이 전부 주차장에 그냥 널브러져 있었습니다. 양조장에서 끌고 나온 15~20개 되는 배럴을 그냥 썩게 놔뒀더라고요. 자국민한테도 인정받지 못한 곳을 돌아본 일종의 '순례'였지요." 그가 말을 이었다. "영국 브루어들은 우리한테 뭘 해줘야 할지 모르더라고요. 이상한 미국 애들이 자기네 맥주 투어를 하겠다고 왔으니까요."

영국 맥주가 실망스러웠던 시절, 데이브가 램 같은 바를 만난 건 행운이었다. 영국에서 맥주 소비량은 곤두박질쳤고, 양조장은 문을 닫거나 국제적인 대기업에 통합되었다. 1990년대 말, 일본의 노무라 은행은 누구보다 영국에서 많은 펍을 소유했다. 그러는 사이 미국에서는 아무것도 모르는 유통업자들이 영국산 맥주를 너무 더운 상태로 운송한 탓에 냄새가 나고 쿼쿼해졌는데, 이것을 바에서 다시 너무 차갑게 해서 팔았다. 이 때문에 지역 브루어들은 벨기에와 독일에서 온 대담한 스타일의 맥주에 더 열광했다.

데이브는 고향으로 돌아와 전통을 재창조하고 싶었다. 처음에는 런던에서 마셨던 맥주와 똑같이 만들려고 했다. "시작할 때 목표가 있었습니다. 내가 만든 첫 맥주는 복제품이었죠. 어느 지점에서건 시작을 해야 했으니까요." 그가 인정했다. 양조 학교에서 'IPA 주간' '포터 시간표' 같은 게 없다는 점이 불만이었던 그는 생각 끝에 이걸 깨닫게 되었다. "IPA 는 모델이 될 IPA가 없어요. 누구의 것도 아니었어요. 그걸 바라볼 때만 생기는 입자처럼 그 시간에만 존재하는 거였어요. 복제품은 삶과 생명이 있는 맥주의 정반대죠. 맥주는 순간의, 시간의 산물입니다. '좋은 맥주란 뭡니까?'란 질문의 대답은 백만 가지입니다."

데이브는 재료로 답했다. 좋은 맥주란 좋은 재료다. 그는 이스트앵글리아에 있는 가족이 운영하는 자그마한 브랜트힐 농장에서 키운 메리스 오터 보리를 쓴다. 홉은 시걸 가족 같은 농사꾼이 키우는 것을 쓴다. "결국엔 어떻게 만들 것인가 하는 개인의 철학 그리고 누가 만드는가의 문제에 이릅니다." 그는 이렇게 주장한다. "작은 게 아름답다, 수작업이 낫다, 이것이 내 생각입니다. 느리게 가는 게 정답이지요. 훌륭하지만 효율은 좀 부족하게 일하는 사람들의 방법으로 작업하면 내가 좋아하는 최고의 제품을 만들 수 있습니다. 그게 우리가 맥주에 접근하는 방식입니다."

데이브는 런던에서 봤던 우울한 장면이 다시 떠오를 때면 그의 접근법을 한 번씩 다시 점검해본다. 새로운 종류의 수제 맥주는 전통에 새로운 피를 수혈함으로써 전통을 살아 있게 한다. 블랙프라이어를 떠나면서 나는 무언가 새로운 맥주를 맛볼 필요가 있었다. 그래서 북쪽으로 향했다. 밥 말리(메인주의 알라가시에서 캘리포니아의 러시안 리버까지, 사실상 내가 갔던 모든 미국 양조장에서 나오던 음악)의 음악을 따라, 마을 북서쪽 끝 기찻길 아래에 있는 캠던 타운Camden Town을 찾았다. 와인을 만들던 호주인 재스퍼 쿠페이지가 시작한 양조장 캠던 타운은 영국의 새로운 양조 현장의 완벽한 예다. 어디서 영감을 받는지 묻자, 브루어 마크 드레지가 커다란 냉장고를 열어 숨겨둔 재료를 자랑해 보였다. 모두 미국 재료였다. 콜로라도의 배럴 숙성 전문가 오델이 만든 맥주 케이스, 홉에 미친 캘리포니아인에게 인기 높은 라구니타스Lagunitas와 베어 리퍼블릭Bear Republic이 보였다. 캠던의 IPA의 탭 핸들은 초록색이었다. 시에라 네바다의 푸룻푸룻한 대표 맥주를 인정한다는 표시다. 드레지는 번쩍번쩍 빛나는 독일식 양조 장비로 아이리시 스타우트, 체코 필스, 바이에른 헤페 그리고 다른 국제적인 스타일과 함께 홉 맛 강한 에일을 만든다.

다른 곳에서도 나는 옛것과 새것이 섞인 걸 봤다. 건메이커Gunmaker 라는 아담한 술집에서, 템스강 둑의 남동쪽 끝에 있는 커넬 양조장에서 만드는 홉 맛이 진한 캘리포니아 스타일 IPA를 본 적이 있다. "커넬이요? 아, 그럼요." 술집 주인이자 유명한 영국 맥주 작가인 제프 벨이 말했다. "커넬은 기본적으로 미국 양조장이죠." 또 19세기 기차역을 가게 입구로 밀어 넣은 듯한 인상을 풍기는 유스턴 탭Euston Tap이란 술집에서 리뎀션스 트리니티Redemption's Trinity를 마셔봤다. 빵 냄새가 나면서 시큼한 맛이 토스트에 바른 잼처럼 상큼했다. "채링턴의 유명한 버턴 에일 Charrington's Celebrated Burton Ales"이라는 빈티지한 표지판을 달고 있는 크래프트 비어 컴퍼니Craft Beer Co. 안에는 바로크풍 샹들리에가 거울 붙인 천장에 달려 있고, 손님 둘이 반쯤 비운 파인트 잔 여섯 개를 놓고 앉아서 홉에 대해 논쟁을 벌이고 있었다. 그중에 한 사람이 강한 허브 풍미에 입맛을 다시게 되는 타깃Target 홉을 두고 이렇게 말했다. "세계 최악의 홉이야. 치약 맛이 난다니까!" 그 술집에서 나는 파인애플과 아몬드 맛의 '다크 스타 홉 헤드'와 북부 캘리포니아의 다른 유명한 수출 맥주처럼 축축한 맛이 나는 '매직 록 웨스트코스트 PA'를 마셨다.

오래된 술집조차 유행을 타고 있다. 런던 북쪽 끝, 치즈윅에 위치한 풀러스 양조장에는 영국에서 가장 오래된 등나무가 200년 된 양조장 벽을 타고 가지를 뻗고 있다. 하지만 주차장에 곰팡이 핀 배럴은 보이지 않았다. 데이브가 배스를 방문했을 때와는 달리 풀러스 직원은 관광객에 익숙했다. 그는 나를 기다리고 있었다. 주차장에서 형광색 보호 조끼를 입은 브루 마스터 존 킬링과 악수를 나눴다.

"30년 전 우리는 영국에서 가장 작은 양조장이었어요." 존이 자랑스러워했다. "지금은 우리가 가장 크죠." 런던 그 자체처럼, 풀러스 양조장은 원래의 글을 지우고 다시 쓴 고대 문서나 마찬가지다. 풀러스 양조장은 데이브가 버턴에서 봤던 빈 병이 시체처럼 널브러진 모습이 아니라 어마어마한 하나의 예술품 같았다. 현대식 탱크 사이에 150년 된 구리 주전자가 있었고, 역시 오래된 검은 주철로 만든 거대한 매시툰에는 대갈못과 구리 파이프가 잔뜩 붙어 있었으며, 빨강, 파랑, 적갈색 에나멜로 칠한 플라이휠이 가죽 벨트에 묶여 있었다. "30년마다 인테리어를 다시 하고 있어요." 존이 설명했다. 유리벽에 부착된 컴퓨터 제어 장치가 맥주를 끓이는 통과 직원 숙소 그리고 원래부터 있던 식당까지 약 20피트_{약 6미터}의 거리를 가로질러 200년이라는 시간을 응시하고 있다.

오랜 시대에 걸쳐 대대로 걸었던 통로를 따라 올라갔다. 소음 방지 귀마개를 쓴 직원들이 30년 또는 그 이상 된 찌그러진 캐스크를 망치로 치며 때우고 있었다. 무거운 망치로 통의 주둥이를 내려치는 모습이, 늘 그래온 듯 익숙해 보였다. 여기에 밥 말리의 노래는 없다. 그저 금속에 나무를 내려치는 단조로운 소음만 있을 뿐.

아주 오래된 사각형 발효기와 구리선이 깔린 구멍 난 벽을 보면서, 나는 전통에 관해 질문했다. 어떤 이는 뚜껑 없는 사각형 통이 답이라고 했다. 여기에다 만든 지 얼마 안 된 맥주를 부어야 가장 뛰어난 전통적인 페일의 특징인 크림색 버터 스카치의 풍미를 얻을 수 있단다. 다른 이는 이런 사각형 통은 깨끗이 청소하는 게 너무 힘들고 온도 조절도 불가능하다고 했다. 마지막으로 술을 사각형 통에서 거르고 나면, 그다음에는 어떻게 되는 걸까? "어떤 브루어는 이 네모난 통이 최고의 맥주를 만든다고 자신하지만, 최악의 맥주를 만들기도 합니다." 존이 말했다. "정말 드물게 최상품을 만들어 선풍적인 인기를 끌기도 했습니다. 그런데 왜 그렇게 만들어졌는지는 모르죠." 그는 전통을 위한 전통은 고집하지 않는다. "최고의 방법은 전통을 따르는 거라고 생각하는 사람도 있습니다. 전 아니라고 봐요. 변함없는 맥주를 만드는 건 약간씩 수정해가면서 만든다는 뜻입니다." 그렇다. 그것은 시간이 흐르면서 변화가 있다는 말이다. 새로운 기계를 사용하고 더 좋은 재료를 사용하는 것이다. "지금 하는 방법이 가장 좋지요."

맥주 맛을 보기 위해 지하 저장고로 내려갔다. 그곳에 있는 양조장의 세월의 무게를 느낄 수 있는 돌, 나무, 쇠, 구리 등에서 우리는 고대 유적의 퀴퀴한 공기를 마셨다. 존은 역사를 잘 지켜왔다. "우리는 오래된 기록을 전부 보관하고 있습니다. 그리고 여전히 기록하고 있죠. 1893년부터 정확히 똑같은 레시피로 더블 스타우트를 양조했습니다." 그들은 똑같은 설탕, 똑같은 홉을 추적해냈다. 찰스 왕세자가 직접 길렀다는 19세기 보리의 빈티지 종 '플루미지 아처Plumage Archer'도 발견했다. 하지만 존 킬링은 '런던 프라이드' 사람으로 남았다. 그는 바 뒤로 오라고 손짓하더니 내가 파인트를 완벽하게 잘 따르는지 보겠다고 했다. "부드럽게 따르세요." 그가 말했다. "살아 있거든요."

눈부신 1월, 나는 IPA가 다 됐을 만한 날씨임을 직감하고 저그를 꺼내 먼지를 툭툭 털었다. 맥주를 머금은 홉이 바닥에 가라앉아 있었다. 나뭇조각 몇 개는 위에 둥둥 떠 있었다. 그사이 맥주는 깨끗해지고 색도 옅어졌으며 먼지 사이에서도 반짝거렸다. 나는 몇 달 동안 흠뻑 젖은 잎들과 나뭇조각이 순종 홉과 맥아의 풍미를 물들였을 거라고 생각했다. 오래된 퀴퀴한 풍미를 예상했다. 전통적인 IPA는 상상만큼 맛있을 리가 없다. 굶주린 군인들은 고향의 맛이라면 어떤 것도 좋아했을 테고 그들의 미각은 간절함에 둔해졌을 테니까. 그러나 내가 만든 맥주는 신선하고 꽃 향이 풍부했고 구운 코코넛 조각, 캐러멜 같은 달콤한 끝맛이 느껴졌다. 갈증이 풀리는, 밝은, 죽음 같은 겨울에서 봄이 느껴지는 맛이었고 남아시아의 태양도 흘끗 보이는 듯했다. 내가 예상했던 것은 생명력이 느껴지는 평범하고 고른 맛이었다. 얼마나 오래됐든 훌륭한 맥주라면 반드시 그런 맛이어야 한다.

IPA가 성공한 이유가 갑자기 이해되었다. IPA는 단순히 포터의 해독제가 아닌, 맥주 그 자체에 새롭게 접근한 것이었다. 만약 맥주가 필수품이나 약 혹은 대량 생산된 제품이 아니라 사치품으로 취급된다면 가능할 무엇을 상징한다. 바로 이 점이 수제 맥주 세계에서 왜 IPA를 아끼는지 그리고 어떻게 IPA가 새로운 재료와 창의적인 장인 정신(도그피시 헤드에서 계속 사용하는 '렌달', 시에라의 프렌치 프레스 같은 '토르페도')의 대표로서 오랜 시간 자리할 수 있었는지를 설명한다. IPA는 시간이 지나면서 품격 있게 숙성되었고, 긴 여정 속에 더 강한 생명력을 얻었다.

데이브는 맥주잔을 내려놓으며 거품 묻은 수염을 슥 닦았다. "내 인생 중 절반을 양조하다 보니 요새 더 되돌아보게 되네요." 데이브의 이런 감상에는 오후에 마시는 맥주도 분명히 일조했을 것이다. "맥주는 살아 있는 역사 다큐멘터리입니다. 마치 죽은 것처럼 자신만의 방법에 갇힐 수 있어요. 하지만 할 수만 있다면 변화무쌍하지요." 그 말과 함께 우리는 똑같은 것으로 한 잔 더 시켰다.

6장
애국자

추수감사절이 코앞으로 다가왔고, 나는 준비를 거의 마쳤다. 참마와 유기농 크랜베리를 사다놓았다. 퀴노아 스터핑■에 관한 글도 엄청 읽었다. 샌프란시스코의 11월 날씨는 어울리지 않게 아늑한 인디언 서머다. 추수감사절에는 집에서 자자손손 내려온 방식으로 전통 음식을 만들어 먹는다. 그런데 술은 어떤 것을 마셔야 할까.

맥주에 대한 조사를 많이 하면서 나는 맥주에 심취했다. 식사할 때마다 역사에서 잊힌 부분을 이것저것 탐험하는 기회로 삼았다. 친구들은 고개를 설레설레 내저었지만, 나는 술자리에서도 일을 했다. 바 탭을 살펴보면서 꼭 필요한 감각을 훈련하며 글을 써내려갔지만, 지루해 죽겠

■   만두소처럼 고기, 생선 등에 다른 부재료를 섞어 채워 넣는 것. 추수감사절에 퀴노아 등 건강 곡물 위주의 스터핑 수요가 늘고 있다.

다는 내 술친구들은 무슨 죄란 말인가? 나는 우리가 마셨던 파인트마다 맥주에 들어간 곡물의 역사, 홉의 고귀한 기원에 관해 강연을 펼쳤다. "그리고 할러타우 홉은 마운트 후드Mount Hood 양조장을 낳았고, 마운트 후드는 스털링Sterling과 그의 형제들을 낳았고 (…)." 그래도 나는 일 때문에 좋은 맥주를 마시는 기쁨을 망가트리지는 않았다. 사실 어떤 면에서는 더 즐거웠다.

어느덧 음주는 자유 연상 게임이 되었다. 잔마다, 풍미마다, 과거에 대해 뜻밖의 새로운 사실을 알게 되었고, 흥미진진한 일화와 불가사의하고도 소소한 정보를 떠올리게 했다. "지금 너희가 마시는 맥주는 사실……(일동 깊은 한숨)." 이건 그나마 괜찮은 날이었다. 안 좋은 날은 음주는 번역과 해석의 퍼즐이었다. 맥주가 무슨 말을 하려고 하나? 왜 이런 맛이 날까? 어디서 '언제'로 나를 데려가는 거지? 내가 마신 술은 이야기로 가득하거나 아니면 아직 발견하지 못한 이야기로, 내가 그려내야 하는 텅 빈 캔버스가 되었다. 그래서 추수감사절이 다가오자 나는 책을 펼쳐 들었다. '무엇'을 마실 것인가? 그걸 모르겠다. 하지만 적어도 '언제'의 술인지는 알고 있다.

예전에 청교도들이 계획보다 더 일찍 플리머스록Plymouth Rock에 도착했다고 한다. 메이플라워호에 싣고 오던 맥주가 거의 바닥났기 때문이다. 물론 지어낸 이야기일 것이다. 맥주, 신, 사랑과 행복에 관한 프랭클린의 유명한 경구처럼, 미줄라에서 마이애미까지 여기저기 술집을 다니며 배가 불룩해진 우리는 선조들과 맥주의 관계에 대해 우리 자신의 열정을 더해 희망적이고 낭만적으로 생각한다. 프랭클린은 실제로 와인에 대한 이야기를 했다.[30] 청교도는 맥주를 운반하고 있었을까? 나는 의심이

들었다. 그래도 분명 무언가는 마셨을 텐데. 무엇을 마셨을까. 혹시 나는 그 이야기가 사실이길 바라는 걸까?

청교도 맥주를 조사하는 초기에는 별 소득을 거두지 못했다. 버클 모자의 전설▪에서 진실을 찾아내기란 쉽지 않았다. 첫 추수감사절에는 아무도 술값 영수증을 기록하지도 않았으니. 하지만 초기 식민지 시대의 음식을 파고들면서 좀더 역사적인 무게가 있는 자료를 우연히 발견했다. 그것은 미국의 아이콘 조지 워싱턴의 맥주 레시피였다. 그는 최초로 도착한 청교도는 아니지만 그래도 건국의 아버지니까(게다가 최초의 공식 추수감사절 휴일은 워싱턴의 아이디어였다) 술을 마시지 않았겠는가. 어쨌든 최소한 레시피는 남아 있었다.

워싱턴은 늘 고위층과 하급층 사이에서 흥미로운 줄타기를 했다. 길버트 스튜어트가 그린 유명한 워싱턴 초상화가 이를 잘 보여준다. 초대 대통령 제복을 입은 거대한 어깨는 새로운 국가의 압도적인 책임감의 무게를 짊어질 준비가 되어 있는 것으로 보인다. 어깨 위에 균형이 안 맞아 보이는 작은 머리가 있고, 크게 뜬 눈으로 "누구, 나?" 하고 쳐다보는 그의 모습. 그는 프랭클린처럼 진짜로 맥주를 함께 마실 수 있을 법한 미국 헌법 제정자로 보인다.

워싱턴은 마운트버넌에서 최고 품질의 마데이라를 비롯해 갖가지 수입 와인으로 고위층 손님을 즐겁게 했다. 그는 교양 있는 호스트가 되는 법을 알고 있었다. 하지만 손님이 떠나면 이 버지니아 소년은 가면을 벗고 본모습을 드러냈다. 조지 워싱턴 200년 위원회George Washington

▪ 초기 청교도들이 추수감사절에 버클이 달린 뾰족한 검은 모자를 썼다고 알려져 있지만, 이는 사실이 아니다.

Bicentennial Commission에서 발표한 자료에 따르면, "평소" 매주 목요일 식사 때마다 "대통령의 접시 옆에는 맥주가 담긴 은색 머그잔이 있었다." 그리고 워싱턴은 대중의 환심을 사는 데 (이후 수 세기 동안 대통령이 다 그랬던 것처럼) 와인보다 맥주가 더 효과적이라는 것을 알았다. 1758년 미국 버지니아 의회 선거에 출마했을 때, 선거날 밤 표심이 바뀌길 바라며 맥주를 돌렸다고 한다. 그는 민중을 잘 파악하고 있었다. 그 당시 15세 이상 미국인은 맥주를 1년에 평균 30갤런약 113리터 이상 마셨다.

에일을 벌컥벌컥 들이켜던 조지 워싱턴은 심지어 홈 브루어였던 것으로 보인다. 집에 양조 시설이 있었던 건 사실이다. 대규모 농장과 나라를 운영하느라 맥주 만들 시간이 있었는지는 모르겠지만, 그가 맥아즙을 직업 저었다는 이야기도 전한다. 어쨌든 그는 양조 과정에 흥미가 많았고 노트에 기본 레시피를 기록했다. 1757년 그가 휘갈겨 적은 메모는 250년간 브루어의 호기심을 자극하는 동시에 어리둥절하게 만들었다.

맥주를 조금 만들려면:
입맛에 맞게 브랜Bran 홉을
커다란 통에 가득 담는다.
3시간 동안 끓인 다음
30갤런을 거르고 냉각기에서 식힌다.
맥주가 손이 델 정도로 뜨거울 때
당밀을 3갤런 넣거나
당밀을 냉각기에 넣는다.
그리고 끓을 정도로 뜨거울 때

그 위에서 맥주를 거른다.

이걸 혈온보다 약간 더

따뜻할 때까지 두다가

효모를 4분의 1 넣는다.

날씨가 아주 추우면 담요로 덮어둔다.

그리고 쿨러에 24시간 둔 다음

캐스크로 옮긴다.

거의 다 됐을 때까지 마개를 열어둔다.

그리고 양조한 그 주에 병입한다.

만약 이렇게 만든 맥주라면 나는 터키 전통 요리와 함께 서빙했을 것 같다. 역사적으로 보증된 소박한 홈 브루 맥주 레시피라니. 미국을 대표하는 휴일에 빚는 술로 완벽하다고 생각했다. 나는 레시피를 발견해 만족스럽긴 했지만 자신감이 있던 것은 아니었다. 책을 쓰면서 배운 게 있다면, 하나는 맥주 관련 서적을 많이 읽었다는 것이고 다른 하나는 맥주를 만들었다는 것이다. 똑같이 모호하던 닌카시의 시 같은 레시피를 떠올리자, 밀려오는 긴장감을 감출 수 없었다. 이번 추수감사절에 많은 게 달려 있다. 나에게는 단순한 식사 한 끼가 아니라 프로젝트였다. 그리고 사람들에게 판단을 받게 될 터였다. 정신적으로는 내 편집자, 독자들, 최초의 대통령이 나와 함께 식탁에 앉는 기분이 들 것이다. 물론 실제로는 내 가족이 함께한다. 아마도 가족이 온다는 사실이 가장 긴장하게 만드는 것 같다. 이번 추수감사절은 특히 재창조에 대한 것이었다. 워싱턴의 레시피와 레시피가 드러내는 역사도 재창조되겠지만, 내 가족과 나를 위해 추수감사절이라는 명절 자체의 전통을 되살리는 일이기도 했다.

우리 가족은 명절을 좋아했지만 일반적인 이유 때문은 아니었다. 몇 년 전만 해도 우리 가족의 추수감사절은 전통적인 방식을 따랐다. 19세기 미국 석판화 판매 회사의 공동 창업자 커리어와 아이브스의 판화 그대로였다. 우리 가족은 버몬트 숲에 조부모가 지으신 집에 다 모였다. 자작나무 밑, 물이 탁한 연못 위에 있던 소나무, 커다란 현관. 우리가 "오두막집"이라 부르는 그 집은 사실 집이라기보다는 산이 내다보이는 덱이었다. "날씨가 맑으면" 할아버지는 자랑하기를 좋아하셨다. "디날리산이 보인단다." (할아버지는 아주 긍정적인 분이었다. 덱은 미국 동북부 뉴햄프셔의 프레지덴셜산맥을 바라보는 동향이었고, 디날리산은 서쪽 알래스카에 있다.) 화로에서 뜨거워진 돌로 난방을 하고, 침대에서 양모 이불을 덮고 따뜻하게 잘 수 있었다. 이게 우리 가족의 캠핑장이었다. 사촌들은 메인주에서 운전해서 왔고, 손자들은 오하이오에서, 이모와 삼촌은 시카고와 뉴욕에서 왔으며, 운이 좋으면 알래스카만큼 먼 곳에서 왔다. (데이비드 삼촌은 온 적이 거의 없었다. 삼촌이 1년에 한 번 이발하는 것만큼이나 드물었다.) 그리고 부모님과 형제자매와 나는 볼보 차에 꾸겨 들어가 뉴헤이번에서 북쪽으로 I-95 고속도로를 타고 4시간을 달렸다.

저녁은 록웰리언Rockwellian■식이었다. 칠면조, 스터핑, 감자와 파이. 할머니가 만든 어른들을 위한 크랜베리 소스(약간 쓴 오렌지 껍질 조각과 '진짜' 크랜베리가 들어간)와 부엌 너머 아이들 식탁에서 달랑거리는 젤리 덩

■   미국 현대화가 노먼 록웰의 그림 속 사람들과 그들이 사는 삶을 일컫는 말. 록웰은 미국인의 소박한 일상을 친근하고 이상적으로 그렸다.

어리. 아마도 샌프란시스코식 장인 정신이 가득한 음식은 아니겠지만, 나름대로 격식을 갖춘 식사였다. 그래도 식사 자체의 기억은 서서히 흐려졌다. 계속 생각나는 건 운전해 가던 길이었다. 눈에 박힌 타이어가 윙윙 돌아가는 소리, 페니 로퍼■를 신은 아버지가 타이어 체인을 감는 소리, 아픈 개와 더 아픈 아이들 그리고 늘 웅웅거리며 흘러나오던, 졸음 쏟아지게 하는 엄마의 오디오북 소리. 그런 길을 달리고 나면 어떤 음식이든 먹지 않았겠나. 가족의 북적거림, 식사 전 기도, 식사 후 설거지는 다 잊으시라. 우리가 원했던 건, 끔찍이도 힘들게 바다를 건넜던 청교도들이 마셨던 것처럼 맛있고 시원한 맥주였다. 그리고 우리는 최대한 빨리, 우리 잔칫상을 뉴욕으로 옮겼다. 굉장히 맛있는 호박 뇨키가 있는 업타운 이탈리아 레스토랑을 발견했다(빡빡한 여행길이 아니어도 정말 맛있게 먹을 수 있는 음식이었다). 우리는 그렇게 새로운 전통을 시작했다. 매년 뉴욕에서 만나기로 했다. 나는 프로비던스에 있는 대학에서 암트랙을 타거나 브루클린에서 Q라인을 탔다. 펜스테이션 역에서 다 같이 만나 주말 동안 스웨터 쇼핑을 하고 박물관에 가고 브로드웨이 쇼를 보면서 동생을 놀리고, 구운 밤 냄새 나는 11월 뉴욕의 공기를 마셨다. 우리 가족은 이런 식의 추수감사절을 가장 좋아한다. 약간만 이동하고 가족끼리 단출하게 모여 요리도 안 하는 이런 추수감사절이 우리가 가장 사랑하는 명절이었다. 전통적인 추수감사절과는 완전 반대였다.

이번에는 달랐다. 오랜만에 뉴욕에서 모이는 것도 아니고, 레스토랑도 아니다. 사상 처음으로 내가 요리를 담당하는 첫 번째 추수감사절이

■   앞쪽에 동전을 넣을 수 있게 만든 신발.

될 것이다. 우리 가족은 전통을 완강히 거스르다 완전히 다시 돌아온 셈이었다. 집에서 만든 요리만 먹는 게 아니라 온전히 미국적인 맥주를 만들어 다 같이 마시겠다는 게 나의 야심찬 계획이었다. 다만 문제가 하나 있었다. 내 계획은 사실 청교도가 처음 정착했을 때처럼 성급했다. 얼마 전 웨스트 코스트로 이사 온 여자친구와 나는 손님은커녕 가족 만찬을 준비할 상태가 아니었다. 우리는 샌프란시스코에서 중고품 가구로 채운 두 번째 아파트에 살고 있었다. 크레이그리스트온라인 벼룩시장에 올라와 있던 3층짜리 월세 집이었고, 조심히 다뤄야 켜지는 스토브에 무딘 칼, 몇 개의 의자밖에 없었다. 우리 관계를 흔들리게도 했지만 결국 더 굳건히 해주고 샌프란시스코에 와서 살게 해준 책의 공동 집필을 막 끝낸 터였다. 계속 샌프란시스코에서 살 계획은 없었지만, 한 권의 책은 또 다른 책으로, 저 집에서 이 집으로 하다 보니 이렇게 살게 되었다. 우리는 닻을 올리고 잠깐 떠 있는 메이플라워호가 된 기분이었다. 이번 가족 행사를 잘 치르고 나면 자신감을 얻을 수 있을 것 같았고, 회의적인 가족에게 이런 자잘한 것들을 모아 전통을 세울 수 있다고 알려줄 수 있을 것이다. 우리도 청교도처럼 황무지에서도 집을 짓고 살 수 있다고 말이다. 그래서 워싱턴의 맥주는 변경 지역에서 힘겹게 살아가던 미국인의 상징으로 완벽해 보였다. 나는 맥주의 풍미가 풍성한 과거, 깊은 역사 그리고 전통의 포근한 이불을 연상시키기를 소망했다. 전통적이고, 장인 정신이 깃든 조지 워싱턴님, 제발 나를 실망시키지 말아줘요. 그리고 나는 양조를 시작했다.

모든 레시피가 문장 전달하기 게임 같았다. 만들 때마다 달랐다. 레시피가 얼마나 정확하든 얼마나 오래됐든 상관없이 늘 한두 개를 수정해야 했고, 같은 방식으로 두 번은 성공하지 않았다. 가끔은 오히려 레시피가 모호한 게 차라리 나았다. 다양성을 받아들이니, 반드시 원칙대로 하지 않아도 괜찮았다. 엄마의 애플파이 레시피처럼 말이다. 아이들이 가지고 다니는 애착 이불처럼, 나는 엄마의 애플파이를 수백 번 만들어봤어도, 찢어지고 얼룩진 오래된 인텍스 카드를 참고한다. "쇼트닝 2분의 1에서 4분의 3컵" "밀가루 2컵 약간 안 되게" "375도/350도로 굽기." 닌카시에게 바치는 찬가는 경험이 없는 사람들에게는 퍼즐과 같다. 톰 웨이츠의 인터뷰는 늘 아리송한 수수께끼 같다. "만약 당신이 바나나 빵 레시피를 원한다면, 세 개를 빼겠습니다." 만약 가족 레시피가 무슨 말인지 모르겠다면 역사가 긴 레시피는 파악하기 더 힘들다. 워싱턴의 메모처럼, 그것을 이해하는 건 크랜베리 소스를 벽에 박으려고 시도하는 것이나 마찬가지다. 속이 부글부글 끓고 험한 단어가 나오기 시작했다. 아휴, 스니퍼가 도대체 뭐야? 그리고 더 중요한 건, 정말 이런 맥주를 30갤런이나 만들어야 해?

아니야. 난 결단을 내렸다. 그건 정말 싫었다. 규모를 줄이자. 스니퍼가 뭐든 간에 13갤런만 만들기로 했다. '내 입맛에 맞는' 홉을(엄마의 애플파이 크러스트 레시피를 따르면서 밀가루를 '약간 덜' 넣는 식으로) 넣는 건 나만의 솜씨를 부려보라는 초대나 다름없으니까. 결국 조지 워싱턴만 기쁘게 하려는 것은 아니다. 나에게는 생각해야 할 가족이 있었다. 가족에게 엉망인 음식은 정말 주고 싶지 않았다. 불운한 경험(진저 모카 포터 제조를 시도했다가 쓰라린 실패로 끝난)을 통해 당밀이 약간 톡 쏘는 맛을 전해줄 거라는 걸 알고 있었다. 그래서 균형을 맞추기 위해 계절 향신료인 너트메그, 시나몬, 정향을 넣기로 했다. 브루어가 사용하는 지름길인 맥아 추출 시럽(액상 곡물 당. 곡물에서 발효 가능한 전분을 추출하기 위해 생맥아를 담글 필요가 없다)도 약간 넣었다. 그리고 짙은 풍미를 더하기 위해 짙은 색으로 구운 곡물도 한 줌 넣었다. 심지어 구운 호박도 몇 조각 넣었다. 결국 호박의 계절이니까.

내가 너무 나갔나? 내 해석이 너무 넓었나? 엄마의 파이는 한 시간 정도만 구우면, 내가 밀가루 두 컵의 양을 어떻게 조절했는지에 따라, 파이 크러스트가 달걀 껍데기처럼 가볍고 잘 부서질지, 오래된 껌처럼 축축하고 늘어질지 알게 된다. 맥주는 일주일 정도 초조하게 기다려야 했다. (워싱턴이 말한 "다 된 그 주"가 전형적인 발효 기간인 7일에 병에 탄산을 넣을 며칠을 더한 기간이라는 사실을 알아냈다.) 나는 불안을 잠재우고자 제러미 카원에게 전화를 걸었다. 브루클린의 슈말츠 브루잉Schmaltz Brewing 주인인 제러미는 조지 워싱턴의 레시피를 잘 안다. 내가 그랬듯이 제러미도 오래된 양조책과 맥주 역사에서 워싱턴의 레시피가 계속 나오는 것을 읽었고 그 역시 궁금해했다. 하지만 제대로 된 양조장을 운영하는 그와 홈 브루어로 소박한 기획을 하는 나는 입장이 다르니, 가능성 낮은 일에 자신의 월급을 걸 만큼 궁금해하지는 않았다. 그래도 뉴욕 42번가의 상징적인 건물인 뉴욕 공공 도서관이 그에게 연락하여 건물의 100번째 생일 파티를 위해 맥주를 공급해달라고 부탁했을 때, 그는 어떤 맥주를 빚어야 할지 당장 알 수 있었다.

나는 제러미도 워싱턴의 레시피에 약간의 자의적 해석을 추가했다는 것을 알고 기뻤다. 맥주를 만든다는 것은 역사적이지만, 그보다는 맛이 '좋아야' 했다. 나도 가족을 만족시키고 싶었다. 제러미의 표현을 빌리자면 "글리터라티gliteratti"부유하고 멋있게 꾸민 유명인들가 초대될 예정이었다. 그리고 박물관의 부유한 기부자들과 예술 후원자라는 사람들은 역사적 정확성에 대해 인내심이 부족하다. 도서관 파티든 아니든, 맥주는 맛이 좋아야 한다. 그래서 제러미는 풍미를 위해 구운 맥아를 약간 넣고, 워싱턴 시절에는 위험을 무릅쓰고 해야 했던 비위생적일지도 모르는 배럴 발효 양조는, 내가 그랬듯 생략했다. 특히 워싱턴이 권고했던 "마개를 열어둔다"는 말은 배럴을 밀폐하지 말라는 말인데, 구멍이 숭숭 난 나무통에서 양조하면 맥주가 시큼해지거나 거품이 너무 많이 생겨, 파티를 망치는 야생 효모와 공기 중의 박테리아를 초대하는 거나 마찬가지다. 지나친 탄산화는 감염되었다는 증거다. 일부 박테리아는 특출한 활력으로 약한 맥주까지 발효시킬 수 있다. 몇몇 브루어 그리고 아주 드물지만 어떤 애주가들은 그 톡 쏘는 팜하우스 맥주를 아끼지만, 제러미는 그러지 않았다. "그 어떤 맥주병도 파티 드레스 위에서 터지게 하고 싶지 않았어요."

　나는 파티에 가지 못했지만 어떤 매체를 봐도 그의 맥주는 성공적이었다. 파티 드레스는 젖지 않았고 도서관은 맥주 마니아와 주요 언론사의 많은 관심을 받았다. 제러미는 '글리터라티'를 기쁘게 했지만 나무 치아를 꼈던 사람은 어땠을까?■ 워싱턴은 제러미가 자신의 레시피를 편집해서 기분이 언짢았을까? 물론 절대 그렇지 않았을 것이다. 워싱턴은 훌륭한 호스트의 중요성을 알고 있었다. 그가 마데이라 와인을 대접했던 것을 기억하자. 그는 레시피를 아주 엄격한 규칙보다는 가이드라인으로 사용했을 것이다. 1757년 그가 쓴 일기에서 활기차고 멋진 25세 젊은이의

■　　　조지 워싱턴은 치아 상태가 좋지 않아 20대 초반부터 이가 빠졌고 의치를 꼈다.

모습을 엿볼 수 있다. 프렌치인디언 전쟁French-Indian War▪에서 돌아와 멋진 훈장을 받은 지휘관 워싱턴은 마운트버넌의 자택에서 혼자 신나게 지냈다. 제러미는 워싱턴이 자신과 친구들을 위해 급히 레시피를 휘갈겨 쓴 게 아닐까 상상했다. "조지가 일부러 자신이 할 수 있는 가장 혁신적인 맥주를 만들려고 한 것은 아니었어요." 제러미가 말했다. "레시피는 (그것을 레시피라고 부를 수 있다면) 친구들에게 약칭으로, 속기로 써준 거였을 겁니다. 친구들도 아마 홈 브루어였을 테고 맥주 한잔하러 왔겠죠. '조지, 포터 맛있다. 이거 어떻게 만드는 거야?' 그 말에 아름다운 손글씨로 재빨리 적어줬겠죠. 저는 '혈온' 같은 조지 특유의 표현을 좋아합니다. 할머니에게 레시피를 물어볼 때와 같지 않을까요. 할머니는 '아, 이거저거 좀 넣고'라고 하시지, 큐민을 넣어야 한다는 말은 아예 잊으셨죠." 레시피는 개성 있게 변화할 수 있다. 워싱턴도 예상했을 것이다. 레시피를 좀더 자유롭고 진보적인 시각으로 보자 나는 마음이 좀 가벼워졌다. 손님 한 명은 해결할 수 있겠구나.

드디어 추수감사절이 되었고 손님들이 도착했다. 스콴토Squanto, 미국 원주민 부족 중 하나식으로 식탁을 꾸몄다(테이블과 책상을 붙였다. 붙인 부분은 식탁보로 가렸다. 사실 침대 시트였지만). 이 새로운 땅의 풍부함을 보라. 나는 외쳤다. 보라! 이번 겨울은 굶어 죽지 않겠구나! 잔뜩 차린 음식도 그런대로 맛이 괜찮았다. 방울양배추는 갈색으로 잘 익었고 칠면조는 촉촉했다. 라비올리도 없었지만 가족은 행복했다. 아쉽게도 맥주 맛은 형편없었다. 시큼하고 향신료 맛이 너무 많이 나서 마치 과일 케이크 같았

▪ 1754~1763년까지 북아메리카에서 있었던 영국과 프랑스 간의 전쟁. 프랑스와 인디언 부족 동맹이 영국을 상대로 싸웠다.

다. 심하게 말해, 오래된 과일 케이크 같았다. 우리는 건배를 하고 정중히 한 입 마신 다음 와인으로 바꿨다. 10달러짜리 동네 피노 와인이었다. 마데이라도 아니고. 미안해요, 조지 워싱턴.

나는 전문가의 어떤 고견 같은 게 필요했다. 그래서 저 위에 있는 사람에게 질문을 던져보기로 했다. 마운트버넌에 전화를 걸었다. 호기심 많은 도슨트들이 수년 전에 워싱턴의 맥주를 이미 만들었다. 그것도 강경한 입장을 고수해서 제대로 빚었다고 한다. 그들은 결국 정부 관계자이자 대통령의 '불꽃을 유지하는' 사람■이니까. 제러미는 워싱턴의 레시피에 편하게 접근했지만, 정부 관계자는 정확하게 하기를 원했다. 만약 그들의 워싱턴 맥주 버전이 성공이었다면, 즉 만약 내가 대충 만든 맥주보다 더 낫다면, 나도 이번에는 술을 제대로 빚어보리라.

먼저 과묵하고 책을 많이 읽는 전문 연구자 메리 톰슨에게 질문을 던졌다. 그녀는 실제로 맥주를 양조하지는 않았지만 레시피에 대한 모든 것을 알았고 무엇보다 결과물을 의무적으로 마셔본 사람이었다. 나는 서슴지 않고 물었다. 맛있었나요? "아, 저는 맥주를 잘 안 마시는 사람입니다." 그녀가 말했다. 그러고는 긴 침묵이 이어졌다. 나는 오래된 맥주를 마신 다음 감상을 말해야 하는 상황에 점점 익숙해지고 있다. 애주가들은 "맛없어"를 다르게 말할 적절한 형용사를 찾아내느라 머리를 쥐어짠다. "아주 강한 당밀 풍미가 느껴졌습니다." 메리가 마침내 인정했다. "충격을 이겨내려고 두세 모금 더 마셔야 했어요."

'옳거니, 원 스트라이크!' 메리는 나를 마운트버넌에서 복제 전문 양

■   의례적인 의미가 담긴 표현으로, 원시 부족에서 가장 중요한 사람은 요리나 제사에 쓰일 불이 꺼지지 않도록 유지하는 사람이라는 데서 온 말이다.

조장을 운영하는 데니스 포그에게 데려갔다. 농부이자 군인, 정치가이자 브루어였던 워싱턴은 위스키도 만든 것으로 드러났다. 심지어 맛도 아주 좋았다고 데니스가 알려주었다. "과일 향이 풍부하고 맛깔스러웠습니다. 아주 좋았어요." 그는 책상 서랍에 플라스크를 보관한다. 하지만 맥주는 보관할 가치가 없었다. 내가 시음한 감상을 묻자 데니스는 망설이지 않았다. "세상에, 정말 맛이 없었습니다." 메리처럼 그도 당밀을 비난했다. 그리고 메리처럼 세심하게 말했다. "진짜 '다른' 풍미였습니다."

　그런 풍미는 분명 워싱턴과 그의 술친구들도 느꼈을 텐데. 그게 그렇게 나쁘다면 왜 당밀을 사용했을까? 간단히 말하자면, 미국 브루어들은, 심지어 워싱턴이라고 해도 선택지가 없었다. 보리는 동부 산악 해안에서 키우기 힘든 작물이었고 양조에 적합한 수입 맥아는 마데이라 와인만큼이나 희귀한 재료였다. 워싱턴은 "내 양조장에서 보리는 안 쓴다"라고 했다. 그는 보리보다 주변에서 구할 수 있는 더 강한 곡물인 호밀과 옥수수로 위스키를 양조했지만, 호밀과 옥수수는 보리보다 전분이 적어 맥주로 만들기는 힘들었다. 그나마 서인도제도 무역이 붐을 일으킨 덕에 당밀이 저렴한 대안이 되었던 것이다.[31]

　당밀Molasses은 설탕을 만들 때 생성되는 부산물이다. 사탕수수 주스 (또는 비트 주스나 옥수수 주스였지만 그래도 워싱턴 시절에는 거의 사탕수수였다)가 끓으면 순수 자당이 결정화되고, 소금, 철분, 미네랄 그리고 길고 복잡한 사슬 모양의 거칠고 끈적끈적한 시럽이 된다. 시큼한 팜하우스 맥주에 있는 야생 미생물처럼 만약 그 시럽이 야생 미생물의 먹이가 된다면 이런 당은 결국 발효되지만 다른 흔적 물질을 남긴다. 바로 그게 당밀 맥주에서 특유의 '다른' 맛이 나게 하는 원인이다.

그래도 당밀은 효과가 좋을 때도 있었다. 데니스가 설명을 이어갔다. "워싱턴의 농장에 일꾼이 많았습니다." 이건 그냥 맥주가 아니라 배급 식품이었던 것이다. 워싱턴은 "작은 맥주"라고 불렀는데, "품질이 좀 떨어지고, 저렴하고, 만드는 데 큰 기술이 필요하지 않은 모든 맥주를 가리킵니다." 그리고 더 저렴한 재료를 사용했다. 다른 말로 하자면, 테이블 맥주였다. 조지 워싱턴은 사실 위스키로 돈을 벌었다. 그의 양조장은 한동안 미국에서 가장 큰 규모였고, 1년에 1만 1000갤런약 4만 1639리터을 생산했다. 그래도 맥주는 집에서만 마실 수 있는 수준이었다. 그런 농장 노동자들은 매일 맥주 배급을 받았고, 내가 부엌에서 세종을 만들어 마시면서 배웠듯, 목마른 농부는 까다롭지 않았다. 하지만 워싱턴은 분명 까다로웠을 것이다. 만약 이런 조잡한 재료로 만든 홈 브루가 아니었다면 그의 은잔을 채운 건 뭐였을까?

데니스가 힌트를 주었다. 그건 워싱턴이 양조하지 않은 맥주, 동네에서 구입한 맥주였다. 데니스는 워싱턴이 친구 마르키스 드 라파예트에게 보낸 편지 일부를 읽어주었다. "나는 가족에게 포터나 치즈를 먹이진 않아. 하지만 그런 게 미국에서 만들어진 음식이지. 그 두 가지는 아마도 지금 최상의 품질로 구매할 수 있을 거야." 그가 가장 좋아하는 맥주는 영국에서 훈련받은 브루어 로버트 헤어와 J. 워런이 필라델피아에서 만든 맥주였다. 1788년 워싱턴은 수입업자 클레먼트 비들에게 편지를 보냈다. "내게 로버트 헤어 선생의 가장 좋은 포터를 보내주길 부탁하네. 만약 맥주 가격이 자네가 가져가는 엄청난 돈보다 훨씬 더 오르지 않는다면 말일세." 미래의 대통령이 감춰둔 돈을 가져갈 정도였다니, 정말 맛있는 맥주였음이 틀림없다. 사실 워싱턴은 포터를 너무 좋아해서 헌법제정

회의에서 로버트 헤어에게 권한을 위임하고 1795년에는 상원 의장을 맡았다.

이런 사실을 알게 되니 맥주는 더욱 시도할 만해 보였다. 다음 추수감사절에 내 가족이 뉴욕으로 돌아가는 동안 나는 필라델피아로 갔다.

다른 브루어들과 내 책에 대해 의견을 나눌 때 계속 등장하는 이름이 몇 있었다. 그들의 위치를 파악하자 삼각형으로 표시되는 게 마치 레이더 화면에서 반짝이는 빨간 불빛 같았다. 팻 맥거번이 그중 한 명이었다. 브루어들은 내가 아는 사람이 별로 없는 수메르 설화를 꺼내들면 "그 문제는 닥터 팻과 상의하는 게 좋을 거예요"라며 어깨만 으쓱일 뿐이었다. 또 다른 이름은 스티븐 뷰너였다. 레시피가 괴상할수록 그의 이름이 더 자주 언급되었다. "이게 대체 뭐야?" 하고 내가 물으면 그들은 "어, 뷰너 책 안 읽어봤어?"라며 웃음을 지었다. 마지막 이름은 리치 와그너였다. 만약 어떤 브루어가 위싱턴의 레시피를 알고 있다면, 그도 리치를 알 가능성이 높았다. 능글능글한 미소와 함께 그의 이름을 살짝 언급하며, 마치 '내 말을 믿지 말고 당신은 이 사람을 직접 만나야 해'라고 말하는 것 같았다.

나는 필라델피아 야즈Yards 양조장에서 리치를 만나기로 했다. 그곳은 한때 로버트 헤어와 J. 워런이 일했던 델라웨어강에서 몇 블록 더 위에 있는 양조장이다. 풍경은 변해 있었다. 상인들이 타던 쾌속 범선과 강가의 선술집 대신 델라웨어의 강둑은 이제 슈거하우스 카지노와 록시 댄스 클럽이 자리하고 있다. 하지만 리치 와그너는 마치 시간 속에 갇혀 있는 양 하나도 변하지 않았다. 프랭클린처럼 배가 불룩 나왔고, 포니테일 스타일로 묶은 거칠고 긴 머리카락은 날씨에 닳아 슬레이트 색을 띠었다. 그는 바 맞은편에서 이중 초점 안경 뒤로 눈을 가늘게 뜨고 나를 쳐다보았다. 앞에는 가죽장갑 한 쌍이 접힌 채 놓여 있었고, 마치 보스턴에서 우편배달을 하러 온 사람처럼 가죽 우편가방을 의자 뒤에 걸어두었다. 그는 한마디로 정말 식민지 시대 주민처럼 보였다. 그가 칠리 치즈버거에서 고개를 들었을 때 분위기로 보아, '제대로 왔구나'라는 생각이 들었다. 만약 누군가 18세기의 치즈버거를 만들 수 있다면 그건 리치일 것이다. 가보면 안다는 브루어들의 능글능글한 미소가 이해되기 시작했다.

리치는 재현가다. 고등학교 과학 선생이었다는데, 현명하고 침착해 보이면서 약간 피곤한 듯한 얼굴로 웃는 모습이 10학년 때 생물 선생님이었던 매클라우드 선생님과 닮아 있었다. 그는 1990년 초에 윌리엄 펜■의 델라웨어강 근방 펜즈베리 매너에 옛날식 양조장을 만들어 식민지 시대의 양조를 가르치고 글을 써왔다. 벽돌 오븐인지 '파이어 박스'인지 하는 불 위에 구리 주전자가 걸려 있었고, 사이프러스 통나무를 깎아 발효기를 만들었고, '마무트'라는 왁스와 수지를 섞어 코팅했다. 그는 이 모든 걸 나무 수레에 넣어두었다. 그는 책도 집필하고(우편가방은 자필 서명한 책 『필라델피아 맥주: 헤디의 역사Philadelphia Beer: A Heady History』로 가득 차 있었다) 술집 투어를 진행하고 강연도 한다. 또한 버클 달린 신발을 신고 삼각형 챙 모자를 쓰고 술을 빚는다. 그리고 펜실베이니아의 최초 라거 브루어인 존 와그너(리치와 관계는 없다)를 기려야 한다며 펜실베이니아 역사위원회를 혼자 힘으로 설득하기도 했다. 포플러가街와 아메리칸가에 있는, 파란색과 금색으로 그를 설명해놓은 표지판이 없었다면, 고

■　영국의 신대륙 개척자. 델라웨어 서쪽 지역의 지배 허가권을 받아 펜실베이니아라고 이름 짓고 퀘이커 교도 중심의 자유로운 신앙의 땅으로 만들었다.

루한 존 와그너는 분명 까맣게 잊었을 것이다. 내가 길고 긴 질문지를 꺼내들려고 하자, 리치는 뚝뚝 흐르는 햄버거를 들고 기다리라는 손짓을 했다.

그의 복고 머리 모양에 속으면 안 된다. 리치는 재현가이지만 딱히 그렇지도 않다. 만약 구체적인 무언가를 찾고 있거나 보관소에서 바로 가져온 듯한 복제품을 찾고 있다면, 사람을 잘못 찾아온 것이다. 그는 학문적인 역사가도 아니고, 그렇다고 파티를 즐기거나 가족 구성원들을 즐겁게 하려는 유형도 아니었다. (그는 자기 아내와 잘 맞는 것 같았다. 그녀는 남은 양조 곡물로 빵을 만들었다.) 그는 만들고 싶은 술을 빚었고 역사를 좋아했다. "그 당시 방법으로 맛있는 맥주를 만들려고 할 뿐입니다." 그가 입을 뗐다.

과정이 중요하다. 재료 같은 구체적인 걸 걱정하는 건 바보 같은 짓이다. 나는 로버트 헤어의 포터를 마셔보지도 못했고, 심지어 워싱턴의 홈브루가 '진짜' 어떤 맛이었는지도 모른다. 리치가 설명을 이어갔다. "그들은 우리가 알지 못하는 다양한 홉과 곡물을 사용했습니다. 멸종한 에얼룸 토마토heirloom tomato■ 같은 거요. 그리고 효모도 그렇고요." 그 부분은 포기했다는 듯 두 손을 들더니 "그때는 빵집 옆에 양조장이 있었죠. 그러니 효모랑 박테리아는 다 같이 썼죠"라고 했다. 18세기 맥주를 제대로 재현하려면 한마디로 18세기를 재창조해야 한다는 말이다. 처음부터 하려면 칼 세이건의 말대로 "우선, 우주를 만들어야 한다."

■ 이른바 상속(가보) 식물heirloom plant의 하나. 정원사나 농부, 특정 지역, 소수민족 공동체 등이 재배하는 오래된 고유 품종을 말한다. 음식이나 역사적 관심과 취향을 중시하는 사람들에 의해 유지·보존되고 있다.

리치가 양조를 보여주려고 수레에서 장비를 꺼내들자, 점점 더 현대적인 홈 브루어 장비가 나왔다. "어떤 사람이 폼 나는 스테인리스스틸 장비랑 온도를 알려주는 휴대전화 어플을 가져왔더라고요. 그래서 내가 이렇게 말했죠. '와, 그거 좋네요.' 그 사람이 이렇게 말하더군요. '매시를 몇 도에 때립니까?' 그러니까 '곡물을 얼마나 뜨거운 물에 담가야 하나요?' 이 말이죠. 나는 '손가락을 델 정도로 충분히 뜨거울 때 담급니다'라고 대답했습니다." 리치가 마침 내가 아는 18세기 영국 양조 안내서를 언급하며 윙크했다. "모르겠어요! 거기에 온도계를 넣어본 적이 있어야죠. 그 사람이 어플을 사용해서 내 맥주 온도를 재보더니 '섭씨 78도입니다! 내가 만드는 온도랑 완전히 같아요!' 그러더군요. 그래서 내 방법이 맞다는 걸 알게 됐죠." 나는 브라이언 헌트가 멈춰 서서 나뭇조각을 씹어대며 아이폰을 휘두르는 약탈자들에게 코를 킁킁대던 게 떠올랐다. 현대적인 장비 없이 좋은 맥주를 만드는 건 가능한 일이다. "나는 기구 없이도 잘 살고 있다니까요. 그냥 만들어보는 거예요. 진짜 마실 맥주를요."

내가 리치를 가이드로 둔다면 레시피는 없을 것이다. 그래도 괜찮았다. 나 또한 과거가 그리 나쁘지 않았다는 증거로, 그저 마실 만한 맥주를 빚고 싶었으니까. 나는 역사의 풍부함을 맛보고 싶었다. 내가 원한 건 이야기였다! 낭만적인! 리치는 수염에 묻은 칠리를 닦고 우편가방을 둘러메더니, 레이블이 벗겨진 게토레이 병을 꺼냈다. 병에는 약한 탄산기가 있는 옅은 노란 액체가 4분의 3 정도 들어 있었다. 비슷한 병에 비슷한 액체가 있는 걸 본 적이 있다. "이건 도자기 저그입니다." 리치가 안경 뒤에서 다시 한번 윙크하며 말했다. "상상해보세요." 그는 맥주를 부으며 이런 말을 했다. "어떤 전문가라는 사람이 와서 내가 저번에 만든 배치를 맛보더니 이렇게 말하는 겁니다. '이거 시큼하군요!'" 그는 '전문가'라는 단어를 말할 때 코웃음치며 손을 내저었다. "아이고, 요점을 놓치고 있는 거죠. 이건 세계 최상급 맥주가 아닙니다. 원래 그런 맛이 나는 맥주예요. 우리 현대적인 입맛으로는 옛날 사람들이 먹고 마셨던 음식은 거의 다 혐오스러울 겁니다." 그렇게 우리는 얇디얇은 기대를 갖고 한 입 들이켰다. 그렇다. 시큼했다. 하지만 투명하고 시원했으며 레몬 맛 비슷하게 시었고 꽃 향도 살짝 났고 버터밀크 비스킷의 쫄깃한 질감도 있었다. 깊은 맛이었지만 신선했다. 전혀 나쁘지 않았다. "일부러 맛없는 맥주를 만들진 않습니다. 나무로 만든 매시툰을 바로 불에 놓고 하는 환경에도 불구하고 좋은 홈 브루 배치를 만들려고 합니다." 그는 직접 홉을 길러 벽돌 오븐에 건조하고 올이 굵은 삼베에 거른다. 약간 훈제된 페놀 풍미의 시큼한 맛이 났다. 리치는 "그건 걱정하지 않습니다"라고 했다. "만약 단점이 있다면 그런 맛은 사람들이 옛날 그 장소로 돌아간 듯한 상상을 하게 한다는 겁니다. 내가 만든 맥주의 풍미를 어떤 사람은 '스모키'라고 하더군요. 뭐, 그 사람들은 내가 불 앞에서 만드는 걸 봤으니까요. 다 심리적인 거예요." 그렇다. 상상력이 있다면, 낭만은 느낄 수 있다.

리치의 맥주는 세계 최상급은 아니었지만, 그렇다고 당신을 죽이지는 않는다. 워싱턴이 살던 시절에 이 말은 대단한 칭찬이었다.

초기 아메리카는 무서운 곳이었지만 맥주가 위로가 되었다. 맥주는 단순히 사치나 문명화의 안락함을 나타내는 표식은 아니었다. 맥주는 최초 이주민들에게 음식, 안식처, 가족의 성경책처럼 꼭 필요한 생필품이었다. 맥주 말고 뭘 마신단 말인가. '물?' 누구도 감히 그런 생각은 하지 않았다.

새로운 대륙에 이주한 사람들이 기반을 닦느라, 혹은 완전히 실패해 잃어버린 로어노크 식민지▪ 때문에 고생하자, 영국 사람들은 외국 물을 탓했다. 버지니아 주지사였던 프랜시스 와이엇은 로어노크의 운명에 대해 이렇게 썼다. "물을 마시는 사람들이 식민지를 건설한다는 건 용납할 수 없는 오류다." (1585년 로어노크섬에 거주하기 시작했을 때 이주민들의 맥주 저장고는 해변에서 다 부서졌다.) 아무도 물을 믿지 않았다. 심지어 그리스 사람들도 평범한 물을 마시면 정색하게 된다며 의심스러워했다. 술처럼 긴장감을 풀어주는 효과가 없는 물을 마시는 사람들은 융통성도 없고 분명 무언가를 숨기고 있는 것 같았다. 런던의 악취를 내뿜는 템스강에 익숙한 영국인에게 물은 금기 사항이 아니라 번지르르한 토사였고, 염분이 섞여 건강에도 좋지 않아 동물만 마시는 음료였다. 특히 아메리카 대륙처럼 놀랄 만큼 이상한 땅에서 흐르는 물은 더 안 좋았다. 원주민의 야만성을 그들의 식습관보다 더 잘 설명할 방법이 있을까? 아니, 이주민들은 모래가 있고 물고기가 있는 개울물은 마시려고 하지 않았다. 그들은 맥주가 필요했다. 그것도 빨리 필요했다. 야생에 덩그러니 떨어져 있던 이주민들은 맥주를 관습 이상으로 보았다. 그건 사느냐 죽느냐의 문제였다.

메이플라워호에 케그가 몇 통 남아 있었지만 이는 선원들이 영국으로 돌아갈 때 마시려고 남겨둔 술이었다. 첫겨울을 해안가에서 보내면

▪ 영국인 이주자들이 처음에 식민지로 건설하려던 지역. 이주민들을 일부 남겨놓고 영국으로 지원 요청을 갔던 사람들이 다시 돌아왔을 때는 모든 이주민이 흔적도 없이 사라졌다. 이 사건은 지금까지 아무 증거를 찾지 못했다. 이 지역은 오늘날 노스캐롤라이나의 데어 카운티다.

서 갑판의 저장고만 쳐다보며 물을 마시며 죽어가던 이주민들에게는 단 한 방울도 돌아가지 않았다. 선장도 전혀 마실 수 없었다. 식민지 초기 지도자 윌리엄 브래드퍼드도 병에 걸렸을 때 '작은 캔맥주'조차 마실 수 없었다. 선원들은 "선장이 선원들의 아버지라 해도 절대 마시지 말아야 한다"고 했다. (1630년, 두 번째로 도착한 매사추세츠 베이 회사 소속 선박 '아라벨라호'는 더욱 철저히 준비해서 맥주 1만 갤런약 37만 8541리터과 양조 곡물 120배럴을 싣고 왔다.)

하지만 그 저장고도 바닥났을 때 이주민들을 무엇을 했을까? 토머스 스터들리는 제임스타운에서 이렇게 불평했다. "선술집도, 양조장도, 쉴 곳은 하나도 남아 있지 않다." 다른 버지니아 회사 관리는 영국에 이런 서신을 보냈다. "대략 300명의 주민이 있습니다. 대부분 병에 걸렸는데도 제대로 치료도 받지 못하고 있는 실정입니다. 먹을 거라고는 옥수수 빵과 물고기밖에 없고 마실 것도 물뿐입니다." 버지니아에 도착한 뒤 10년 동안 2만 명의 이주자 중 4분의 3이 사망했다. 유럽에서 전염병이 최고조로 유행했을 때의 사망률이었다. 생존자들은 브루어를 보내달라고 애걸했다.

하지만 이주민들은 자신들의 새로운 집을 아름다운 장밋빛으로 칠할 수 없었다. 그 부름에 응답한 브루어가 거의 없었기 때문에, 그들이 생각을 바꿔야 했다. 그래도 1~2년간 물을 마시고 나자, 어떤 사람들은 뉴잉글랜드■의 물이 "와인이나 맥주만큼 좋다"며 두려워하지 않아도 된다고 보고하기도 했다.

■　　영국에서 가장 먼저 세운 식민지 지역이며, 현재 미국 북동부 여섯 개 주에 해당한다.

246

플리머스 거주자이자 새로운 땅에서 가장 유명했던 물 비평가 윌리엄 우드가 가장 힘주어 물을 찬양했다. 그는 새로운 땅을 여행하고 기록한 책 『뉴잉글랜드 전망New England's Prospect』에서 이렇게 이야기했다. "태양 아래 모든 나라처럼 우리도 물을 잘 공급받고 있다. 모든 가정 또는 두 가정에 하나씩 담수 수원을 갖고 있다. 이곳 물맛은 영국 물맛과 매우 다르다. 강하지 않고 영양분도 많고 더 짙은 흑옥색을 띤다. 세상에서 이보다 더 좋은 물은 없다고 생각한다." 하지만 이런 그도 신대륙의 물이 굉장히 좋지는 않았다고 인정해야 했다. "뉴잉글랜드의 물을 마시는 사람은 맥주를 마시는 사람처럼 건강하고, 생기 있고, 건장하다. 하지만 감히 '좋은' 맥주보다 물을 선호하지는 않는다. 하지만 나쁜 맥주나 버터밀크 앞에서는 누구라도 물을 선택할 것이다."

결국 매사추세츠주 의회는 새로 조성되는 모든 마을에는 여관을 지어야 하며, 여관에서는 맥주를 팔아야 한다는 법안을 통과시켰다. 로마 제국이 포도넝쿨을 타고 확장해갔듯, 영국은 맥주를 타고 뻗어갔다. 이 주민들은 거리를 말할 때, 가장 가까운 술집에서 얼마나 떨어져 있느냐가 기준이었다. 매사추세츠주 법안은 현명한 움직임이었다. 그저 맥주만 요구한 게 아니라 "외부인에게 분명한 방향 표시가 되는 악의 없는 표지판"을 제시한 셈이었다. 이주민들이 해안가에 도착해 비틀거릴 때, 파인트 한잔을 주겠다는 보증보다 더 그들을 끌어당기는 건 없었다. 보스턴과 세일럼 사이에 있는 '조지프 아미티지의 블루 앵커Joseph Armitage's Blue Anchor' 같은 길가 맥줏집은 외진 고속도로 한쪽에서 빛나는 버거킹 간판처럼, 새로 온 이주민을 환영하는 표식이 되었다. 아, 이것이 문명이다!

무엇보다 양조할 때 나오는 맥아 냄새만큼 새로운 땅이 영국 땅임을 드러내주는 존재는 없었을 것이다. 이주민들은 드디어 맥주를 마셨으니 이제 우리는 영국에 속해 있다고 했다. 영국 바베이도스에 주둔했던 여행가이자 군인이었던 토머스 월덕 선장은 조카에게 보내는 편지에 이렇게 썼다. 스페인이 종교로 야만인을 길들이고, 네덜란드가 교회와 요새를 지으면서 힘을 과시하는 동안 "세상에서 가장 멀리 떨어진 곳에서, 가장 야만적인 인디언 사이에서 우리 영국인이 맨 먼저 한 일은 선술집이나 양조장 건축이었다." 정말 그랬다. 다른 메이플라워호 전설 중 하나는 이민자와 처음 만난 원주민 사모세트에 관한 이야기다. 사모세트는 무사히 도착한 것을 축하한다며 맥주를 마시자고 제안했다고 한다. 맥주의 유명세는 이주자들보다 먼저 신대륙에 도착해 있었음이 분명했다.

여관은 더 많은 정착민을 불러 모았고 그들 덕에 여관은 더욱 성장했다. 뉴욕에서 보스턴으로 가는 길에 있던 어떤 여관에는 말 100마리가 들어갈 정도로 커다란 헛간과 목장주들이 시장에 팔려는 가축을 위한 목초지까지 있었다고 한다. 더 많은 여관은 더 많은 맥주를 의미했고, 양조 사업과 수입 맥주 사업은 수익성이 점점 좋아졌다. 브루어들은 미국에서 처음으로 거대한 부를 이루었다. 그들의 이름은 오늘날까지도 회자된다. 바사르, 리스페나르, 러트거스, 반 코틀란트. 이들은 소박한 맥줏집 안주인들이 아니었다. 그들은 냉혹한 자본가들이었다. 독립전쟁이 벌어지는 동안, 브루어 윌리엄 D. 포크너는 모든 편에 맥주를 전달했다. 미국 본토, 영국 그리고 헤센 군인영국에 고용된 독일인 용병에게까지.

지금도 그렇지만 최고의 맥주는 수입산이었다. 그래서 미국 브루어들은 영국의 전통을 흉내내곤 했다. 조지 워싱턴도 동네에서 맥주를 구입할 수 있었지만 영국산 술을 마셨다. 존 노블 앤 컴퍼니는 이렇게 광고했다. "최상의 풍미의 포터, 가장 온화한 기후에서도 견딜 수 있다고 보증되었습니다." 조지 애플비 앤 컴퍼니George Appleby & Co.는 단순히 영국식으로 맥주를 만드는 게 아니라면서, "최고의 영국 맥아와 홉을" 사용했다고 자랑했다. 그래도 대부분의 브루어는 그다지 운이 좋지 않았다. 의도는 좋았지만 존 와그너처럼 제한된 자원으로 만들어야 했다. 맥주 양조에 관한 미국 최초의 출판물은 코핑거가 쓴 『미국의 노련한 브루어와 무두장이American Practical Brewer and Tanner』인데, 이 책에 소개된 포터 레시피에서는 지름길을 선택하라고 추천한다. 12갤런약 45리터의 "설탕 색소." 그것은 다름 아닌 끔찍한 당밀이다.

영국 맥주를 서투르게나마 집에서 만들어볼 것인가 아니면 비싼 영국 수입 진품32을 선택할 것인가를 고민하던 미국인들은 스스로 만들어보기로 했다. 인기가 많았던 홈 브루 책은 이렇게 광고했다. "모든 가정에서 장비에 많은 돈을 투자하지 않고도 양조할 수 있다." 대부분의 가정이 맥아 보리를 가지고 미국에 도착했고, 화로 위에서 끓일 양조용 단지도 있으며, 현관에서 문을 두드리던 여행객과 농사꾼을 위한 맥주 배럴 정도는 가지고 있었다. 17세기 중반이라는 이른 시기에, 매사추세츠주 가정의 재산 기록을 보면, 60퍼센트의 가정이 창고에 일종의 양조 장비를 갖추고 있었다고 한다.

그렇다면 그 단지는 무엇으로 채웠을까? 보리와 밀은 거의 키우지 않았다. 홉 재배조차 성가신 일이었다. 홉은 끈적끈적한 줄기 때문에 나무로 격자무늬를 짜서 밭에 세워야 했고 수확 시기에는 일손도 많이 필요했다. 그런데 미국은 아직 곡물을 재배할 들판이 제대로 조성되지 않은 상태였다. 하지만 개척 정신이 강한 홈 브루어들은 찾을 수 있는 재료라면 무엇이든 사용했다. "최상급 수입산 홉과 맥아"가 아니라 옥수수, 호박, 가문비나무, 단풍나무 수액과 당밀을 잔뜩 사용했다.

버지니아 출신의 토머스 해리엇이 쓴 미국의 가정 맥주에 관한 초기 기록을 보자. 갈증이 심했던 일꾼들이 인디언 옥수수를 발아시켰다는 글이 나온다. 그는 "좋은 에일을 만드는 데 필요한 게 무엇이든 간에"라고 썼다. 바꿔 말하면, 그래도 나름 잘 만들어 마셨다는 얘기다. 또는 고대 북유럽 브루어들이 베리로 맥주 맛을 내고, 수메르인은 대추야자로 맛을 냈듯이, 무엇이든 이용하는 자세를 설명하며 샘 칼라지온은 이렇게 시적으로 말했다. "발효가 되었는가? 신들에게 더 가까이 갈 만큼 되었는가?" 그렇다. 충분히 그렇게 되었다.

해리엇의 일꾼들이 미국 맥주의 풍조를 확립했다. 『매켄지의 5000장의 영수증Mackenzie's Five Thousand Receipts』부터 『뉴잉글랜드 편자공과 가족 주치의New England Farrier and Family Physician』에 이르기까지, 개척지에서 살아가는 방법을 설명한 책에는 월계수 잎과 당밀을 넣은 "당밀 맥주treacle beer" 레시피, 가문비나무와 단풍나무 수액으로 만든 맥주 레시피 등이 있었다. 완두콩 껍질로 만든 맥주, 겨로 만든 맥주, 세이지와 치커리로 풍미를 낸 맥주도 있었다. 어떤 책에는 당밀과 생강이 들어간 "브래틀버러Brattleboro 맥주"는 "신선한 우유의 온도에서" 발효되었고 "건강에 좋고 맛도 괜찮았다"는 약간 의심스러운 말이 써 있기도 했다. 로드아일랜드주 프로비던스에서 사용되었던 레시피는 살짝 진통제 성분이 있는 센나, 치커리, 애기똥풀 같은 허브와 물기울, 당밀, 맥아를 함께 끓이고 홍황화red sage를 한 줌 넣어야 했다. 레시피에 따르면 이 혼합물은 "시골 전역에서 유명"했다고 한다.

호박은 잡초처럼 무성히 잘 자란다는 이유로 인기 있는 재료였다. 신디 오트는 식물의 역사에 대한 책에서 "파이를 구울 사과가 없거나, 맥주를 만들 보리가 없거나, 저녁으로 먹을 고기가 없을 때, 생산량이 많은 호박으로 대신했다"라고 썼다. 한 이주민은 하나의 씨앗에서 나온 전설 같은 이야기를 들려준다. "돌보지도, 농사를 짓지도 않았는데" 8인치 두께의 줄기에 260개의 호박이 열렸단다.

1630년대 짧은 노래 가사 중 이런 게 있다. "아침에도 호박이 열렸고 정오에도 호박이 열렸다네." "만약 호박이 없었다면 우리는 어떻게 살았을까." 이주민들은 실제로 호박으로 먹고 살았다. 호박 파이, 호박빵, 호박 수프(어떤 레시피는 "헛배가 찬다"고 경고했다) 그리고 물론 호박 맥주가 있었다. 호박 맥주는 "사과를 여물통에서 짓이기듯이" 속을 파낸 호박 안에 이런저런 것들을 넣어서 만든 술이었다. 청교도들은 단감과 메이플 시럽도 넣었다. 버지니아의 농장주이자 토머스 제퍼슨의 친구였던 랜던 카터는 특별히 시큼한 맛을 즐기기 위해 맥주를 직접 만들어 마셨다. 그것은 일종의 호박 시럽으로, 그는 "펌퍼킨pumperkin"이라고 불렀다.

나무도 마찬가지였다. 보스턴의 목사였던 제러미 벨냅은 자신의 가문비나무 맥주spruce beer 레시피가 너무 자랑스러운 나머지, 유명한 의사였던 벤저민 러시(그는 경쟁 관계였던 토머스 제퍼슨과 존 애덤스 사이에서 평화를 중재한 일로 유명하다)에게 레시피를 보냈다. 제러미 벨냅은 "세계에서 가장 뛰어난 맥주로 그 어떤 술과도 비교할 수 없다"[33]며 뿌듯해했다. 벤저민 프랭클린 역시 파리에 거주하는 동안 가문비나무 오일로 풍미를 더한 '비에르 데피네트bière d'épinette'를 맛본 후, 집에 돌아와 가문비나무 맥주를 만들었다. 미국식으로 하려다 보니 나뭇가지와 당밀을 사용해야 했다. (야즈도 프랭클린처럼 진짜 나뭇가지를 사용해 이 버전을 만든다. 내가 야즈 탭 룸에서 리치 와그너를 만났을 때, 그들은 막 배치를 완성한 참이었다. 햄버거를 먹고 나서 소나무 향을 맡으니 곧장 양조장으로 다시 가고 싶었다. 리치는 플라스틱 피처로 신선한 맥아즙을 한 모금 맛보고는 "여름에 갈증을 해소하기에 훌륭한 맛이네요"라고 단언했다.)

레시피는? 토머스 제퍼슨은 필요 없다고 했다. "양조할 때 레시피는 사용하지 않는다. 발아 작업과 양조 작업이 레시피가 있다고 해서 잘 되는 건 아니다"라고 설명했다. 그가 만들고 지지했던 맥주는 예전에 시골 사람들이 영국에서 즐겨 마시던 순수한 페일이나 포터보다는, 호로딸기와 꿀과 곡물을 섞어 발효시킨 고대 북유럽 국가의 그로그grog주에 가까웠다.

17세기에 쓰인 시로 그 당시 지배적인 분위기를 살펴보자. "만약 보리를 맥아로 만들려면 / 우리는 만족해야 하고 흠이 없다고 생각해야 한다. / 우리 입술을 달콤하게 해줄 술을 만들 수 있으므로 / 호박과 파스닙과 호두 나뭇조각으로."

미국 맥주를 더 알아보기 위해 이제 말을 바꿔 타야 했다. 제퍼슨과 리치의 충고를 받아들여, 이번에는 레시피를 따르는 대신 땅을 따라간다.

400년 전 허드슨강에서 노를 젓는 것도 분명 그랬을 것이다. 샌프란시스코 파머스 마켓을 갈 때마다 나는 늘 동일한 경외감을 느낀다. 신세계를 찾아 유럽에서 온 사람들은 소형 보트 위에서 놀라 입을 다물 수가 없었다. 물속이 새까매질 정도로 접시만 한 커다란 문어와 청어가 가득한 강물을 보았던 것이다. 나는 일요일 아침, 시청 뒤 광장에 쳐진 흰

천막을 지나가면서 산더미처럼 쌓인 심홍색의 얼리 걸 토마토Early Girl Tomatoes■ 아래에서 통통한 아기 크기의 호박을 보았다. 최초의 정착민들은 처음 발견한 동식물을 자신들에게 익숙한 틀에 짜 맞췄다. 옥수수는 '칠면조 밀'이었고, 호박은 일종의 멜론이었고, 들소는 유난히 털이 많은 저지종 젖소였다. 나는 자주 가는 가판 상인들에게 "알려지지 않은 감귤 농장 가판대" "이름 없는 뿌리의 농장 가판대" 같은 별명을 붙였다. 나는 쇼핑객들을 팔꿈치로 헤치고 나가, 잔뜩 쌓인 야채를 가리키며 눈썹을 치켜올렸다. 농부들은 "오보obo: or better offer, 가격 절충 가능"라고 말하거나 "야생 참마" 또는 "찰옥수수" 아니면 그냥 어깨를 으쓱하고 웃었다. 찰옥수수는 (아주 힘들게) 알게 된 사실인데, 뻣뻣한 알이 달콤하고 끈적끈적해 날로 먹을 수 있으려면 1시간 이상 끓여야 한다. 비터 멜론은 쓴 오이 같아 요리하기 전에 껍질을 벗겨야 한다. 아보카도는 부드러워야 하지만 너무 부드러워도 안 된다. 석류는 딱딱해야 하지만 너무 딱딱해도 곤란하다. 그리고 단감도 있다.

존 스미스는 처음 보는 이상한 과일을 한 입 물었다. 자두의 일종이라고 생각했다. 그는 "만약 익지 않은 상태라면, 입에 큰 고통을 줄 정도로 떫을 것이다"라고 기록했다. 그는 악명 높은 하치야Hachiya, 일종의 홍시도 먹어보았다. 오렌지 막대 아이스크림처럼 생겼고 돌처럼 딱딱하지만, 신선할 때는 톡 쏘는 펙틴이 가득하고, 완전히 익으면 피부에 손전등을 비춘 것처럼 다육의 반투명한 붉은색이 된다. 얼리면 도움이 되겠지만 시간이 오래 걸린다. 그래도 그럴 만한 가치가 있다. 스미스는 "복숭아처럼 맛있

■　　　심고 나서 50일 만에 토마토를 얻을 수 있는 종.

다'라고 썼다. 아니 사실은 더 맛있다. 나는 단감을 좋아한다. 단감은 겨울이 되면 시장에 넘쳐나는데 지금쯤 나온 단감은 모두 먹어보았다. 샌프란시스코에서 첫 계절을 나면서 감fuyus을 알게 되었다. 사과처럼 아삭했다. 정확한 이름은 '자이언트' 또는 '하나hana' 감이고, 덜 정확하게는 '초콜릿' 또는 '마루maru' 감이라고 한다. 계절이 바뀌면서 가판대는 사람이 넘쳐나고 가격은 떨어진다. "섞어서 파운드당 2달러" "봉지 하나에 1달러, 1달러." 상인들이 소리친다. 그러던 어느 날, 놓쳐서는 안 될 기회가 왔다. 파운드당 1달러 또는 6파운드에 5달러였다. 나는 두 봉지를 샀다. 너무 익은 사과나 생산량이 유독 좋았던 호박이 산더미처럼 쌓인 걸 바라보던 초기 이주자가 떠올린 것처럼, 나도 자연스레 이런 생각이 들었다. '살다가 감이 이렇게 많이 생기면 감persimmon 맥주를 만들어야지.'

초기 미국 맥주에서 감 맥주는 그리 나쁘지 않았다. 1750년 핀란드인 과학자이자 탐험가 피터 캄은 "다른 맥주보다 훨씬 맛있었던 걸로 기억한다"고 기록했다. 영국인 여행객 새뮤얼 모어우드는 감 맥주를 "다른 맥주들보다 더 낫다"고 말했고, 심지어 윌리엄 H. 태프트 대통령도 좋아했다. 1909년 그의 애틀랜타 집회에 관한 『뉴욕 타임스』 기사에 따르면, 생기 넘치는 "리처드슨가의 왓슨 부인"이 직접 만든 100갤런의 수제 맥주를 제공했다고 한다. 왓슨 부인은 도대체 어떻게 만들었을까? 나도 모르겠다. 그래도 피터 캄부터 새뮤얼 모어우드까지, 이주민들은 나의 예상과 달리 감 맥주를 사이더Cider, 사과즙으로 만든 독주처럼 만들지 않았다. 과일을 압착해 얻은 주스를 발효시킨 게 아니라 수메르인의 바피르 방식으로 만들었다. 그들은 과일을 짓이겨 겨와 섞은 후 케이크로 구웠다. 그리고 그것을 물에 녹인 다음 발효시켰다. 조지 워싱턴의 조카이자 땅 관리인인 룬드 워싱턴도 감 맥주를 이런 식으로 만들었다.

그래서 나도 그렇게 만들기로 했다. '여물통에 짓이기듯이'라고 생각하며 감 두 봉지를 블렌더에 쏟아 넣고 간 다음 그릇에 담았다. 겨를 몇 줌 집어넣어 축축하고 거친 반죽 덩어리 몇 개를 만들었다. 그러고는 낮은 온도로 천천히 구워 딱딱한 갈색 케이크가 되도록 굳혔다. 이튿날 아침, 케이크를 쪼개 양동이에 넣고 그 위에 끓는 물을 붓고, 빵집 효모를 뿌리고, 남은 감 과육 몇 스푼을 넣었다. 다소 짧게 사흘간 발효했더니 (당이 잔뜩 들어 있는 보리나 사과와 달리, 감은 빵 효모를 재빨리 해치운다), 시큼하고 사이더리cidery하고 아주 가벼운 맛의 맥주가 나왔다. 해리엇의 말처럼 "아주 만족스러운 에일"이었다. 감 맥주가 나를 신에게 더 가까이 가게 해주었나? 물론 그렇지는 않지만 나는 자랑스러웠다.

초기 미국에서도 동네에서 만든 맥주는 생필품 수준에서 자랑스러운 수준의 음료가 되었다. 미국인이 일단 한 가지에 집착하기 시작하면 늘 그렇듯, 맥주 소비량은 더 늘었다. 1790년대에 15세 이상 미국인은 와인, 독주, 사이더는 말할 것도 없고 1년에 평균 34갤런의 맥주를 마셨다. 역사가 마크 에드워드 렌더와 제임스 커비 마틴이 쓴 『미국의 음주Drinking in America』에서는 식민지 시대 후반부터 1830년대까지 술에 푹 절었던 때가 "아마도 미국 역사상 가장 심한 음주 시대일 것"이라고 했다. 미국인은 맥주를 마시면 마실수록 정치적이 되었고, '자국 생산품' '있는 그대로' '그냥 끝내라git-'er-done'■ 같은 태도는 미국의 정체성을 드러냈다. 이주민들이 영국 상품을 보이콧하기 시작하자, 수입 맥아는 거부 목록 1위에 올

■　　　get it done, 농부들이 신나는 일을 할 때 쓰는 표현.

랬고, 이주민들은 보리는 영국이나 가지라며 코웃음을 쳤다. "우리 폼피온pompions, 호박의 방언을 그냥 두란 말이야!" 1769년 필라델피아 항구 야마우스에서 차밍 폴리Charming Polly호가 곡물을 가득 싣고 떠 있을 때, 헤어와 워런을 포함한 필라델피아의 브루어들은 콧방귀를 뀌며 "그 어떤 것도 구매하지 않을 겁니다. 누가 무얼 했든 똑같이 양조하지도 않을 거고 일절 따라하지 않을 것입니다"라고 맹세했다.

선택권은 이랬다. 영국에 붙든지, 아니면 워싱턴이 그랬던 것처럼 지역 농산물을 쓰든지, 아니면 더 나은 방법으로는 직접 만들든지. 카토바Catawba와 스쿠퍼농Scuppernong 같은 시큼한 지역 포도 종으로 미국 와인을 만드는 데 연이어 실패한 후(한 버지니아 주민은 "잘했다기보다는 부끄러움을 더 느꼈다"고 했다), 제퍼슨은 맥주로 갈아탔다. 그는 『런던과 농촌 브루어The London and Country Brewer』 그리고 마이클 콤브룬의 『양조의 이론과 실습The Theory and Practice of Brewing』을 읽은 다음, 몬티셀로에 양조장을 지었다. 맥주를 만들면서 제퍼슨은 신화에서나 나올 것 같은 자작 농부의 완벽한 실체를 구현했다. 자급자족하고 동식물을 직접 길렀다. 밭에서 밀을, 양봉장에서 꿀을, 정원에서 홉까지 모든 것을 직접 길러서 양조했다. (맥주에서 느껴지는 홉 맛 이상으로 그는 홉을 식물로서도 좋아했다. 멕시칸 후추부터 그가 가장 아꼈던 영국 콩까지 그가 기르던 250여 종의 야채에 생기는 벌레를 홉의 항미생물 오일이 물리쳐주었기 때문이다.) 이제 지역주의가 자부심이 되었다. 우리 맥주가 위대하지 않을 수는 있겠지만, 최소한 우리가 만들었다. 다른 정치가들도 곧 제퍼슨의 지도를 따랐다.

새뮤얼 애덤스는 "마을 신사들은 한마음으로 우리만의 옥토버 비어가 다시 유행하는 날이 오리라는 희망을 가져본다. 예컨대 우리는 마실 만한 독주를 더 이상 외국 제품에 의지하지 않을 것이고, 이 나라에서 성공적으로 제조될 날을 꿈꾼다"라고 적었다. 알렉산더 해밀턴은 뉴욕에 있던 양조장을 로비했다. "맥주 전체 소비량을 우리가 스스로 조달할 수 있고, 그러기를 바란다." 1787년 필라델피아 헌법 제정 기념일에 뉴욕 브루어들은 보리 줄기를 옥수수에 끼우고 "홈 브루잉이 최고"라고 쓴 배너와 홉 화환들을 들고 마을을 행진했다. 이제 맥주는 개혁의 열정을 담은 거품이 일었고, 술을 마시는 행동 하나하나는 정치색을 띠었다.

연회장 잔치로 돌아가보자. 왕의 장례 연회 그리고 함무라비 왕이 반정부 음모의 중심지로 두려워했던 메소포타미아 최초의 맥줏집 '비트 사비티'가 그랬듯이, 음주 행위는 종종 정치적이다. 그러나 신생 국가 미국에서는 다른 색도 내포했다. 영국과 마찬가지로 미국의 선술집은 문명 세계의 친절한 표지판이나 재미있는 소문의 온상지만이 아닌, 더 큰 영향을 끼치기 시작했다.

1774년 버지니아 주지사가 미국 버지니아주 의회를 해산했을 때, 의회는 앤서니 헤이의 선술집 '롤리 태번Raleigh Tavern'에서 은밀히 다시 모였다. 그곳은 "맥주, 에일, 포터, 맥아"를 포함한 영국 수입품을 보이콧한다는 초안을 작성한 장소였다. 초안이 차tea에 세금을 매기는 역효과를 낳자, 자유의 아들들Sons of Liberty■은 자연히 술집 그린 드래곤에 모여 복수를 계획했으며, 폴 리비어■■의 은색 '리버티 펀치 볼'을 들고 건배했다. 제퍼슨이 포터를 마시며 미국 독립선언문을 작성했던 필라델피아의

■　　인지세법에 반대했고 후에 미국 독립운동을 지지한 모임.
■■　　미국 독립운동가이자 은세공업자. '리버티 펀치 볼'은 영국의 부당한 세금 부과에 저항한 매사추세츠주 하원의원 92명을 기린 작품이다. 이를 비롯해 그가 만든 은세공 작품들은 현재 미국 보스턴 박물관에 전시되어 있다.

'시티 태번City Tavern'에는 그의 전용 오픈 탭이 있었다.

미국의 초기 시인 H. 소로, W. 휘트먼, N. 호손이 선술집을 낭만적으로 묘사하면서 선술집은 미국의 중요한 장소가 되었다. 소로는 '랜드로드The Landlord'의 술집 주인에게 경의를 보냈다. 그는 "순박한 주인은 그 자체가 보답일 정도로 따뜻하게 맞아주며 생명에 대한 순수한 사랑의 마음으로 손님을 먹이고 안식처를 제공했다"고 썼다. 그런 장밋빛 유리를 통해서, 술집은 세상의 혼란으로부터 개화된 전초기지가 되었고, 더 완벽한 연합을 건설할 장소가 되었다. 휘트먼이 가장 좋아했던 브로드웨이와 블리커에 있던 패프스Pfaff's 비어 셀러주로 지하에 있는 술집는 위로는 "수많은 사람이 브로드웨이"를 돌진하듯 걸어가지만, 아래에서는 "술을 마시는 사람들이 모여 웃고 흥청거릴 수 있는" 안전한 피난처였다. 호손이 살던 콩코드의 동네 술집 파커스Parker's는 "외부의 야만인으로부터 안쪽 사람을 감춰주는" 가림막이 있었다. 그는 "이렇게 완벽하게 정돈된 술집과 음식점이라니. 이만한 유행은 없다"라고 했다. "어떤 남자가 만취했다 해도, 그가 자러 가거나 걸을 수 없거나 하지 않는 이상 알 수 없었다." 알렉산더 해밀턴 박사는(재무부 장관과는 관련 없음) 좀더 분명히 설명했다. 그는 1744년 메릴랜드에 있던 한 술집의 군중을 이렇게 묘사했다. "바닥에 비스듬히 깎아 세운 듯 삐딱한 자세로 앉아서, 대화도 앉은 자세처럼 삐딱하게 하며 (…) 딸꾹질과 트림 소리가 섞여 있다."

술 마시는 시인들은 가난하고 지친, 비틀거리는 주정뱅이들을 자기들한테 보내라고 했다. 미국 자체가 따뜻한 분위기의 선술집이었고, 엉클 샘■이었고, 바텐더였다.

리치 와그너를 만나고 오는 길, 나는 알딸딸하게 취해 노곤해지자 필라델피아의 황혼이 보고 싶어졌다. 맥주와 음식이 필요했다. 술집이 필요했다. 로버트 헤어와 J. 워런은 이제 없지만, 데이브 앤 버스터스 레스토랑▪▪이 흐릿하게 나타났고, 끝없이 반짝이는 네온사인, 화려한 스크린, 소시지 파이 접시 그리고 잘게 간 얼음이 커다란 유리잔에 가득 든 멋진 칵테일은 아무리 상상한다 해도 사기 그릇으로 변하진 않을 것이다. 피츠패트릭 스티븐스가 아침 식사로 "다진 고기 볶음이나 베이컨과 계란 또는 비둘기 파이를 빵과 치즈와 곁들이고, 그에 어울리는 에일 한 쿼트약 0.95리터 그리고 그날의 사업 이야기"를 하던 "인기 만점 여관"이었던 바인가Vine Street의 페니 팟Penny Pot도 이제 없다. 지금 강가에 있는 음식점은 "베지테리언 음식과 샌드위치"가 담긴 "품격 있는 식도락가용 소풍 메뉴"를 판다. 나는 차라리 비둘기 파이를 먹겠다. 기타 히어로 Guitar Hero 게임을 잠깐 하고 난 후, 더 멀리 떨어진 전장으로 나가 과거를 사냥하기 위해 다운타운의 술집 시티 태번으로 모험을 떠났다. "수많은 사람이 돌진하듯 걸어다니던 브로드웨이"는 좁은 벽돌길이었다. 거리에는 현장학습은 나 몰라라 하고 휴대전화만 들여다보며 걸어가는 '이방인' 학생들로 가득했다. 나는 계단을 올라 반듯한 벽돌로 만든 입구로 들어가면서 현재의 세계와 점점 멀어졌다. 존 애덤스는 이곳을 "미국에서 가장 고상한 선술집"이라고 했다. 초를 들고 보닛을 쓴 여주인이 나를 맞았다. 그녀는 깨진 나무 벤치가 나란히 있고 샹들리에가 반짝이는 아

▪ 미국 (정부) 자체를 상징하는 표현. 성조기를 본떠, 별이 그려진 흰 실크햇, 파란 상의, 빨간 줄무늬 하의를 입은 백인 중년 남성 캐릭터로 표현된다.
▪▪ 오락 게임기, 당구대, 칵테일 바 등 다양한 놀이 시설을 갖춘 대형 레스토랑.

늘한 뒷방으로 안내해주었다. 벽에는 오래된 도시 지도 모형이 걸려 있었다. 테이블은 디지털 카메라와 여행 안내서 '론리 플래닛'으로 뒤덮여 있겠지만, 적어도 주철로 만든 캔들 홀더에서는 진짜 촛불이 깜박거리고 있었다. 관광객들은 냄비에 잔뜩 담긴 스튜를 허겁지겁 먹었다. 그래, 그럼 그렇지.

내 신분증을 확인하던 웨이터가 어쩔 줄 몰라했다. "생일이 어디에 적혀 있는지 진짜 모르겠어요." 다른 주의 운전면허증을 보고 혼란스럽다는 듯 말했다. "거기서 오는 사람은 아무도 없었거든요." 이전에도 그랬듯이 앞으로도 그럴 것이다. 원래 관광객들에게 바가지를 씌우는 선술집이란, 낯선 야생의 땅에서 현지 맥주를 찾는 일행과 술 한잔하러 오는 지친 외부인을 반기는 법이니까.

1744년 시티 태번은 브루어였던 로버트 스미스가 만든 맥주를 제공했다. 로버트는 마켓가 근처에서 양조장을 운영했다. 영국식 맥주가 만족스러웠던 어떤 이는 "친근한 로버트의 맥주가 바로 버턴의 맛이다"라고 했다. 현재 시티 태번은 식민지 시대의 레시피에서 영감을 받은 야즈 양조장의 맥주 라인을 제공하고 있다. 야즈가 정성 들여 맥주를 만들었다는 데 나도 공감한다. 그들은 '푸어 리처드스 태번 스프루스Poor Richard's Tavern Spruce'■의 풍미를 내기 위해 진짜 소나무 가지를 사용한다. 제너럴 워싱턴스 태번 포터General Washington's Tavern Porter를 만들 때는 진짜 당밀을 사용한다. 그렇다. 당밀 맛을 확실히 느낄 수 있다. 만약 식민지 미국의 맛이 있다면 아마 그 맛일 것이다. 당밀의 피 같은 철 맛. 그 이야기

■   '푸어 리처드'는 벤저민 프랭클린의 필명이다.

를 알고 나니 그 쓴맛에도 얼굴을 찡그리지 않게 되었다. 사실, 위안받는 기분이었다. 내 당밀 맥주도 그 맛이 났고, 제러미의 맥주와 리치의 맥주도 그랬으니까. 리치도 "그게 원래 그런 맛이에요"라고 하지 않았던가. 그 맥주가 반드시 나를 신에게 더 가까이 가게 할 필요는 없지만 어두운 도시의 추운 밤, 같은 역사를 공유했다는 기분에 더 편안함을 느낀 것 같다. 완벽하지는 않지만 그게 전통이다. 가끔은 그것으로 충분하다.

우리는 서로 건배 인사를 나눴고 워싱턴의 유령과도 건배했다. 홀짝거리며 풍미를 즐긴 뒤 거리로 나가 비디오 게임을 더 하고 늦은 밤 칠리 핫도그도 먹었다.

7장

이민자

나는 미국에서 가장 큰 수제 맥주 회사 '보스턴 비어 컴퍼니'의 CEO 짐 코크를 만나러 보스턴으로 가는 길이다. 보스턴 비어 컴퍼니는 브랜드인 새뮤얼 애덤스라는 이름으로 더 잘 알려져 있다. 2012년 보스턴 비어의 생산량은 250만 배럴이었다. 다음으로 큰 회사인 치코의 '시에라네바다' 생산량은 100만 배럴이 약간 안 된다. 짐은 PR에 매우 뛰어나다. 요즘 소규모 양조회사들은 대개 페이스북 페이지를 운영하지 않고, 코믹 산스Comic Sans체로 쓴 기사와 저해상도 사진을 실은 월간 소식지를 발행하는 정도다. 요점은 광고 수단보다 더 신경 써야 하는 일이 있다는 말이다. 우선, 맥주를 제대로 잘 만드는 일이다.

하지만 보스턴 비어 컴퍼니는 회사가 이미 세계적으로 알려졌음에도 불구하고 브랜딩을 중요시한다. 회사 이미지를 작은 규모의 업체로 유지하려고 애쓰기 때문이다. 2011년에는 미국 맥주 산업을 지배하는 실체인 브루어 협회Brewers Association에 로비하여 '수제' 맥주의 공식적인 정의를 바꾸게 했다. 최대 생산량을 200만 배럴에서 600만 배럴로 늘려 보스턴 비어가 노리는 목표를 달성할 수 있었다. 즉 굉장히 인기가 높은 대표 맥주인 '보스턴 라거'를 팔아서 얻은 이익을 이용하여, 수익이 덜 나는 부수적인 프로젝트에 투자했다. 배럴에서 숙성한 맥주를 섞어 만든 유토피아Utopias 시리즈는 세계에서 가장 독하고, 가장 비싸며, 가장 흥미로운 맥주다. ABV가 거의 30정도나 되니, 이 술을 맥주라고 부를 수 있다면 말이다. 나는 유토피아 맥주 이야기를 듣고 흥미가 생기긴 했지만, 내 비행기 값을 내준 건 역시 보스턴 라거로 얻은 수익이었다.

나는 짐 코크와 점심을 먹으러 가는 길에 밝고 경쾌한 뉴잉글랜드의 봄날을 떠올렸다. 자동차 창문 밖으로 휙휙 지나가는 거리 표지판을 보니 이 동네 역사를 짐작할 수 있었다. 비스마르크가, 베토벤가, 게르마니아가. 조용하고 낮은 지대에 남향 벽돌집들이 작은 군락을 이루고 있고, 오래되어 쩍쩍 갈라진 도로 주변은 25년 동안 보스턴 비어가 머문 고향이기도 하지만, 사실 이 동네의 맥주 역사는 훨씬 더 길다. 이곳은 독일인 거주지Germantown다. 아래에는 수정처럼 맑은 대수층지하수를 품은 다공질 지층이 흐른다. 일거리가 필요했던 많은 독일인과 아일랜드인이 19세기 초에 이곳에 이민자 마을을 조성했다. 노동자와 물. 맥주를 만들 수 있는 바람직한 조합 아닌가. 1870년, 하펜레퍼Haffenreffer 양조장은 5에이커약 2만 제곱미터, 118피트약 36미터 높이의 굴뚝이 세워질 회사의 초석을 놓았다. 그리고 일할 수 있는 마을 사람들은 거의 다 고용했다. 100년쯤 후, 짐 코크는 당시 비어 있던 건물로 홈 브루 도구를 옮겨와 양조를 시작했다.

굴뚝은 지금도 우뚝 서 있고 동네 주민은 아직도 노동자층이 주를 이룬다. "여기가 마크 월버그▪가 체포되곤 했던 동네입니다." 도일스 카페에 주차하는 동안 짐이 설명해주었다. 피클 소금물, 기름때, 거미줄이 있는 전통적인 아일랜드 바였다. 우리는 칠이 벗겨지기 시작한, 그 마을의 유명인들이 그려져 있는 벽화를 지나 끈적끈적한 바닥을 걸어갔다. 벽화에는 테드 케네디가 마이클 듀카키스를 마시고 있고, 폴 리비어가 누군가와 하이파이브를 하고 있었다. 짐이 내가 처음 보는 인물을 가리켰다. "이분은 훌륭한 학생이자 뛰어난 야구선수였습니다." 하지만 나는 그가 조직의 두목인지 시장인지 가늠조차 안 되었다. 그림 속 바 위에 강도가 남긴 총알 자국이 나 있었기 때문이다. 마치 유적처럼. 나는 맥주 탭에서 유력한 용의자들을 찾아보았다. 기네스, 스미티스, 버드 라이트, 보스턴 라거. 결국 이 동네도 뭔가가 변했구나. 도일스 카페는 1882년 문을 열었다. 그리고 1986년부터 새뮤얼 애덤스를 팔기 시작하면서 처음으로 이익을 냈다. 짐 코크는 몸소 케그를 끌고 다녔다. 제대로 맥주를 만들 줄 알았던 동네 소년 짐은 이내 유명인사가 되었다. 양조장 여행을 마치고 볼이 불그스름해진 관광객 한 쌍이 햄버거를 먹으려고 가게에 들어왔다가 우리를 불러 세웠다. 그들은 광고에 나왔던 짐 코크를 알아보고 칭찬을 쏟아냈다. "진저 포터 참 맛있어요!"

우리는 그들과 포옹하고 악수를 나눈 뒤 구석에 털썩 앉았다. 보스턴 라거와 류벤스를 몇 잔 주문하고 나는 고기를, 짐은 두부를 주문했다. 짐이 말했다. "그래도 양파링은 주문할래요. 약간 기름이 들어가야죠."

▪ 미국 영화배우. 지독한 인종차별주의자로, 잦은 인종차별과 폭행 사건으로 커다란 비난을 받았다.

보스턴 라거는 짐 코크 가족의 오래된 레시피로 만든 술이다. 짐의 아버지는 브루어였고 그의 증조할아버지도 마찬가지였다. 양조장 로비 벽에는 영웅이나 다름없는 그들의 사진이 걸려 있다. 증조할머니가 증조할아버지의 노트에서 슬쩍한 레시피도 복사해서 액자에 넣어 걸었다. 옆에는 콧수염을 멋지게 기른 가족사진이 있었다. 증조할머니 시절, 도일이 도일스Doyle's를 운영하던 그때, 라거를 머그잔에 팔고 사워크라우트와 감자를 접시에 담아 배고픈 하펜레퍼 선로 노동자에게 팔던 시절, 짐 코크 가족이 양조한 라거는 대단한 인기를 끌었다. 하펜레퍼, 함스Hamm's, 슐리츠Schlitz 그리고 다른 독일인들이 운영하던 수백 개의 양조장은 신선한 페일 비어를 대량 생산했고, 직원들은 배럴째 콸콸 마셨다. 하지만 100년이 지나 1980년대에 짐 코크가 양조장을 시작했을 때, 라거는 초보 브루어라면 독일인이든 아니든 만들고 싶어하는 맥주가 아니었다. 수제 맥주 붐이 막 일기 시작했고, 출세한 브루어들은 병 레이블에 사납게 이를 드러낸 괴물 석조상 '가고일'을 묘사한 그림을 넣었고, 그 아래 "거품 이는 노란 맥주는 겁쟁이들이나 마시는 거야fizzy yellow beer is for wussies"라고 적었다.

하지만 짐에게 중요한 건 전통이지 유행이 아니었다. 그는 자랑스러워했다. "우리 가족은 독일 출신이고 맥주 양조가 우리가 해온 일입니다. 우리 레시피는 시간의 시험을 통과했어요." 하지만 운이 없게도 맥주 재료는 그렇지 않았다. 짐의 증조할머니의 레시피에는 전통적으로 독일에서만 재배하는 홉인 '할러타우 미텔프뤼'가 들어 있다. 이 홉은 섬세하고 풍부한 꽃 향을 풍겨 사람들의 숭배를 받았지만 키우기가 힘들기로 악명 높다. 짐이 처음 보스턴 라거를 만들기 위해 재료 구매에 나섰을 때, 할러타우 미텔프뤼는 유럽의 청고병을 한두 번 겪은 뒤 전멸했고, 더욱이 이제는 아무도 그 축 늘어진 홉 덩굴을 키우고 싶어하지 않는다는 것이었다. 한때 할러타우 홉을 구입해 맥주를 만들던 양조장들은 이 까다로운 식물에 지쳐서, 더 저렴하고 믿을 만하며 정기적으로 공급받을 수 있지만 풍미는 덜한 홉으로 옮겨갔다. 할러타우 미텔프뤼 농부들은 구매자가 나타나지 않자 재배를 포기하기에 이르렀다.

"독일 사람들은 그 홉을 대체하려고 다른 종을 개발했습니다." 맥주를 홀짝이는 동안 짐이 기억을 떠올리며 설명했다. 할러타우 미텔프뤼는 멸종으로 치닫고 있었다. "하지만 난 이렇게 말했죠. 가망이 없는 건 아니야. 그리고 우리는 정말 전통적으로 홉을 키우는 사람들을 찾아냈습니다." 그는 홉 농부들과 전략을 짜보았다. 할러타우를 지킨다는 것은 곧 집착을 의미했다. 1920년대 뉴욕주 농부들이 이 세균에 의해 곰팡이가 생긴 것을 발견했지만, 청고병을 치료할 확실한 치료제는 없었다. 청고병을 치료할 수 있는 유일한 방법은 애초에 피하는 길뿐이었다. 그리고 잠재적 감염이 시작된 부분에서 연약한 덩굴을 격리하고, 노이로제가 걸린 사람처럼 농장 장비 살균부터 다른 밭으로 이동하기 전에 트랙터 타이어 청소까지 해야 했다. 이렇게 오래된 농장들은 보스턴 키드인 짐 코크가 장비를 호스로 씻는 방법을 떠들 때까지 왜 가만있었을까? 그냥 버드와이저 계약서에 서명하고, 이미 죽었거나 죽어가고 있는 덩굴을 뜯어버리고, 잘 자라는 클러스터 홉을 대신 심지 않은 이유는 무엇일까? "작은 게 더 좋으니까." 짐이 말했다. "우리는 시간을 들여 홉을 직접 고르기 위해 거기에 간 겁니다. 다른 사람들은 그냥 스펙이 적힌 종이를 보고 주문하죠." 정확하고 자세한 정보, 특징과 숫자들, 생산량과 산 함유량이 적힌 영혼 없는 삭막한 팸플릿에는 그림도 있는지 확실하진 않지만 분명 가격은 적혀 있을 것이다. 버드와이저 같은 양조회사는 최종 영업 이익을 중시하고, 증조할아버지의 레시피 같은 건 보존해두지 않는다. "돌Dole은 포도를 엄청나게 구매하겠죠. 하지만 그들이 카베르네cabernet를 수확하는 방법에 영향을 끼치진 않습니다." 고품질 재료 시장에서는 "우리 같은 사람들이 시장을 움직이는 거죠."

짐 코크는 약간 역설적이다. 서류상으로는 크지만 이미지는 작게 유지하는 그의 양조장처럼, 그는 말이 많았고 웃음도 많았으며, 강단 있으면서도 진지한 사업가였다. 어찌 보면 '비어 스노브'이고, 어찌 보면 회사 간부였다. 그가 "우리 같은 사람들"이라는 표현을 썼을 때, 그 의미는 작은 규모로, 위험을 무릅쓰고 집착하는 굶주린 사람이란 뜻이다. 홉을 직접 보고 주문하기 위해 독일로 날아가는 브루어들. 전통을 지키기 위해 유행을 거부하는 사람들. 국내 맥주를 지키기 위해 수입산 유럽 맥주를 피하라고 국민과 시골 주민들에게 외쳤던 남자의 이름을 따서 양조장 이름을 짓는 사람들. 점심 전, 짐과 나는 보스턴 비어에서 새로 출시한 맥주를 맛보았다. 하나는 소금과 고수로 만들었고, 다른 건 향나무 나뭇가지로 만들었다. 우리는 류벤스를 마신 다음, 가장 최근에 출시된 유토피아 블렌드도 마셔봤다. "대부분 상업적으로 실패했죠." 그는 세이지를 넣은 호밀부터 카더몸생강과 식물로 만든 향신료 꼬투리를 우린 블렌드까지 실험적인 다양한 맥주와 한 개의 견본 제품을 두고 뿌듯해했다. "우리는 맥주 평가 사이트 '비어애드버케이트'에서 역대 최악의 점수를 받은 맥주를 양조하는 영광을 누리기도 했습니다." WTF이라고 불리는 맥주로 꽃잎을 우려 배럴에 숙성한 맥주다. 평균 점수는 5점 만점에 1.18점. "그래도 그 맥주를 만든 게 나쁜 아이디어는 아니라고 생각합니다. 우리는 여전히 작은 회사니까요."

보스턴 비어의 규모가 작다는 말은, 그래, 앤호이저 부시에 비하면 작다고 치자. 하지만 짐 코크는 홈 브루잉 도구를 가진, 고무장화를 신은 순진무구한 사람이 아니다. 그는 비즈니스 업계에서 양조를 시작한 사람이다. 이번에 만났을 때 그는 데님 버튼다운 셔츠를 카키 바지에 단정히 집어넣었고, 가슴에는 새뮤얼 애덤스 로고 옆에 하버드대학 로고 배지를 자랑스럽게 달고 있었다. 짐은 다른 간부들만큼 그의 총결산 순익을 파악하고 있다. 보스턴 행콕 타워 33층 사무실에서 100만 달러 규모의 회사를 정리하는 일을 하며 보스턴 컨설팅 그룹에서 6년간 일했다. 지저분한 아이리시 바에서 맥주를 앞에 두고도 그의 언변은 청산유수였다. 테이블 쪽으로 몸을 한껏 기울인 채 반짝이는 눈빛에 손가락을 흔들며 임업 경영과 일본 자동차 산업에 대해 장황하게 언급했다. 때로는 요점을 강조하기 위해 양파링을 흔들기도 했다. 나는 독일 홉 생산자들을 떠올리며 고개를 끄덕였다. 아무렴, 그럼요, 사장님. 타이어는 제가 씻겠습니다. 그의 집착은 전염성이 강했다. 그가 하던 말을 중간에서 끊고 잔에 올라오는 거품을 뚫어져라 쳐다보면, 나도 모르게 쩝쩝거리던 입을 멈추고 함께 노려보게 된다.

일반적인 맥주잔이 아니었다. 짐은 보스턴 라거 전용잔을 특별히 제작했다. 잔 밑바닥은 마치 작은 '핵 생성처'처럼 움푹 패어 있어서 생성된 거품이 토네이도처럼 위로 솟구쳤다. 잔 윗부분은 전구처럼 불룩 튀어나와, 향을 품은 거품을 잘 유지해준다. 짐은 그런 홉들을 지키려고 노력했다. 그는 그 홉들이 맥주에서 확실하게 빛을 낼 수 있게 해야겠다고 생각했다. 양 볼을 부풀리고 와인 시음하는 사람처럼 공기를 머금고 생각에 잠긴 채 입술을 쩝쩝하고 멈추더니 드디어 판정을 내렸다. 그 잔은 성공적이었다. 냉철한 사업가가 귀중한 할러타우를 혀로 넘기더니 시인으로 변했다. 그는 오렌지 같은 테트낭Tettnang 홉보다는 귤 같은 풍미가 더 나고, 사즈Saaz 홉보다 풀 향이 덜 난다고 했다. 이게 다 마케팅을 위한 헛소리일까? 나는 차가워지면 색이 변하는 쿠어스 캔과 아무런 맛이 없는 거품산이 병목에 뚜렷이 새겨진 자국을 타고 빙빙 올라가는 '보르텍스vortex' 밀러 라이트 병을 떠올렸다. 하지만 짐은 고개를 저었다. 그는 열심히 조사했고 전문가의 의견을 구했으며 시간과 돈을 들였다. 그는 라스탈Rastal, 독일의 유리잔 제조업체의 독일인 유리 전문가 그리고 케임브리지의 TIAX 실험실과 협업했다. 그들은 짐에게 좋은 유리잔이 와인의 풍미를 어떻게 향상하는지 설명해주었다. 그들은 그 이론을 설명할 300쪽 분량의 보고서를 가지고 있었다. "훌륭한 와인을 마실 때는 그에 걸맞은 훌륭한 잔에 마시지, 주스 잔에 마시지는 않을 겁니다." 이건 잘난 척이 아니라 사업이었다. 핵심은 유리잔에 있었다. 전통 음료는 마땅히 전통 그릇에 마셔야 한다. "이건 좋은 맥주입니다"라는 문구가 포장에 쓰여 있었다. 내가 그에게 물었다. "좋습니다. 그러면 '최고의' 맥주는 무엇입니까?" 그는 망설이지 않고 답했다. "버드와이저입니다."

물론 짐은 독일 혈통을 자랑스러워했고, 경영대학원 타이를 소맷자락에 매고 있었다. 나는 그가 버드와이저의 역사적 뿌리 또는 회사 사업의 세계적인 성공을 높이 평가하고 있음을 알았다. 버드와이저는 오래되고 풍성한 역사를 가진 BCG보스턴 컨설팅 그룹가 반할 만한 그런 회사다. 아직까지는 약간 기름진 게 좋겠지만, 거품을 잔뜩 나게 하는 '핵 생성처' 같은 게 아무리 많이 있어도 버드와이저의 맛을 바꿀 수는 없다. 귤이니 오렌지니, 유토피아 시리즈의 셰리 같은 풍미니, 게다가 짐이 작업 중인 새로운 IPA의 살구 맛이니 등등 떠들고 난 후, 가장 단조롭고 가장 저렴하며 물처럼 흔한 맥주를 가장 좋아한다니?

짐은 양파링을 들어 보이더니 말했다. "기다려보세요. 맛에 관한 문제가 아니에요. 맛이란 다차원적이기 때문입니다." 그는 숫자를 좋아하지만 사람들이 좋아하는 것에는 숫자를 매길 수 없다. 다른 말로 하면, 맛이란 겁쟁이나 신경 쓰는 거라는 얘기다. 나는 그에게 아끼는 풍미가 아니라 '품질'에 대해 얘기하지 않았느냐고 물었다. "맥도널드는 미국에서 아마도 최고의 음식이겠죠. 만약 그걸 좋아한다면 말이에요. 하지만 품질이란 건 어떤 형이상학적인 문제가 아닙니다. 그건 제조업에 관한 문제입니다. 설계와 의도를 준수하는 겁니다. 만들고자 하던 걸 만들어냈습니까? 네. 그렇다면, 버드와이저는 고품질 제품입니다. 모든 사람이 비꼬지만 그들은 훌륭한 브루어들입니다. 그들은 당신이 제품에 신경 쓰는 만큼 자신의 제품에 신경 씁니다. (그는 양파링으로 다른 수제 브루어들을 정확히 가리켰다.) 그리고 그들은 더 좋은 양조 기술을 갖고 있죠."

버드와이저를 지지하는 발언을 듣는 것도 충격적인 일이지만, 나는 과거에 더 예상치 못했던 곳에서도 똑같은 말을 들었던 게 기억났다. 칼하트 작업복을 입고 수염을 기른, '도그피시 헤드'사의 브루어가 수줍게 고백했었고, '앵커 브루잉'사의 흰색 점프 수트를 입은 딱딱한 고참자도 넋두리를 늘어놓았다. 맥아 먼지를 통해 햇빛이 들어오던, 벨기에의 전원 풍경을 바로 공수한 듯한 목가적 풍경이었던, 업스테이트 뉴욕 언덕에 있던 헛간오메강Ommegang 양조장이 있는 곳에서도 그랬다. 심지어 거기에서도 버드와이저를 전혀 나쁘게 받아들이지 않았다. 오메강 양조장의 브루 마스터 필 라인하르트는 강렬한 맛의 세종을 만든다. 그는 은은하고 섬세한 향신료가 가미된 밀로 만든 포도 향이 풍부한 이 수도원 에일을 크고 무거운 병에 넣어 코르크로 막고 그에 걸맞은 비싼 가격표를 붙인다. "앤호이저 부시 사람들은 똑똑합니다." 짐 코크가 병입 라인을 자랑하면서 말했다. "로비노 에 갈란드리노Robino e Galandrino, '와이어 후더wire hooders'■계의 메르세데스입니다." 그는 거기서 12년을 일했으니 잘 알 만도 했다. "다른 회사보다 거기서 가장 많이 배웠습니다. 특히 일관성에 대해 배웠죠. 그건 값을 매길 수 없을 정도로 중요합니다."

수제 맥주업계 운영의 특징은 '일회성'이다. 짐의 소중한 할러타우 홉처럼 희귀하고 까다로운 '에얼룸'과 '유토피아' 같은 한정판들. 그런 희귀품을 맛보려고 기꺼이 줄을 서는 애주가들은 버드와이저 같은 맥주에 코웃음을 친다. 모든 사람이 마시는 술을 다 같이 마시는 재미는 어디로 사라졌을까? 어떤 면에서 수제 맥주의 본질은 비지속성에 있고, 창조주의 손에 들린 와비사비侘寂■■의 흔적이다. 반면 버드와이저의 본질은 그와 정반대다. 코르크 병도 아니고 포일로 감싸지 않아도 된다. 핵 생성처도 필요하지 않다. 캔이든 병이든, 틴 컵이든 성배든, 버드와이저 공장에서 만든 순수함은 똑같다. 앤디 워홀이 코카콜라에 대해 한 명언이 생각났다. "콜라는 콜라일 뿐, 돈을 더 낸다고 해도 뒷골목 부랑자들이 마시는 콜라보다 더 맛있는 콜라를 구할 수 없다. 모든 콜라는 다 똑같고 다

■　정확하고 효율적으로 밀봉해주는 기계.
■■　삶의 불완전함 속에서 아름다움을 찾고, 부패와 자연 순환을 평화롭게 받아들이는 일본인의 철학이자 삶의 방식.

맛있다." 수제 맥주의 본질은 미묘함nuance에 있고, 버드와이저의 본질은 담백함blanderness에 있다.

초기부터 브루어와 애주가들은 모두 더 가볍고 더 깨끗한 양조를 추구해왔다. 고대 이집트 시기에는 "절대 시큼해지지 않는 맥주"를 위해 기도했고, 콜카타의 연무처럼 탁한 맥주를 밝고 깨끗한 IPA로 만들려고 했다. 수제 맥주업계에서 미묘함에 집착하는 건 장인 정신을 재연하는 자세로 보일지 몰라도, 실제로는 대부분의 브루어들이 정말로 피하고 싶어하는 과거 시대의 꿈이다. 버드와이저(코크 가족의 레시피부터 쿠어스 라이트에 이르기까지 현대 미국의 라거) 이야기는 맑은 맥주를 향한 탐험이 끝났다는 의미이고, 맥주가 이제 불을 밝힌 동굴에서 기어나와 개화기 시대로, 집에서 나와 공장으로 이동했다는 의미다.

미국은 빠르게 성장했다. 1876년 필라델피아에서 있었던 미국 독립 100주년 박람회에서, 겨우 100번째 생일을 맞은 우리 주인공은 12미터 높이에 무게 600톤, 1400마력의 콜리스 증기기관을 선물로 받았다. 미국의 젊고 저돌적인 심장은 공장이었고, 그것의 동맥은 강철 철도망이었다. 철로는 전국적으로 확장되었다. 1840년에 전국적으로 3000마일4800여 킬로미터, 다음 10년간 6000마일9700여 킬로미터, 19세기 말에는 15만 마일24만 1000킬로미터이 깔렸다. 영국 이민자들이 척박한 황무지를 발견한 곳에서, 19세기 이민자들은 풍족한 땅과 마주했다. 사실, 그들이 떠나온 고향은 상황이 더 안 좋아졌다. 제임스타운과 플리머스에서 그리고 버지니아 늪지와 매사추세츠 내륙 지역에서 영국 이민자들은 고향의 안락함을 그리워했다. 반면 밀워키와 뉴욕, 시카고와 필라델피아에서 독일인들은 천국을 발견했다.

독일인이 떠나온 땅은 난장판이었다. 19세기 초반에 독일인이란 독일인은 다 모여 뒤죽박죽 전쟁을 벌였다. 바이에른 사람, 뷔르템베르크 사람, 색슨 사람 그리고 다른 지역까지 모두 개혁에 흔들려 오늘날 우리가 생각하는 세련되고 멋진 기계 전쟁보다는 예전의 부족 전쟁에 훨씬 더 가까운 모습이었다. 땅은 대부분 농업 지대였고 독일인은 거의 농부였다. 아니 농부였었다. 연이어 흉작이 들자 정부가 그들의 재산을 압수하고 땅에서 내쫓기 전까지는 말이다.

수백만 명이 무언가를 찾아 독일을 떠났다. 대서양을 건너 아메리카 대륙에서 그들이 찾던 것을 발견했다. 미국 토양은 비옥할 뿐 아니라 명령에 따라 농사 짓는 것이 가능했다. 밭에서 낫을 휘두르는 건 기계였고, 사람들은 공장에서 일했다. 시카고의 매코믹 곡물 수확 공장은 미국에서 가장 큰 규모로 수백 명의 노동자에게 일자리를 제공했다. 음식은 자라는 게 아니라 '만들어'지는 듯했다. 유니다 비스킷, 캔에 든 언더우드 굴, 리비사와 호르멜사의 비엔나소시지에 하인즈 양념을 뿌린 먹거리들. 미국에서 풍족한 생활이란 구매할 수 있는 것이었다. 수백만 명의 독일인은 돈을 기꺼이 지불하며 풍족한 생활을 사들였다. 1830년에 60만 명, 1840년에는 170만 명, 1850년에는 260만 명이 이주해왔다.

"그 누구도 미국이 얼마나 좋은지 설명할 수 없다." 1844년 미하엘 W. 빙켈스는 시카고의 집에서 이렇게 썼다. "우리는 더 이상 독일이 그립지 않다. 노예 생활에서 벗어나 천국으로 인도해주신 하느님에게 매일 감사한다." 미국은 자유의 땅이었고 세금도 적었다. 밀려드는 이민자들은 야망을 가질 수 있다고, 절대 굶주리지 않을 거라고 믿었다. 빙켈스는 "미국에서는 자기 자신을 위해 일한다"라고 썼다.

이런 사람들 중 하나가 바로 필립 베스트였다. 1844년 밀워키에서 베스트는 수천 명이 북적이는 거리와 덜컹거리는 트롤리 자동차 사이에서 그저 또 한 명의 독일인일 뿐이었다. 통장에 현금 200달러가 있던 28세의 베스트는 체스트넛가의 작은 땅뙈기를 사들이고, 뭉툭한 4피트짜리 양조 케틀을 구매했다. 그의 아버지 제이컵은 브루어였고 그의 형제들도 그랬다. 그가 아는 거라곤 맥주밖에 없었다. 하지만 젊은 필립은 어떻게 자신의 성공을 예측할 수 있었을까? 마을에 정착하고 10년 뒤, 베스트는 지역 사순절 축제에서 왕자가 되어 지방 고위 공직자들을 이끌며 밀워키가를 행진했다. 그리고 인생 말년에는 세계에서 가장 큰 양조장을 운영했다.

그렇게 되기까지 모든 과정은 필립 베스트와 그를 따르는 직원들에게는 납을 금으로 바꾸는 것과 같았다. 그들에게 맥주는 영광스러운 길로 가는 승차권이 아니었다. 그저 생필품이었다. 술을 빚는 일은 존중받을 만한 사업이었지만 세계를 정복할 만한 것은 아니었다. 천 년 전 수메르에서 그랬듯, 실제로 독일 가정집의 초라한 부엌에서 일하는 주부에게 맥주는 부족한 영양분의 공급원이었다. 많은 독일인은 맥주 수프를 먹으면서 하루를 시작했다. 맥주 수프는 맥주, 버터, 계란 한두 개와 빵 조각, 운이 좋으면 설탕이 약간 들어간 음식이다. 맥주는 음식 중에서도 주식이었다. 1777년 프리드리히 대왕은 "내 국민은 맥주를 마셔야 한다"고 공포했다. 그리고 프랑스인의 고급 커피 문화와 막 싹트기 시작한 미국식 문화처럼 해외에서 들어와 독일 문화를 흐려놓았던 문물에도 불구하고, 공통된 유산으로 통합된 나라를 이루고자 "커피와 맥주 선언문Coffee and Beer Manifesto"을 발표했다. 내용은 이러했다. "국왕 폐하는 맥주를 마시고 성장했으며, 조상과 각료들도 마찬가지다. 왕께서는 커피를 마시는 군인은 힘든 일을 하거나 적을 물리칠 수 없다고 믿는다." 프랑스에서 세련된 찻잔과 값비싼 설탕, 향신료를 넣은 차, 커피, 초콜릿은 신분을 상징했다. 영국에서 커피는 심지어 IPA의 자리를 빼앗았고, 시사 문제에 관심이 컸던 중상류층이 마시는 음료이자 광적으로 현대화된 나라에서 화제의 중심에 선 새로운 음료, 그리고 새뮤얼 존슨과 그의 철학적 논쟁 상대의 연료를 채워주는 음료가 되었다. 하지만 프리드리히 대왕부터 일반 시민에 이르기까지, 독일인들은 소시지와 맥주를 먹고 살았다. 역사가 볼프강 시벨부슈는 이렇게 적었다. "커피 하우스에서는 '내'가 중심이다." 하지만 "펍과 바의 모든 의식은 집단적 '우리'에서 나온다." 색슨족의 시대처럼 맥주는 평형을 맞춰주는 장치였다.

독일과 음식의 관계, 특히 맥주의 관계를 증명하는 좋은 예는 바로 오를레앙가의 공작 부인, 즉 엘리자베트 샤를로트다. 그녀는 뷔르템베르크에서 태어났지만 루이 14세의 동생인 필리프와 결혼하여 베르사유에 자리를 잡고 지내면서 고향인 남부 독일을 몹시 그리워했다. 바람이 살랑이던 성과 산 공기도 그리웠지만 무엇보다 고향의 소박한 음식을 갈망했다. 화려한 옷과 보석을 걸친 불쌍한 '리즐로트Liselotte'라고 불렸던 그녀는 이렇게 말했다. "차는 건초와 대변을 생각나게 하고, 커피는 검댕과 루핀콩과 식물 씨앗을 떠올리게 하고, 초콜릿은 너무 달아 배를 앓게 한다. 세 가지 음식 모두 견딜 수 없다. 맛있는 칼트샬레Kaltschale, 과일향 나는 차가운 맥주 푸딩나 맛있는 맥주 수프가 어쩌나 먹고 싶은지."

독일인들은 미국에서 술을 함께 마실 친구를 여럿 찾아냈다. 프랑스인은 퇴폐적으로 홀짝거리기만 했고 미국인은 정말 '퍼마셨다.' 미국인의 술을 향한 열정은 점점 문제가 되었다. 음주는 미국의 성장 속도와 비례하지 않았다. 음주의 본성이 근본적으로 변했다. 그 당시 대부분의 미국인은 온기를 쬘 필요도 없었고, 시티 태번 같은 술집이 따뜻하게 맞이해주는 상류 계급도 아니었다. 19세기까지 한때 문명의 신호 불빛이었던 미국 술집은 이제 먼지와 혼란의 장소로 굴러떨어졌다.

이제 미국의 연료가 공장에서 나오자, 술집은 이글거리는 불꽃을 피할 수 있는 장소가 되었다. 프리드리히 엥겔스는 "노동자는 노동에 합당한 보상을 받아야 하고, 내일을 견딜 수 있다는 희망을 품을 수 있어야 한다"라고 했다. 노동자는 샷 글라스에서 해답을 찾았다. 소설가 업턴 싱클레어는 『더 정글The Jungle』에서 "휴식, 해방"이라고 불렀다. "술을 제대로 마실 수 있었다!" 술집은 버섯처럼 자라났다. 1870년에 10만 개였던 것이 19세기 말에는 전국적으로 세 배가 늘었다. 밀워키는 시민 130명에 하나꼴로 술집이 있었다. 샌프란시스코는 96명에 하나였다. (다운타운 한 블록에는 21개의 술집이 밀집했다.) 1890년에 신문기자 제이컵 리스가 맨해튼에 있는 술집을 세어보니 14가 남쪽에 4065개나 있었다. 같은 지역에 교회는 111개였다. 리스의 말을 빌리자면, 기독교를 근간으로 탄생한 미국은 "살롱의 거대한 그림자" 아래 머리를 조아리며 새로운 제단을 숭배했다. "모이는 사람들이 점점 더 많아진다. 분명 출석률도 참석자 수도 꾸준히 늘고 있다. 성금도 일주일 내내 더 자유롭게 하며 일요일에도 물론 출석한다."

살롱은 어두웠고 악취를 풍겼다. 바닥에는 톱밥이 말라붙어 있었고 흘러넘치는 '소변통'이 줄줄이 늘어서 있었다. 이제 커다란 공용 식탁도 따뜻한 중앙 부엌도 없어졌다. 맥주도 사라졌다. 피곤한 노동자들은 부츠를 놋쇠 난간에 턱 올려놓고 월급을 내던지며 독한 술을 들이켰다. 술집은 구조가 바뀌어 주인과 단골 고객 자리가 나뉘었고, 손님들끼리도 얼굴이 아닌 어깨를 마주했다. 헤어로트 궁영화「베어울프」에 나오는 장소부터 시티 태번까지, 술집은 가정집 거실의 모습에 더 가까워졌다. 지금은 술집이 사업장이 되었지만. 볼프강 시벨부슈는 술집이 "사업이 거래되는 절점nodal point"이라고 했다. 그는 술집을 자동차가 득시글거리는 파리의 샤를 드골 광장 또는 부산한 울워스 마트와 비교했다. 즉 현대의 상징이며, 소비를 위한 기계 같던 대중을 움직이기 위해 지어진 곳이었다. 시벨부슈는 "술집은 교통섬이다. 그리고 철도가 여행을 가속화하고 방직기가 직물 생산성을 높이는 것처럼 음주를 가속화했다"라고 썼다.

이민자들은 미국의 주류 소비량을 보고 얼이 빠졌다. 한 독일인의 말을 빌리자면 미국인은 "동물처럼" 마셨다. 선술집은 "벤치나 의자도 없었고, 독주를 탁 들이켜고는 그냥 나가는 곳"이었다. 주머니 사정이 좀 나은 사람은 술을 마시는 중간중간 간단한 음식을 게걸스럽게 먹었다. 19세기 말, 시카고 술집은 "프랑크푸르트 소시지, 조개, 계란 샌드위치, 감자, 야채, 치즈, 빵과 뜨겁고 차가운 각종 고기" 같은 진수성찬을 뽐냈다. 하지만 대부분의 술집에서는 "트리민스trimmins"라는, 굴을 담은 접시 또는 몇 달은 된 뿌연 소금물에 절인 피클 한 통 정도의 더 간단한 요리를 내놓았다. 바텐더는 손님이 계속 술을 들이켜도록 짠 음식이라면 뭐든 메뉴에 올렸다.

오리건주 포틀랜드의 학교 교사 루시 애덤스는 19세기 말, 그 미개척 도시에서 펼쳐지는 안타까운 장면을 묘사했다. "위스키의 지독한 냄새와 인도 위의 메스꺼운 토사물 냄새, 그리고 만취해 비틀거리며 내 길을 막는 남자 때문에 거의 속이 뒤집힐 지경이다." 우리는 그녀의 위장의 의연함과 강건함에 감탄해야 할 것이다. 이런 술집에서 냄새나 오래된 굴 요리가 당신 속을 뒤집어놓지 않는다면, 분명히 술이 그럴 것이다. 술집에 죽치고 앉아 있는 사람들은 트리민스 같은 소박한 음식을 더 이상 맥주와 함께 먹지 않았다. 음주 행위도 술도 맹렬한 속도로 달렸다. 커낼가의 5센트짜리 술은 "등유나 연성 비누 냄새가 나기도 하고, 때로는 알코올이나 소화기에 사용되는 화학 약품 냄새"가 났다고 한다. 프리스코의 지저분한 하워드가에 몰려 있던 21개의 술집 중 한 곳을 콕 집어 방문해보라. 만약 운이 좋으면, 순수 알코올에 아편이나 담배를 피워 갈색으로 변한 침을 섞은 술을 받거나, 운이 나쁘면 거품 나는 독성 칸타리딘 cantharidin ■을 섞은 술을 받을 것이다.

이런 온갖 더러움을 뚫고 최초의 금주운동이 발효되었다. 철저한 금주주의자들은 밀매업자를 처벌하기보다는 희생양을 찾으며 소비자를 비난했다. 결국 미국은 기회의 땅이었다. 술집은 여전히 돈을 벌었고, 술집 주인은 지역 정치인처럼 세력이 막강해져 술을 밀주하는 일이 빈번했다. 한편 금주운동은 노동자 애주가들, 특히 독일 이민자들에게 악영향을 끼쳤다. 메인주 포틀랜드 시장 닐 다우는 1851년 미국 내 '노동자들'을 보호한다며 처음으로 금주법을 통과시켰다. 여기서 그가 말하는 노동자들이 진정 누구를 가리키는지는 누구나 알았다. 그것은 "즐거운 '독일인 마이클'■■"이었다.

■　　　최음제의 하나로, 흡수하면 구토, 급성 사구체신염, 중추신경계 흥분을 일으킨다.
■■　　Der Deutsche Michel. 독일인을 상징하는 말이다. 주로 취침용 모자와 잠옷을 입고 있는 모습으로 형상화된다.

다소 완곡어법을 사용한 문구도 있다. 국수주의자들의 '모르쇠Know-Nothing'당■은 정치적 채널을 통해 금주법과 반이민주의를 이중으로 밀어붙였다. 시카고는 모든 이민자가 도시에서 직업을 갖는 것을 금지한 레비 분 같은 이민 배척주의자를 시장으로 선출했다. 그즈음 독일인이 거의 반을 차지했던 마을에서 크게 주목받은 성과였다. 정치가 실패하자 시민들은 폭력적으로 변했다. 신시내티의 모르쇠당이 1885년 시장 선거에서 패하자, 그의 지지자들은 독일인이 모여 사는 오버 더 라인Over-the-Rhine을 공격했다. 독일인들은 바인가를 따라 바리케이드를 세우고 대포로 자신들의 지역을 방어했다.

긴장감이 팽팽했지만 구원은 맥주와 함께 도착했다. 따뜻한 맥주 수프도, 독이 든 술도 아닌 완전히 새로운 것이었다. 모르쇠당은 전반적으로 독일인은 칸타리딘을 넣은 구정물이 아닌 밝고 신선한 라거를 마시는 고상한 술꾼이라는 사실을 몰랐던 것이다. 영국 페일이 "무겁고 끈적끈적한" 포터였고 검댕이 묻은 노동자층을 대표했다면, 라거는 건전하고 안전하며, 심지어 두려운 살롱의 해독제였다. 미국인은 이렇게 생각했다. '만약 술 마시는 것을 멈출 수 없다면, 우리가 마시는 걸 바꾸자.'

부모님 때문에 웃음이 난다. 부모님은 내 맥주 리뷰를 반드시 읽고 내가 추천한 술을 최소한 한 입이라도 마셔본다. 부모님은 수제 맥주 용어

■　　1850년대 활발하게 활동했던 당으로, 가톨릭 교인이나 외국인에게 공직을 허용하면 안 된다고 주장하던 사람들이 만들었다. 당원은 대부분 중간층 노동자들이었다. 전국적으로 집회할 때 "나는 아무것도 모릅니다I know nothing"라는 암호를 쓴 데서 소위 '모르쇠당'이 되었다.

를 꿰고 있다. 아버지는 늘 지역 맥주를 추천해달라고 한다. 엄마는 그라울러저그의 일종를 끌고 식료품점에 간다. (그렇다, 부모님이 사는 오하이오 점에서도 그라울러를 채워준다.) 그리고 내가 드라이 호핑Dry hopping■이나 배럴 에이징■■에 대해 설명하는 것을 고개를 끄덕이며 열심히 듣고, 사워 맥주와 임페리얼 스타우트를 신중히 마셔보기도 한다. 그러던 어느 날 부모님의 냉장고를 한번 엿보았다. 신비로워 보이는 먼지 쌓인 홈 브루 병 앞에 그리고 다 못 마신 더블 IPA의 그라울러 옆에 자리잡은 냉장고에는 저렴한 맥주 롤링 록Rolling Rock이 잔뜩 들어 있다. 엄마는 펜실베이니아 출신이다. 게다가 이런 말도 한다. "이 정도 탄산이 아주 딱 좋구나."

롤링 록 같은 라거가 세계를 평정해왔다. 만약 아편이 들어간 위스키가 아니라면, 계속 강해지기만 하는 수제 맥주의 해독제는 아마도 라거일 것이다. 수제 맥주의 존재감은, 해마다 더 커지고 세지고 써지고 시큼해지는, 맥주 그 자체가 던진 그림자 덕분에 커다랗게 느껴진다. 그래도 사람들은 대부분 여전히 대중적인 라거와 소박한 라이트 맥주를 마신다. 세계 베스트셀러 상위 10위 중 1위인 브라질의 브라흐마Brahma부터 이름을 잘 지은 중국의 스노(설화맥주雪花啤酒)까지 모두 페일 라거다.

어떤 면에서 페일 라거는 맥주의 최고 성과라고 할 수 있다. 브루어가 수천 년 동안 긁어모아 올라간 산의 정상이랄까. 밝고 스파클링한 맥주를 빚게 해달라는 수메르어로 된 최초의 기도문부터 IPA를 갈망한 영국까지, 시대를 따라 애주가들은 맥주가 옅은 색의 산뜻한 보디감을 지닌

■ 맥주의 아로마를 더 살리기 위해 양조 과정에서 발효 후에 홉을 한 번 더 첨가하는 과정.
■■ 와인, 위스키 등을 숙성시킨 오크 배럴에 맥주를 넣어 2차 발효시키는 것.

가벼운 맥주이길 소망해왔다. 마침내 페일 라거에서 원하던 것을 찾았다. 짚 색을 띠는 황금색 보디에 눈처럼 흰 헤드 거품. 순수한 페일.

술집 단골들이 "라거 한 잔"이라고 외칠 때는 특정 맥주를 달라는 게 아니라 그런 비슷한 맥주를 달라는 뜻이었다. 가볍고 잘 넘어가는 맥주. 라거의 특징은 독특한 양조 기법과 효모의 다양성이다. '라거'는 심지어 맥주가 아니라 과정이라고 할 수 있다. 이 단어는 저장하다라는 뜻의 독일어 'lagern'에서 왔고, 바로 이것이 라거를 다른 맥주와 구분하는 특징이다. 라거는 시원한 곳에서 오랫동안 느리게 숙성시킨다. 오늘날에는 정확히 측정하고 화학적으로 냉각하는 보류 탱크holding tanks가 있는 실험실에서 완성된다. 하지만 라거링lagering, 후 발효 또는 저온 숙성은 대부분 맥주가 그렇듯, 날씨와 장소에 대응하기 위해 시작했다. 라거는 아인베크 주변 바이에른 지역에서 가장 먼저 양조되었다. 그곳의 브루어들은 가을에 막 새로 수확한 홉과 곡물로 술을 빚었고, 마을에 죽 뻗어 있는 차가운 종유동굴에서 겨울 내내 배럴을 보관했다. 수개월 후, 봄철 해빙기를 축하하기 위해 맥주를 따르면 맥주 맛은 강하고 상쾌했으며, 잘 숙성되어 뭉툭하지 않고 밝았다. 그들은 그 맥주를 마을 이름 아인베크를 따 보크 비어Bockbier라고 지었다. '보크'는 독일어로 숫염소를 뜻하는데 아마도 맥주의 활기찬 기운 때문에 이렇게 이름 붙인 듯하다.

보크 맥주가 어떻게 그토록 밝은지는 아직 아는 사람이 없다. 발효는, 즉 효모의 인생은 여전히 미스터리이고 운과 미신이 지배하는 과정이었다. 아인베크의 브루어들은 다른 이들이 수 세기 동안 찾아 헤매던 맥주를 깨끗하게 발효하는 방법을 자기도 모르게 알게 되었다. 발효는 통제 아래 썩는 것이고, 맥주를 만든다는 것은 올바른 종류의 박테리아를 배양하는 것과 잘못된 종류의 박테리아를 막는 것 사이의 미묘한 춤이다. 다시 말해, 좋은 맥아즙이 안전하게 상하도록 내버려두는 것이다. 시원한 온도도 도움이 된다. 맥주를 시게 만드는 나쁜 박테리아는 대개 열기를 좋아한다. 대부분의 좋은 박테리아도 마찬가지라서 따뜻한 발효를 효과적으로 해주지만 위험하다. 그리고 양조 효모 가운데 흥미로운 종인 '사카로미세스 파스토리아누스'는 차가운 것을 좋아할 뿐 아니라, 섭씨 21도가 아닌 4.4도에서도 잘 발효한다. 그러나 '사카로미세스 세레비시에'보다 에스테르, 산, 페놀 화합물을 더 적게 생산한다. 한마디로, 'S. 세레비시에'보다 풍미가 덜하다. 'S. 세레비시에'는 에일 효모 또는 '상면발효'라고 한다. 'S. 파스토리아누스'는 '하면발효'다. 디젤 엔진을 단 'S. 세레비시에'는 발효하면서 하얀 거품 헤드를 만들고, 가끔은 너무 격렬하여 배럴을 터트린다. 그래서 초기 브루어들은 터진 배럴을 악마에 씌인 증표라고 여겼다. 하지만 'S. 파스토리아누스'는 보이지 않게 천천히 발효한다.34 에일 브루어들은 그 거품에서 쉽게 효모를 거두어 다음번 배치에 더했다. 라거 브루어는 이전 배치의 바닥에서 효모를 뜨거나 아직 발효 중인 맥주에서 약간 덜어내서, 새로 양조한 맥주에 더하는 크로이제닝Kräusening을 했다.

'S. 파스토리아누스'는 독일 바이에른과 작센의 냉기 가득한 동굴에서 번성했고 그 섬세한 맛은 그 지역 모든 맥주의 대표적인 특징이 되었다. 보크부터 둔켈Dunkel▪까지, 흑맥주인 슈바르츠비어Schwarzbier부터 도

▪ 독일어로 어둡다는 뜻으로, 하면발효 방식으로 만드는 라거 타입의 독일 맥주를 말한다.

르트문더Dortmunder■까지, 'S. 파스토리아누스'의 상쾌하고 깨끗한 끝맛 finish은 모든 맥주에 영향을 끼쳤다. 깨끗한 느낌. 그렇다. 하지만 아쉽게도 다 그렇지는 않다. 에일을 만드는 에스테르 없이 응집성flocculation■■이 강하거나 용액에서 따로 모이는 성향이 있어서 완성되었을 때 구름처럼 뿌옇지 않게, 라거 효모는 심지어 흑맥주처럼 까맣게 양조할 수 있다. 그리고 좋은 샴페인처럼 톡 쏘고 상쾌한 맛을 낼 수는 있지만 색을 바꾸지는 못한다. 수 세기 동안 라거는 전반적으로 꽤 어두운 색이었다. 독일은 중세시대의 사고방식을 여전히 고수했고, 맥주는 주로 생필품으로 양조해 어둡고 도수가 높은데다 영양가 있는 구운 곡물이 상당히 많이 들어갔다. 브루어는 특히 도수가 더 높은 '도펠보크Doppelbock'의 따뜻해지는 특징을 높이 평가하여 살바토르Salvator라고 이름 붙였다. 하지만 유럽이 현대화하면서 수도승의 영향력이 줄었다. 이제 새로 등장한 유한계급에게 음주는 오락거리였고, 술을 마시는 사람은 라이트한 맥주를 마시고 싶어했다.

가장 먼저 해결의 실마리를 찾은 건 영국인에게 굉장히 인기 있던 페일 에일이었다. 하지만 풍미가 가득하고 색깔도 옅은 최고의 IPA라 해도 알코올과 많은 양의 홉이 들어가고 프루티한 에일 효모로 발효되어 맛이 묵직했다. 유럽 대륙에서 미각이 피로해진 애주가들은 버턴의 톡 쏘는 황금색 맥주를 바라보며 침을 줄줄 흘렸다.

■　　　독일 도르트문트에서 생산되는 라거 맥주.
■■　　응집이란 효모 세포가 서로 모이려는 경향을 말한다. 라거의 효모 균주는 커다란 덩어리로 모이면서 침강한다. 즉 발효기 바닥에서 빠르게 침전물을 만든다. 반면, 에일 효모 균주는 액체의 표면을 떠다니며 두껍게 형성된다.

그렇게 군침을 흘리던 사람 중 하나가 안톤 드레허다. 야망으로 똘똘 뭉친 오스트리아 빈 출신 브루어의 아들이었던 드레허는 1840년 노트와 가방, 신기한 모양의 지팡이를 들고 여행길에 올라 유럽 맥주를 찾아 다녔다. 드레허는 뮌헨에 들렀다가 스코틀랜드를 지나서 런던으로 내려가 운명적으로 버턴 온 트렌트Burton-on-Trent에 당도했다. 거기서 배스와 올소프 양조장을 구경하면서 거품이 보글거리는 술통을 기웃거리고, 사탕수수를 잔뜩 넣은 술을 마시기도 하다가 고향 오스트리아로 술을 몰래 가져왔다는 전설이 전한다.

양조장으로 돌아온 드레허는 집에서 기른 보리를 최대한 가볍게 가마에 굽고 라거 효모의 힘과 겨울의 한적한 시간을 한껏 이용하여, 빈 라거 혹은 메르첸Märzen이라 불리는 술을 양조하기 시작했다. 그리고 독일인 이웃들이 만들어 유명해진 보크 같은 술이 나오기를 기대하며 한 달 후 봄에 배럴에서 술을 따라보았다. 그런데 그의 목표였던 영국 버전의 페일 에일은 딱히 아니었다. 심지어 드레허가 비축하고 있던 오스트리아 보리는 그가 흰 맥아에 사용했던 영국 곡물 굿헤드보다 더 색이 짙고 풍부했다. 하지만 맥주는 그래도 성공이었다. 1867년 파리 박람회에서 "흰 거품이 이는 호박빛 음료는 방문객 사이에서 아주 좋은 평을 받았지요." 음식 전문 작가 E. H. 푸르니에가 5년 후에 이렇게 회상했다. 드레허의 '빈Vien 라거'는 금메달을 받았다. 오스트리아에서 드레허는 "맥주왕"이라는 별명을 얻었고 더 나아가 오스트리아 헝가리 제국 의원까지 지냈다.

그의 고향 사람들은 드레허에게 고마워했지만[35] 사람 일이란 게 정말 안 풀릴 때도 있는 법이다. 가련한 도시 플젠Plzeň▪을 한번 보자. 맥주와 관련해 서부 보헤미아의 지저분한 교역소는 특히 안 좋았다. 1838년, 지역 특산물인 오버헤펜비어Oberhefenbier(독일어로 헤페Hefe라 부르는 효모의 풍성한 거품 때문에 붙은 이름일 것이다)의 다크하고 진한 맥아 맛 에일에 질린 성난 군중이 시청 계단에 36개의 맥주 배럴을 쏟아버렸다. 마을 고위직들이 이 소식을 듣고 도움을 청했다. 이 요청에 응답한 사람은 성미 고약한 독일인 브루어 요제프 그롤이었다. 그가 바로 맥주 역사를 바꿔놓은 인물이다.

거무스름한 얼굴에 턱살이 두툼하고 구레나룻을 길렀던 그롤은 호감 가는 사람이 아니었다. 그의 아버지조차 "바이에른에서 가장 거친 남자"라고 했을 정도다. 하지만 그는 맥주만큼은 확실히 알았다. 그롤은 영국 페일 에일의 비결은 석탄을 때는 가마에서 깨끗하게 구운 보리라는 사실 그리고 거품이 이는 밝은 메르첸의 비결이 효모와 추운 겨울의 라거링이라는 점도 알고 있었다. 그롤은 기법을 결합했다. 예컨대 '버턴의 물' 또는 '켄트의 홉'처럼 행운을 가져오는 그 지역 재료를 한 줌 추가하자, 결과는 완전히 달라졌다. 보헤미아 곡창지대인 하나 평원의 가볍고 비옥한 토양과 역사적인 홉 재배 도시 자테츠 주변의 노란색 홉 밭은 지구상에서 가장 섬세한 양조 재료를 생산했다. 그것은 바로 옅은 색의 까다로운 모라비아 보리와 강한 풍미의 사즈 홉이다. 놀랄 정도로 부드러운 플젠의 지하수도 중요하다. 이 지하수는 석회석을 걸러 거친 미네랄을 제거함으로써 맥주의 주 성분들을 억누르지 않는다. 세 가지 요소, 즉 좋은 품질의 보리, 가벼운 홉 그리고 연수를 이용해 그롤은 완벽한 맥주를

■   체코 서북부 플젠스키주의 주도. '필스너'의 원조 생산지다.

288

빚었다. 그는 영국에서 만든 가마에 석탄과 케틀을 사용해 맥주를 만들었다. 수개월 후, 그는 한껏 기대하며 나무 망치를 오크통 입구에 끼워놓고 오 차프트 이스!O'Zapft is■라고 외친 다음 맥주를 따랐다. 방금 자른 풀 향기와 꿀 향이 느껴지는 눈부시게 하얀 황금빛 맥주가 나왔다. 그것은 플젠에서만 느낄 수 있는 맛이었다. 필스너Pilsner는 이렇게 탄생했다. 기원은 소박해도 필스너는 유럽에 이어 전 세계를 장악했다. 인기가 아주 높아서 해외 애주가도 맥주를 선택할 때 영국 페일 대신 필스너를 선택했다. 1900년 플젠의 카이저Kaiser 양조장은 배스 양조장보다 인도에 더 많은 맥주를 수출했다.36

하지만 필스너의 특별한 장점은 아킬레스건이 되기도 했다. 필스너는 플젠이라는 지역 덕분에 독특했고 그 지역의 섬세한 풍미는 다른 곳에서는 똑같이 만들 수 없었다. 페일에는 이스트 켄트의 바닷바람이 필요하고 보크에는 아인베크의 추운 동굴이 필요한 것처럼, 필스너에는 플젠이 필요했던 것이다.

한편, 미국 애주가들이 살롱의 어두움과 죄에서 벗어날 티켓으로 라이트 라거를 선택하자 (미국 양조회사들은) 난관에 부딪혔다. 이토록 장소의 영향을 많이 받는 맥주의 풍미를 새로운 고향으로 어떻게 옮겨올 것인가, 어떻게 만들 것인가 하는 문제였다.

미국에는 모라비아 보리가 없었고, 대신 람빅 브루어들이 줄곧 사용했던 단백질이 풍부하고 거친 중서부 6줄 보리가 있었다. 미국 홉 밭에

■ 　바이에른에서 사용하던 표현으로, "첫 번째 맥주통이 열렸다"는 뜻. 옥토버페스트 때 뮌헨 시장이 이 말을 외치면 비로소 축제가 시작된다.

는 사즈 홉도 없었다. 비옥하지만 매운 추운 뉴욕 토양은 씁쓸하고 타닌이 강한 종만 생산해냈다. 그리고 미네랄이 풍부한 5대 호수의 경수에는 이런 날카로움을 부드럽게 할 만한 성분이라고는 전혀 들어 있지 않았다. 그렇다면 미국 브루어들은 어떻게 대처했을까?

그롤나 드레허와 달리 미국에 처음 온 유럽 이민자들은 특정 맥주를 만들어야겠다고 생각하지 않았고, 그저 물이 아니라 맥주면 만족했으며 지역 재료로 만들어보려고 노력했다. 그들은 임시변통으로 때우며, 그 지역 언어를 영국 영어로 해석하면서 당밀로 맥아를 대체했고 가문비나무 바늘잎으로 켄트 홉을 대신했다. 100년쯤 후, 독일 이민자가 양조를 시작하자 상황이 나아졌다. 그들은 호박에 의존하지 않아도 되었고, 필스너를 만들기에는 맞지 않는 종이긴 해도 보리도 구할 수 있었다. 하지만 호박과 단감을 재배하던 바로 그 지역의 밭에 해답이 있었다. 다름 아닌 한때 골칫덩어리였던 잡초가 홈메이드 필스너의 비결이 된 것이다. 그것은 바로 옥수수였다. '이교도의 곡식'에서 '무성한 줄기'로 대접받게 된 알갱이에 들어 있는 옥수수의 역사는 이제 미국 맥주의 역사가 되었다.

미국에서 옥수수의 발견은 과학적 사고의 확장과 동시에 일어났다. 유럽인은 새로운 세계에 대해 더 알게 되자 앞다투어 상자에 넣어 본국으로 보내기에 바빴다. 프랑스인 '자연과학자들'(그들 중 일부는 미국 땅에 한발짝도 내디딘 적이 없다)은 미국이라는 새로운 땅의 신비로움을 설명하느라 분주했다. 기욤 토마 드 레이날과 조르주루이 르클레르 뷔퐁 백작은 미국인이 왜 미국에는 코끼리가 별로 없는지 의아해하는 걸 알아채고 '퇴보degeneration' 이론을 내놓았다. 자연과학자들은 영국과 프랑스의 관리된 목초지, 아프리카의 평탄한 대초원과 대조적으로, 미국의 우거진

삼림의 "무겁고 유해한 수증기"가 환경에 축소 레이저 광선을 쏘는 것과 유사해서 미국 땅 동식물의 성장을 저해했다고 주장했다. 곰, 사슴, 멧돼지 같은 미국 토착종은 유럽 종보다 더 작았다. 옮겨 심은 귀리와 보리는 미국 토양에서 제대로 자라지 않았다. 뷔퐁 백작은 미국은 "매우 척박한 나라라서 유럽의 모든 식물이 퇴화했다"라고 기록했다.

물론 이상한 이론이었지만, 겁을 먹은 초기 이민자들은 이 주장에 사로잡힌 나머지 만약 미국 공기를 들이마시거나 미국 음식을 먹고 마시기라도 하면, 자신도 몸이 줄어들 거라고 생각했다. 만약 영국의 식물이 미국 토양에서 시들고 죽는다면 식물을 가꾸는 사람들도 똑같은 운명을 맞이하지 않을까?

영국 곡식은 변덕스럽고 다루기 힘든 게 사실이다. 그래서 최초로 맥주를 빚은 사람들은 호박과 파스닙으로 이런저런 실험을 했다. 회의적이었던 이민자들이 보기에도 토종 식물은 믿기 힘들 정도로 무성하게 자라는 것 같았다. 그래서 미국은 척박한 게 아니라 너무 비옥하다고 말했던 사람도 있었다. 윌리엄 로버트슨은 1777년 『미국의 역사History of America』에서 이렇게 설명했다. 자연에서 "거침없이 자라는 식물"과 방치된 "광대한 습지와 빽빽한 숲"이 유목 초원지대를 배회하고 다녔을 거대 동물을 밀어냈다. (초기 정착민들이 동쪽 산림을 제치고 대초원으로 가서 넘실대는 거대한 버펄로 떼를 발견하자 이 주장은 더욱 신빙성을 얻었다.) 이민자 프랜시스 히딘슨은 미국 토양의 비옥함을 두고 이렇게까지 말했다. "경이로울 지경이다. 사방에서 풀이 엄청나게 자란다." 그러고는 이렇게 덧붙였다. "정말 걷잡을 수 없이 자란다. (…) 소떼가 풀을 뜯거나 낫으로 베인 적이 없기 때문이다." 미국은 황량한 땅이 아니라, 그저 정리가 안

된 땅이었을 뿐이다.

자연과학자들은 그리스인이 그랬듯이 분류법에 대한 열망이 있었고, 만물의 질서에 대한 1차원적 이해는 데카르트 철학을 따랐다. 즉 천국은 위, 지옥은 아래 그리고 모든 인류의 목표는 죄로부터 신앙심이라는 방향으로만 가도록 분투해야 한다는 것이다. 미국에서 그런 시스템은 큰 혼란 상태에 있었다. 멕시코 원주민 아즈텍족은 탄생, 죽음, 부활이 모두 표시된 나선형 원형 달력을 따라 종교 의식을 거행하는 동안 피에 젖은 타말레■를 옥수수 신에게 바쳤다. 동쪽 부족은 주기적으로 불을 내서 땅을 정돈한 뒤 곡식을 심어 수확해 마구 먹었고 겨울에는 내내 굶주렸다. 새로운 땅과 그 땅의 사람들은 탄생과 죽음, 축제와 기근의 계절의 순환 원리를 수용하며 각각 다른 규칙을 따랐다. 원주민들은 그 모습을 조화로운 삶으로 보았다. 하지만 영국인의 눈에는 환경의 희생자들로 보였다. 이주민들은 창세기에서 말하는 "땅을 다시 채우고 정복하라"는 신성한 권한을 무시했기 때문이다. 그들은 유럽인의 생각과 달리 땅의 "지배권을 갖고" 있지 않았으므로 땅은 누구나 차지할 수 있었다. 그들이 보기에 미국은 향신료와 황금이 가득 찬 유럽의 식품 보관실이었다. 그 비옥한 땅을 이제 사람들이 사용하기만 하면 되었다.

하지만 세상에! 옥수수는 정말 아니었다. 원주민들은 옥수수를 중히 여겨 숭배했건만, 영국인 식물학자 토머스 더들리에게는 "영양가도 전혀 없는 폐물 쓰레기"이자 "영국에서 갈대와 사초가 가진 장점보다 더 못한" 대상이었다. 인기가 많은 저자였지만 그다지 정확하지는 않았던 영국 약

■　　옥수수 반죽 사이에 고기, 치즈, 과일, 채소 등 여러 재료를 넣고 익히는 멕시코 요리.

초 전문가 존 제라드는 17세기와 18세기의 식물학 개요서에서 옥수수를 두고 "이방 곡식"이라며, 경멸조로 "터키 휘트Turkey Wheat"[37]라고 불렀다. "소화시키기도 힘든데다 영양분도 아주 적거나 없다. 우리는 옥수수의 장점에 대한 정확한 증거나 경험이 아직 없다. 그건 사람보다는 돼지에게 더 적합한 음식이다."

제라드가 완전히 틀린 건 아니었다. 자연 상태에서 건조된 옥수수는 다른 생곡물만큼이나 소화시키기 어렵고, 사실 배고픈 돼지에게 더 어울리는 곡물이다. 영국인에게 익숙했던 호밀과 보리와 달리, 옥수수는 전분을 내고 발효성 당으로 바꾸려면 특별한 조리법이 필요하다. 늘 그렇듯, 맥아를 제조하기에는 충분하지 않을 것이다. 옥수수는 닉스타말화nixtamalization라는 과정을 거쳐 딱딱한 세포벽을 부드럽게 하기 위해 알칼리와 섞여야 한다. 원주민들은 여러 방법을 사용했다. 19세기 인류학자 프랭크 해밀턴 쿠싱은 수백 가지 다른 주니Zuni 옥수수 요리법 목록을 작성했다. 깨진 알갱이 또는 껍질을 벗긴 알갱이, 이삭에 아직 붙어 있는 알갱이나 껍질을 벗긴 옥수수를 사용하여 발효하고 끓인 다음 갈아서 먹었다. 어떤 부족들은 옥수수 반죽을 재거름과 섞었다 (nixtamalization은 재ash를 의미하는 nextli, 옥수수 반죽을 의미하는 tamal에서 유래했다). 어떤 부족은 그냥 씹고 씹고 계속 씹어 먹었다. 턱이 아픈 것을 참을 수만 있다면 괜찮다. 인간의 침에는 아밀라아제 효소가 있으니까. 샘 칼라지온도 한때 옥수수를 이런 식으로 가공한(잉카 문명에서는 이것을 '치차chicha'라고 불렀다) 맥주를 만들려고 시도했다. 하지만 맥주 배치 생산까지 가지도 못했다. 그는 "우리가 너무 욕심을 냈어요"라고 안타깝다는 듯 회상했다.

호박 수프와 옥수수 요리를 먹는 식습관은 새로 도착한 이들을 퇴화시키지는 않았지만, 그들의 행동을 바꿔놓았다. 다시 말해 부엌에서 일하는 방법을 바꿔야 했다. 옥수수는 여느 곡물과 다르게 요리해야 했고, 당시에는 대체재를 구할 수 없었기 때문이다. 곡물이 아닌 그들 자신을 바꿔야 했다.

존 윈스럽 주니어를 한번 살펴보자. 그는 최초의 매사추세츠 주지사의 아들이자 코네티컷 주지사였다. 코네티컷의 모토는 "옮겨 심은 자가 오래간다"였다. 그는 그 모토를 정말 몸소 실행했다. 독실한 영국 청교도 가정에서 태어난 촉망받는 자연과학자 윈스럽은 새로운 고향인 미국을 자랑스러워했다. 1662년 유럽으로 돌아간 그는 새롭게 조직된 영국학술원 사람들 앞에서 옥수수의 장점에 대해 열변을 토하며 설명했다. 열성적으로 써내려간 보고서에 따르면, 옥수수는 뉴잉글랜드의 "자연스러운 호기심"의 대상이었다. 그는 사람들에게 옥수수 알을 두려워하지 말라고 했다. 만약 뉴잉글랜드 사람들이 쓰는 노하우를 약간 적용한다면 "굉장히 훌륭한 식사용 빵을 만들 수 있습니다." 그는 이렇게 설명했다. "옥수수 빵을 만드는 순서가 따로 있습니다. 여느 곡물로 만든 빵과 다르지요. 옥수수 알이 부풀어오를 때까지 끓이고 부수면 부드러워집니다. 그 다음에 알칼리를 넣고 섞어 평소보다 얇게 반죽하면 됩니다."

정착민들이 옥수수 요리는 원주민처럼 했을지 모르지만 그들은 여전히 훌륭한 영국인답게 농사를 지었다. 원주민들은 콩, 호박과 더불어 유명한 세 가지 농작물 중 하나인 옥수수를 돌무더기 언덕에 심었다. 하지만 이민자들은 그루터기를 갈고 고랑을 내고 흙을 다듬어 옥수수를 단종 재배했다. 다행히 그들의 노력은 성과를 보였다. 밀과 호밀과 귀리는

"아무런 소득이 없는" 반면, 옥수수는 "온갖 곳에 다 쓰였다"며 투덜댔을 정도였다. 미들 콜로니스Middle Colonies, 펜실베이니아, 뉴욕, 뉴저지, 델라웨어의 상인이었던 제임스 클레이폴은 놀라워하며 고향인 영국으로 이렇게 편지를 썼다. "이 지역 옥수수보다 더 밝고 상태가 좋은 옥수수는 한 번도 본 적이 없어요." 캐롤라이나의 한 농부는 4에이커에 1부셸약 27킬로그램의 씨를 심었는데 연말에는 100배를 수확했다(그에 반해 보리 씨앗 1부셸을 뿌려 거둔 수확량은 고작 8부셸이었다)고 주장했다. 18세기 말, 매사추세츠의 한 마을은 1년에 1만 1000부셸을 수확했다. 어떤 농부들은 각각 200부셸씩 수확했다. 퀘이커 목사였던 제임스 해리슨은 불만을 토로했다. "우리 헛간, 현관, 창고가 모조리 옥수수로 가득 찼습니다."

그렇다면 산더미같이 쌓인 옥수수로 무얼 할 것인가? 대부분 자기가 용감하게 옥수수를 먹어보기 전에 노예들에게 먼저 먹였다. 그런데 놀랍게도 옥수수는 오히려 밀보다 "노예들에게 더 좋은 영양분이 되었다." 한 농부가 옥수수에서 밀 빵으로 바꾸려 하자, 노예들이 "너무 힘이 없어진다며 다시 인디언 옥수수를 달라고 애걸했다"고 했다. 결국 옥수수는 그리 나쁘지 않았던 것이다. 뉴잉글랜드의 한 가정주부는 이렇게 썼다. "예전에는 옥수수로 만든 빵을 못 먹었지만, 지금은 아주 맛있게 먹는다." 심지어 가장 고위층의 요리책에서도 양고기 구이, 치킨 프리카세와 함께 '인디언식 푸딩Indian Meal Pudding' 레시피를 넣기 시작했다.

어떤 사람들에게는 소박한 옥수수 요리가 자랑거리가 되기도 했다. 스코틀랜드의 소박한 음식과 "투박한 해기스양 내장으로 만든 일종의 순대를 먹던" 주민에게 바치는 로버트 번스의 시의 전조前兆로 그리고 향수병에 걸린 리즐로트가 반복해서 꾸던 맥주 수프 꿈에 대한 반향으로, 대중적인

미국 시 「속성 푸딩Hasty Pudding」은 옥수수 요리를 완전히 반체제적인 요리로 만들었다.■

> 그 타락한 마을, 파리를 통과하는 당신을 위해
>
> 나는 얼마나 오랫동안 허망하게 방황했는지,
>
> 부끄러움을 모르는 신 바쿠스와 흠뻑 젖은 그의 저장품,
>
> 그의 동굴에서는 차가운 음식이 아침을 차지한다.
>
> 런던은 연기 속에서 길을 잃고 차에 푹 빠져 있다.
>
> 그대의 이름을 혀 짧은 소리로 말하는 양키는 거기에 없다.
>
> 그 마을에서 무례한 말, 비방하는 말은
>
> 왕의 선포를 부를 것이다.

물론 옥수수로도 맥주를 만든다. 토머스 해리엇에 따르면 "그저 아쉬운 대로라는 평가를 받았던 옥수수 맥주는 1775년 랜던 카터가 집에서 만든 옥수수 줄기 맥주 레시피를 지역신문 『버지니아 가제트Virginia Gazette』에서 출판한 것을 계기로, 그냥 간단한 음료이기보다는 '고급' 음료가 되었다. 랜던은 옥수수가 사탕보다 달콤해서 "어디에나 다 들어가는 사카린만 한 품질"이라고 했다.

혐오스러운 잡초에서 중요한 식재료로, 나아가 정치적 상징을 갖기까지 옥수수는 미국의 챔피언 작물이 되었다. 농부이자 씨앗 개발자

<hr>

■   조엘 발로가 쓴 시(1793)로 1796년 뉴욕 매거진에 처음 실렸다. 작가가 영국에 있을 때 미국을 그리워하며 썼다고 한다. 미국인의 일상의 상징인 '옥수수 푸딩'이라는 소박한 소재를 선택해 의사擬似 영웅시 양식으로 쓴 것으로 유명하다. 종교적, 철학적, 정치적으로도 해석할 수 있다.

인 헨리 윌리스는 "1780년에 시작해 수십 년에 걸쳐 미국 문명의 진보는 옥수수 밭의 서부 확장으로 가늠되었다"라고, 곡물의 역사에 관한 책(1956)에 기록했다. 20세기에 들어서자 옥수수는 진정한 왕의 자리에 올랐다. 1904년 세인트루이스 세계 박람회에서 인디애나주 대표단은 "대지의 농업 정복"을 상징하는 토템의 귀 아래 자랑스럽게 섰다. 박람회 농업 전시관의 공식 안내문에 뷔퐁 백작의 열렬한 꿈이 이렇게 적혀 있다. "옥수수가 건물 한가운데 잔뜩 쌓여 있다. 노랗고 하얗고 검고 빨간 옥수수는 백 가지 쓰임새가 있다. 옥수수 이삭 모양의 거대한 기둥들이 있다. 킹 콘King Corn은 당당히 우뚝 솟아 있다. 옥수수는 전례 없는 구조적이고 장식적인 디자인에 사용되었다. (⋯) 미국 땅의 끝없는 생산력을 생각하면 숨통을 트여주는, 그야말로 옥수수의 반란이다."

미국이 현대화 시대로 진입하면서 옥수수는 단순히 하나의 작물이 아니라, 순전히 인간이 만든 물질이 되었다. 마치 위젯widget처럼 말이다. 가장 흔한 종류인 No. 2 옐로 혹은 "원자재 옥수수Commodity Corn"라는 종은 자가수분이 불가능해 전적으로 농부의 손에 의존한다. 처음에는 옥수수가 사람을 변화시켰지만 바야흐로 이제 사람이 옥수수를 변화시켰다. 1980년대 미국옥수수생산자협회는 "석유 배럴에서 만들어진 것은 모두 옥수수에서도 만들 수 있다"라고 떠들었다. 현대 미국의 상징인 옥수수가 우리를 살롱의 그림자에서 나오게 한 것이다. 옥수수는 라거의 상큼한 맛을 만들어내는 열쇠가 될 것이다.

라이트한 맥주를 만들려면 옥수수를 사용하면 된다는 아이디어는 안톤 슈워츠의 공로로 본다. 그는 이미 붐이었던 맥주 산업의 신생 잡지

『아메리칸 브루어American Brewer』의 편집자로, 1868년 뉴욕으로 온 보헤미안이다. 정확히 1년 후, 그는 맥주 산업의 위상을 영원히 바꿀 「생곡물로 양조하기Brewing with Raw Cereals」란 기사에서 미국 옥수수로 가벼운 유럽식 라거를 만드는 방법을 제안했다. 보리보다 전분이 많고 알갱이에 껍질이 없어 씹고 나서도 타닌 맛이 적은, 다시 말해 풍미가 덜한 이 '무성한 줄기'는 맥주로 만들기에 정말 제격이었다. 존 윈스럽 같은 초기 실험가들이 발견했듯, 옥수수는 그저 다르게 요리해야 하는 것이었다. 슈워츠는 곡식을 더 효율적으로 연화하기 위해 옥수수를 약간의 보리 맥아와 함께 끓일 것을 추천했다. 전분을 소화하는 효소 그리고 보리와 옥수수 섞은 것을 풀 매시full mash에 추가하라고 했다. 나중에 브루어들이 가공한 옥수수를 오트밀 같은 가루로 더 빨리 만들 수 있는 방법을 알자, 추가로 효소가 필요하거나 닉스타말화할 필요 없이 맥주를 훨씬 간단하게 만들 수 있었다.

옥수수 당이 보리 당보다 더 깨끗이 발효하므로 맥주는 모두 동일한 전분과 알코올을 갖게 되었지만 곡물의 풍부한 풍미는 없었다. 그래서 미리 당화하는 단계를 넣더라도, 아돌푸스 부시와 동시대 브루어들이 깨달았듯이, 더 라이트한 맥주를 만들 수만 있다면 그들은 수단 방법을 가리지 않았을 것이다. 사실 마케팅 포인트를 잘 맞춘다면, 추가 과정과 비용 그리고 '소박한 가정에서 기른 뿌리'라는 옥수수 이미지는 새로운 맥주에 매력만 더할 뿐이다. 라이트 라거는 단순히 더 건강한 맥주가 아니라 더 클래식하고 심지어 더 미국적이었다. 1840년대 처음으로 출시했을 때 부시는 자신이 만든 세인트루이스 라거(나중에 버드와이저로 이름이 바뀌었다)에 커다란 자부심을 느낀 나머지, 거품이 보글거리는 술을 샴페인 병에 넣고 코르크 마개로 마감했다. 초기 광고 문구는 얼룩덜룩한 옥수수 이삭과 허리를 굽혀 숫돌을 보는 아낙네를 그린 록웰풍 그림 아래 적어넣은 "미국의 첫 번째 추수감사절은 옥수수를 위한 것이다"였다. "토종 곡물이 영양분 공급과 현대 미국의 산업을 번영시키는 데 이렇게 중요한 역할을 한 것을 인디언들이 알면 얼마나 놀라워할까!"

　퇴보한 게 아니라 옥수수는 이제 건강한 음료로 간주되었다. 특히 옥수수로 양조한 맥주는 미국 내 술집들을 망가뜨린 독주와 비교되었다. 뉴욕의 『버펄로』 신문은 옥수수로 양조한 라거가 "자극적이라기보다는 부드럽게 달래는" 맛이라고 보도했다. 이런 맥주는 아주 순해서 안식일에도 마실 수 있었다. 1858년 브루클린 맥주 판매상 조지 스트라츠는 일요일에 술을 판 혐의로 체포되어 재판을 받았는데, 판사는 결국 라거는 "취하게 하지 않는 술이다"라고 판결했다. 또 다른 재판에서 독일인 음주자는 라거는 해가 없다는 증거로 자기 자신을 내세웠다. 그는 그날 아침 22잔의 라거를 마셨는데 이렇게 멀쩡히 법정에 서 있으니 나쁜 게 아니라고 주장했다. 의사들도 증인석에 앉아 라거가 여성과 병약자들에게 이롭다고 설명했다. 브루어들은 한 걸음 더 나아가, 엄마에게 좋은 건 아기에게도 좋다고 주장했다. 디트로이트의 조지 H. 기스 맥주 광고 문구는 이랬다. "호박빛 라거의 부드러움은 아내와 아이들에게 건강과 힘을 선사한다." 다른 광고에는 술을 마시는 말썽꾸러기가 등장하기도 했다. "혈색 좋은 어린아이가 손에 라거 맥주를 들고 기분 좋게 홀짝이는" 광고였다. 미국 남북전쟁에 참전한 굶주린 병사들에게 북부군 의사가 이렇게 말했다. 라거는 "창자를 조절하고 변비를 방지하므로 귀중한 야채 대용품이다." 하지만 더 중요한 것은 그 야채가 독주를 대신했다는 점이었다.

신시내티 신문은 신난다는 듯 다음과 같이 선언했다. 라거가 "위스키의 소비를 몰아냈다."『뉴욕 선』도 "맥주가 독주를 밀어냈다"고 썼다. 라거는 살롱의 어두움과 범죄를 일망타진했다. 미국인의 음주 습관이 변하면서 독일인 애주가를 바라보던 미국인의 관점도 변했다. 사실 어느 정도는 라거를 사랑하는 이민자는 모범 시민이라고 할 수 있었다. 『세인트루이스 리퍼블리칸』은 도시가 라거로 넘쳐나지만 라거를 마시는 사람들, 즉 독일인은 "환자 중 비율이 가장 낮았으며 죄수, 범죄자 수도 가장 적다"고 보도했다. 그리고 독일인은 "신체도 튼튼하고 재산도 풍족하며, 행복하게 지낸다"고 덧붙였다. 버지니아 리치먼드에 사는 독일인은 라거를 마시면서 "가장 즐겁게 사는 시민이며 (…) 여유롭게 시간을 즐긴다. 그들은 탁 트인 공간에서 식탁에 둘러앉아 믿기 힘들 정도로 많은 양의 맥주를 마신다." 페일 에일의 창시자인 영국인조차 라거의 영롱함에 굴복했다. 미드웨스트를 방문했던 한 영국인은 고향에 보내는 편지에 놀라움을 쏟아냈다. "사람들이 마시면서 대화를 나눌 수 있는, 건강에 좋고 맛도 좋고 활기까지 북돋는 술이다."

라거의 가장 중대한 선물은 잡담을 떨 수 있다는 것이었다. 라거는 가볍고 상쾌해 하루 종일 마실 수 있으며, 오늘날 세션 비어session beer, 마시기 쉬운 저도수의 풍미 좋은 맥주라고 부르는 맥주로, 갑자기 취기가 오르는 술이 아니다. 라거를 마시는 사람들은 단숨에 들이켜지 않았다. 그들은 밝은 낮에 밖에서 천천히 음미하며 마셨다. 바야흐로 비어 가든beer garden의 시대가 온 것이다.

시원하게 펼쳐진 잔디밭에 수천 명의 취객이 구름처럼 모여 잔을 든다. 스테인 잔을 부딪치고, 일명 턴버라인체조협회. 독일어로는 '투른페어라인' 팀이 서로 팔을 잡고 쉰 목소리로 조국을 그리워하는 합창을 하거나 즉흥적으로 체조 기술을 펼치고 있다. 라거가 가벼운 술이라고 해도 분명 위험할 것이다. 하지만 양조장 뒷마당에 있던 사격 훈련장에서 열렸던 사격 대회는 어떤가. 라거가 얼마나 취하게 하는지 알 수 있는 진정한 테스트였을 것이다. 일요일에 남자들이 춤추고 노래하고 사격에 몰두하는 동안, 여자들은 양산을 빙빙 돌리며 밀러 가든에서 만든 인기 있는 새로운 음료인 모카커피를 홀짝이며 화단을 거닐었다. 그리고 지나가는 웨이터의 은색 쟁반에서 집어든 케이크를 야금야금 먹었다. 이것은 이른바 '게뮈틀리히카이트Gemütlichkeit, 안락함. 좋은 기분이나 감정'로, 독일인이 들여온 이 문화를 미국인은 두 팔 벌려 받아들였다.

미국으로 넘어온 독일 전통은 단순히 유지되고 있는 정도가 아니었다. 굉장히 번성하여 술의 샹그릴라가 되었다. 브루어들은 서로 경쟁하듯 더 큰 야외 정원을 만들었다. 메노미니강 위 절벽에 있던 밀러스Miller's에서 애주가들은 35피트약 10.7미터 전망탑 공원에 올라가 "변하기 쉬운 강계곡의 뛰어난 풍광"을 구경했다. 『세인트루이스 센티넬』은 19세기 중반의 공원에 바치는 송시라고 읊어댔다. 양조회사 슐리츠는 1896년 7만 5000달러라는 엄청난 비용을 들여 60피트약 18.3미터 높이의 탑을 건설했다. 밀러사 창업주 프레더릭 밀러는 방문객이 사륜차를 몰고 국영 유로 도로를 몰래 구경할 수 있도록 자신의 사유지 통과를 허용했다. 양조회사 팹스트Pabst는 직행 카트 트롤리 라인을 건설해 다운타운 밀워키에서 화이트피시베이에 있는 7에이커약 2만 8328제곱미터 규모의 빌레펠트

가든까지 술을 좋아하는 사람들을 태웠다. 22만 달러를 투자한, 조지 에렛의 뉴저지 위호켄에 있는 가든은 맨해튼에서 출발하는 페리를 자체 운영했다.

애주가들이 가족을 다 데리고 나타나면 무려 수천 명이 된다. 한 기자는 몰려든 군중을 보고 이렇게 적었다. "오늘날 대중의 마음에 전보다 훨씬 자유로운 영혼이 스며들었다." 그리고 이어서 "이교도도 아니고 터키인도 아닌 한 평범한 남자가 일요일에 순수하고 유익한 여흥을 몇 시간씩 즐긴다"라고 썼다. 라거는 가든 문화를 통해 과거의 다크한 맥주들보다 더 빠르고 맹렬한 속도로 퍼졌다. 『뉴욕 타임스』는 1877년 버드와 이저를 마시는 사람이 기존의 더 다크한 보크와 이전 세대의 맥아 향 강한 도르트문더를 마시는 사람보다 세 배나 더 마신다는 기사를 냈다. 날씨 좋은 날 밀러 가든의 손님들은 거의 2000갤런약 7570리터의 술을 비웠다고 한다.

애주가들이 맥주잔을 빨리 비워내는 만큼 밀러와 동료 브루어들은 맥주를 많이 생산했다. 1810년 미국의 129개의 양조장은 600만 갤런약 2271만 2470리터 약간 못 미치게 맥주를 만들었다. 1850년쯤에는 숫자가 세 배로 늘었다. 1850~1890년에 미국 인구가 두 배 증가한 사이, 맥주 소비는 3600만 갤런에서 8억 5500만 갤런으로 증가했다. 맥주는 현대의 새벽을 향해 거침없이 질주하는 증기 기관차였다. 남북전쟁 후 자금난에 비틀거리던 워싱턴도 한몫 잡기 위해 새치기를 했다. 미국 산업의 많은 부분이 그랬듯 양조도 크게 규제를 받지 않았다. 그 당시 정부가 배럴당 1달러로 세금을 부과하기 시작했는데 그것은 지혜로운 처사였다. 1875년, 맥주는 미국 정부 세입의 4분의 1에 기여했다. 그때 브루어는 대단히 부유했고 상당한 산업을 운영하고 있어 세금에 크게 신경 쓰지 않았다. 그들은 맥주를 더 빨리, 더 싸게 만들어 세금을 메웠으니까. 미국의 현대화된 교통 시설 네트워크를 이용해 원자재를 끌어들였고 맥주 배럴을 끝없이 생산해, 제품과 자본이 밀물처럼 계속해서 왔다갔다했다. 뉴욕 브루어들은 깨끗한 애디론댁산맥의 물과 북부 호수의 얼음을 크로톤 송수로를 통해 날랐고, 앤서니 트롤럽이 "곡물의 강"이라고 불렀던 이리 운하를 통해 중서부 보리를 들여왔다. 옥수수처럼 맥주도 이제 위젯, 즉 만능 도구가 되었다. 만들고 배로 날라 다듬으면 세금이 매겨지는 제품이 된 것이다. 밀러와 에렛은 더 이상 소박한 브루어가 아니라 거물이었다. 1927년 사망 당시 에렛은 뉴욕에서 가장 부자였던 애스터 집안 다음으로 땅을 많이 소유했다. 소규모 양조장들은 음지에 갇힌 채 있었고, 대규모 양조회사는 점점 더 커지기만 했다. 다음 세기가 되자, 미국의 2271개의 양조회사 중 대부분은 여전히 수제 규모 상태를 유지하며 1년에 1000배럴 이하로 생산했다. 그러는 사이 양조회사 베스트 브루잉(선장 프레더릭 팹스트가 필립 베스트의 딸인 마리아와 결혼해서 사업을 물려받았을 때 이름이 바뀌었다)은 정기적으로 1년에 20만 배럴을 양조했다. 1893년 팹스트는 세계에서 최초로 100만 배럴을 생산한 양조회사가 되었다.

전망 타워도 더 이상 먹히지 않았다. 브루어들은 이제 굴뚝과 대형 곡물 창고로 경쟁했다. 이런 것들은 가든이 아니라 공장이었다. 1893년 시카고에서 열린 세계박람회에서 앤호이저 부시는 7에이커 규모의 공장을 25스퀘어 피트약 2.32제곱미터 모델로 만들어 자랑스럽게 전시했다. 팹스트사의 규모는 겨우 13스퀘어 피트였지만, 맥주처럼 반짝이도록 도금을 했다. 팹스트는 전력회사를 사들여 4층 높이의 가마와 1000마력 엔진 한 세트로 10피트 너비의 도르래, 16피트 플라이휠과 기계류를 돌렸다. 통을 만드는 전문가도 고용했고, 미시시피에 전용 수목 보유분도 있어서 문제없이 목재를 공급받을 수 있었다. 앤호이저 부시는 슈피리어호의 얼음 조각으로 냉장 저장고를 채워야 하는 작업에 지쳐 전용 얼음 공장을 사들였다. 그리고 두 개의 철로와 호텔, 탄광에 유리 공장까지 매입했다.

그중 마지막이 아주 좋은 투자였다. 맥주는 장차 병에 담길 테니까. 브루어들은 수십 년간 맥주를 유리병에 담아왔지만 유리병은 무거운데다 덮개가 달린 몰드로 찍어내고, 코르크와 왁스로 막아야 했기 때문에 효율성보다는 스타일을 위해(버드와이저의 샴페인 병이나 오늘날 오메강의 로비노 에 갈란드리노 기계를 생각해보라) 사용되었다. 산업 표준 규격도 없었고 병 재활용은 물론 재사용도 어려웠다. 양조사의 병입 라인은 저마다 달랐다. 정확하게 짜인 몰드에서 찍혀 나온 병은 지문처럼 양조사마다 다르고 특이했다. 비싸기만 하고 비효율적인, 한마디로 엉망이었다.

1892년, 크라운 캡이 등장하면서 이 모든 게 바뀌었다. 비효율적이고 비위생적인 코르크 대신(구멍이 숭숭 난 나무 마개라니, 어떤 나쁜 박테리아가 숨어 있을지 누가 알겠나?) 병을 대량으로 세우고, 맥주를 채우고, 뚜껑을 닫는 작업을 순식간에 할 수 있었다. 처음으로 크라운 캡을 사용한 회사는 앤호이저 부시였다. 80명이 담당하는 거대한 2층 규모의 기계로 하루에 4만 병을 채웠다. 하지만 기술은 점점 더 진보했다. 불과 몇 년 후, 팹스트는 한 시간 안에 그 양의 두 배를 채웠다. 병입 라인은 전국 모든 양조장에 설치되었고 생산량이 증가하는 지역을 따라 확대되었다. 그 정도는 정착 인구에 따라 차이가 심했다. 많은 창고와 물류점 그리고 양조장의 변두리 지점들이 휴스턴과 솔트레이크시티, 갤버스턴, 샌안토

니오, 아칸소에 등장했다. 피닉스의 도시계획자들은 도시를 건설하기 시작할 때, 맥주병을 뒤집어 모래 속에 꽂아 도시의 첫 거리를 장식했다.

위스키는 배로 수송하면 더 오래 보존할 수 있지만, 갈증을 많이 느끼는 서부 지역이나 유타의 모르몬교인들 또는 고상한 척하기 좋아하는 사람들에게는 팔기 어려웠다. 여기저기 여행 다니기 좋아했던 영국 지리학자이자 번역가인 리처드 버턴 경은 19세기 후반 미국 서부를 여행하다가 "술을 달라고 요청한다거나 증류수를 공짜로 한잔 마실 수 있냐고 묻기에는 분위기가 너무 세련되고 경직되어 있다"라고 기록했다. 술판을 벌여도 안 됐고 다크한 술은 절대 금지였다. 서부 미국인은 그 누구보다 라이트 비어를 좋아했고 차갑게 마시고 싶어했으므로, 브루어들은 그에 맞추려고 애썼다. 서부 여행길은 고됐으며 새로운 라이트 비어는 이전의 묵직한 맥주들보다 섬세한데다, 업체 간 경쟁은 극악무도했다. 물건이 부패한 상태로 도착한다는 것은, 양조회사의 담당 지역을 전부 잃는 것을 의미했다.[38]

명성은 과학적 순수성을 기반으로 만들어졌다. 그러니 브루어들은 자연스럽게 과학에 눈길을 돌릴 수밖에 없었다. 결국 과학이 맥주를 감시하고 있는 셈이었다. 루이 파스퇴르의 『맥주 연구Studies on Beer』가 1876년 출판되었다. 4년 후, 에밀 크리스티안 한센은 맥주를 효모로만 발효했고 단세포에서 배양했다. 아돌푸스 부시는 특히 조금씩 개량하겠다는 의지를 불태웠다. 그는 닭을 기르기도 했고 시카고 작물개발연합을 세웠다. 영어, 독일어, 프랑스어로 과학 저널을 읽기도 했다. 순수한 맥주에는 순수하고 건강한 효모가 필요했다. 부시 같은 거물 브루어는 효율적인 공장 운영뿐 아니라 깨끗한 현대식 생산 모델을 만들기 위해 신기술에 투자하기 시작했다. 예를 들어, 팹스트에서는 신선한 맥아즙을 섞어 맥주가 병에서 스스로 일하게 하는 대신, 순수 이산화탄소로 탄산을 주입하기 시작했다. 유럽 사람들은 죽거나 썩기 쉬운 상품(예를 들면, 호주와 뉴질랜드에 있던 영국 목장에서 온 양 같은)을 식민지로 수송하면서 다년간 화학적 냉각을 실험해왔다. 하지만 소독된 유리가 내장된 발효 탱크에 대규모로 수송하는 새로운 기술을 처음으로 완전히 터득한 건 브루어들이었다.

그들의 맥주가 가는 곳에 그들의 브랜드도 따라갔다. 개척자들의 술집은 쟁반과 벽화, 병따개와 달력으로 장식되었고, 브루어들의 초상화도 자랑스레 걸렸다. 더 크고 현대적일수록 좋았다. 혈색 좋은 독일 농부와 '경이로운 인디언'의 초기 광고는 엄청나게 높은 굴뚝과 반짝이는 공장 바닥 이미지가 등장하자 자취를 감췄다. 브루어들은 스스로를 '제조자'라고 칭했다. 1929년 아돌푸스 부시의 번듯한 자서전 『아메리칸 머큐리American Mercury』가 출판되었는데, 제럴드 홀랜드는 이렇게 말했다. "이 브루어의 왕은 신기하게도 전혀 브루어라고 할 수 없다. (⋯) 그는 뛰어난, 아마도 미국에서 가장 위대한 세일즈맨일 것이다. 그는 좋은 맥주가 무언지 알고 늘 그걸 추구하지만 그가 맥주를 만드는 방법을 모른다는 것은 사실이다." 부시도 자신이 "실제로 브루어"는 아니었다고 인정했다. 그는 밀워키에 양조 가게를 열면서 공급자 입장에서 양조업계에 발을 담갔고, 에버허드 앤호이저의 딸 릴리와 결혼하면서 양조장을 물려받았다. 그는 이렇게 말했다. "대신 양조 과정을 총괄하는 감독자로 있었습니다." 예를 들면, 그는 특히 홉에 관심이 많았는데, 풍미를 위해서가 아니라 배송 무게를 줄이기 위해서 옥수수 줄기를 제거하라는 요구를 하기도 했다.

양조의 현대화와 더불어, "순수한 음식 먹기" 운동이 일어났는데, 이는 끔찍한 임대주택부터 핫도그 캔에서 잘린 손가락이 나왔다는 싱클레어의 증언 같은 산업시대의 악몽들에서 촉발된 것으로, 규모는 작지만 커다란 반향을 불러일으켰다. 일부 애주가들은 맥주 산업의 현대화 방법을 경계하기 시작했다. 로랙스Lorax■ 같은 최초의 동물 권리 활동가였던 조지 T. 에인절은 보스턴 저널 『우리의 멍청한 동물들Our Dumb Animals』("동물들은 스스로를 대변해서 말하지 못한다는 의미"로 붙은 이름)의 편집자였는데, 현대 양조장을 헐뜯는 프로젝트를 시작했다. 그는 맥아 대신 넣는 글루코오스 시럽은 화학물투성이라며, 깨끗한 걸레를 삶은 것에 지나지 않는다고 했다. 옥수수를 반대하는 뷔퐁 백작의 장광설을 그대로 흉내내며 1878년 출판된 『밀워키 데일리 뉴스Milwaukee Daily News』 기사 시리즈는 지역 양조장이 사용하는 쌀과 옥수수의 양을 폭로하며, 그런 산업용 수준의 곡물로 만든 맥주는 "일시적 정신 이상"을 일으킬 수 있고, 심지어 어린아이는 사망할 수 있다고 경고했다. 신문은 쌀을 먹어대는 "모양도, 몸도, 정신과 지성도 왜소한"[39] 동양인만 봐도 그렇지 않냐며 경고했다.

더 문제는 음주 자체를 반대하는 세력이 커지고 있다는 사실이었다. 한때 술을 건강한 음료수로 봤지만, 이제는 산업적으로 만들어진 맥주가 청력 손실, 부종, 심지어 사망을 일으킨다고 했다. 새로운 세기에 들어서자, 학생들은 교과서에서 맥주로 오염된 간에 대해 공부했고 가족들은 윌리엄 W. 프랫의 인기 연극 「술집에서의 열흘 밤Ten Nights in a Bar

■   닥터 수스Dr. Seuss가 쓴 동화책에 나오는 캐릭터. 숲의 평화를 지키는 나무 요정이다. 이 책은 동명의 애니메이션으로도 제작되었다.

Room」을 보려고 줄을 섰다. 신문은 선정적인 금주 이야기를 실은 지면을 추가 발행했다. 월트 휘트먼조차 『프랭클린 에번스 혹은 술고래Franklin Evans or, the Inebriate』에 이렇게 썼다. "잔 안에 저주가 깃들어 있다!" 그의 말은 설득력이 있었다. 비록 휘트먼이 그 시를 "돈이 필요해서 술에 취한 채 사흘 만에 쓴 것"이라고 인정했더라도 말이다.

20세기의 동이 트자, 브루어들은 개인의 자유연맹Personal Liberty League, 농부 교육과 협동조합Farmers Educational and Cooperative Union 같은 완곡한 이름의 선전 단체를 만들어 방어 행동을 개시했다. 그들은 직접 쓴 날조된 기사로 보복했다. 한 텍사스 신문에 소위 어떤 농부의 "하느님, 우리 나라를 불쌍히 여겨주십시오. 아이들이 후다닥 뛰는 발소리보다 정치인의 악수가 여성의 마음을 더 감동시킨다니요"라는 증언을 싣는 식으로 투표권 반대 보고서(여성은 금주법을 찬성하는 쪽에 표를 던질 가망성이 많았으므로) 기사를 냈다. 하지만 이런 선전 공작이 실패로 돌아가자, 브루어들은 신문을 다 사들이기로 했다. 1917년, 밀러, 햄, 팹스트와 부시를 포함한 15명의 브루어 연합은 『워싱턴 타임스』를 인수했다. 텍사스에 있는 부시의 정치적 대리인은 다른 수단은 "아예 쓰지 않는 게 정답이다"라고 말했다.

전반적인 상황에서 그래도 브루어는 안전하다고 생각했다. 그들은 세금을 내고 있었으니까. 필립 베스트는 심지어 공직에 있었다. 1862년, 그들은 미국 최초의 로비 단체인 브루어 연합을 조직했다. 당시에는 술을 유리병에 넣어 판데다 선전 광고도 많이 한 덕에, 가든의 시대는 저물고 애주가들은 다시 술집으로 모여들었다. 살롱도 지독한 영광과 함께 돌아왔다. 그러자 브루어들은 금주운동의 분노가 자신들이 아닌 살롱으로 향하기를 기대했다. "살인자들이 모이는 집합소다!" 금주법을 지지하는 사람들은 외쳤다. "살롱은 사라져야만 한다!" 악명 높은 금주법 지지 대변인인 캐리 A. 네이션의 표현을 빌리자면, 친근한 동네 바텐더는 노동자들의 친구에서 "방탕함과 무법천지의 흰 앞치마를 두른 성직자"로 전락했다. 네이션은 험상궂은 얼굴에 키는 약 6피트약 183센티미터나 되는 여전사로, 종이에 싼 벽돌과 항아리, 프라이팬 등(그녀는 이것을 "때려 부수는 기구smashers"라고 불렀다)을 들고 술집을 습격하는 것으로 유명했다.

깨진 유리잔은 고칠 수 있었지만 법은 다른 문제였다. 1913년 태프트 대통령의 국회가 16번째 수정 조항, 즉 살롱이 아닌 브루어들을 타격할 첫 번째 법안을 통과시켰다. 이 조항으로 생긴 소득세로 정부는 새로운 재원을 마련했다. 더 이상 맥주 세금에 의존하지 않게 된 워싱턴 입법자들은 브루어들을 엄격하게 대하기 시작했다. 그리고 곧 웨브케니언 법안 Webb-Kenyon Act을 행동으로 옮겼다. 그해 말에 통과된 이 법안은 주와 주 사이에 술 판매를 금지했다. 즉 금주법을 시행하는 주(당시 23개 주)에 있는 브루어가 국경을 넘어 금주법이 없는 지역으로 술을 운송하면 곧 법을 어기는 것이었다.

종이에 싼 벽돌보다, 심지어 법보다 나쁜 게 있었으니 그건 바로 전쟁이었다. 유럽의 독일 황제에 의해 높아진 긴장감은 미국의 반이민법 정서에 다시 불을 붙였고, 한때 맥주를 나눠 마시며 외국인들에게 호의적이었던 미국인들은 이제 독일인 브루어들을 미심쩍은 눈길로 바라봤다. 국수주의자들의 쓰레기 신문인 『아메리칸 이슈American Issue』는 애주가들에게 행동에 나설 것을 요청했다. "파괴된 엄청난 양의 모든 곡물은" 다시 말해, 브루어에 의해 맥주로 만들어지느라 굶주린 미국 군인이 먹지 못한 곡물은 "바다에서 잠수함에 의해 침몰된 곡물이나 마찬가지로 황제에게 바치는 것이다"라고 했다. 금주법 지지 정치가인 존 스트레인지는 1918년 『밀워키 저널』에 이렇게 썼다. "바다 건너 독일에 적군이 있다. 이 나라에도 독일인 적군이 있다. 그리고 이 모든 독일인 적군 중에서도 가장 최악이며 가장 신뢰할 수 없고 가장 위협적인 존재는 바로 팹스트, 슐리츠, 블라츠 그리고 밀러다."

오하이오에서 민중이 이끈 금주 단체로 시작한 웨인 휠러의 살롱 반대 연합은 불처럼 번지며 미국 전역을 휩쓸었다. 그는 행동을 촉구하며 워싱턴에 이렇게 물었다. "앤호이저 부시는 외부인인 독일 사람이 대부분 운영하고 있습니다. 조사해보았나요?" 정부는 아직 하지 않았지만 조사는 예정된 수순이었다. 상원 조사팀은 『워싱턴 타임스』를 사들인 일 등 수상한 거래를 찾아냈다. 하지만 심각한 범죄 수준으로 법을 어긴 것은 없었다. 앤호이저 부시의 현금을 실은 선박은 라인 계곡 땅에 있는 그의 가족에게로 갔지, 황제의 커피를 사는 데 가지는 않았다. 그럼에도 불구하고 휠러의 추문 폭로는 대중의 공포를 부추겼다. 아이오와 주지사 윌리엄 로이드 하딩의 1918년 바벨 선언서Babel Proclamation는 독일어를 말하는 것을 불법으로 만들었다. 보스턴에서는 베토벤 곡을 연주할 수 없었다. 사워크라우트는 '자유 양배추liberty cabbage'⁴⁰로 이름이 바뀌었다. 이제 브루어들은 초조해졌다. 금주법이 일어날 듯하자, 앤호이저 부시는 세인트루이스 신문에 양조장 공장에서 군수품을 제조할 것을 제안하는 광고를 실었다. "우리는 효율적으로 전쟁하기 위해 정부와 협업하는 것을 영광으로 생각합니다." 하지만 정부는 그 제안을 그냥 넘겼다. 1920년, 금주법은 효력이 발생했다.

맥주는 과거에는 아침 식사이자 사업 기회였고, 독이자 만병통치약이었다. 그런데 이제는 불법이 되었다. 하지만 이민자 브루어가 옮겨 온 미국 필스너는 이전보다 더 페일하고 더 순수하게 돌아올 것이었다.

8장

광고업자

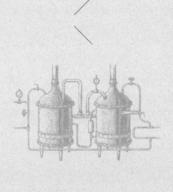

라거 이야기는 동굴에서 시작했지만 끝난 건 실험실이다. 대강 만들던 라거는 산업적으로 완벽하게 가다듬어졌고, 단순히 맥주를 넘어 상징이자 화신, 텔레비전처럼 밝고 빛나는 존재가 되었다. 20세기를 지나면서 금주법은 양조회사가 다목적 공장이 되게 했고, 그 정신은 맥주와 맥주 사업을 정의했다. 광고의 영향이 커지면서, 애주가의 입맛이 변하거나 심지어 사라지면서, 브루어들이 자신들의 맥주에 대해 말하는 것은 제품 자체만큼이나 중요해졌다. 맥주는 하나의 사물에 불과해졌고, 맥주를 빚는 브루어는 존재감 없는 목소리로만 남았다. 이제 이 이야기는, 만들어지는 게 아닌 공장에서 제조되는 맥주, 가벼운 맛이 아닌 텅 비어버린 맥주 그리고 결국에는 브루어를 잃은 맥주에 관한 이야기가 될 것이다.

금주법이 13년간 시행되는 동안 큰 양조회사들은 맥주를 만들지 못했고 폭탄도 만들지 않았지만, 일부는 여전히 살아 남았다. 옥수수를 맥주로 변신시켰듯, 공장 규모의 기계는 무엇이든 만들 수 있었다. 냉장 시설은 특히 활용도가 높았다. 일부 브루어는 아이스크림이나 에그노그맥주나 포도주에 달걀, 우유를 섞은 술를 만들었다. 앤호이저 부시는 초콜릿을 감싼 스맥 바Smack bar를 만들었다. 팹스트는 냉장 창고를 치즈 덩어리와 소다 병으로 채웠다. 슐리츠는 초콜릿을 만들었다. 또한 몇 곳에서는 홈 브루어를 위해 맥아 추출 시럽을 만들었는데, 앤호이저 부시는 1926년 600만 파운드약 2700톤를 팔았다. 아돌푸스 부시 주니어가 나중에 농담조로 고백했다. "우리는 미국에서 가장 큰 주류 밀매용품 공급처다." 또는 알코올 없는 맥주를 만들기도 했다. 비타 B처럼 맥아와 홉 '토닉'이었던 베보Bevo■ 그리고 이와 비슷했던 팹스트의 파블로Pablo, 밀러의 비보Vivo, 슐리츠의 파모Famo 같은 음료였다. 기운을 북돋아주는 쓴 홉은 여전히 대부분 사람들에게 상대적으로 건강한 음식이라고 여겨졌다. 하지만 알코올은 살인자였다. 맥주와 비슷한 대체 음료인 소위 '니어 비어Near-beer'는 "전쟁 전의 진짜 맛"을 장담했고, 사실 맛도 그렇게 나쁘지 않았다. 앤호이저 부시는 1918년까지 1년에 베보 500만 상자를 팔았고 회사에는 전용 병입 라인이 따로 있을 정도였다. 하지만 애주가들은 결국 더 강한 칵테일과 설탕이 잔뜩 들어간 소다에 맛을 들였다. 코카콜라는 프랑스의 토닉 종류를 기초로, 홉 대신 훨씬 더 자극적인 코카 잎을 사용했다. 니어 비어 판매량은 1920년대 후반 들어 꺾였다.

금주법이 폐지된 후 음주는 자연스럽게 늘었지만 안도의 한숨을 쉬기

■　나중에는 피보pivo로 이름을 바꿨다. '피보'는 동유럽 국가들에서는 맥주라는 뜻이다.

에는 여의치 않았다. 드디어 폐지 결정이 난 그날 밤, 격식을 갖춘 분위기 속에서 첫 번째 케그로 술잔을 채웠고, 2만 5000명의 맥주 팬들은 앤호 이저 부시 양조장을 가득 메웠다. 또 다른 1만 명은 슐리츠 주변 거리를 꽉 채웠다. 금주법이 시행되는 동안 틈틈이 플라이휠에 기름칠을 하며 아이스크림과 초콜릿을 만들던 유서 깊은 양조사들은 순식간에 맥주를 만들어냈다. 맥주는 되돌아온 듯 보였고, 의욕에 찬 수백 명의 자영업자 는 양조회사를 열어 이 대열에 잽싸게 편승했다. 이렇게 거품이 점점 커 지더니 마침내 펑 하고 터졌다. 신생 양조회사들은 이미 자리를 잡은 브 루어들과 양과 질 모두에서 상대가 안 되었고, 더욱이 금주법 폐지 후 처음 몇 달간 만들었던 맥주의 나쁜 배치들은 로스앤젤레스와 댈러스에 서 식중독을 일으키기도 했다. 탄산음료와 독주를 좋아해 이미 맥주를 눈여겨보고 있던 애주가들은 건강을 염려하며 겁에 질렸다. 1915년 운 영 중이던 1345개의 양조장 중 금주법 폐지 후 3개월간 계속 영업한 양 조장은 오직 31곳이었다. 통합된 채 유지하거나, 양조장끼리 서로 노골적 으로 사들이거나 또는 합병 물결을 타고 오늘날까지 파트너십을 맺고 있 다. 1935년 5개 회사가 맥주 시장의 14퍼센트를 차지했고, 20년 후에는 그 5개의 회사가 3분의 1을 차지했다. 오늘날 대기업 앤호이저 부시 인베 브는 미국 전체 맥주 시장의 거의 절반을 점유하고 있다.

이런 극적인 변화는 술을 마시는 사람 자체에 일어난 변화에 비하면 아 무것도 아니다. 만약 술집이 비어 가든을 죽였다면, 냉장고는 이제 술집을 죽였다. 1920년 미국 가정의 약 1퍼센트가 냉장고를 가지고 있었고, 전기 가 들어오는 가정은 절반 이하였다. 하지만 1930년대 초반에는 4분의 1이 냉장고를 소유했고 브루어는 앞다투어 맥주를 병과 캔에 담았다. 밀러는

1936년 맥주를 캔에 담기 시작했고 공장에서는 1분에 200개가 쏟아져나왔다. 술집 의자들은 빠르게 비어갔고, 레이지 보이 의자La-Z-Boys■ 판매량은 치솟았다. 예전에 술집에서 구분지어 앉아 있던 생산자와 소비자는 다시 서로 다른 길로 갔다. 애주가는 안락한 성城인 자기 집에 머물렀고, 윌리 웡카 같은 브루어는 공장에 자리를 잡았다. 문화역사학자 볼프강 시벨부슈는 이렇게 말했다. "수천 년간 음주의 지배적인 의식이었던 건배하고 술을 사는 행위가 자본주의 교환 법칙으로 인해 일상에서 전반적으로 힘을 잃었다."

　맥주는 식료품 저장실에 놓인 다른 캔처럼 영혼 없는 추상적인 존재가 되었다. 바텐더는 식료품점 계산원으로 대체되었고, 브루어는 광고맨으로 대체되었다. 이렇게 음주 문화가 바뀌면서 술도 변했다. 슈퍼마켓 선반에서 가져온 맥주를 집 냉장고에 저장해놓은 쇼핑객들은(여성 구매자가 증가했다) 이제 권력이 생겼다. 양조장 술집에서 더 이상 탭 라인 한둘에 묶여 있지 않게 된 소비자는 자신이 마시고 싶은 맥주를 선택할 수 있었다. 하지만 브루어는 그게 무엇인지, 어떤 의미인지 몰랐다.

　1950년대, 양조 과학이 발전하자(특히 물 관리) 지역주의의 마지막 족쇄를 깼다. 탄산염을 걸러낸 더블린의 거친 우물물을 플젠의 순수한 물처럼 부드럽게 하고, 곡물과 홉을 전화로 주문해 비행기로 실어 나를 수 있게 되자, 브루어는 무엇이든 만들 수 있었다. 가능한 재료가 무엇이든 장소에 좌우되지 않았고, 맛을 결정하는 건 더 이상 재료가 아니었다. 맥주 이야기는 풍미로 설명되지 않고 광고로 전해졌다. 맥주에 희귀한

■　　유명 가구회사의 의자 브랜드로 Lazyboy를 소리 나는 대로 표기한 것이다. 뒤로 젖혀지고 앞으로도 펴지는 편안한 형태다.

종류의 대추야자를 썼다고, 또는 사프란 철이 거의 다 끝났다고 해서 더 비싸지거나 더 화려하게 포장되지도 않았다. 단지 포일로 감싸거나 파란색 리본이 달린 레이블 덕분에 이미지만 화려하게 보일 뿐이었다.

1930년대 밀러는 40개 주에 방송되는 라디오와 뉴스 광고에 매해 (현재 가치로) 700만 달러를 썼다. 1970년대 필립 모리스에 의해 합병된 후에는 9000만 달러에 근접했다. 그렇게 큰 회사에게 맥주는 그저 여러 사업 아이템 중 하나였다. 슐리츠 소유주인 프레드 해빌런드는 밀러를 판매할 즈음 이런 말을 했다. "우리에게 맥주는 비누, 콘플레이크, 화장지처럼 마케팅하는 제품이다. 우리는 맥주 사업을 프록터 앤 갬블_{비누, 세제 등 가정용품 제조업체}화했다."

마케팅은 여성(패션 잡지 『매콜스』와 『보그』에 실린 앙증맞은 6온스짜리 '보석' 병)부터 남성(에롤 모리스의 대표적인 밀러 타임 광고인 '노 샐러드no salad')까지 모든 고객층을 공략했다. 석유 채굴 노동자(쿠어스 광고의 카우보이의 허풍과 거드럭거림)부터 "안목 있는 애주가"(미셸로브사의 비싸 보이는 포일 포장과 인상적인 미니어처 '티어드롭' 병. 어두운 곳에서 손으로 만지기만 해도 알 수 있게 디자인되었다)까지. 양조사들은 시장 점유를 위해 철저히 조사하고 대박을 터뜨리기를 소원하며 치열하게 경쟁했다.

그런데 돌파구가 된 일이 있었다. 1951년 12월, 맥주업계 출판물인 『모던 브루어리 에이지Modern Brewery Age』에 실린 "맥주의 개성: 대중은 무엇을 원하는가?"란 글에서 마스터 브루어 협회장이 이제 행동에 나서자며, "마실 만하고, 마일드한 홉 풍미에 뒷맛이 쓰지 않은 '현대적인' 맥주를 제안했다. 그는 브루어들에게 그런 맥주를 만들라며, 그러면 다시 손님을 끌어올 수 있을 거라고 했다.

대중은 무엇을 원하는가? 달디단 탄산음료와 텔레비전 앞에서의 인스턴트 식사, 전자레인지와 가공 치즈의 시대에서 애주가는 새로운 무언가를, 좀더 밝고 깨끗하며 현대적인 것을 원했다. 『모던 브루어리』 기사가 났던 비슷한 시기에 제과업계 과학자들과 미국농무성USDA 간의 협업 연구가 진행되었다. 그들은 미국인이 현재 산업 표준보다 42.9퍼센트 더 '폭신하고' 250퍼센트 더 단 빵을 원한다는 사실을 알아냈다. 4년이라는 시간 동안 10만 개의 빵을 시식한 후에야 제빵사들은 "USDA 화이트 팬 로프 No. 1"을 출시했다. 이 빵의 다른 이름이 바로 대중적인 식빵 '원더 브레드'다.

맥주도 마찬가지일까? '원더 필스너.' 라이트 라거가 한 세기 전에 맥주를 살렸다면, 그렇다면 지금 더 라이트한 라거가 먹혀야 맞을 것이다. 미국 양조장들은 도전에 뛰어들었다. 그들은 새로운 슬로건을 걸고 새로운 맥주를 출시했다. 그들은 외쳤다. "엑스트라 드라이!" "포만감이 덜한!" "스파클링 클리어!" 그리고 정점인지 바닥인지는 모르겠지만, 밀러 라이트가 등장했다. '디아트Diät'라는 독일 술의 복제품으로 1975년에 출시된 밀러 라이트는 이듬해에 판매량이 두 배로 뛰면서, 밀러를 거의 하룻밤 만에 미국에서 두 번째 큰 회사로 만들었다. 1977년까지 밀러 라이트는 미국인이 마시던 파인트 잔에 찰랑거리며 거품이 나오던 20개의 라이트 맥주 중 하나였다.

라거가 건강한 토닉이라는 원래 주장이 다시 돌아왔고, 이제는 볼이 붉은 독일인 이미지가 아니라, 공장에서 제조되어 깨끗한데다 타고난 우아함이 섞인 묘한 혼합물이라는 이미지로 표현되었다. 『먹는 것은 당신의 건강에 해로울 수 있다Eating May Be Hazardous to Your Health』 같은 책

(예를 들면 이런 장이 있다. "핫도그를 먹으면 암이 생긴다")이 출판되던 시기, DDT 살충제가 뿌려진 사과 그리고 합성 여성호르몬인 '디에틸스틸베스트롤diethylstilbestrol'이 들어간 소의 사료가 판치던 시기에, 맥주 광고는 파릇파릇한 빛깔의 광고를 차용했다. 쿠어스가 이러한 아이러니의 전형적인 예다. 맥주는 순수한 로키산 샘물과 실험실에서 기른 가공된 보리로 만들었다. 심지어 가볍고 튼튼하고 매끄러운 획기적인 투피스 알루미늄 캔■이 특별히 디자인되었다. 유통업자들의 말에 따르면, 앤호이저 부시는 "건강 식료품 가게에서 팔아도 되는 유일한 맥주"였던 '내추럴 라이트'를 뒤쫓기 시작했다. 당시 회사 회장이었던 오기 부시 3세는 내추럴 라이트가 "완전히 자연 재료들로만 만들겠다는 회사의 헌신을 보여주는 예"라고 말했다.

일부 회의론자들은 브루어들이 천연 재료를 쓰면서 동시에 공장에서 만드는 두 마리 토끼를 다 잡을 수 있을지 확신할 수 없었다. 1970년대 OPEC 엠바고선박의 억류 또는 통상 금지가 곡물 시장을 강타했다. 보리 가격은 30퍼센트까지 치솟았지만, 더 안 좋은 소식은 브루어가 선호하는 옥수수와 쌀 가격이 각각 40퍼센트, 78퍼센트 오른 것이었다. 비용을 절감하기 위해 슐리츠는 콘 시럽과 홉 추출물로 돌아섰다. 다른 브루어는 고산소 '가속된 배치 발효accelerated batch fermentation(ABF)'를 사용해 맥주를 더 빨리 만들어냈다.[41] 그래도 그들은 순수하다고 장담했다. 슐리츠는 재빨리 ABF의 이름을 바꿔 '정확하게 균형 잡힌 발효accurate balanced fermentation'로 바꿨다. 미국의 시민운동가 랠프 네이더의 친구였던 미

■ 뚜껑, 바닥, 몸통 세 부분으로 나뉘어 조립된 일반적인 캔과 달리, 몸통과 바닥면이 일체가 되어 뚜껑과 함께 두 부분으로 이루어진 캔을 말한다. 밀봉성이 훨씬 뛰어나다.

생물학자 마이클 제이컵슨은 「술에 든 화학 첨가제Chemical Additives in Booze」라는 제목의 특이한 소논문을 발표했다. 새로운 맥주의 "거의 신성하거나 순수한 이미지" 뒤에는 아라비아 고무, 캐러멜 색소, 해초 추출물이 도사린다고 주장했다. 해초는 맞는 말이었다. 알긴산프로필렌글리콜은 쿠어스와 밀러사의 맥주가 고속도로를 맹렬히 달려 운송된 후에도 거품 있는 헤드를 유지해준다. 해초 냄새는 맡지 말기를. 그래도 최소한 1965년 36명의 애주가를 사망에 이르게 한 저렴한 헤드 안정제인 코발트보다는 낫겠지만. 마이크 료코는 『시카고 데일리 뉴스』에 추문 폭로 기사를 연재했다. "만약 내가 알긴산염을 원한다면, 직접 요청할 것이다." 료코와 다른 기자들은 아이오와주 더뷰크에 있는 피켓스 프리미엄Pickett's Premium 그리고 위스콘신, 스티븐스 포인트에 있는 포인트 스페셜 필스너를 염탐했지만 아무것도 나온 게 없었다. 20년이 더 흘러서야 추세는 마침내 아주 미미하게나마 골리앗 같은 대기업에 불리해졌다.

그렇다면 현재는 어떤가? 합병이 계속되고 있다. 앤호이저 부시는 거의 시장의 반을 갖고 있다. 그러나 안목 있는 애주가들이 돌아왔고, 그들은 그 어느 때보다 까다로워졌다. 포일로 포장해도 더 이상 아무 효과가 없다. 지난 5년간 한때 고급으로 취급받던 미셸로브는 70퍼센트 하락했다. 지미 카터 대통령이 1978년 홈 브루잉을 합법화했고, 취미로 맥주를 만들던 많은 사람이 브루펍을 열었다(1980년대 초까지 불법이었다). 미국 최초의 소규모 양조장microbreweries이었다. 1978년 89개였던 양조장이 이제는 2000개로 늘었고 계속 증가하는 중이다. 앤호이저 부시는 미국의 모든 수제 맥주 판매량의 8배를 더 판다. 하지만 수제 맥주 판매는 2011년 15퍼센트 증가한 반면, 전체 맥주 판매량은 거의 증가하지 않았다. 수제 맥주 생산은 상당히 늘어 2006년 이후로 70퍼센트 이상 성장했다. 어떤 사람들은 1990년 초기의 황금시대와 그 뒤에 발생했던 고통스러운 숙취 시기를 떠올리며, 그 거품은 곧 꺼질 거라고 우려하기도 했다. 1996~2000년 사이, 나중에 문을 연 300개의 양조장이 폐업했다. 현재로서는 작은 게 더 낫다.

이전 세대가 친환경을 표방하며 취했던 전략의 일환으로, 규모가 큰 양조장일수록 더 희귀한 것을 추구했다. 그것은 바로 장인들에 의한 수제 맥주의 대량 생산이었다. 브루어스 양조협회는 이를 가리켜 "크래프트(수제) 맥주 흉내를 내는 크래프티한crafty 맥주"라고 했다. 그건 모두 달콤하고 탁한cloudy 밀 맥주에서 비롯되었다. 밀러쿠어스MillerCoors의 "기술적으로 잘 만든" 블루 문Blue Moon과 앤호이저 부시가 대응책으로 만든 오렌지 조각을 위에 얹은 쇽 톱Shock Top은 각각 1995년과 2006년 출시된 후로 성장가도를 달리고 있다. 블루 문을 진정한 수제 맥주라고 친다면, 생산량 기준으로 시장의 15퍼센트를 차지하고 있는 셈이다. 하지만 양조협회에 따르면, 국제적인 대기업에 의해 양조된(밀러쿠어스는 사브밀러SABMiller와 몰슨 쿠어스Molson Coors의 합작 벤처 회사다) 이 술은 엄밀히 말하면 수제 맥주가 아니다. 그저 기술적으로 잘 만들어진 술이다. 앤호이저 부시 인베브의 잭슨스 펌킨 스파이스Jack's Pumpkin Spice, 레페Leffe, 치겐보크ZiegenBock도 아니고 혹은 코스타리카를 기반으로 하는 플로리다 아이스 앤 팜 컴퍼니Florida Ice & Farm Co.의 제네시Genesee, 매직 햇Magic Hat, 피라미드Pyramid도 수제 맥주가 아니다.

대형 양조사는 새로운 맥주(미셸로브 울트라 라임 캑터스Michelob Ultra Lime Cactus 같은. 이것을 기억하는 사람이 있을까?)를 만들어내지 않을 때면 그냥 오래된 회사를 사들인다. 밀러쿠어스는 유서 깊은 가족 기업인 라이넨쿠겔Leinenkugel을 인수했고, 인기 많은 아테네Athens, 조지아 마이크로 테라핀Georgia micro Terrapin의 소수 지분을 사들였다. 그러는 동안 앤호이저 부시는 2011년에 시카고의 유명 수제 양조사인 구스 아일랜드Goose Island를 3880만 달러에 인수했다. 구스 아일랜드가 있는 시카고의 지역번호를 따서 지은 '312 어반 위트Urban Wheat'는 이제 700마일 떨어진 뉴욕의 볼드윈스빌(지역번호 315)에 있는 버드와이저 공장에서 양조된다. 대형 양조사는 이런 오래된 믿음직한 브랜드와 실험적인 새 브랜드를 만들기 위해 제조 설비를 프리미엄급으로 교체하는 중이다. '프로젝트 12'로 시작된 버드와이저 블랙 크라운Black Crown은 거의 400만 달러를 들여(앤호이저 부시가 밀러로부터 10억 달러를 주고 NFL 후원 협찬을 산건 말할 것도 없고) 슈퍼볼 광고에서 처음으로 공개했다. 밀러쿠어스의 텐스 앤 블레이크Tenth and Blake 시리즈 중 '배치 19'는 아마도 양조장의 침수된 지하실에 있던 물에 젖은 상자에서 찾은 '금주법 이전 레시피'로 양조한 것으로 추정된다.

새뮤얼 애덤스의 텔레비전 광고는 분명히 다르다. 광고와 이미지 메이킹에 지독하게 회의적인 수제 맥주업계의 광고이기 때문이 아니라 짐 코크가 실제로 '등장하기' 때문이다. 그는 지게차 운전기사와 함께 수다를 떨고 홉을 손에 들고 냄새를 맡는다. 실제로 맥주를 만드는 사람이 나오는 것이다. 대형 양조회사 광고는 출연진이 따로 있다. 말하는 개구리나 흰 점박이 말이 나오지 않는다면, 고기를 구워 먹거나 야구 경기장 주변에서 술 마시는 사람들만 나온다. 브루어는 보이지 않는다. "달콤한 맥

아! 가볍게 건배" 같은 문구가 나오는, 호박빛 라거 밀러쿠어스의 '서드
시프트Third Shift' 광고는 예외다. 이런 광고는 바삐 돌아가는 양조장에
달빛이 비치는 정경과 함께 "그냥 맥주가 아닌 (…) 이야기"를 약속한다.
이해하겠는가? 일반적인 맥주 광고에서는 만화 같은 아바타가 등장하고
모두 애니메이션으로 처리된다. 수제 맥주와 거의 비슷한 맥주를 만드는
브루어는 존재할지도 모른다고 얘기하는 것 같다. 하지만 그런 맥주조차
프로그램화되어 공장에서 만든 것이다. 만약 이게 전부라고 해도 나는
개인적으로 직접 듣고 싶었다. 그래서 밀워키로 향했다.

　밀러 공장을 둘러본 옐프Yelp▪의 후기는 맥주만큼이나 밍밍하다. "약
간 싸 보이고 꾸민 듯하지만 그럭저럭 괜찮다." 어떤 후기는 "생각보다 괜
찮았다." 결론은? "여러분, 공짜예요!" 그렇다. 한 긍정적인 리뷰어는 "재
미있을 거예요"라고 썼다. 맥주 공장 관광이 끝날 무렵, 마실 수 있는
공짜 샘플을 생각하면 그럴 만했다. 모두 동의한 대로 공짜 술은 투어
의 하이라이트지만, 맛이 어떻다는 형용사는 드물었다. 베스트블레테렌
이나 가장 희귀한 람빅에게 쏟아지던 시적인 표현은 없었다. 한 리뷰어
는 밀러 라이트 샘플을 마시고 이렇게 썼다. "끝내주게 시원하다." 혹시
MGD64였던가? 사람들이 까다로운 것 같지는 않았다. 모두가 이 말은
확실히 했다. "공짜라고 말했던가요?"

　나는 밀워키로 가기 위해, 게슴츠레한 눈을 한 피곤해 보이는 다른 관
광객 30여 명과 함께 페리를 타고 내 스테이션왜건도 배에 실었다. 도넛
과 드라이브스루에서 산 커피 때문에 빌린 자동차의 앞유리에 김이 서

▪　　지역 기반 소셜 네트워크. 각종 분야(식당, 병원, 백화점 등)에 대한 크라우드 소싱 리
　　뷰를 게재하고 검색 서비스를 제공한다.

렸다. 회색빛 호수, 회색빛 하늘, 회색빛 구름까지 온통 우울함을 향해 항해했다. 밀러의 영광스러웠던 날들의 희미한 메아리로 딱 맞는다는 생각이 들었다. 그때는 애주가들이 5대호의 햇볕을 쬐기 위해 화이트피시 베이의 깎아세운 듯한 곳을 넘어 트램을 타고 갔겠지.

19세기에 밀러 양조장으로 가는 길은 산업도시의 일상에서 벗어나 전원으로 가는 여행이었다. 하지만 나는 그 반대로 느껴졌다. 내가 지금까지 방문했던 양조장들은 오래된 수제 양조장이었다. 어떤 곳에는 레크리에이션 공간이 있고, 어떤 곳에는 기념품 가게가 있었다. 또 어떤 곳은 바 앞에 신선한 맥주가 든 발효 탱크와 보드 게임 도구가 있고, 유기농 햄버거와 발아 곡물을 넣은 브레첼Brezel도 먹을 수 있었다. 나는 대개 미리 알리지 않고 나타나는 편이다. 배회하던 직원을 찾아내 으슥한 뒤쪽으로 불러 고무장화를 신은 브루어에 대해 캐묻는다. 직원은 손을 작업복 엉덩이 부분에 슥 닦은 뒤 나에게 맥주를 주고 양조장을 돌아보게 할 것이다. "보호안경은 안 쓰나요?" "문제없습니다." "홈 브루어인가요? 그럼 잘 알겠네요." 그러고는 나를 이끌고 뒤로 가서, 호스들을 건너고 발효기 사이를 비집고 들어가 배럴이 있는 지하실로 들어간다. 그는 탱크에서 맥주를 맛보게 해주거나, 컨베이어 벨트에서 방금 채워진 병을 낚아채줄 것이다. (한 브루어가 테이프를 붙인 안전 스크린 주변으로 가더니, 계속 쏟아지고 있는 거품이 보글거리는 맥주를 향해 손을 뻗으며, 이것이 가장 좋은 시음 방법이라고 말해주었다.) 이런 양조장은 늘 공사 중이다. 막 건물을 짓는 중이거나 겨우 서로 붙어 있는 정도다. 내가 구경했던 미시간에 있던 한 양조장은 맥아즙을 군대 수준의 커피 메이커에 끓였고, 문을 닫은 퀘이커 오츠 제과점에서 집어온 피넛 버터 저장 탱크에서 발효시

컸다. 또 다른 양조장은 맥주 캡을 독일제 새 병입 기계를 사용해 천장에 달린 플라스틱 홈통으로 보내고 있었다.[42]

밀러는 다를 것이다. 우선 전화(931-BEER)를 걸어야 했다. 티켓을 사고 약속을 잡아야 했다. 안내자가 따라붙을 것이다. 내가 델라웨어 도그피시 헤드에서 이 여행을 시작했을 때 나는 와인처럼 어두운 바다 너머를 응시했다. 비록 오래전에 죽었지만 그 이집트 브루어는 꿀 양동이마다, 버려진 대추야자 씨마다 자신의 영적인 지문을 남겼다. 그는 실재했다. 미시간호의 단조로운 회색빛의 또 다른 끝에는 특징 없는 공장이 있었다.

페리를 타고 가는 건 특별한 일은 아니었다. 하늘은 계속 잿빛이었고 가랑비도 왔다. 나는 지도도 없이 배에서 내려 약속 시간을 맞추지 못할까 약간 걱정됐다. 그들은 얼마나 밀러 타임을 정확하게 지키려나? 사실 걱정할 필요는 없었는데. 세인트루이스에 관한 오래된 농담이 하나 있다. "미시시피에 있는 그냥 커다란 도시로, 앤호이저 부시 공장 근처에 있다." 그만큼 앤호이저 부시 공장이 크고 유명하다는 뜻이다. 가랑비가 내리는 밀워키의 안개 속에서도 거대한 밀러 간판은 쉽게 눈에 띄었다. 밀러는 도시 삶의 탈출구가 아니다. 밀러는 도시 그 자체다.

파운더스 브루잉 컴퍼니Founders Brewing Co.에서 나는 기독교 스쿠터 무리와 주차장을 함께 쓴 적이 있다. 쿤헨Kuhnhenn 양조장에서는 지역을 자랑스러워하는 범퍼 스티커("Say Yah to Da U.P., Eh!")■를 붙인 먼지 쌓인 픽업트럭과 함께였다. 밀러의 주차장은 RV 차량과 관광버스들로

■　　관광청 슬로건 "Say YES to Michigan"을 패러디한 것. "Say yes to the Upper Peninsula of Michigan을 말한다.

꽉 들어차 있었다. 로그 양조장에서는 닭들이 돌아다녔고, 시에라 양조장은 홉 먼지 냄새로 가득했다. 밀러의 주차장에는 핫도그 포장지와 찢어버린 손목 종이 밴드가 흩어져 있었다. 비어 가든은 사라졌지만 그 장관은 남아 있었다.

하지만 그곳에는 소비는 없고 생산만 있었다. 피크닉 식탁이 펼쳐진 들판에서 행복하게 술을 마시는 사람들도, 행진하는 악대와 은쟁반을 들고 가는 웨이터도 없었다. 대신 지게차가 두꺼운 판유리 뒤로 케그를 들어 올리고 있었다. 밀러 가든의 전망탑 타워는 한때 숲이 우거진 파릇파릇한 계곡을 지나 흐르는 강을 굽어봤다. 하지만 우리를(밖에 앉을 수도 있고 바에서 그룹을 만날 수도 있었다) 둘러싸고 있는 현재의 밀러 가든은 4층 높이의, 사실 더 높아 보이는 웅장한 건물로 마치 감브리누스Gambrinus■가 지은 듯했다. 안으로 들어가자 형광등 아래에서 반짝이는 보일 케틀 한 세트가 모습을 드러냈다. 대회전 관람차나 오케스트라석은 보이지 않았지만 병입 라인은 인기 만점이었다. 유압식 기계의 윙 돌아가는 소리는 중서부 출신 여행 가이드의 나른하면서도 동그란 발음을 대초원처럼 납작하게 만들었다. 이렇게 말이다. "품질이 우리의 주요 목적입니다." 우리는 효율적인 기계가 정말 효율적으로 작동하는 모습을 지켜보면서 가이드의 설명을 들었다. "이 병입 라인은 1분당 2000개의 캔을 담습니다. 여러분이 술 마시는 속도랑 비슷하네요."

그나저나 이런 놀라운 기계 중에, 자본주의 효율성의 성전인 이곳 어디에 브루어가 있단 말인가? 아마도 산 채로 묻혀 있을 것이다. 비는 더

■   맥주를 발명했다고 알려진 전설적인 왕. 넉넉한 풍채에 금발과 곱슬거리는 수염, 온화한 미소를 띤 모습이다. 체코 맥주 회사 이름이기도 하다.

세게 내리기 시작했고 우리는 동굴로 터벅터벅 내려갔다. 바로 이곳에서 프레더릭 밀러의 영혼을 떠올릴 수 있다.

칼 베스트는 그의 큰형 필립의 성공을 좇아 1850년대에 라거링 동굴을 지었다. 큰형의 베스트 브루어리는 곧 팹스트로 이름을 바꿨고, 세계에서 가장 큰 양조장이 될 예정이었지만, 불쌍한 칼 베스트의 플랭크 로드 양조장은 완전히 파산해 1856년 텅 빈 동굴을 프레더릭 밀러에게 팔았다. 오늘날 그 동굴은 빈티지 병이 든 유리 진열장이 철제 펜던트 조명을 받아 유물처럼 반짝이며 전시되어 있는 '성지'다. 밀러사의 가장 유명한 로고 중 하나인 "달에 앉아 있는 밀러 걸Miller Girl in the Moon"이 센서처럼 위에서 흔들리고 있다. (이것은 내가 가장 좋아하는 소위 브루어리아나breweriana■다. 그녀는 1900년대 초반부터 가끔은 눈에 확 띄는 곳에, 가끔은 부활절 달걀처럼 숨어서 밀러 맥주 포장에 장식되었다.) 문득 펜던트 조명이 흐려지더니 그 남자, 프레더릭 밀러가 눈앞에 나타났다. 동굴 뒷벽에 홀로그램으로 비친 것이다. 나는 처음에는 멈칫했지만 볼수록 완벽하게 어울린다는 생각이 들었다. 밀러는 이제 기술을 매우 중요시하고 과거와는 유령 같은 이미지로만 연결되어 있다. 내 눈앞에 나타난 그 브루어는 사람이 아니고 마케팅 트릭일 뿐이었다. 이것이 밀러 양조장의 본질이었다. 기계가 맥주를 만들고, 사람들은 판다.

나는 밀러를 직접 만들어보려고 시도하지 않았다. 관광이 훨씬 진정성 있는 경험인 듯했고 밀러의 이야기에 더 가깝다고 느꼈다. 기념품 가게에서 자잘한 물건을 사고 집으로 가는 길에 구멍가게에서 맥주를 한

■　　양조장 이름이 새겨진 물건을 취미로 모으는 사람. 또는 그런 물건이나 관련 상품.

병 샀다. 가는 길은 더 서늘해졌다. 내가 교신할 수 있는 브루어가 없었다. 밀러의 본성을 진정 이해하려면 돈을 주고 사야 했다.

내가 구매한 여섯 개들이 하이 라이프High Life는 5.99달러였다. 밀러 걸 자석은 겨우 50센트였다. 맥주는 라이트하고 묽었으며 달짝지근한 시트러스 향이(막 짜낸 오렌지 주스가 아니라 저렴한 오렌지 주스 같은) 살짝 느껴졌고, 톡 쏘는 가루를 뿌린 하루 지난 콘플레이크 맛이 났다. 창조자의 이야기를 떠올리게 하지는 않았지만 단체로 소비하던 희미한 기억을 떠올리게 했다. 밀러 맥주는 늘 마시던 그런 맛이 났고 늘 그럴 것이다. 자석은 내 화장실 거울에 붙였다.

다시 밀러 여행으로 돌아와서, 맥주는 정말로 공짜였다. 이국적인 스타일의 밀러 여관Miller Inn에서 우리는 첵스 믹스를 우적우적 씹으며 술을 마시고 엽서를 썼다. 오래되어 빛 바랜 사진 위에 이렇게 쓰여 있었다. "밀러 밸리에 오신 걸 환영합니다." 공장이나 브루어 사진이 아닌 자랑스럽게 앞치마를 두른 판매원들의 사진이었다. 그들은 챙이 넓은 모자를 쓰고 배럴을 실은 수레를 끄는 말 한 쌍을 몰고 있었다. "지금 몇 시인지 알아?" 나는 친구들에게 썼다. 마치 그들이 짐작도 못할 것처럼.

에필로그

태초부터, 우리는 상상할 수도 없이 멀리 떨어진 과거의 유산이 지속되고 있다는 증거를 찾아왔다. (…) 국가란 습관적 행동이 변형되는 패턴으로 관습과 관습의 결합을 상징한다. 사건들의 표면에는 깊은, 거의 지질학적인 고요함이 있다. (…) 우리는 여전히 과거 깊은 데서 살고 있다.

_ 피터 애크로이드, 『런던: 전기』

늘 밀러 시간이었지만, 늘 바빌로니아 시간이기도 했고 샤먼의, 이민자의, 수도승의 시간이기도 했다. 내 여행이 끝난 밀러 양조장에서 역사란 먼지 쌓인 빈티지 병과 홀로그램 마술 트릭일 테지만, 내 여행이 시작된 작은 수제 양조장에는 브루어의 고대 영혼이 살아 숨 쉬고 있었으며 전에 없이 활발했다.

내가 처음 맥주의 풍미를 시대에 따라 좇기 시작했을 때 그리고 과거 브루어의 영혼을 다시 살려내기 시작했을 때, 나에게는 동지가 별로 없었다. 길을 가면서 뜻이 비슷한 시대착오적인 사람들을 몇 만났지만, 대부분은 새로운 야생의 영역을 혼자서 탐험했다. 말하자면, '노르딕 웜우드 에일Nordic wormwood ale'은 들어본 사람도 별로 없었고, 감히 마셔보려는 사람은 더더욱 없었다.

오늘날 앵커 브루잉 컴퍼니는 늘 소비자에게 인기 있는 맥주와 함께 초본草本 예르바 산타를 우린 팜하우스 에일을 출시할 수 있다. 보스턴의 '프리티 싱스 비어 앤 에일 프로젝트Pretty Things Beer and Ale Project'는 19세기 IPA 레시피로 맥주를 다시 만들 수 있고, 두 양조장은 그런 실험이 에너지를 낭비하는 게 아니라고 확신한다. 그들은 그런 맥주와 함께 과거를 맛보고 싶어하는 애주가를 찾을 수 있다고 믿는다. 밀러쿠어스조차 금주법 이전의 레시피로 맥주를 만들어 약간의 성공을 거뒀다.

하지만 브루어들은 솔티 고제salty gose,■ 향신료 가득한 그루잇 또는 나무 수액 같은 이상한 오래된 재료로 만든, 단순히 잊힌 스타일을 되살리는 일만 하는 게 아니다. 그들은 새로운 것도 발명하고 있다. 홈 브루 가게에 갈 때마다 냉장고에 든 홉 상자에서 익숙하지 않은 코드를 발견했다. 어느 날은 YCR 5, 다른 날은 블루베리와 망고의 이국적인 풍미의 HBC 394. 이 여행을 촉발시킨 운명적인 술집에 갔던 건 대단한 경험이었지만, 겨우 몇 년 후 내가 정기적으로 보는 맥주 종류에 비하면 비할 바가 아니다. 탭 목록은 차고 넘친다. 맥주 가게 선반은 임피리얼 필스너와 사워 스타우트, 화이트 IPA와 블랙 세종, 와인, 사이더, 꿀술, 분류가

■　　독일에서 마시던 상면발효 맥주. 레몬 맛, 허브 맛, 강한 짠맛이 특징이다.

불가능한 하이브리드 종까지 매우 다양하다.

그리고 애주가들은 여전히 목마르다. 브루어가 더 많은 스타일을 만들어낼수록 애주가들은 더 다양한 맛을 떠올리고, 더 많은 이야기를 하는 것을 멈추지 않으리라. 심지어 내 부모님도 마찬가지다. 한때 '롤링 록'만 집에 두었던 분들이 이제는 동네 가게에 그라울러를 가져가서 임피리얼 스타우트와 IPA를 채워온다. 여자친구의 아버지가 가장 좋아하는 맥주가 버드 라이트 라임과 도그피시 헤드의 꿀과 사프란이 들어간 '미다스 터치'라고 했을 때는, 맥주의 미래가 과거처럼 풍요로울 것 같았다.

인류 역사를 통틀어 양조는 늘 맛과 '테루아'의 균형이었다. 라이트한 필스너를 만들기 위해 미국 옥수수를 사용하든, 쌉쌀하고 기운 나게 하는 IPA를 만들기 위해 켄트 홉을 쓰든, 브루어는 그들이 구할 수 있는 재료를 원하는 시간에 적응시키는 법을 배웠다. 일부 브루어는 지역 전통을 여전히 따르고 있기도 하다. 예를 들어, 샌프란시스코의 알마낙 양조장은 캘리포니아 북부 회향茴香과 매리언베리, 그 밖의 재료를 이용해 팜 투 보틀Farm-to-Bottle 시리즈를 양조한다. 사실 이제 양조장은 어디서든 원하는 재료를 구할 수 있다. 도그피시 헤드의 유알콘티넨트 URkontinent는 호주의 와틀 씨와 아프리카의 루이보스 차를 사용했다. 뉴 벨지엄 양조장은 베를리너 바이세Berliner Weisse라는 예전의 시큼한 맛의 밀 맥주를 새콤한 아시아산 유자로 만들었다. 세계 최초의 향신료 길은 풍미의 강을 열며 로마의 식탁으로 흘러갔고, 마침내 오늘날 우리에게까지 왔다. 이국 작물을 재배할 수 있는 능력이 커질수록 우리의 갈증도 빠른 속도로 쫓아갔다. 많은 브루어가 더 많은 것을 만들수록 더 많은 애주가가 마시고 싶어한다. 악명 높은 금세기의 딜레마에 대한 신선하고

도 간단한 답을 우리는 알고 있다. "대중은 맥주에서 무엇을 원하는가?" 모든 것이다.

우리의 취향은 활짝 열려 있고, 맥주의 미래도 그렇다. 맥주 이야기는 늘 재창조의 이야기였다. 전통 레시피를 새로운 땅에 옮겨 심으면서, 브루어가 새로운 땅과 새로운 시대를 여행하면서, 브루어 자신과 그가 만든 맥주 그리고 애주가들은 완전히 다른 존재가 되었다. 맥주는 세월을 견뎌오면서 변했다. 나의 재창조물들은 맥주의 역사적 특징대로 정확하게 탄생하지는 못했지만, 핵심은 바로 그것이다. 맥주의 특징은 늘 변한다는 것.

나는 이 책을 쓰면서 만난 브루어들에게 수많은 조언을 들었고 그들의 식견과 통찰력에 큰 도움을 받았다. 하지만 이 책을 쓰기 시작한 이후, 이 책과 내가 그동안 마시고 만든 모든 맥주를 위한 '만트라'처럼 한 가지 생각이 계속 머릿속에 맴돈다. 그것은 론 제프리스가 언급했던 "브루 마스터의 순간의 예술"이었다. 시대마다 맛이 있고, 각각의 순간에 완벽한 맥주가 있다. 브루어는 매 순간에 적응한다. 그들의 이야기는 계속될 것이다.

참고문헌

Stephen Harrod Buhner, *Sacred and Herbal Healing Beers: The Secrets of Ancient Fermentation*, Boulder, CO: Brewers Publications, 1998.
이 책은 홉을 넣지 않고 술을 빚는 반체제적 지하세계 양조로 가는 티켓이다. 내가 지하세계에서 만난 브루어는 모두 위대한 인물들로, 뷰너는 약간 엉뚱한 쪽이었다. 반개신교 장광설을 잔뜩 늘어놓았고, 사리풀 에일의 "정치적으로 부적절한" 의학적 사용을 부인한다는 말과 함께 그의 성격이 드러나는 레시피를 살펴볼 수 있다. 나는 뷰너의 이 독특한 책을 읽고 고대 꿀술의 세계도 처음으로 짧게나마 맛볼 수 있었다. 마력에 사로잡힌 듯 책에 빠져들어, 기르던 벌집을 통째로 넣어 꿀술을 양조했다. 꿀, 꽃가루, 프로폴리스, 밀랍, 살아 있는 벌, 독. 이 모든 것을 끓였다. 그 결과 맥주는 꽃 향이 풍부했고, 송진 냄새에 감각을 마비시킬 듯 강했으며, 지금까지 내가 만든 맥주 중 맛이 가장 좋았다.

Stan Hieronymus, *Brew Like a Monk: Trappist, Abbey, and Strong Belgian Ales and How to Brew Them*, Boulder, CO: Brewers Publications, 2005.

수도원 양조의 이야기는 잘 알려져 있지 않고 복잡한데다 시간이 흐르면서 극적으로 진화했을 뿐 아니라, 오늘날 맥주를 둘러싼 지나친 열기 때문에 이야기하기 쉽지 않다. 사실, 로맨스와 순수한 공상은 풀기 어려운 실뭉치이기는 마찬가지지만, 히에로니무스가 그런 기록을 바로잡아놓았다. 만약 베스트블레테렌 뒤에 숨겨진 진실을 알고 싶다면 혹은 단순히 스스로 만들어보고 싶다면 이 책이 좋은 안내서가 될 것이다.

Patrick E. McGovern, *Uncorking the Past: The Quest for Wine, Beer, and Other Alcoholic Beverages*, Berkeley, CA: University of California Press, 2010.
(패트릭 E. 맥거번, 『술의 세계사: 알코올은 어떻게 인류 문명을 발효시켰나』, 김형근 옮김, 글항아리, 2016)
맥거번은 역사적 음료에 관한 최고 전문가이며 이 책은 그의 걸작이다. 무덤에 묻혀 있던 단지와 늪지에서 파낸 조각들을 긁어모아 기록한 고대 양조의 역사가 펼쳐져 있다. 넓은 범위의 주제를 다루는 이 책은 맥주뿐 아니라 근동에서 그리스 와인, 바이킹 그로그주, 옥수수로 만든 잉카 음료 '치차chicha' 그리고 심지어 아프리카 꿀술과 얌 맥주까지 설명한다. 역사에 초점을 맞추고 있긴 하지만 딱딱하지 않고 재미있다.

James E. McWilliams, *A Revolution in Eating: How the Quest for Food Shaped America*, New York: Columbia University Press, 2007.
미국 식민지 시대의 속성 푸딩부터 단감 맥주의 맛까지 가장 뛰어난 통찰력으로 설명한 책이다. 맥윌리엄스는 맛을 자세히 설명하기보다는 우리가 무엇을 먹었고 마셨나를 사회적·정치적 의미에서 자세히 설명한다. 음식이 우리에 대해 뭐라고 말하는가. 이 책은 맥주를 바라보는 관점에 영감을 준다.

Daniel Okrent, *Last Call: The Rise and Fall of Prohibition*, New York: Scribner, 2011.
맥주 이야기 중에서도 금주법이라는 우울한 내용을 잘 풀어내기란 만만치 않다. 하지만 오크렌트의 책은 켄 번스의 다큐멘터리 시리즈 「금주법Prohibition」과 필라델피아 국립헌법센터가 훌륭히 전시했던 "미국 술: 금주법의 발생과 몰락"에 상응하는 환상적인 역사책이다. 만약 이 분야에 대해 더 깊이 알고 싶다면 이 책에서 시작할 것.

Wolfgang Schivelbusch, *Tastes of Paradise*: *A Social History of Spices, Stimulants, and Intoxicants*, New York: Vintage, 1993.
술에서 감초까지, 시벨부슈의 책은 모든 종류의 쾌락이 행동으로 어떻게 나타나는지 잘 설명해준다. 술집의 건축구조 변화에 대해 설명한 부분이 특히 흥미롭다.

William Littell Tizard, *The Theory and Practice of Brewing*: *Illustrated*, London, 1857.
티저드는 그가 살았던 시대, 즉 맥주의 객관적 연구가 그래도 활발하게 진행될 당시 가장 유명한 양조 과학자였다. 경이로움과 열정 그리고 초기 운동의 혼란스러웠던 상황을 읽는 건 즐거운 경험이었고, 오래된 책이지만 여전히 신선하고 생동감 있게 느껴진다. 비록 내용이 모두 정확하지는 않고, 티저드는 자신감이 넘치다 못해 심지어 오만하게도 느껴지지만 그의 충고는 오늘날 읽기에도 재미가 쏠쏠하다. 물론 150년 전, 한 손에는 거품 이는 머그잔을 들고 다른 손에는 펜을 들고 독설을 썼던 작가 자신도 그만큼 재미를 느꼈을 것이다. 가끔 기술적인 내용이 있긴 하지만 저급하면서도 흥미로운 양조 은유법도 나오니 끝까지 읽어보길 바란다.

그 밖의 참고 자료

Arnold, Bettina, "Drinking the Feast," *Cambridge Archaeological Journal* 9:1(1999).
_____ , "Power Drinking in Iron Age Europe," *British Archaeology* 57(2001).
Baron, Stanley, *Brewed In America*: *A History of Beer and Ale in the United States*, Little Brown, 1962.
Bauschatz, Paul C., *The Well and the Tree*: *World and Time in Early Germanic Culture*, University of Massachusetts Press, 1982.
Behre, Karl-Ernst, "The History of Beer Additives in Europe," *Vegetation*

History and Archaeobotany 8(1999).

Bobrow-Strain, Aaron, "Atomic Bread Baking at Home," *The Believer*, February 2012.

Bottero, Jean, *The Oldest Cuisine in the World: Cooking in Mesopotamia*, University Of Chicago Press, 2004.

Cornell, Martyn, *Amber, Gold and Black*, History Press, 2010.

Corran, H. S., *A History of Brewing*, David and Charles, 1975.

Craigie, William A., *The Religion of Ancient Scandinavia*, Books for Libraries Press, 1969.

Dietler, Michael, "Driven by Drink," *Journal of Anthropological Archaeology* 9(1990).

Dugan, F. M., "Dregs of Our Forgotten Ancestors," *FUNGI* 2:4 (2009).

Ehret, George, *Twenty-Five Years of Brewing*, Gast Lithograph Company, 1891.

Fussell, Betty Harper, *The Story of Corn*, University of New Mexico Press, 2004.

Garwood, Paul, ed., *Sacred and Profane*, Oxford University Committee for Archaeology, 1989.

Gately, Iain, *Drink: A Cultural History of Alcohol*, Gotham, 2009.

Gayre, Robert, *Brewing Mead: Wassail! In Mazers of Mead*, Brewers Publications, 1998.

Gadwell, Malcom, "Drinking Games," *The New Yorker*, February 15, 2010.

Glaser, Gregg, "Re-Creating Antique Beers," *All About Beer* 22.1(2001).

Hagen, Ann, *Anglo-Saxon Food and Drink: Production, Processing, Distribution and Consumption*, Anglo-Saxon Books, 2006.

Hagen, Karl, *Economics of Medieval English Brewing*, Medieval Association of the Pacific, 1995.

Harrison, John, *An Introduction to Old British Beers and How to Make Them*, Durden Park Beer Circle, 1976.

La Pensée, Clive, *The Historical Companion to House-Brewing*, The king's

England Press, 1990.

Loftus, William, *The Brewer: A Familiar Treatise on the Art of Brewing*, London, 1863.

Markowski, Phil, *Farmhouse Ales: Culture and Craftsmanship in the Belgian Tradition*, Brewers Publications, 2004.

McKenna, Terence, *Food of the Gods: A Radical History of Plants, Drugs, and Human Evolution*, Rider & Co, 1998.

Mosher, Randy, *Radical Brewing*, Brewers Publications, 2004.

Nelson, Max, *The Barbarian's Beverage: A History of Beer in Ancient Europe*, Routledge, 2008.

Nordland, Odd, *Brewing and Beer Traditions in Norway*, Universitetsforlaget, 1969.

Ogle, Maureen, *Ambitious Brew: The Story of American Beer*, Mariner Books, 2007.

Oliver, Garrett, ed., *The Oxford Companion to Beer*, Oxford University Press, 2011.

Orton, Vrest, *Homemade Beer Book*, Tuttle Publishing, 1973.

Pearson, Mike Parker, ed., *Food, Culture, and Identity in the Neolithic and Early Bronze Age*, British Archaeological Reports, 2003.

Redding, Cyrus, *A History and Description of Modern Wines*, Henry G. Bohn, 1851.

Ritchie, Carson I. A., *Food in Civilization*, Beaufort Books, 1981.

Rorabaugh, W. J., *The Alcoholic Republic: An American Tradition*, Oxford University Press, 1979.

Russell, John, *Early English Meals and Manners*, London, 1868.

Sambrook, Pamela, *Country House Brewing in England, 1500-1900*, Bloomsbury Academic, 1996.

Smith, Gregg, *Beer in America: The Early Years: 1587-1840*, Brewers Publications, 1998.

Sparrow, Jeff, *Wild Brews: Beer Beyond the Influence of Brewer's Yeast*,

Brewers Publications, 2005.

Stack, Martin H., "A Concise History of America's Brewing Industry," *EH.net Encyclopedia*.

Steele, Mitch, *IPA: Brewing Techniques, Recipes and the Evolution of India Pale Ale*, Brewers Publications, 2012.

Stinchfield, Matt, "Getting Primitive: Trekking Beer Through Religion," *All About Beer* 32.4 (2011).

Turner, Jack, *Spice: The History of a Temptation*, Vintage, 2005.

Unger, Richard W., *Beer in the Middle Ages and Renaissance*, University of Pennsylvania Press, 2007.

Vitebsky, Piers, *Shamanism*, University of Oklahoma Press, 2001.

Wagner, Rich A., *Philadelphia Beer: A Heady History of Brewing in the Cradle of Liberty*, History Press, 2012.

Woodward, Roger D., "Disruption of Time in Myth and Epic," *Arethusa* 35:1 (2002).

감사의 말

맥주는 함께 마시는 술이다. 그리고 맥주 이야기는 사람들에 관한 것이다. 함께 술잔을 기울일 만한 많은 사람의 도움이 없었다면 알지 못했을 이야기다. 아마도 도서관을 헤매며 고군분투했을 것이다. 하지만 그분들 덕분에 맛과 술집의 모험담의 세계로 떠날 수 있었다. 샘 칼라지온, 제러미 카원, 스티브 드레슬러, 브라이언 헌트, 론 제프리스, 존 킬링, 라이언 켈리, 톰 키호, 짐 코크, 애덤 라머로, 데이브 매클레인, 윌 마이어스, 제이슨 퍼킨스, 롭 토드, 리치 와그너에게 감사한다. 그리고 과거로 빛을 비춰준 귀중한 술 가이드이자 전문가에게도 도움을 받았다. 스티븐 해로드 뷰너, 스탠 히에로니무스, 패트릭 맥거번, 데니스 포그, 메리 톰슨. 그리고 시음해준 모든 사람, 친구들, 내 여행길에 동참해준 용감한 탐험가 앨러스테어 블랜드, 대니얼 본스타인, 에런 브릿, 대니얼과 레긴 델 발,

홀리 그레슬리, 세라 호치키스, 조 라자르, 브렛 마틴, 댄 매킨리, 댄 로젠바움, 제이슨 스미스에게 고마움을 전한다.

가게를 내주어 내가 실험실과 안식처로 사용하게 해준 맷 코엘로, 애비 먼로, 짐 우즈에게 감사의 말을 전한다. 새뮤얼 길, 브렌던 인코바이아, 양조 케틀과 샤먼의 길에서 만난 형제들에게 감사한다. 사무실 공간을 빌려준 '리추얼 커피'의 친절한 직원과 조사를 도와준 엠네시아의 준 숀 마지와 브렌던 토머스도 잊을 수 없다. 내 에이전트인 데빈 매킨타이어는 내 꿈을 아이디어로 바꿔주었고, 편집자인 브렌던 커리는 내 아이디어를 책으로 만들어주었다. 나를 믿어주는 부모님에게, 나를 사랑해주는 형제자매에게 그리고 나의 빛이 되어주는 제시에게 감사한 마음을 전한다.

1_ 「브루 마스터스」는 다섯 편의 에피소드로 종영되었다. 디스커버리 채널은 저조한 시청률 때문이라고 했지만, 사람들은 다음 시즌을 찍지 않는 이유가 샘과 그의 열광적인 수제 맥주 팬들과 프로그램의 주 스폰서인 밀러쿠어스의 수제 맥주인 척하는 브랜드 '블루 문' 간의 갈등 때문이라고 짐작한다.

2_ 1920년대의 공유 번역본은 아카드 언어바빌로니아와 아시리아 지방을 포함하는 동부 지방의 셈 언어로 '시카람sikaram' 혹은 수메르 언어로 '카스kaš'를 와인으로 해석한다. 하지만 현대 학자들은 와인이 아니라 곡식으로 만든 맥주라고 해석하는 경우가 더 많다.

3_ 샘과 래미는 칸 엘 칼릴리Khan el-Khalili, 이집트 카이로의 중심가에 1382년에 세워진 시장 향신료 시장을 얼이 빠진 채 헤매고 다니면서 말린 도마뱀, 사슴뿔, 이집트 종려나무 열매 같은 재료를 맛봤다. 진저브레드 팜gingerbread palm이라고도 하는 이집트 종려나무의 열매는 나무 공처럼 생긴 게 꼭 커다란 대추야자 같았다. 샘은 "끝내주게 달콤하다"고 했다. 진저브레드 팜을 사용하기로 최종 결정하고 수입하려 했지만, 그건 샘을 파산으로 몰고 갈 수 있는 불법이었다. 그는 말린 도마뱀을 사용하는 게 차라리 쉬웠을 거라고 농담을 던졌다.

4_ 사람들은 도대체 맥주를 음료 분야에서 어느 위치에 놓아야 할지 몰라, 맥주는 그냥 가난한 사람들이 와인을 흉내낸 술이라고 생각했다. 에머슨은 "우리는 우리 자신보다 더 나은 분류학자 앞에선 속수무책이다"라고 했다.

5_ 바람이 할퀴고 지나가는 스코틀랜드 국경 지역 중 비어스덴, 빈돌란다고대 로마군의 요새, 아우구스투스 황제 시대 요새를 지나는 사람이라면, 와인 스노브든 아니든 그곳에 발이 묶여 모두 에일을 마시며 발가락을 따뜻하게 했다. "스코틀랜드에서는"이라고 시작하는 속담은 사라졌을지도 모른다. 영국 역사에서 최초의 브루어는 우리가 익히 알고 있는 로마 사람 아렉투스다.

6_ 그들이 전부 더러운 시골뜨기였던 건 결코 아니었다. 심지어 이방인들도 더 좋은 물건을 알아봤다. 로마는 408년 고트족의 포위 공격에서 이민족 알라리크 왕에게 금 5000파운드, 은 3만 파운드, 값비싼 흑후추 3000파운드를 주겠다고 한 다음 빠져나올 수 있었다. 알라리크 왕과 귀족 친척들은 와인을 즐겼다. 와인은 구하기 힘들었고 그만큼 가격도 비쌌다. 갈리아에서 싸구려 와인이 8디나리였지만, 맥주는 4디나리 또는 2디나리짜리도 있었다. 와인 한 통에 노예한 명이 표준으로 거래되었다. 로마인들은 와인에 물을 섞었지만 고트족은 정력과 부를 과시하기 위한 행위로 그냥 스트레이트로 마셨다.

7_ 다른 어원학적 증거: 마녀라는 뜻의 단어 hag는 현재 독일의 표준어인 '고대 고지高地 독일어' hagazussa에서 유래했다. 이는 잘 가꾼 정원과 야생 숲 사이의 담장을 뜻한다.

8_ 게르만족 신화는 글자 그대로 술에 빠져 가라앉는 길에 열반을 찾는 인간의 이야기로 가득하다. 스웨덴의 왕들 헌딩구스와 피윌니르, 오딘과 그의 아들 베랄두르, 아일랜드의 왕 디아메이드, 클래런스 공작이 모두 이러하다. 사실 이런 이야기는 안티 아르네, 스티스 톰슨 등 민속학자들이 "Tale 943A"로 분류할 정도로 많다.

9_ 브라이언은 법적으로 맥주 제조에 '어느 정도' 홉을 사용해야 한다. 그렇지 않으면 맥주라고 할 수 없으니까. 그래서 그는 '몰트 음료'라고 불렀고, 주류담배세금무역국 대신 미국 식품의약국의 규제를 받아 그다지 달가워하지 않는다. "그러니까 이걸 알려드리고 싶어요." 그가 언짢은 눈빛으로 말을 이었다. "모든 맥주에는 배럴당 홉이 반 온스약 158리터당 28그램의 홉는 들어 있습니다."

10_ 물론 이런 맥주에서는 내용물보다는 매개체가 더 많은 일을 했을 것이다. 설탕

한 순간이 파마자유보다 더 효과적일 테니까. 그 당시 모든 질병(질병의 목록은 매우 많고 무시무시하다) 중 가장 많은 연구가 이루어진 분야는 '숙취'였다. 치료 제는 밋밋한 두루미냉이를 넣은 물부터 구운 돼지의 허파 다섯 조각을 먹는 것까지 다양했다. 16세기 내과 의사 앤드루 보드는『건강의 성무일도서Breviary of Health』에서 무슨 방법을 써도 소용이 없다며 이런 조언을 건넸다. "만약 취했다고 느낀다면, 물과 오일, 깃털, 로즈메리 가지 또는 손가락을 이용해 토하거나 침대에 가서 자라."

11_ 힐데가르트가 맥주를 좋아했던 이유는 맥주를 마시면 얼굴에 장밋빛 홍조가 돌아 건강해 보이기 때문이었다. 그러나 그녀는 약초 안내서『물리학Physica』과 『원인과 치료Causae et Curae』에서 환자의 목숨을 앗아갈 수도 있는 까마중을 치통 치료제로 처방하기도 했다.

12_ 맥주를 칭하는 단어에 대해 밝혀둘 것이 있다. 맥주에 관해 글을 쓰는 작가 중 맥주와 에일이라는 단어를 까다롭게 구분하는 사람도 있다. 맥주는 홉으로 만든 음료이고, 에일은 홉을 넣지 않고 만든다는 것이다. 나는 이 구분이 작위적이 라고 생각하며 어원도 의심스러운 점이 있어 두 단어의 차이를 무시할 것이다.

13_ 루터의 추종자들은 더 엄격했다. 루트비히 해처가 쓴『복음주의 음주에 관하여On Evangelical Drinking』와 제바스티안 프랑크가 쓴『술 취함의 끔찍한 악에 관하여Concerning the Horrible Vice of Drunkenness』 같은 금주에 관한 글은 자신들을 가톨릭 음주와 완전히 구분하려고 개신교의 '성체 공존설' 개념을 사용했다. 와인이 신성을 위한 도구이며 그리스도의 실제 피가 아니라는 것이다.

14_ 다른 수도원 효모에도 비슷한 유래가 있다. 뒤블은 1920년대 첫 번째 세포를 에든버러의 매큐언McEwan 양조장에서 얻었다. 전통 계승자인 콜로라도의 뉴 벨지엄은 양조장 창립자 제프 레베시가 벨기에로 자전거 여행을 갔다가 몰래 들여온 시메Chimay 병에서 얻었다. 맥주 마니아들의 말에 따르면, 베스트블레테렌의 원조 효모는 세인트 베르나두스St. Bernardus 양조장의 돌연변이 형태를 먹고 산다고 한다. 제2차 세계대전 후 일시적으로 양조장을 닫았을 때, 효모와 이전에 사용하던 우물물까지 케그에 담아가서 5마일 떨어진 세인트 베르나두스 양조장에서 베스트블레테렌을 계속 만들었다. 베스트블레테렌은 1992년 새로운 균주로 제 장소에서 다시 만들어졌고, 원조 세포는 여전히 각 베르나두스 병에 잠복해 있다.

15_ 시토회 사람들의 취향은 고급스러웠다. 다만 그 훌륭한 취향으로 무언가를 하려고 하지 않았다. 한번은 흰 예복을 입은 베르나르라는 수도승이 물 새는 수도원 지붕 너머로 부르고뉴 수도원에서 엄청나게 많은 향신료를 사용하는 모습을 엿보고 이렇게 말했다. "향신료 종류가 1000가지 정도 되는데, 그게 혀에는 기쁨일지 몰라도 성욕에 불을 지르게 될 거야."

16_ 시에라는 미국에서 가장 잘 팔리는 IPA인 '7.4퍼센트 ABV 토르페도 엑스트라 IPA'를 포함해 여러 종류의 맥주를 만들 때 토르페도를 사용한다. 향기로운 시트라 홉을 배럴당 거의 1파운드 넣고 오렌지 껍질을 갈아 넣어 시면서도 달다. 토르페도는 애주가들과 브루어들에게 듬뿍 사랑받아 홉이 큰 인기를 얻었다. 2009년 처음 토르페도를 양조할 당시만 해도, 이 홉은 워싱턴주에 있는 겨우 3에이커 땅에서 재배하던, 거의 알려지지 않았던 실험적 균주였다. 홉은 계절마다 점점 빨리 다 팔렸다. 캘리포니아의 니 디프 브루잉Knee Deep Brewing은 결국 그들의 시트라 IPA의 이름을 바꿔야(그리고 다른 홉을 넣어야) 했다. 현재는 딱 맞는 이름인 홉 쇼티지Hop Shortage다.

17_ 시에라는 오빌라를 완전히 독립된 맥주로 브랜드화해 출시했다. 시에라 디자이너들은 다른 모양의 병을 사용했고(수제 맥주 특유의 뭉툭한 병이 아니었다) 전원 풍경도 넣지 않고, 시에라 로고도 잘 보이지 않게 넣었다. 대신 노랗게 빛나는 중세시대 필사 고딕체로 '오빌라'라고 써넣었다. 맥주는 완전히 실패했다. 어느 회사가 만든 맥주인지 아무도 몰랐다. 유명 제조사의 도장도 없는 오빌라는 생소하게 느껴졌고 가격도 비싸 대부분의 구매자에게는 모험이었다. 그래서 2013년 오빌라가 나왔을 때 시에라는 자사 맥주 라인처럼 보이도록 다시 만들었다. 후드를 입은 수도승 어깨 위로는 천사 같은 어린아이가 있고, 시에라네바다 로고가 높은 곳에서 축복을 보내는 그림이었다. 탁월한 변화였다. 디자인은 새로운 맥주를 오래돼 보이게도 하고, 변화된 맥주를 같은 것으로 보이게도 한다.

18_ 전통적으로 숙성한 통에서 바로 제공되는 세종은 대부분 김이 빠진 상태다. 하지만 효모가 믿을 수 없을 정도로 강한 압력을 쌓고 있는 병에 밀봉하면 탄산이 많이 들어간 맥주가 된다. 샴페인처럼 톡 쏘고 풍부한, 오늘날 우리가 '세종' 하면 떠올리는 흰색 거품은 1920년대 외국 수입 맥주(대부분 필스너)와 경쟁하기 위해 브루어가 농장을 벗어나 맥주를 공급하기 시작하면서 비로소 등

장했다.

19_ 이 건조 방의 전문 용어는 '건조용 솥oast'이다. 낱말 맞추기 퍼즐을 만드는 사람들이 오랫동안 좋아했던 단어였다.

20_ 매시툰 법Mash Tun Act은 1885년에 폐지되었지만, 애주가들은 새로운 맥주는 풍미가 옅고 축 처진다고 느꼈다. 그래서 브루어들은 '슬레임slijm'을 계속 사용했다.

21_ 벨기에의 "전통 특산품 보증Traditional Speciality Guaranteed"에 따르면, 소위 진짜 람빅이라면 pH가 3.8이어야 하며 쓴맛은 20IBU(International Bitterness Unit)여야 한다고 못박는다. 이는 미국 기준으로는 아주 약한 수치다. 어떤 미국 IPA는 100을 넘기도 한다.

22_ 어떤 사람은 람빅의 비결이 적정 온도를 찾는 게 다라고 단순하게 생각한다. 내가 찾아낸 람빅 제조 가이드에 따르면, 가장 멍청한 홈 브루어는 브뤼셀의 날씨를 매일 확인하여 배럴 온도를 조절하는 사람이라 한다.

23_ 자신들의 맥주가 독특하다는 알라가시의 주장에도 불구하고, 맥주의 DNA 분석(PLoS ONE에서 출판한 내용은 다음과 같다. "양조장에 상주하는 미생물균총은 미국 쿨십 에일의 다단계 발효의 원인이다.")에 따르면 그들이 만든 맥주는 벨기에 맥주와 종류 및 농도가 유사하다고 한다.

24_ 헨리 8세는 개신교 압박이라는 명목으로 수도원을 닫았지만 그는 절대 금주하는 사람이 아니었다. 그의 궁중에서는 1년에 480만 파인트약 1만 7000배럴의 술을 소비했다. 한 프랑스 스파이는 고국으로 돌아가 자기 국민에게 두려워할 필요가 없다며 이렇게 보고했다. 영국 왕은 "늘 술에 절어 있다."

25_ 그래도 티저드도 실수할 때가 있었다. 그의 괴상한 이론 중 하나는 전류가 발효를 조절한다는 것이었다. 그는 배럴의 주 소재인 나무가 통풍이 잘 되는지, 산소나 박테리아의 영향은 어떤지 연구하는 대신, 배럴에 부착되어 있는 쇠테나 대갈못에 집착했다. "이건 확신할 수 있다. 맥주의 보존이나 파괴는 전기에 달려 있다. 그리고 가장 확실한 보전 방법은 맥주를 빚고 저장하는 기구와 관련된 모든 조리 기구와 그릇을 최대한 절연시키는 것이다."

26_ 오늘날 명명법은 그저 혼란스럽기만 하다. 예를 들어 '와드워스Wadworth 6X'는 가볍고 쓰면서 달기 때문이다.

27_ 한 세대의 술잔에는 술 이상의 의미가 담겨 있다. 그 술잔들은 문화를 전한다.

들소의 뿔잔은 샤먼 양조의 탁한 색을 감춰주었지만, 유리 제조 기술이 발전해 깨끗한 머그잔, 탱커드, 러머rummer 잔이 영국과 보헤미아에서 사용되자 맥주도 거기에 담겼다. 다년간 유리 공예는 매우 비밀스럽고 희귀한 예술이었다. 주로 베네치아 근방의 무라노섬에서 제조되었는데, 1670년대에 영국인 유리 전문가 조지 레이븐스크로프트가 산화납을 섞어서 베네치아 유리잔보다 더 튼튼하고 저렴하게 만드는 방법을 알아내면서 전 세계 유리 무역을 영국이 지배하기 시작했다. 1880년대 증기기관의 힘과 약해진 소비세가 폐지되자 유리 제조업이 산업 규모로 커졌다. 하지만 레이븐스크로프트는 5년 만에 갑자기 사업을 접었다. 까마귀 머리가 새겨진 그의 작품은 오늘날 10여 점 남아 있다.

28_ 너무 독해서 파인트 잔이 식탁에 붙을 정도였다는 맥주는 추위에도 잘 견딘다. 1852년 영국을 떠나 북극을 조사하러 간 존 프랭클린이 129명의 선원과 함께 실종된 후, 역시 항해 길에 나선 에드워드 벨처 선장은 영하 41도였던 어느 상쾌한 날, 맥주잔을 갑판에 놓고 "액체가 응고되는 조짐이 조금이라도 나타나려면" 12시간이 걸린다고 말했다. 브루어가 말하기를, 어떤 특별한 레시피는 맥아즙의 점성을 너무 강하게 만들어 끈적끈적해져버린 나머지 양조장 파이프를 통과하지 못해 양동이에 담아 탱크에서 탱크로 옮겨야 할 정도였다고 한다. 바너드는 이렇게 썼다. "1875년 양조됐던 14년 묵은 병은 그날 바로 양조한 것처럼 견과류 풍미가 훌륭했다." 1세기 이상이 지난 후, 론 패티슨과 마틴 코넬 맥주 전문 작가가 동일한 배치를 시도했다. "액체 크리스마스 케이크 같다. 배, 무화과, 숯에 태운 건포도, 끓인 자두, 민트, 약한 담배 냄새, 희미한 체리 향이 난다"고 했다.

29_ PBI(식물육종연구소)의 다른 농업적 공헌은 메리스 파이퍼Maris Piper와 메리스 피어Maris Peer 감자 그리고 메리스 위전Maris Wigeon 밀이 있다.

30_ 문제의 인용문은 1779년 프랭클린이 친구인 프랑스 경제학자 앙드레 모를레에게 쓴 편지에서 왔다. "우리는 가나의 결혼식장에서 물이 와인으로 변했다는 기적 이야기를 들었습니다. 하지만 그런 변화는 신의 선하심을 통해 우리 눈앞에서 매일 일어납니다. 천국에서 포도밭으로 내려오는, 그리고 자신을 포도와 결합해 와인으로 변화시키는 비를 찬양합시다. 신이 우리를 사랑한다는, 우리가 행복하길 바라신다는 끊임없는 증거입니다!" 와인이 아니라 맥주가 "살아 있는 증거"라고 처음으로 바꿔서 인용한 사람은 앵커 브루잉Anchor Brewing

창립자 프리츠 메이태그였다. 1996년 그는 『베버리지 월드Beverage World』에 글을 썼을 때 자신이 단어를 바꿨음을 인정했다. 그는 "하지만 나는 확신합니다. 프랭클린도 내 수정에 동의했을 겁니다"라고 말했다.

31_ 영국령이 된 인도의 무역은 독립전쟁 동안 중단되었다가, 신생 국가인 미국에서 럼을 좋아하자 곧 큰 규모로 재개되었다. 1700년, 보스턴에 최초의 양조장이 문을 열었고, 1770년대에는 거의 150개의 양조장이 생겼으며 전후 소비량은 매주 두당 3파인트였다고 추정된다.

32_ 그런데 '진짜'의 품질이 늘 최상이었던 것은 아니다. 영국 맥주는 미국에 안 좋은 상태로 도착할 때가 많았다. 듀퍼라는 상인은 상한 맥주를 배달해 거의 200명을 죽였다는 소문이 돌기도 했다.

33_ 제러미 벨냅과 벤저민 러시는 독주에 관해 똑같이 회의를 표시하며 친목을 다졌다. 둘은 목사의 도덕성과 의사의 과학 지식으로 벨냅의 맥주를 옹호하면서, 이런 맥주가 '독한 증류수'를 대체해야 한다고 주장했다. 러시는 "맥주는 영양 성분이 풍부"한 데 반해, "독주는 칼보다 더 많은 목숨을 앗아간다"고 했다. 1915년까지 모든 증류소를 우유 보존실로 바꾸겠다는 러시의 꿈과 "비소 용액으로 독주를 만드는 일이 흔하게 일어나면 안 되듯이, 독주를 가정에서 마시는 일도 흔하면 안 된다"라는 주장은 실패로 끝났다. 하지만 그들은 미국의 초기 금주운동에서 유명한 태그 팀을 결성했다.

34_ 파스퇴르는 1860년대에 'S. 파스토리아누스'의 효과를 문서로 기록했고 자신의 이름을 균주에 붙였지만파스토리아누스는 파스퇴르의 라틴어식 표기, 연구자들은 최근에서야 'S. 파스토리아누스'의 야생 기원을 발견했다. 아르헨티나의 숲에서 발견된 그 균주의 조상인 '사카로미세스 유바야누스'는 벌레에 감염된 너도밤나무에서 형성된 '혹병'이라는 당분을 먹으며 자라난다. 어떻게 이 효모가 대서양을 건너 바이에른의 동굴까지 갔는지는 여전히 수수께끼다.

35_ 심지어 어떤 영국인들은 드레허의 라거와 그것이 상징하는 게뮈틀리히카이트Gemütlichkeit, 안락함. 좋은 기분이나 감정를 시기했다. 런던의 잡지 『콘힐 매거진Cornhill Magazine』 기자는 오스트리아 빈의 폴크스가르텐에서 메르첸Märzen을 마시고, 한껏 달아오른 저녁 풍광을 묘사하면서 이렇게 황홀해했다. "도나우강에서 황금빛과 진홍색 노을로 불타오르는 하늘을 멍하니 바라보고, 왈츠와 마주르카 선율을 들으며 라거를 마시고 라타키아 담배를 피운다. 이건 무지하고 기계적

인 행복의 극치다. 그리고 이렇게 확실한 축복을 받은 곳은 어디에도 없다. 여기는 모든 생명이 나태함과 환락의 시바리스고대 그리스 도시. 사치로 유명했다로 굴러들어갈 정도로 물질적인 사치가 넘친다."

36_ 그롤과 플젠의 계약은 3년간 지속되었다. 계약이 끝났을 때 도시(맥주는 만족했지만 브루어에게는 애정을 느끼지 못했던)는 계약을 더 이상 갱신하지 않기로 결정했다. 그롤은 고향인 바이에른으로 돌아가 아버지의 양조장을 물려받았다. 그는 스테인 잔을 손에 쥔 채 가장 좋아하던 맥주를 마시다가 죽었다. 몇몇 사람은 불쌍한 그롤이 회사를 차리기를 바라기도 했다.

37_ 제라드는 놀랍고 향기로운 정향과 천국의 곡물들이 에덴에서 왔다고 상상한 반면, 소화하기 힘든 옥수수의 기원은 근본적으로 다르다고 생각했다. 바로 어둡고 신비한 동양이었다. 그건 그렇고, 칠면조Turkey라는 이름의 유래도 잘못되었다. 칠면조는 미국 토종인데 이주민들은 그 새를 보고 터키인 상인이 영국으로 들여온 대머리 뿔닭을 떠올렸다(하지만 뿔닭은 마다가스카르에서 왔다).

38_ 상한 라거에 대해 지금도 가장 흔히 들을 수 있는 불만은 스컹키skunky하다는 것이다. 퀴퀴하고, 마치 골판지나 유황 냄새가 난다. 너무 뜨거워진 맥주는 아로마를 망치지만, 상한 맥주에서 나는 썩은 계란 냄새는 사실 빛 때문이다. 청색과 자외선 광파는 홉 오일의 풍미 분자를 진동시킨다. 그러면 분자는 '티올'이 포함된 화합물로 분리되면서, 스컹크가 발산하는 것과 똑같은 냄새가 난다. 오늘날 밀러는 광파에 대비해 풍미 화합물을 안정시킬 수 있도록 처리된 테트라홉이라는 특별히 개조한 홉 추출물을 사용한다. 하지만 최고의 치료법은 여전히 간단하다. 갈색 병에 담는 것이다.

39_ 니체까지 거들고 나섰다. 그는 『즐거운 학문Die fröhliche Wissenschaft』에서 "존재에 대해 깊은 불만이 만연한 곳은 어디든, 대단히 잘못된 식이요법의 후유증을 앓고 있다"라고 했다. "그러므로 지나치게 쌀에만 의존하는 불교가 퍼지면 전반적인 활력을 잃을 것이다."

40_ 1918년 4월 『뉴욕 타임스』에 이런 기사가 실렸다. "이렇게 완전히 독일이 기원인 음식은" 없어질 위기에 처했고, 독일 음식 소비도 미국이 전쟁에 참여하면서 75퍼센트 떨어졌다.

41_ 비슷한 시기에 개발된 유사한 방법은 제빵업계를 획기적으로 바꿔놓았다. 잡지 『빌리버Believer』에 "가정에서 하는 초간단 제빵Atomic Bread Baking at Home"

이란 제목의 원더 브레드 발명 기사가 실렸다. 에런 보브로 스트레인은 이렇게 적었다. "1950년대 초반까지 심지어 가장 첨단 기술을 지닌 베이커조차 여전히 고대 이집트인이 사용하던 방식으로 반죽을 발효했다. 즉 배치를 섞고 부풀기를 기다렸다." 하지만 1952년에 이름 그대로 존 C. 베이커 박사가 개발한 고열, 고습 기능이 있는 '두 메이커Do-Maker'로 발효 과정을 가속화할 수 있었다. 보브로 스트레인은 이렇게 표현했다. "메스암페타민환각·각성제을 먹은 미생물처럼 빠르다."

42_ 구스 아일랜드의 수전 월코트는 『보스턴 헤럴드』 인터뷰에서 앤호이저 부시가 양조장을 샀을 때, 소비자는 맛의 변화를 느끼지 못했지만 볼 수는 있었다고 했다. 그녀는 "바닥에 안전선이 더 있어서 지게차 같은 것에 부딪히지 않죠"라고 했다.

찾 아 보 기

인명

맥주를 만드는 사람들

초판 인쇄	2020년 11월 6일
초판 발행	2020년 11월 13일

지은이	윌리엄 보스트윅
옮긴이	박혜원
펴낸이	강성민
편집장	이은혜
편집	곽우정 김미진
마케팅	정민호 김도윤
홍보	김희숙 김상만 지문희 김현지
독자모니터링	황치영

펴낸곳	㈜글항아리	출판등록 2009년 1월 19일 제406−2009−000002호
주소	10881 경기도 파주시 회동길 210
전자우편	bookpot@hanmail.net
전화번호	031−955−2696(마케팅) 031−955−1936(편집부)
팩스	031−955−2557

ISBN	978−89−6735−836−5 03900

이 도서의 국립중앙도서관 출판시도서목록(CIP)은 e-CIP홈페이지(http://www.nl.go.kr/ecip)와
국가자료종합목록 구축시스템(http://kolis-net.nl.go.kr)에서 이용하실 수 있습니다.(CIP제어번호: CIP2020045857)

geulhangari.com

THE BREWER'S TALE